Wiedenmann (Hrsg.)
Handbuch Sprachförderung mit allen Sinnen

Handbuch Sprachförderung mit allen Sinnen

Basiswissen – integrative Ansätze – Praxishilfen – Spiel- und Übungsblätter für den Unterricht

Herausgegeben von Marianne Wiedenmann

2. Auflage

Beltz Verlag · Weinheim und Basel

Über die Herausgeberin:

Dr. *Marianne Wiedenmann*, Jg. 1948, Grund- und Sonderschullehrerin, Diplompädagogin, Sprachtherapeutin, Schulbuchautorin. Studium in Frankfurt und Marburg, seit 1972 im hessischen Schuldienst an Grund-, Haupt- und Sonderschulen, Lehrerfortbildung, engagiert in der Lernwerkstätten-Bewegung, 1991–1996 Pädagogische Mitarbeiterin am Institut für Schulpädagogik und Didaktik der Primarstufe der Universität Frankfurt am Main und seit 1996 Lehrbeauftragte am Institut für Allgemeine Schulpädagogik, Mitarbeiterin am Hessischen Institut für Bildungsplanung und Schulentwicklung in Wiesbaden, 1997 Promotion über integrative Sprachförderung in der Lehrerbildung, Moderatorin für Schulentwicklung am Hessischen Landesinstitut für Pädagogik (HeLP) am PI Frankfurt und seit 1999 dort Pädagogische Koordinatorin in der Arbeitsstelle »Medien in schulischer und außerschulischer Bildung«. E-mail-Adresse: gdfstudio@aol.com

2., neu ausgestattete Auflage 2000
Gesetzt nach den neuen Rechtschreibregeln
Lektorat: Peter E. Kalb

© 1997 Beltz Verlag · Weinheim und Basel
http://www.beltz.de
Herstellung: Ute Jöst Publikations-Service, Birkenau
Satz: Satz- und Reprotechnik GmbH, Hemsbach
Druck: Druckhaus »Thomas Müntzer«, Bad Langensalza
Illustrationen: GDF-Studio-Albert Wiedenmann, Frankfurt
Umschlaggestaltung: Federico Luci, Köln
Printed in Germany

ISBN 3-407-83148-X

Inhaltsverzeichnis

Sigrun Beck, Barbara Schuchardt, Kristina Walter, Marianne Wiedenmann

I. Einführung

Zeichnung aus Holtz 1989, S. 42

»*Gute Theorien sind gut geerdete Schienen, auf denen die Praxis weitergleitet. Je weiter die Landschaft und je größer das Schienennetz, umso wichtiger sind Grundkenntnisse der Umgebung, Präzision der Technik und Sorgfalt der Weichenstellung*« (Cohn 1993, S. 10).

Überblick zu den Teilen des Handbuches.

Der *Grundlagenteil* bietet Orientierung zu grundsätzlichen Fragen von Sprachförderung und Förderkonzepten, auch im Hinblick auf integrationspädagogische Probleme.

Der theoretische Teil des Bandes bietet den Argumentationshintergrund für Beispiele derartiger Förderung, zeigt Entwicklungslinien auf und nimmt Bezug auf Kooperation und integrationspädagogische Bestrebungen. Das weite Feld kann nur in groben Zügen skizziert werden. Die zahlreichen Literaturangaben markieren »Ausstiegsstellen« zu weiteren »Informationsknotenpunkten«. Ein Schwerpunkt der Wahrnehmungsförderung liegt in der Hörerziehung, die aus verschiedenen Blickwinkeln beleuchtet wird.

Für die Zusammenhänge zwischen Wahrnehmungsprozessen und Förderung der sprachlichen Kommunikation wird von *Marianne Wiedenmann* der theoretische Hintergrund beleuchtet. Dies bietet Argumentationshilfen zur Begründung und Entwicklung eigener Förderkonzepte. Die Informationen über die Auswirkung von Beeinträchtigungen der Sprache auf schulisches Lernen ermöglichen Eltern und Nichtsprachheilpädagogen ein tieferes Verständnis für die Probleme der Kinder. *Axel Holtz* beleuchtet in seinem Beitrag die Bedeutung elementarer Lernprozesse bei Wahrnehmungs- und Sprachentwicklung für die Gestaltung von Förderkonzepten. Der theoretische Begründungszusammenhang von Wahrnehmung und Sprache bietet vielerlei Argumentationshilfen zur Legitimierung von konkreten Fördermaßnahmen, die nicht nur mit Bildkarten als »ewiges und einziges Therapeutikum« (Holtz 1989, S. 111) arbeiten. Er setzt sich auch mit der Abgrenzung von Therapie und Förderung auseinander. Viele Beispiele zeugen von reflektierter Erfahrung und lassen diese im Sinne gelebter Theorie durchschimmern. Ausgehend von derartigen »Stützpunkten«, kann sich das Problemlösungsverhalten in der eigenen Praxis differenzieren und optimieren.

Der *Praxisteil* bietet Anregungen für verschiedene Anwendungsbereiche. Die Hör-, Mund- und Fingerspiele von *Axel Holtz* sind ein Beispiel für die enge Verschränkung von praktischen Handlungsanleitungen mit theoretischer Transparenz. Die Anregungen gelten nicht nur für den vorschulischen Bereich einer Sprachheilschule, sondern vermitteln Ideen und Freude im spielerischen Umgang mit Sprache in Bewegung.

Ebenfalls aus der Praxis der Sprachheilschule stammt das Projekt »Zaubereien«, das *Marianne Wiedenmann* mit einem 4. Schuljahr gestaltet und dokumentiert hat. Hier soll illustriert werden, wie sich unterrichtspraktische mit sprachtherapeutischen Intentionen verknüpfen lassen, indem einzelne konkrete Situationen beim Zaubern »durchleuchtet« werden im Hinblick auf grundlegende Wahrnehmungsprozesse und mögliche Ansätze zu Sprachförderung. Im Austausch mit Kolleginnen und Veranstaltungen in der Lehrerfortbildung wurden die zusammengestellten Zaubertricks in verschiedenen Schulsituationen erprobt.

Aus der Kooperation von Regel- und Sonderschullehrerinnen entstanden die Anregungen zu den »Tast- und Fühlegeschichten« (*Sigrun Berk*, *Barbara Schuchardt*, *Kristina Walter* und *Marianne Wiedenmann*). An diesem Modell werden Möglichkeiten von Sprachförderung im fächerübergreifenden Unterricht der Primarstufe aufgezeigt, wobei wesentliche Aspekte der Deutschdidaktik berücksichtigt werden, z. B. Aufbau einer Erzählkultur. Dies ist auch unter anderem Aspekt als Modell interessant, weil es gleichzeitig die Sichtweise des Sprachförderkonzepts verdeutlicht für Kollegen in der Fortbildung, für Referendare und Studierende im Praktikum.

Dieser Vermittlungsaspekt steht auch hinter dem Beitrag von *Inge Holler-Zittlau*. Sie versucht, systematische Aspekte des Spracherwerbs mit der Struktur von Lernprozessen in konkreten Situationen in Beziehung zu setzen. Mit vielen Beispielen aus ihrer Arbeit mit sprach- und lernbehinderten Schülern bietet sie Anknüpfungspunkte zur Reflexion der eigenen Erfahrungen mit sprachschwachen Kindern. Die Materialien wurden überwiegend in Sonderschulen für Lernhilfe erprobt und im Zusammenhang von Lehrerbildung weiterentwickelt.

Jeder der Beiträge ist individuell geprägt vom speziellen Erfahrungshintergrund und entsprechenden Präferenzen in der Gestaltung und Darstellungsweise. Das betrifft auch die Frage der geschlechtsspezifischen Sprachregelungen. *Inge Holler-Zittlau* merkt an, daß sie zugunsten einer besseren Lesbarkeit des Textes und der Spielanleitungen auf eine sprachliche Differenzierung zwischen Kindern unterschiedlichen Geschlechts verzichtet. Mit der Bezeichnung Kind, Kinder, Schüler und Mitschüler sind sowohl weibliche als auch männliche Spielpartner gemeint.

Überhaupt soll auf eine konsequente Doppelnennung für die feminine und maskuline Form verzichtet werden. Handelt es sich vornehmlich um die Berufsbezeichnung, so schließt die maskuline Sprachform Frauen ein. Im Begriff »Sprachheilpädagoge« sind Sprachheillehrerinnen und -lehrer und Diplompädagogen mit der Fachrichtung Sprachheilpädagogik zusammengefaßt. Den Begriff »Sprachtherapeut« werde ich nur für Kollegen anwenden, die in einer freien Praxis arbeiten, obwohl einige Kolleginnen und Kollegen in beiden Tätigkeitsfeldern mit Kassenzulassung praktizieren. Da die Realität sehr vielschichtig und widersprüchlich ist, möge man mir verzeihen, wenn es mir nicht gelingt, immer die perfekte Sprachregelung zu treffen.

Um unterschiedlichen Leseinteressen entgegenzukommen und eine schnelle Orientierung zu gewährleisten, gibt es Seitenmarkierungen (Tabs), die als Großbuchstaben auf einem Rasterfeld stehen.

Seitenmarkierungen (Tabs) zum schnellen Auffinden der Praxisbeispiele, Sprachbeispiele und Übungen

Piktogramme — **P**

Orientierungshilfen — **O**

Zaubertricks — **T**

Zauberspiele — **Z**

Hörspiele — **H**

Mundspiele — **M**

Fingerspiele — **F**

Geschichten — **G**

Anregungssituationen und -materialien — **A**

(Themenbezogene) Spielfolgen — **S**

Marianne Wiedenmann

Sprachförderung im Kontext von Kooperation

*»Kooperation ist, wenn man
es trotzdem macht«*[1]

1. Rahmenbedingungen von Sprachförderung zwischen Unterricht und Therapie
Gemeinsamkeiten erkennen – Unterschiede tolerieren –

Die Idee einer nichtaussondernden Erziehung sprachauffälliger Kinder begann in den Siebzigerjahren in Zusammenhang mit der Gesamtschuldiskussion. In der Zwischenzeit gibt es in fast allen Bundesländern Modelle für zieldifferente Integrationsmaßnahmen (Kolonko 1992)[2] an allgemeinen Schulen, wie es eine Übersicht der zuständigen Landesministerien dokumentiert.

Muss das Kind zur helfenden Institution kommen oder bewegt diese sich auf das Kind zu? Seit die »special needs« – die individuellen Förderbedürfnisse eines Kindes – mehr in den Mittelpunkt rücken, müssen Sonderpädagogen mit ihrem Selbstverständnis den Rahmen ihrer vertrauten Institution verlassen (Sander 1993). Das vertritt auch der Wissenschaftliche Beirat der Deutschen Gesellschaft für Sprachheilpädagogik:

> »Sprachbehinderte Kinder benötigen nicht ein- bis zweimal pro Woche für fünfzehn Minuten Sprachtherapie, in der sie den Therapeuten *ganz* für sich haben, sondern im Rahmen der sprachtherapeutischen Erziehung und des sprachtherapeutischen Unterrichts lang dauernde Unterstützung, gezielte Herausforderung und wiederkehrende Bewährung. Kurz gesagt, sie brauchen Hilfe immer dann, wenn Hilfsbedürftigkeit gegeben ist und wenn sich förderliche Situationen auftun« (Homburg 1993, S. 279).

Impulse aus der Sprachheilpädagogik haben auch wesentlich dazu beigetragen, Behinderte nicht auszusondern. Wenn Kinder nicht erst etikettiert werden müssen nach Lern-, Sprach- und Verhaltensproblemen, um Hilfe zu erhalten, können weitere Kräfte frei werden für sonderpädagogische Aufgaben einer Schule. »Förderkonzepte können sich sodann auf ihre eigentliche Funktion beschränken, nämlich Wege zur individuellen Unterstützung von Schülern aufzuzeigen« (Eberwein 1994, S. 6). Sonderschullehrerinnen der Fachrichtung Sprachheilpädagogik sind in vielen Bundesländern außer in ihrer Stammschule auch in der Ambulanz und in integrativen Maßnahmen tätig, wo sie es selten mit isolierten Sprachproblemen zu tun haben. Die Herausforderung nimmt zu, außer-

---

1 Bonmot einer Kollegin mit viel Erfahrung im Gemeinsamen Unterricht.
2 Das Literaturverzeichnis für sämtliche Beiträge des Bandes befindet sich am Ende des Handbuchs.

halb von Sondereinrichtungen integrationspädagogisch zu arbeiten. Alle Beteiligten sind herausgefordert, ihr implizites Handlungswissen in expliziter Form in Beratungs- und Kooperationskompetenz einfließen zu lassen. In diesem Prozess der Annäherung werden Befürchtungen wach, die sich unterschwellig vermitteln: Preisgabe von Expertenwissen an Laien, Gefahr von Missverständnissen bei der Übersetzung der lateinischen Fachbegriffe, kurzschlüssige Theorie-Praxis-Anwendung im Sinne von Rezepten, Reduktion komplexer Zusammenhänge auf vereinfachende Kausalbeziehungen, unzulässige Ursachenzuschreibungen, ungenügende Darstellung des spezifisch sprachtherapeutischen Repertoires, undeutliche Abgrenzung von Aspekten der Förderung und Therapie, »professionelle Entdifferenzierung« (Ahrbeck u. a. 1990, S. 171) und dadurch eine Vernachlässigung des speziellen Förderbedarfs.

Die Öffnung der »Camera obscura«: Sprachtherapie in Richtung Sprachförderung birgt derartige Risiken. Dies fordert einerseits heraus zu klarerer Profilierung des spezifisch sprachtherapeutischen Kompetenzinventars und bietet aber andererseits die Chance, potentielle Kooperationspartner zu sensibilisieren und so Elemente sprachheilpädagogischer Kompetenz breiter zu streuen und besser im Regelschulbereich zu verankern. Das kann auch bedeuten, dass Sprachtherapeuten weniger auf unrealistische Erwartungen treffen dessen, was sie vermeintlich im »geheimen Kämmerchen« mit therapeutischen Wundermitteln alles erreichen könnten (wenn sie nur wollten! – überspitzt formuliert). *Wenn mehr Pädagogen in der Lage sind, die Sprachentwicklung von Kindern achtsam zu begleiten, können bei Störungen frühzeitig Therapeuten zurate gezogen werden.* In diesem Sinne aktiviert sich etwas von der ursprünglichen griechischen Wortbedeutung von »Therapeut«, der als »therapon«, »Gefährte, Diener« galt (Duden 1963, S. 708).

Das griechische Verb »therapoiein« heißt auch »begleiten, jemanden mit großer Aufmerksamkeit behandeln« (Gemoll 1991, S. 372). Mit diesem Grundverständnis könnten die Aufgaben und Rollen von Pädagogen, Lehrern und Therapeuten neu betrachtet werden. Auf spezielle Fragen der Abgrenzung von Therapie und Förderung wird *Axel Holtz* in seinem Beitrag eingehen.

Die Integrationsdiskussion zeigt Rückwirkungen auf das Selbstverständnis von Sprachheilpädagogen und die Einschätzung unspezifischer und spezifischer Aufgaben. Demnach werden als spezielle sprachbehindertenpädagogische Tätigkeiten in Diagnostik und Therapie gesehen, »Störungen erkennen, Bedeutungen erschließen und pädagogische Notwendigkeiten realisieren« (Ahrbeck u. a. 1992, S. 295). Sollen Grundschul- und Sprachheillehrer/-innen besser zusammenwirken, ist auch eine Konvergenz in der Didaktik von Primarstufeninhalten und Sprachheilpädagogik nötig – und zwar ausgehend von beiden Seiten. Dies wird von Professoren der Sprachheilpädagogik so postuliert: Grund- und Sprachheillehrer »müssen auf der *Mikroebene* zu feingliedrigen Abstimmungen kommen und zum Beispiel die Zebrafrage – bekanntlich ist unklar, ob ein Zebrafell schwarze Streifen auf weißem oder weiße Streifen auf schwarzem Grunde zeigt – entscheiden: Steht sprachorientierter Lernstoff oder lernstoffrelevante Sprache im Vordergrund (Chabron/Prelock 1989)? Soll das Gewicht auf den Inhalten oder auf den Strategien liegen? Wann ist ein Stopp des Unterrichtsgeschehens zugunsten individueller Lernprobleme geboten? Auf der *Makroebene* sind die äußeren Bedingungen für diese Entwicklung zu sichern. Bekanntlich ist eine integrierte Förderung kostspieliger als eine separierte Förderung« (Homburg 1993, S. 295). Konvergente Entwicklungen in der Grundschul- und Sprachheilpädagogik werden auf Tagungen, z.B. der Deutschen Gesellschaft für Lesen und Schreiben e.V. und in Publikationen zunehmend wechselseitig registriert:

> »Die seit einigen Jahren begonnene innere Reformierung des Grundschulunterrichtes in methodischer Hinsicht (innere Differenzierung, Wochenplanarbeit, offener Unterricht) scheint zunehmend mehr Möglichkeiten für eine gezielte Sprachförderung im sozialen Kontext des Klassenverbandes zu bilden. In nahezu allen Bundesländern bestehen mittlerweile schulorganisatorische Rahmenbedingungen, welche eine Kooperation von Grund- und Sonderschullehrern mit dem Ziel einer ganzheitlichen, integrativen Sprachförderung in Ansätzen und verbunden mit dem persönlichen Engagement der einzelnen Lehrer ermöglichen« (Krämer 1990, S. 189).

Eine neuere empirische Untersuchung zur schulischen Integration in der Einschätzung und Beurteilung durch Sprachheilpädagogen in der Bundesrepublik Deutschland ergab, dass die Mehrheit aufgeschlossen gegenüber integrativen Tendenzen eingestellt ist, aber nur ca. 15% Erfahrungen in der Ambulanz in Grundschulklassen oder in Integrationsklassen haben. Fast alle der Befragten sind überzeugt davon, daß erst in der Kooperation mit Pädagogen in Kindergarten, Vor- und Regelschule entsprechende Maßnahmen ihre volle Wirksamkeit entfalten können (Günther 1993).

2. Entwicklungschancen aus integrationspädagogischer Sicht

»Großer Geist, bewahre mich davor, dass ich über einen Menschen urteile, ehe ich nicht einen halben Mond lang in seinen Mokassins gegangen bin« (indianischer Spruch, Quelle unbekannt).

Interaktionspartner in Integrationsklassen mit Mehrpädagogensystem können trotz zusätzlicher zeitlicher und psychischer Belastungen die gemeinsame Arbeit bereichernd und entlastend erleben (Kreie 1985).

Die Herausforderung durch Teamarbeit bewirkt unter günstigen Bedingungen neben persönlichen Reifungsprozessen (Eberwein/Knauer 1994, S. 293) auch eine Erweiterung des professionellen Repertoires. Eigenheiten und Selbstverständlichkeiten in der Alltagsroutine fallen einem eher auf. Das wird z.B. deutlich an diagnostischen Vorgehensweisen, persönlichen Beobachtungs-

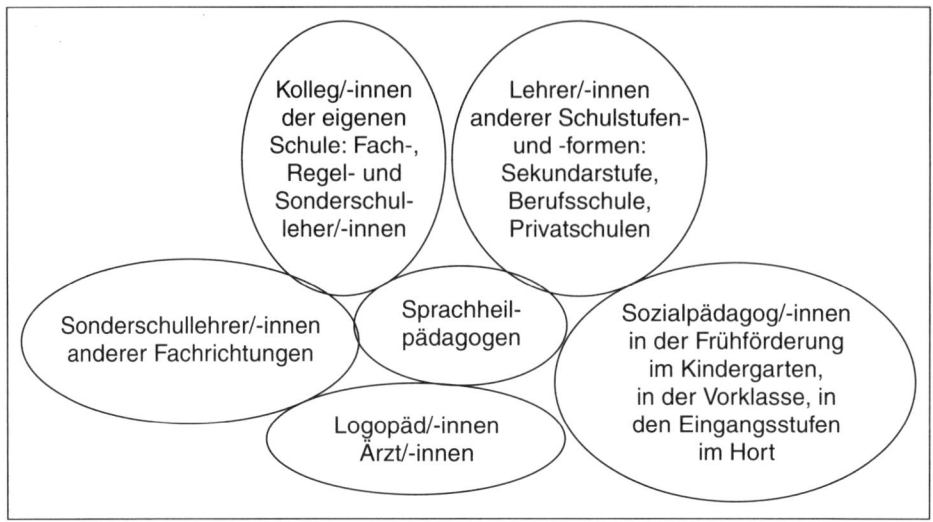

schwerpunkten und Interpretationen, Lösungsmustern in Konfliktsituationen und methodisch-therapeutischen Gewohnheiten. Im Spiegel des anderen und aus einem gewissen Abstand können Möglichkeiten und Grenzen der eigenen Praxis reflektiert und vielleicht auch neu bewertet werden. Im Zuge dieser Integrationsbewegung verändern sich Aufgaben und Selbstverständnis von Sprachheilpädagogen und Lehrern. Dazu einige Schlaglichter:

● *Sprachheilpädagogen* stehen im Spannungsfeld zwischen Eltern, vorschulischen Institutionen, Regelschule, Sonderschulen und rein therapeutischen Einrichtungen. Im professionellen Selbstverständnis unterscheiden sich Problemsicht und Verhaltensrepertoire der Berufsgruppen. Eine Verständigung und Verschränkung der jeweiligen Perspektive kann den Handlungsspielraum im eigenen Feld erheblich erweitern.

● *Sprachheilpädagogen* leisten in verschiedenen institutionellen Zusammenhängen ihren Beitrag zur Sprachentwicklung von Kindern im Sinne von Prävention, zur Beratung von Eltern, in Konfliktsituationen in der Schule und bei Schullaufbahnentscheidungen, um nur einige Bereiche hervorzuheben. Sie stehen oft an exponierter Stelle, nicht nur, wenn es um Inhalte geht, sondern meist auch, wenn es um die Beziehungsaspekte in einem vielschichtigen Praxisfeld geht.

● *Sprachheilpädagogen* werden oft an Knotenpunkten von Kooperation initiativ und sind herausgefordert, ihre Fachkompetenz persönlich zu vermitteln, zum Beispiel
   – in der Praxis eines Sprachheilkindergartens,
   – in der Beratungsstelle oder Ambulanz einer Sprachheilschule,
   – in einer freien Sprachheilpraxis,

– im gemeinsamen Unterricht mit Behinderten an Regelschulen,
– in schulischen und außerschulischen sonderpädagogischen Praxisfeldern.

● *Regelschullehrer* wiederum sind einem erhöhten Problemdruck ausgesetzt beim Unterricht unter den Bedingungen veränderter Kindheit. Zunehmend sind Lehrer an Grund- und Hauptschulen mit Aufgaben konfrontiert, die nicht mehr an Sonderpädagogen delegiert werden können. Integrationspädagogische Perspektiven eröffnen sich durch konvergente Tendenzen im Bereich von Grundschulpädagogik durch Konzepte zum kompetenzorientierten Schriftspracherwerb und im Bereich von Sonderpädagogik durch Prozesse einer grundlegenden Neuorientierung.

So verfügen *Pädagogen im Elementar- und Primarbereich* oft über ein reiches Repertoire von sprachfördernden Verhaltensweisen und Anregungssituationen, ohne sich darüber im Klaren zu sein und es entsprechend positiv zu bewerten. Vieles, was erfahrene Kollegen in Kindergärten und allgemeinen Schulen zum pädagogischen Standard (z.B. Götte 1991) im Alltag rechnen, wird in seiner therapeutischen Wirksamkeit unterschätzt.

Es erstaunt mich immer wieder, wie gering diese eigenen Einflussmöglichkeiten bewertet werden. Schnell wird das Feld geräumt vor Sonderpädagogen, wenn sie mit ihrem behinderungsspezifischen diagnostischen und therapeutischen Vokabular und teilweise auch Rollenverhalten auftreten. Dies kann zu unproduktiven Polarisierungen führen: Die hilflose, überforderte Lehrkraft steht einem vermeintlich omnipotenten Therapeuten gegenüber, der möglichst schnell die Symptome mindern soll. Ein gedanklicher Rollentausch kann zur Verschränkung der Problemsicht beitragen.

Bewußtwerden der eigenen Wirkung kann zur Umdeutung von Situationen führen. Reflektiert sich jemand in seiner Wirkung z.B. als Sprachmodell, so kann dies dazu führen, bestimmte Muster zu verstärken oder zu ersetzen. Dies wird in einer neueren Richtung der humanistischen Psychologie recht anschaulich als »Reframing«, »in einen neuen Rahmen setzen«, bezeichnet. »Reframing – man wechselt den Rahmen, in dem ein Mensch Ereignisse wahrnimmt, um die Bedeutung zu verändern. Wenn sich die Bedeutung verändert, verändern sich auch die Reaktionen und Verhaltensweisen des Menschen« (Bandler 1985, S. 13). Kleine neue Akzentuierungen in der Deutung von häufig wiederkehrenden Situationen im pädagogischen Alltag können langfristig sehr heilsam sein – wie »Therapie in homöopathischen Dosen«. Die Verknüpfung mit alltäglichen Lernsituationen erhöht die Wahrscheinlichkeit der Übernahme von Modellen, sowohl positiv als auch negativ.

An einigen Beispielen zeigen wir, wie die Alltagspraxis professionell »durchleuchtet« werden kann, um die Bandbreite des eigenen Handlungsrepertoires zu erkennen, subjektive Alltagstheorien zu reflektieren und dadurch die integrationspädagogische Handlungskompetenz weiterzuentwickeln.

»Neue didaktisch-therapeutische Arbeits- und Umgangsformen« (Braun 1991, S. 217) müssen entwickelt werden, welche die Kompetenzen anderer *kennen und anerkennen*.

3. Zur Problematik von Förderkonzepten aus sprachheilpädagogischer Sicht

»Wider den Defizitblick in der Förderpraxis« (Burk 1993).

Fördern bedeutet sowohl »weiter nach vorn bringen« (Duden Etymologie 1963, S. 180) als auch »fort-, wegschaffen«. Beides kann pädagogische Maßnahmen bestimmen: Störendes wegschaffen wollen und in einem gesonderten Raum voranbringen – so lange, bis die Förderbedürftigen aufgeholt haben?

Was ist das besonders Wirkende, das Agens, das Fördernde?
Sind es Wirkfaktoren folgender Art?

> Der Ort – die Sonder- oder Regelschule,
> die Berufsrichtung – die Sonder- oder Sozialpädagogen,
> die Erwachsenen – Lebens- oder Berufserfahrung,
> die Kinder – homogene oder gemischte Gruppen,
> die Interaktion – der Dialog oder freies Spiel,
> der familiäre Bezug – Vertrautheit oder Abstand zu Beziehungsmustern,
> das Konzept – Orientierung am Subjekt oder an Objekten,
> der Kontakt – mit Sprache oder auch Körperkontakt,
> die Planung – situativ oder nach Programm,
> das Material – Fördermappen oder Alltagsgegenstände,
> die Hilfsmittel – Spatel oder Computer,
> das Setting – Klassenzimmer oder Therapieraum,
> die Zeit – Förderstunden extra oder Förderphasen parallel zum Unterricht,
> die Dauer – kurzfristige Intensivphasen oder Langzeitbegleitung,
> die Situation – Kontinuität oder Unterbrechung des Gewohnten,
> die Intervention – gezielte Maßnahmen oder verdichtete Situationen?

Diese Polarisierungen fordern dazu heraus, selbstverständliche Grundannahmen infrage zu stellen. »Deine Schulkinder brauchen, dass man mit ihnen viel spricht, dass sie sich gut fühlen und dass sie an einer guten Schule sind«, meinte meine Tochter mit zehn Jahren.

Was wirkt sich positiv aus auf die Sprachentwicklung, auch wenn sie beeinträchtigt ist? *Vielleicht die Energie, mit der man etwas »herausliebt« aus dem Kind, es zur Sache und zur Sprache bringt – auch sich selbst als Person.*

Es ist zu reflektieren, wo Förderkonzepte ansetzen und welche Reichweite sie haben. Förderkonzepte zwischen Unterricht und Therapie beziehen sich auf Denkmodelle aus beiden Bereichen. In der Person des Sprachheilpädagogen blickt ein Auge eher therapeutisch und korrigiert den Lehrerblick, der auf unterrichtliche Normen achtet. Der ständige Wechsel der Fokussierung ist anstrengend und führt, bildhaft ausgedrückt, anfangs zu ähnlichen Phänomenen wie beim Schielen. Langfristig aber führen derartige Bemühungen zu einer stereoskopischen Sicht – ähnlich wie bei 3D-Bildern.

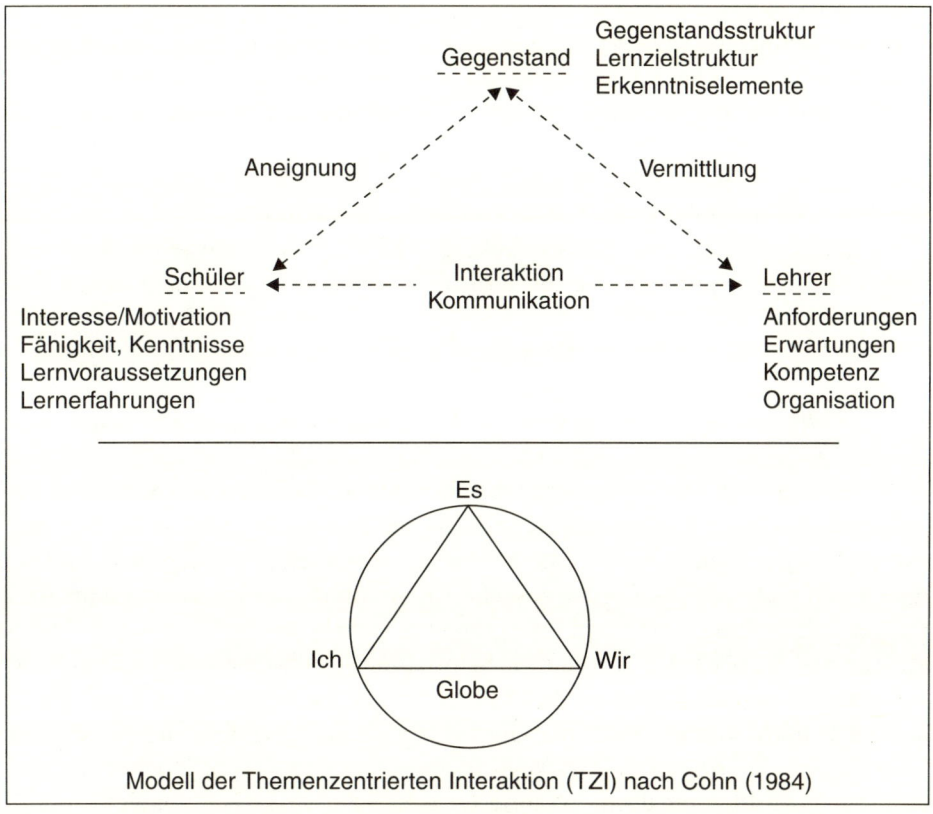

Modell der Themenzentrierten Interaktion (TZI) nach Cohn (1984)

Während das klassische didaktische Dreieck die Positionen von Schüler, Lehrer und Gegenstand markiert (Grafik von Hotter-Zittlau 1993, S. 504), bietet das Konzept vom lebendigen Lehren und Lernen nach Cohn zwei wesentliche Erweiterungen. Im Denkmodell der themenzentrierten Interaktion (TZI) geht es um eine Balance zwischen ICH, *WIR*, ES und dem Umfeld (Globe/Kugel/Welt). Cohn sagt: »Ich möchte, dass jeder Mensch ganz ›Ich‹ sagen lernt, weil er nur dann seine Erfüllung finden kann; und in jedem Ich ist bereits das Du und das Wir und die Welt enthalten« (Cohn 1984, S. 373).

Der erste Unterschied liegt darin, dass sich Lernende und Lehrende nicht statisch gegenüberstehen. Lehrende gehören zum »WIR« und begreifen sich als dynamischen Teil der Gruppe. Von Verantwortlichen verlangt dies die Kunst

des Balancierens zwischen Einzelinteressen, Gruppenbedürfnissen und Sach-
bezügen. Ein weiterer Unterschied liegt in der Berücksichtigung systemischer
Variablen. Das heißt, dass

– weder die Struktur und die Erkenntniselemente des Gegenstandes ausschließlich die Lernziele bestimmen, z.B. rein sprachwissenschaftliche und
  sprachdidaktische Aspekte,
– noch die einzelne Lehrperson mit ihren Anforderungen, ihren Normansprü-
  chen und ihren fachdidaktischen und psychosozialen Kompetenzen,
– noch das einzelne Kind im Kontext von Schule mit seinen Lernvoraussetzungen

alleiniger Ansatzpunkt eines Förderkonzeptes sein können.

Vielmehr oszilliert der Ansatzpunkt der Konzeption wahrnehmungsorien-
tierter Sprachförderung in diesem Kraftfeld im Sinne einer dynamischen Balance.

3.1 Zur allgemeinen Problematik von Förderkonzepten in der Schule

Jede Verknüpfung von Unterricht und Therapie im Rahmen von Schule ist beschränkt durch die Eigengesetzlichkeit dieser Institution, anders als in einer
sprachtherapeutischen Praxis. Die Menschen sind nicht freiwillig dort, und sie
haben sich nicht gegenseitig ausgesucht. Im Spannungsfeld zwischen dem Auftrag, zu fordern und zu fördern interpretieren Lehrer ihre Spielräume individuell sehr unterschiedlich. Faktoren wie Schulklima, Traditionsbezug und Ruf bzw.
vermeintliches pädagogisches Profil einer Schule im Vergleich zu Einrichtungen im Umfeld können auch die Gestaltung interner Förderkonzepte diskret
beeinflussen. Je größer der Zwiespalt ist zwischen dem offiziellen Auftrag und
den realen Problemen, desto gefährdeter sind Schulen, alles Uneingelöste und
Nichteinlösbare einem Förderkonzept zuzuschieben. Für die Organisation und
Gestaltung von Förderkonzeptionen grenzt dies an die Quadratur des Kreises.

Solange sich in Förderkonzepten das gleiche Selektionsprinzip widerspie-
gelt, das zur Entstehung von Sonderschulen geführt hat, werden sich auch in
dieser Mikrostruktur entsprechende Merkmale zeigen: Stigmatisierungen und
systembedingte Umkehrungen von positiven Intentionen in ihr Gegenteil.
Wenn man mittendrin steckt, ist es sehr schwer, solche Mechanismen zu erkennen. Eher zweifelt man an sich selber – vielleicht ist das typisch für Frauen – als
am System der Selektion und den gesellschaftlichen Bedingungsfaktoren.

Die Perspektive besteht meines Erachtens darin, präventiv konzeptionell
denken und handeln zu lernen. Orientierung dazu bieten integrationspädagogische Initiativen. Es müsste Förderprogramme geben, die nicht von vornherein

behindertenspezifisch ausgerichtet sind. Reiser plädiert für präventive, nonka-
tegoriale Förderprogramme, die nicht an einzelnen Kindern festgemacht sind.
So könnten sich Förderkapazitäten unabhängig von der individuellen Klassifikation an Regelschulen ansiedeln und Konzepte indirekter Förderung entwickeln (Reiser 1995). Dann könnten sich die betroffenen Kollegien Gedanken
darüber machen, wie sie ihr »Know-how« umformulieren in Förderkompeten-
zen im Hinblick auf verschiedene Multiplikatoren: Lehrer verschiedener Schulformen, Eltern und Sozialpädagoginnen, um auf diesem Weg die gesamte Fördersituation von Kindern im sozialen Kontext zu verbessern.

3.2 Zur speziellen Problematik sprachtherapeutischer Förderkonzepte

Obwohl der Zusammenhang zwischen Wahrnehmung, Motorik und Sprache
zunehmend als Grundlage von Sprachförderkonzepten postuliert wird, gibt es
wenig Erkenntnisse über spezielle Wirkungsweisen. »Im deutschsprachigen
Raum gibt es kaum exakte Evaluationsstudien« (Grohnfeldt 1989, S. 342). Von
weit reichender Bedeutung für die Praxis ist das Ergebnis einer Untersuchung
zur Wahrnehmungsverarbeitung sprachentwicklungsgestörter Kinder. Bei ihnen scheint eine Schwäche vorzuliegen in der Wahrnehmung schnell aufeinander folgender Signale. Das betrifft nicht nur selektiv einzelne Sinnessysteme. Es
scheint »nicht allein eine perzeptuelle, sondern zentrale Schwäche in der Infor-
mationsverarbeitung« (Szagun 1991, S. 297) vorzuliegen.

Es ist die grundsätzliche Frage zu stellen, welche Wirkung ein Training defi-
zitärer Fähigkeiten überhaupt hat. Für die Verarbeitung rhythmisch-prosodi-
scher Informationen, also sprecherischer Merkmale wie Tonhöhe, Lautheit,
Länge und Tonqualität, kann als gesichert gelten, dass eine kurzfristige und isolierte Schulung zu kurz greift. »Eines der großen Missverständnisse bei der
praktischen Anwendung grundlegender psychologischer Erkenntnisse besteht
in der Erwartung, ein Training jener defizitären Fähigkeiten, durch die eine
Leistungsschwäche teilweise erklärt werden kann, würde notwendigerweise
oder auch nur mit großer Wahrscheinlichkeit zu einem direkten Abbau der
Probleme führen. Es hat sich in vielen klinischen und pädagogisch-psychologi-
schen Untersuchungen gezeigt, daß dies eine szientistische Illusion ist. Die Kau-
salketten einer Störung sind im Allgemeinen so komplex und mehrschichtig,
dass nur eine multipel und systemisch aufgebaute Intervention Aussicht auf
Erfolg hat« (Weinert 1991, S. 235). Es sind implizite Lernprozesse, die dazu führen, dass trainierte Kompetenzen für die Kommunikation genutzt werden können. Dieses Lernen erfolgt »unbewusst, automatisch und flexibel« (ebd., S. 236).
Dies ist auch zu bedenken im Hinblick auf Teilleistungsstörungen (Milz 1988),
denen man durch eine »einseitig funktionsorientierte Behandlungstechnolo-
gie« im Sinne einer »mechanistischen Reiz-Reaktions-Pädagogik« (Fries/Weiß

1995, S. 152) nicht gerecht werden kann. Nur langfristig und systemisch angelegte, komplexe Programme erscheinen unter diesen Prämissen als Erfolg ver-
sprechend.

Ein solches Programm wird in einer Fallstudie mit einer Gruppe von sechs
Kindergartenkindern vorgestellt. Die Hälfte war sprachentwicklungsverzögert.
Die Förderpläne wurden individualdiagnostisch abgesichert. In der Förderpha-
se wurden alle Wahrnehmungskategorien in die Spiele und Übungen einbezogen. Die Analyse von Tests und Transkriptionen von Spontansprache ergaben:
»Je besser sich Wahrnehmung und Motorik entwickelten, desto deutlicher ver-
minderte sich das Stammeln« (Schmidtke 1990, S. 198). Breiter angelegte Evaluationsstudien über diese Zusammenhänge sind leider noch nicht verfügbar.

Im Zeichen der Umorientierung sprachtherapeutischer Denk- und Arbeits-
weisen ist das Konzept einer wahrnehmungsorientierten Sprachförderung zu
sehen, das entwicklungsbezogen und kommunikativ orientiert ist, ohne schon
von vornherein defizitbezogen zu kategorisieren. Unter Berücksichtigung des
dialogischen Moments werden Akzente gesetzt für Therapieansätze in den
Bereichen »Phonologie, Semantik, Grammatik, Sprechflüssigkeit und Schriftsprache« ähnlich wie in dem pragmatischen, kindorientierten Sprachtherapie-
konzept von Baumgartner und Füssenich (Baumgartner/Füssenich 1992). In-
tegraler Bestandteil vieler Förderkonzepte ist ein multisensorieller Ansatz.

3.3 Konzept einer wahrnehmungsorientierten Sprachförderung

»Der Kern aller Schwierigkeiten, mit denen wir uns heute konfrontiert sehen, ist
unser Verkennen des Erkennens, unser Nichtwissen um das Wissen« (Maturana
1987, S. 268).

Kindern mit Sprachauffälligkeiten begegnen Lehrer/-innen in allen Schulformen und auch Sonderschulen verschiedener Richtungen. In integrativen Maßnahmen besteht für Sprachheilpädagogen oft die Notwendigkeit, eigene, therapeutische Vorhaben mit den schulischen Lernzielen abzustimmen und sich mit
den Klassenlehrern zu koordinieren. Wenn die Rahmenbedingungen günstig
sind, können therapeutische Arrangements im Schulalltag abgesichert und mit
allgemeineren fachdidaktischen und sprachtherapeutischen Ansprüchen ver-
einbart werden. Hier sind Konzepte hilfreich, die einerseits mit dem Curricu-
lum korrespondieren und andererseits genügend Transparenz für mögliche therapeutische Wirkungen zeigen, nicht nur für Lehrer, sondern auch für
Engagierte aus anderen Praxisfeldern. Sprachförderkonzepte gibt es in ver-
schiedenartigen institutionellen Zusammenhängen und Organisationsmustern:

Vorklassen und Schulkindergärten für sogenannte nicht schulreife Kinder,
Zusatzkurse für Migrantenkinder als Seiteneinsteiger, Kommunikationsförde-

rung, Stützkurse für Kinder mit Schwierigkeiten beim Rechtschreiben, Fördermaßnahmen der außerschulischen Sozialarbeit, private Nachhilfe; in Kindergärten und Horteinrichtungen, in Frühförderstellung und Erziehungsberatungsstellen, in Kliniken, Kurheimen und freien Praxen von Ärzten, Logopäden und Sprachtherapeuten. Je nach den Rahmenbedingungen dominieren medizinische, präventive, pädagogische, fachdidaktische, schulleistungsorientierte verwaltungsrechtliche oder andere Aspekte.

Das vorgelegte Konzept entstand im pädagogisch-therapeutischen Bereich und ist nicht gebunden an bestimmte äußere Voraussetzungen wie

– Materialien – beispielsweise Therapiematerialien oder Fördermappen;
– Orte von Förderung – also nicht nur Sonderschulen, sondern auch Förderung in der Regelschule oder im Hort;
– spezifische Berufsprägungen von Fördernden – Pädagogen, Therapeuten oder Lehrern mit ihren unterschiedlichen Ausbildungsgängen und deren Bewertungen.

1. Das Konzept orientiert sich am Zusammenhang von Wahrnehmung und Sprache. Da der Spracherwerb als aktiver, konstruktiver Prozess eng mit Wahrnehmung verbunden ist, müssen auch Förderkonzepte diese komplexen Wechselwirkungen berücksichtigen.
Vor diesem Hintergrund sind Sprachauffälligkeiten keine ausgestanzten Fehlfunktionen, die wie bei einem Puzzle nur richtig repariert und eingepasst werden müssten. Zur Klärung der Zusammenhänge zwischen Wahrnehmung und Sprache tragen insbesondere Erkenntnisse aus den Neurowissenschaften bei, die im Jahrzehnt des Gehirns ständig neue Perspektiven eröffnen.
In dem vorliegenden Konzept wird Wahrnehmung nicht reduziert auf ein mechanistisches Maschinenmodell mit Verschaltungen im Gehirn, sondern interpretiert als interaktiver Prozess in Kommunikationssituationen. Das betrifft Konzepte grundlegender Förderung, die mit spezifischen Zielen verbunden werden. Es stellt sich die Frage neu nach unspezifischen Anteilen von Sprachfördersituationen und spezifischen sprachtherapeutischen Interventionen, nach den Berührungspunkten zwischen Sprachentwicklungsförderung und Sprachtherapie.
2. Das Konzept zeigt Modellsituationen theoriegeleiteter Praxis. Im Austausch mit Fortbildnern und engagierten Kollegen hat sich im Laufe von fünf Jahren die Idee verdichtet, Erfahrungen aus Unterricht, Therapie und Fortbildung zu dokumentieren und einer breiteren Öffentlichkeit zugänglich zu machen. Gemeinsamer Bezugspunkt ist das Interesse an Erklärungsansätzen aus Handlungstheorie (Jantzen 1992), Neurophysiologie (Zieger 1990) und der -psychologie (Lurija 1970), die Therapiekonzepten zugrunde liegen wie dem der »Sensorischen Integration« (Ayres 1984; Affolter 1987; Brand u. a. 1987).

Im Versuch, die eigene Praxis mit ihren konkreten Rahmenbedingungen vorzustellen, besteht eher die Chance zu Vermittlung von Problemsicht als im normativen Propagieren alltagsbereinigter Modelle von Experten für sogenannte Laien. Die Veröffentlichung von Praxisprojekten an der Nahtstelle zwischen Sprachförderung und Sprachtherapie hat bewusst Werkstattcharakter, um Einblick zu gewähren in den Entstehungsprozess. Der ist eben geprägt von Widersprüchen, Kompromissen, Einschränkungen – aber auch von der Lebendigkeit der Kinder im Schulalltag.

3. Das Konzept zielt auf Perspektivenwechsel in der Kooperation. Es richtet sich nicht nur an bestimmte Spezialisten, sondern setzt die Bereitschaft voraus, die eigenen beruflichen Möglichkeiten, Sichtweisen und Gewohnheiten von verschiedenen Blickwinkeln her zu betrachten: aus der Sicht von Kindern, Eltern, Sozialpädagogen, Lehrern, Therapeuten und sonstigen Kommunikationspartnern. Vor dem Hintergrund einer handlungsleitenden Theorie lassen sich alltagspädagogische Aktivitäten daraufhin überprüfen, wieweit sie der Förderung sprachschwacher Kinder dienen können. Die Probleme der Förderung stellen sich ja aus jeder Perspektive wieder etwas anders dar. Jeder konstruiert seine Wirklichkeit (Watzlawick 1976) vor dem Hintergrund der eigenen Erfahrungen und Erwartungen. »Welcher Art die ›Konstruktion von Wirklichkeit‹ (Berger/Luckmann) ist, ist freilich entscheidend für die Verständigung in der Klasse, für Lehr- und Lernprozesse, für die Präsentation von Inhalten« (Dehn 1994, S. 15).

Die Autoren versuchen, Deutungsmuster an Beispielen aus ihrer Praxis zu vermitteln, indem sie Eltern, Sozialpädagoginnen, Lehrerinnen und Therapeuten als potentielle Kooperationspartner sehen, mit denen wir Problemsicht, Wissen und Können austauschen möchten.

4. Das Konzept zielt auf unterschiedliche Praxisfelder von Sprachförderung. Die Beiträge stammen aus Aufgabenfeldern, die durchaus repräsentativ sind für Sprachheilpädagogen in Kooperation mit typischen angrenzenden Bereichen:

- Vorschulischer Bereich: Elementarstufe, Kindergarten, Vorklasse, Vorschule, Eingangsstufe, Fördergruppen etc.
- Schulen: Primarstufe, Übergänge zu weiterführenden Schulen, Integrationsmodelle, Förder-/Sonderschulen mit verschiedenen Behinderungsschwerpunkten, Schulen mit Binnendifferenzierung etc.
- Unterrichtsbegleitende und außerschulische Therapieformen in freien Praxen, Förderzentren etc.
- Beratung, Fort- und Weiterbildung in kooperativen Zusammenhängen und mit Multiplikatorenfunktionen.

Es fließen Erfahrungen ein aus der Sprachheilambulanz an allgemeinen Schulen, aus dem gemeinsamen Unterricht einer Schule mit wohnortbezogener Integration und schuleigenen Lernwerkstätten, aus Regelschulen und Sonderschulen bzw. Förderschulen – wie sie in einigen Bundesländern inzwischen heißen.

5. Die Frage des Kompetenz- und Qualifikationstransfers steht hinter allen Beiträgen. Das »Was« und »Wie« in der Vermittlung von sprachheilpädagogischem »Know-how« zwischen Wissenschaftlern, therapeutischen Spezialisten, Betroffenen und engagierten Laien brennt vielen Kollegen unter den Nägeln. Dieses Feld ist noch nicht ausreichend wissenschaftlich beleuchtet.

So kann das vorliegende Werk als Experiment betrachtet werden, in der Vermittlung zwischen Fachsprachen Wirkungsäquivalente zu finden. Dahinter steht der Anspruch, dass bestimmte »Übersetzungen« aus der Fachsprache von Sprachtherapeuten beispielsweise auf Kindergärtnerinnen ähnliche Wirkungen erzeugen, wie die medizinisch geprägte Fachsprache auf Studierende. Diese Intention steht hinter dem Einsatz von Piktogrammen zur Markierung von Fördermöglichkeiten.

Da verschiedene Berufsgruppen unterschiedliche Assoziationen zu derartigen Signalen haben werden, ist dies ein geeigneter Ansatzpunkt, im Dialog mit anderen das eigene Selbstverständnis zu reflektieren.

Dazu ein kleines Streiflicht – voll aus dem Leben gegriffen. Am Tag vor der Manuskriptabgabe erlebte ich Folgendes in meinem Seminar zum Thema Sprachentwicklungsdiagnostik:

Strahlend erzählte mir eine Studentin, dass sie die Seminarunterlagen doppelt bräuchte: für ihre Mutter. Sie gehe abends nach der Arbeit regelmäßig in einen Nähkurs, wo sie einem kleinen marokkanischen Mädchen begegnet, das gerade deutsch sprechen lernt. Die Mutter sei fasziniert davon, suche nach theoretischen Erklärungsmöglichkeiten und lese der Studentin ihre Bücher »vor der Nase weg«.

Die Studentin erzählte weiter, dass sie seit Beginn des Seminars genau wissen wolle, wie sie selbst als Kind sprechen gelernt habe, und dass sie seitdem zu ihrer Mutter ein ganz neues Verhältnis gewonnen habe.

Ich interpretierte dies als eine Modellsituation für Kompetenztransfer.

Die Sichtweisen und Deutungsmuster beider Personen kamen zur Sprache. Die Mutter konnte der Tochter vieles aus ihrem Erfahrungsschatz mitteilen, was diese in Beziehung bringen konnte zu ihrem Studium. Die Mutter wollte wirklich etwas wissen von der Studentin. So entstand ein lebendiges Verhältnis zwischen Menschen und Theorien in der Wechselwirkung mit dem persönlichen Lernprozess.

Wo findet Sprachförderung statt?

1. *In Schulen*

   ● *implizit*

   – im Deutschunterricht, speziell in differenzierenden Phasen,
   – in anderen Fächern, besonders implizit in Sachunterricht und Musik,
   – fachübergreifend in Projekten, Wahlpflichtkursen wie Theater-AG,
   – in Vorklassen bzw. Schulkindergärten für nichtschulfähige Kinder;

   ● *explizit*

   im Fremdsprachenunterricht, auch schon in der Primarstufe,
   in Zusatzkursen für Ausländer und Übersiedler,
   in Stützkursen für Kinder mit Lese-Rechtschreib-Schwäche,
   im Rahmen sprachheilpädagogischer Betreuung

   – an Schulen für Sprachbehinderte,
   – an Sonderschulen, Förderschulen oder Förderzentren,
   – an Grundschulen nach dem Ambulanzlehrersystem,
   – an Sonderschulen nach dem Ambulanzlehrersystem,
   – an Kombi- und/oder Integrationsklassen bei partieller Doppelbesetzung;

   ● *differenziert in verschiedenen Organisationsformen*

   – klassische Zweiersituation vor dem Spiegel in einem Therapieraum,
   – Kleingruppen, die für eine Schulstunde in einem besonderen Raum betreut werden,
   – Therapeut zieht sich mit einem Kind oder einer Kleingruppe im Raum der Klasse in eine Ecke zurück während differenzierender Unterrichtsphasen,
   – Kounterricht von Grundschul- und Sprachheillehrer/-in für die ausgewiesene Therapiezeit meist im Rahmen des Anfangsunterrichts im Bereich Deutsch.

2. *Außerschulisch*

   in Kindergärten und Horteinrichtungen durch Stundenverträge mit Logopäden,
   in Praxen von Logopäden und Sprachtherapeuten,
   in Praxen von Kinderärzten/HNO-Ärzten mit Delegation von Therapie,
   in Beratungszentren für Frühförderung,
   in Erziehungsberatungsstellen,
   in Kinderkliniken,
   in Forschungseinrichtungen wie z.B. Deutsches Institut für Pädagogische Forschung (DIPF).

3. *Je nach den Rahmenbedingungen dominieren folgende Aspekte der Sprachförderung*

   Symptomorientierung mit medizinischer Indikationsstellung,
   fachdidaktische und schulleistungsorientierte Schwerpunkte,
   Prävention von Lese-Rechtschreib-Schwäche,
   Erfüllung von juristischen oder verwaltungsrechtlichen Bedingungen, an die eine Kostenübernahme durch das Sozialamt oder die Krankenkasse geknüpft ist.

Das ist das Neue an diesem Konzept von Sprachförderung

1. Es ist ein Angebot an alle, die an Schulen und außerschulischen Institutionen mit Sprachförderung zu tun haben – nicht zuletzt Eltern.

2. Das Material kann ein gemeinsamer Bezugspunkt sein für Sprachheilpädagogen und Lehrkräfte, Eltern, Sozialpädagogen im Hort, Hausaufgabenhilfen, Legasthenie-Institute und Pädagogen, die Kinder mit nicht-deutscher Muttersprache fördern.

3. Therapeutische Ansätze aus dem Bereich der Neuropsycholinguistik werden so konzeptionell umgesetzt, dass sie für Sprachheilpädagogen ein Orientierungssystem bieten, das in seinen theoretischen Vorgaben transparent ist.

4. Das Orientierungssystem erleichtert die Auswahl von Angeboten in Therapie und Unterricht je nach den Erfordernissen der Differentialdiagnostik und nach Rahmenbedingungen der Sprachförderung.

5. Das Orientierungssystem nutzt die Signalfunktion von Signets, um die therapeutische Relevanz der dargestellten oder intendierten Lernsituationen zu markieren.

6. Die Signets ermöglichen durch gezielte Zusammenstellung eine Übersicht in Zusammenhänge zwischen Wahrnehmung und Sprache.

7. Die therapeutischen Implikationen von Sprachfördersituationen werden – auch für Nichtfachleute – zumindest von der Zielrichtung her verständlich.

8. Ein solches Konzept von Sprachförderung beinhaltet die Idee: Therapie in homöopathischen Dosen. Die Verknüpfung mit alltäglichen Lernsituationen erhöht die Wahrscheinlichkeit des Transfers.

9. Das Problem, Erfolge in der Übungssituation in der Spontansprache abzusichern, wird durch die konzeptionelle Verknüpfung der Sprachförderung mit alltäglichen Lernsituationen entschärft. Diese können so besser eingebunden werden in den Einflußbereich aller Beteiligten.

10. Die Anbindung von Sprachförderung an die zugrunde liegende Diagnostik von Wahrnehmungsstörungen ermöglicht eine therapeutische Arbeit, die tiefer liegende Entwicklungsstörungen ernst nimmt.

11. Der Werkstattcharakter der Veröffentlichung ermutigt Umsetzungen in verschiedenen Praxisfeldern. Vielleicht lassen sich entsprechende Folgedokumentationen und Materialanregungen auch so weit hervorlocken, dass sich Kolleginnen und Kollegen mit ihren Weiterentwicklungen melden und so ein fruchtbarer Dialog entsteht.

12. Aspekte von Spracherziehung, die bislang überwiegend dem Kindergarten zugeschrieben werden, finden weitere Wertschätzung in der Schule. Es werden Wege aufgezeigt, wie sprachbildende Unterrichtsinhalte im Sinne allgemeiner Sprachförderung und spezifischer Therapie ausgestaltet werden können durch Berücksichtigung von grundlegenden Entwicklungsprozessen im Zusammenspiel von Wahrnehmung und Sprache. Die Themenorientierung unterstützt die Verbindung einzelfallbezogener Förderung mit Lehrplanzielen.

II. Grundlagenteil:
Die Sinne und die Sprache

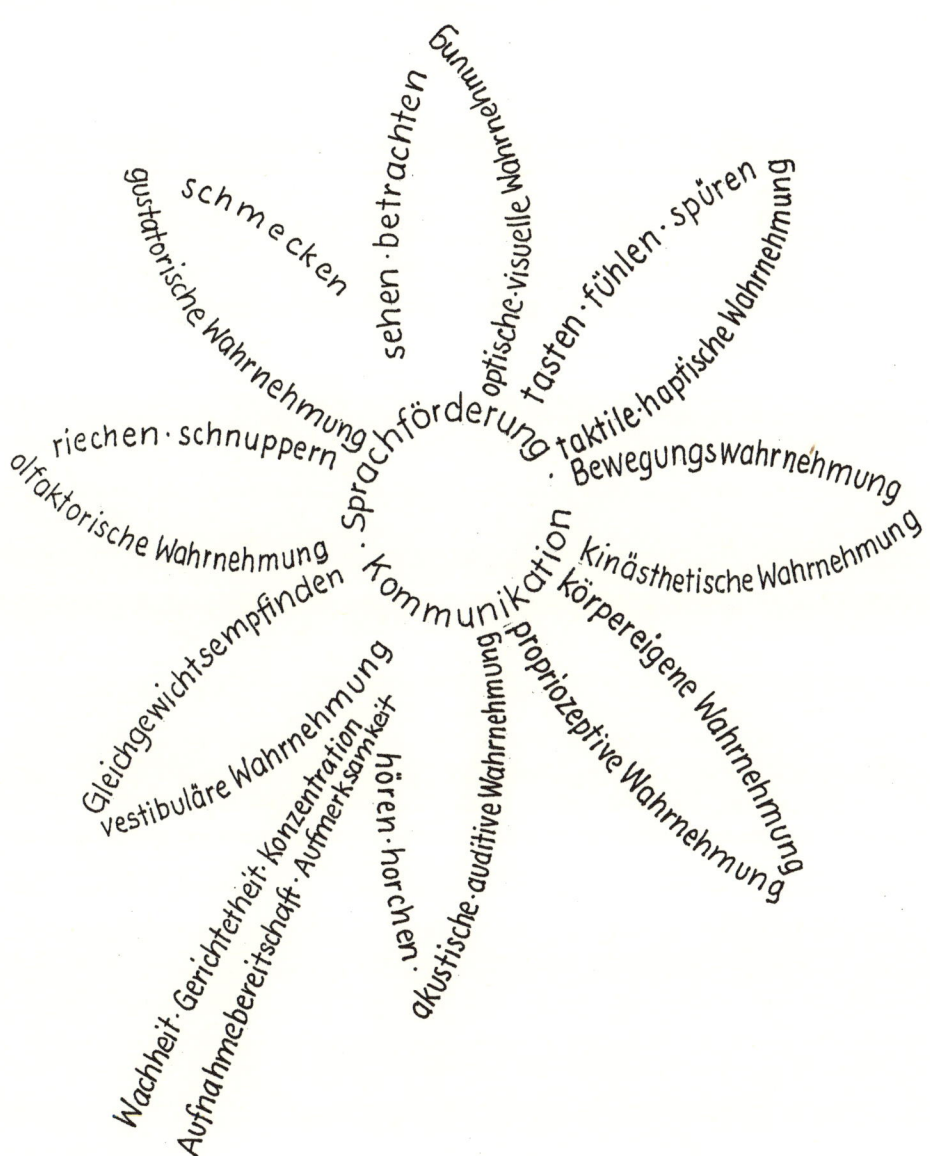

Axel Holtz

Die Wahrnehmung der Sprache

1. Sprache unter den Bedingungen veränderter Kindheit

Wenn wir Postmans Bestseller vom »Verschwinden der Kindheit« (1987) ansetzen und versuchen, die dort getroffenen Aussagen und berichteten Erfahrungen und Erlebnisse auf deutsche Verhältnisse zu übertragen und für diese zu überprüfen, so zeigt sich – bezogen auf unser Thema Wahrnehmung und Sprache – nach meiner Einschätzung folgendes Bild: Die Spielsituation für Kinder in den letzten zehn bis zwanzig Jahren im Freibereich hat sich dramatisch verändert. Entweder findet Bewegung zu festgelegten Zeiten, meistens organisiert in Vereinen, statt oder konzentriert sich auf die wenigen verbliebenen »freien« Plätze in unseren Städten. Häufig sind stattdessen die Spielwarenabteilungen der Kaufhäuser mit ihren Angeboten an Gameboys und Videospielen zum Spielplatz der Neunzigerjahre geworden. Das Bewegungsvermögen, auch das psychische Zutrauen in die eigenen Bewegungsmöglichkeiten ist rapide gesunken und nachweislich schlechter als noch etwa in den Sechzigerjahren (Grefe 1995).

Motorische Erfahrungen sind mit sensorischen Erlebnissen verbunden. Entsprechend steht »Kindheit heute« unter dem Motto »Vom Schwinden der Sinne«. Kinder um die Jahrhundertwende beherrschten ca. 100 klassische Kinderspiele, Kinder am Ende dieses Jahrhunderts noch durchschnittlich fünf. Für renommierte Verlage ist es mittlerweile lukrativ, die alten Spielformen in Büchern zu fixieren und zu vertreiben. Vielleicht ist dies in der Tat die einzige Möglichkeit, ein Stück Kinderkultur zu bewahren. Kinder beherrschen heute als »Ausgleich« die audiovisuellen Medien in einer erstaunlichen, ich könnte auch sagen: erschreckenden Perfektion. Unvergessen bleibt mir als Mitarbeiter einer Beratungsstelle für Sprachbehinderte ein vierjähriges Kind, das mir wegen einer schweren Sprachentwicklungsverzögerung in einem Kindergarten vorgestellt wurde. Das Mädchen agierte sprachlich auf dem Niveau von Einwortsätzen mit einem entsprechend massiv eingeschränkten Wortschatz. Es war jedoch so spezialisiert, dass es mir trotz ihrer bescheidenen sprachlichen Mittel das Programmieren eines Videorecorders korrekt veranschaulichen konnte. In diesem Kontext der visuellen Überflutung hilft auch der Hinweis auf den Kassettenrecorder als auditives Angebot und Standardeinrichtungsgegenstand in jedem Kinderzimmer wenig weiter. So hochwertig eine Märchenkassette produziert sein mag, das Abspielgerät nimmt nicht in den Arm, beantwortet keine Fragen und lässt sich nicht in einen Dialog einbinden. Der Spracherwerb vollzieht sich aber im Dialog und nicht als einseitige auditive Berieselung. Pointiert formuliert: Kinder können heute eher die Geräusche eines Gameboy differenzieren als die Höreindrücke bei einem Waldspaziergang. Unruhe, Hektik und eine Überdosis auditiven Mülls schlängeln sich als ein roter Faden durch ihr Leben. In diesen Zusammenhang sind auch die ungewohnt häufigen und heftigen Klagen von Eltern, Lehrern, Erzieherinnen und anderen pädagogischen Fachkräften über die Hyperaktivität, die Unkonzentriertheit und schließlich die Aggressivität und Gewalt von Kindern einzuordnen.

Zweifellos handelt es sich hier nur um Schlaglichter, die eine Situation beleuchten, die man zwar nicht als Verschwinden von Kindheit, aber doch als eine radikale Veränderung von Kindheit begreifen muss. Zu fragen bleibt allerdings, inwieweit wir uns ihr mit humanen pädagogischen Möglichkeiten stellen. Oder, andersherum gewendet: Welche Antworten haben pädagogisch fundierte Konzeptionen auf die Fragen dieser Kinder entwickelt, die sie uns durch ihr Verhalten stellen?

2. Sprachheilpädagogische Sichtweisen hinsichtlich der Beziehung zwischen Wahrnehmung und Sprache

Innerhalb der Disziplinen, die sich mit sprachauffälligen Kindern beschäftigen, allen voran die Logopädie und Sprachbehindertenpädagogik, haben Fragen der Wahrnehmung, der Wahrnehmungsstörungen und der Wahrnehmungsförderung immer eine große Rolle gespielt.

In den letzten 25 Jahren haben sich allerdings das Wissen über die Zusammenhänge von Wahrnehmung und Sprache und somit die Intensität der Diskussion drastisch erhöht. Diese Entwicklung ist zweifellos vor allem den oben nur knapp skizzierten Veränderungen der Kindheit heute geschuldet, die sich in diesem Bereich u. a. darin äußert, dass Sprachstörungen in ihrem quantitativen Ausmaß enorm angestiegen sind und zudem eine ganz andere Qualität dieser Störungen zu registrieren ist. Der Trend weist eindeutig in die Richtung umfassender Sprachentwicklungsverzögerungen.

Zu Beginn der Siebzigerjahre wurde im deutschsprachigen Forschungsraum ein Konzept populär, das mit dem Namen Frostig verbunden ist. Sie hat in einer grundlegenden Arbeit mit dem Titel »Bewegungserziehung« (1973) ihren Ansatz eindringlich und eindrücklich vorgestellt. Die dort getroffenen Aussagen wurden leider nicht angemessen rezipiert. Schwerpunktmäßig konzentrierte man sich in Deutschland auf die rein pragmatisch ausgerichteten Angebote der Frostig-Konzeption und reduzierte somit diesen Ansatz in einer unangemessenen Weise. Frostig, die vom konkreten Handeln der Kinder, von ihrem Bewegungsverhalten ausgegangen ist, wurde hier einseitig weitgehend auf die Verwendung des entsprechenden Testinstruments zur Entwicklung der visuellen Wahrnehmung und der diesbezüglichen zweidimensionalen Hefte mit Arbeitsblättern beschränkt. Ein Verdienst von Frostig bleibt es, überhaupt die Debatte über das Thema Wahrnehmung und Sprache in den sprachpathologischen Disziplinen intensiviert und für das Terrain der visuellen Wahrnehmung einen praxisorientierten und fundierten Raster angeboten zu haben. So wurden sowohl für die Laut- als auch für die Schriftsprache grundlegende Wahrnehmungsfähigkeiten des Kindes visueller Art wieder genauer in den Blick genommen. Verwiesen sei etwa auf die Auge-Hand-Koordination, die beim Säugling über das Ergreifen einer Rassel beginnt und schließlich zum Schulbeginn ihre feinmotorische Perfektion beim Schreiben von Buchstaben in einer vorgegebenen Lineatur findet. Hierher gehört auch eine Fähigkeit wie die Bestimmung der Raum-Lage-Position, die einerseits den ganzen Körper betrifft (wo und in welcher Position befinde ich mich in diesem Raum?) und andererseits so differenzierte Fähigkeiten erfasst wie die Kenntnis, dass bei einem /F/ die horizontalen Striche nach rechts und nicht nach links weisen.

Trotz dieser unbestreitbaren Bedeutung wurde innerhalb der Sprachbehindertenpädagogik und Logopädie Frostigs Ansatz bereits Mitte der Siebzigerjahre wieder zurückgedrängt durch neuere Forschungsarbeiten, die sich auf einen aus den USA adaptierten Test, den Psycholinguistischen Entwicklungstest (PET), bezogen.

Dieses Verfahren wurde in größeren Untersuchungsreihen bei sprachbehinderten Kindern angewandt und zeigte dabei, dass diese Kinder massive Wahrnehmungs- und Verarbeitungsschwächen aufweisen. Diese Störungen bezogen sich in den Daten des PET aber nicht auf die visuellen, sondern vor allem auf die auditiven Testaufgaben. Auch hierzu einige Beispiele: Sprachbehinderte Kinder haben größte Schwierigkeiten, vorgesprochene Zahlen kurzfristig zu speichern und nachzusprechen. Diese Einschränkung betrifft sowohl die Menge der Zahlen als auch die geforderte richtige Reihenfolge. Eine hohe Hürde bildeten für diese Kinder auch Anforderungen, bei denen aus isolierten Lauten ein Wort zusammengefügt werden sollte, etwa aus /F-i-sch/ das Wort Fisch. Die Reihe dieser sogenannten auditiven Teilleistungsschwächen ließe sich fort führen.

Als Konsequenz aus diesen größeren empirischen Erhebungen Ende der Siebzigerjahre entstanden Therapiematerialien, die sich, ähnlich wie bei dem Frostig-Angebot, auf Arbeitsblätter reduzierten, mitunter verstärkt durch Audiokassettenprogramme. In diesem Zeitraum etablierten sich dann aber auch Ansätze, die sich prinzipiell von diesen Modellen und Vorgehensweisen der Förderung unterschieden. Gemeint sind hier die Konzeptionen von Affolter (1987) aus der Schweiz und von Ayres (1984) aus den USA, die dann in Deutschland eine ungeheure Popularität bekamen. Beide beziehen sich in jeweils individueller Auslegung auf die Entwicklungspsychologie von Piaget, wobei Ayres wesentlich intensiver neurophysiologische Aspekte in ihre Theorie integriert.

Bleiben wir aber zunächst bei Affolter (1987). Sie geht davon aus, dass sich die Entwicklung eines Kindes im Wahrnehmungsbereich auf verschiedenen Stufen vollzieht, die aufeinander aufbauen. Zunächst, und dies gilt ungefähr für die ersten drei Monate nach der Geburt, nimmt ein Kind die Welt modal wahr, das heißt jeweils nur über einen einzigen Sinneskanal. Das Kind sieht entweder die Rassel, oder es hört ihr Geräusch, oder es ergreift sie und spürt ihre Formen zwischen den Händen. Eine Verbindung, eine Koordination dieser verschiedenen Wahrnehmungseindrücke ist laut Affolter erst jenseits des dritten Lebensmonats möglich. Sie spricht dann auch von einer intermodalen Wahrnehmung. Das Kind kann nun in seinem Wahrnehmungserleben verknüpfen, dass es eine Rassel ergreift (taktil-kinästhetisches Empfinden), sie in sein Blickfeld holt (visuelles Empfinden) und beim Schütteln dieser Rassel Geräusche entstehen (auditives Empfinden). In einer dritten Abstufung konstatiert Affolter die Fähigkeit zur seriellen Wahrnehmung. Die Kinder können nun ihr Wahrnehmungserleben zeitlich strukturieren, in eine ganz bestimmte Reihenfolge bringen. Erst auf der Basis dieser sensomotorischen Grundfähigkeiten ist es Kindern möglich, Symbolleistungen, primär natürlich die Lautsprache, zu entwickeln und zu stabilisieren.

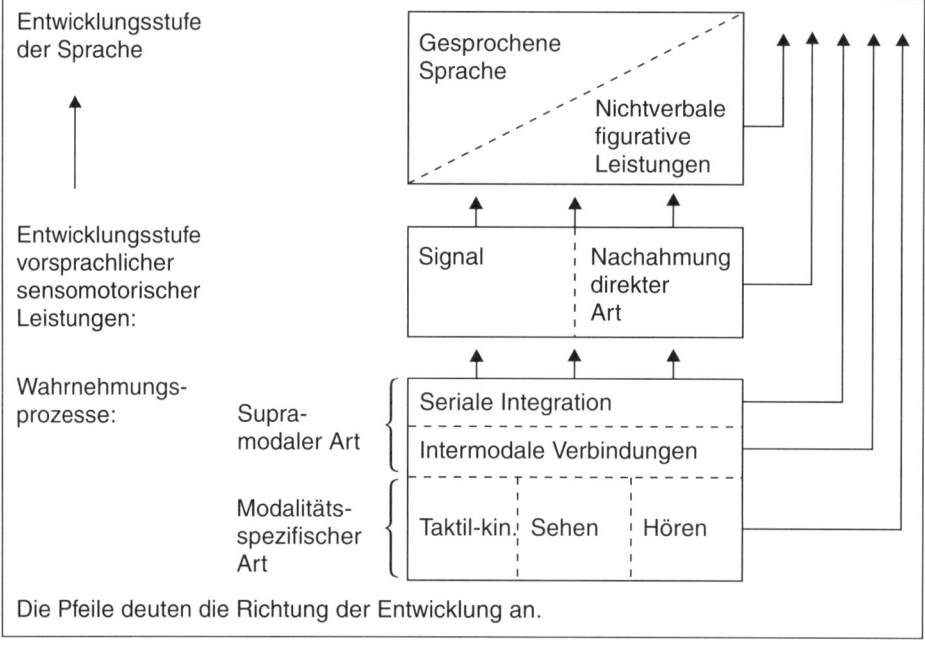

Abb. 1: Entwicklung der Sprache und deren Vorprozesse, modifiziertes Modell nach Affolter

Die Erfahrungen und empirischen Erhebungen von Affolter zeigten ihr, dass im Rahmen dieses Entwicklungsmodells zwei grundlegende Aussagen für sprachbehinderte Kinder zu treffen sind.

1. Innerhalb der verschiedenen Wahrnehmungsmodalitäten kommt der taktil-kinästhetischen Sensorik eine besondere Bedeutung zu.
2. Eine Sprachtherapie, die einzig und allein an der Sprache ansetzt, greift im wahrsten Sinne dieses Modells zu hoch, weil sie die mitunter massiv betroffene sensomotorische Basis, die Grundvoraussetzung von Sprache, nicht entsprechend berücksichtigt.

Affolter hat es vermieden, für ihre Vorstellungen von Entwicklungsstörungen entsprechende therapeutische Arbeitsmaterialien, wie wir sie von Frostig und als Konsequenz aus den PET-Arbeiten kennen, vorzulegen. Ihr pädagogisch-therapeutisches Vorgehen konzentriert sich stattdessen auf die sogenannten PLAGs, die Problemlösenden Alltagsgeschehnisse. Hierbei geht es darum, dass sich die Förderung des Kindes einbettet in ganz alltägliches sensomotorisches Verhalten von Kindern. Dieses wird gestützt oder, genauer formuliert, geführt durch die Hände des Therapeuten, um dem Kind wichtige, fundamentale Spürerlebnisse aus seiner frühen Kindheit nun adäquat zu ermöglichen. So soll sensomotorische Sicherheit bzw. ein psychisches Zutrauen des Kindes in seine sensomotorischen Potenziale aufgebaut werden. Auf diese Weise lernen Kinder in der Affolter-Therapie z. B. eine Blume zu gießen, eine Apfelsine zu schälen oder sich ein Getränk einzuschenken. Erst wenn in diesem Bereich der Problemlösenden Alltagsgeschehnisse das Kind sensomotorische Grunderfahrungen nachgeholt hat, ist es nach Affolter sinnvoll, quasi das Überbauphänomen Sprache in das therapeutische Vorgehen stärker einzubeziehen.

Einen prinzipiell vergleichbaren Ansatz finden wir bei Ayres (1984). Sie geht davon aus, ähnlich wie es Affolter für die intermodale und serielle Wahrnehmungsstufe postuliert, dass Kinder verschiedene sensorische Elemente, verschiedene Wahrnehmungsbereiche integrieren müssen. Dies ist ein Lernprozess, der sich im Laufe der Entwicklung entfaltet. Dabei kommt nach Ayres dem vestibulären Sinn eine besondere Bedeutung zu. Der vestibuläre Sinn ist gekennzeichnet durch die Fähigkeit, das Gleichgewicht zu halten und den eigenen Körper entsprechend seiner Raumposition wahrzunehmen und zu bewegen. Ebenso wie bei Affolter spielen bei Ayres konkrete Erlebnisse des Spürens, des Tastens, der konkreten Hauteindrücke eine besondere Rolle in ihrer Theorie und Therapie.

Auch Ayres hat es klugerweise vermieden, standardisierte Übungsmaterialien auf dem Niveau von »Papierpädagogik« anzubieten. Wie kreativ und breit gestreut die praktische Palette dieses Ansatzes ist, zeigt immer noch eindrucksvoll das Buch von Brandt u. a. (1985) über die Therapie von Integrationsstörungen.

So weit ein äußerst geraffter Überblick über jene Antwortversuche, die die Diskussion über die Fragen der Kinder zum Zusammenhang von Wahrnehmung und Sprache in den letzten 25 Jahren entscheidend bestimmt haben. Dabei zeigt sich, dass vieles, auch wenn dies pointiert klingen mag, modewellenartig wirkt. Diese Einschätzung entbindet uns aber nicht von der Pflicht, diese Ansätze, so vielfältig und widersprüchlich sie sein mögen, für unser Thema, unsere Problemstellung in ihrer Aussagekraft seriös zu prüfen.

Es ist deshalb zu fragen, was wir aus diesen Konzeptionen für unser praktisches Vorgehen und theoretisches Reflektieren dieser Praxis an Erkenntnisgewinn herausfiltern können. Darüber hinaus interessiert die Frage, wo und wie wir diese Ansätze kritisch überwinden und Neues kreieren müssen. Meine Überlegungen zu diesen Fragen will ich nun anhand von fünf Thesen entfalten.

3. Fünf Thesen

3.1 Sprachtherapie ist mehr als eine Therapie der Sprache

Eine zentrale Konsequenz jener hier geschilderten Ansätze zur Verbindung von Wahrnehmungs- und Sprachförderung besteht darin, dass Sprache zwar als eine herausragende, aber nicht als eine isolierte Entwicklungsfähigkeit des Kindes verstanden werden muss. Sprache steht immer in Verbindung zu emotionalen, zu kognitiven, zu sensorischen und zu motorischen Leistungen. Insofern ist auch immer zu prüfen, inwieweit ein sprachauffälliges Kind in diesen korrespondierenden Grundfähigkeiten Probleme zeigt. Entsprechend hat eine Förderung dieser Kinder mehr als nur das auffällige Symptom Sprache im Blick zu behalten. Allerdings sollte diese Überlegung auch eine Warnung enthalten. Zu Recht haben gerade Linguisten immer wieder kritisch angemerkt, dass wir die Sprachstörungen nicht innerhalb der Sprache zu Ende denken, sondern sehr schnell, zu schnell in diese umgebenden Faktoren ausweichen. Es bleibt immer, d. h. bei jedem einzelnen Kind, sehr genau zu klären, wie z. B. bestimmte Sprachstörungen und bestimmte sensomotorische Auffälligkeiten zusammenhängen. Dies ist allein schon deshalb notwendig, weil zwar viele sprachbehinderte Kinder Wahrnehmungsprobleme aufweisen, aber eben nicht alle. Zudem ist auch bei der Gruppe der sprachlich und sensorisch Betroffenen genau zu klären, in welcher Differenziertheit und Intensität sie diese Störungen haben. Wenn wir das kostbare pädagogische Gut der Ganzheitlichkeit verteidigen wollen, dann müssen wir also zu einer *differenzierten Ganzheitlichkeit* vordringen und eine diffuse Ganzheitlichkeit hinter uns lassen.

In diesen Zusammenhang gehört dann auch die Zurückweisung jener Kurzschlussüberlegung, wonach allein schon mit Förderangeboten in der sensomotorischen Basis, quasi automatisch, sich Fortschritte, ja Heilungen bei der

Sprachentwicklungsverzögerung einstellen. Dies ist weder theoretisch zu begründen noch auf breiter Ebene praktisch belegbar.

3.2 Sprachlernen ist Schrittmacher der Sprachentwicklung

Zunächst einmal müssen wir den Kindern, den Eltern und uns selbst als pädagogisch-therapeutische Fachkräfte ehrlich eingestehen, dass die Sprachtherapie nicht vergleichbar ist mit dem Besuch des Fußballtrainings oder der Musikschule. Sprachtherapie ist eine Veranstaltung, die auf künstliche Art, also mit besonderen Terminen, meistens unfreiwillig vom Kind aus, mit spezifischen Methoden in einen natürlichen Entwicklungsprozess, die Aneignung der Sprache, eingreift. Was bei Kindern in der Regel ohne fremde Hilfe im Rahmen des Eltern-Kind-Dialogs sich ganz von selbst zwischen der Geburt und dem Vorschulalter entwickelt, die Sprache, kann von sprachbehinderten Kindern eben nicht in den erwartungsüblichen Zeitdimensionen und auf dem erwartungsüblichen Niveau verwirklicht werden. Ist diese Einschätzung seiner Sprachentwicklung bei einem Kind korrekt, so ist professionelle Hilfe angesagt, die nun versucht, so realitätsnah wie möglich, den Entwicklungsverlauf dieses sprachauffälligen Kindes an die Realität heranzuführen. Wenn wir somit Sprachtherapie als einen Lernprozess begreifen, der Entwicklung in Gang setzen, beschleunigen, stabilisieren soll, dann ist die Frage zu stellen, wie ein solches Lerngeschehen in seiner Struktur zu fassen ist. Alle großen Entwicklungspsychologen dieses Jahrhunderts, Wygotski, Piaget und Bruner, sind sich darin einig, dass die konkrete Tätigkeit, der Umgang mit realen Gegenständen die Basis dieses Lernens sein muss. Insofern ist es ein großes Verdienst der Ansätze von Frostig, Affolter und Ayres, dass sie auf dieses Fundament immer wieder hingewiesen und Umsetzungen in die Praxis unterbreitet haben. Erst auf dieser Grundlage kann dann jenes bekannte und durchaus bewährte sprachtherapeutische Repertoire eingesetzt werden. Ich verstehe hierunter vor allem zweidimensionales Material wie Bilder und Fotos, die in bestimmten Spielformen wie Memory, Lotto, Domino usw. auf die entsprechende Sprachstörung orientiert zum Einsatz kommen. Es geht hier nicht darum, diesen methodischen Zugang als nicht kindgemäß abzulehnen; es ist aber das Anliegen, darauf hinzuweisen, an welcher Stelle er im Lernprozess seine Bedeutung erfährt, also nicht die Basis des Sprachlernens sprachbehinderter Kinder darstellt. Nur über das konkrete Handeln und dann die bildliche Präsentation kann die sprachliche Fertigkeit zum geistigen Besitz des Kindes, zur zunehmend automatisierten Sprachtätigkeit werden.

3.3 Wahrnehmung als aktiver und intermodaler Prozess

Nähern wir uns zunächst dem ersten Teil der These von der aktiven Wahrnehmung. Dem Menschen steht aus der Bandbreite möglicher sensorischer Eindrücke, aufgrund seiner organischen Ausstattung, nur ein ganz bestimmtes Spektrum, ein Ausschnitt, zur Verfügung. Beispiel *auditive Wahrnehmung*: Wir Menschen sind nur bei gut ausgebildeter Hörfähigkeit in der Lage, bis zu 15 000 bzw. 20 000 Hz wahrzunehmen. Jenseits dieser Schwelle ist es Menschen nicht mehr möglich zu hören. Tiere, etwa der Delphin, sind hier wesentlich sensibler und können noch ganz andere Frequenzen verarbeiten. Auch innerhalb dieses dem Menschen organisch zugänglichen Spektrums wählt er aktiv aus. Verwiesen sei auf jenen Effekt der Cocktailparty, bei der wir in eine diffuse Geräuschkulisse geraten, in ein Stimmengewirr, und dennoch in der Lage sind, uns auf einen Gesprächspartner zu konzentrieren und dessen Erzählung zu verstehen. Diese Fähigkeit der aktiven Wahrnehmung läßt sich auch neurophysiologisch bestätigen. So finden wir zwischen dem Gehirn und dem Ohr zehnmal mehr Verbindungen, die vom Gehirn zum Ohr laufen als in der umgekehrten Richtung. Übersetzt: Wir hören, was wir hören wollen.

Gerade die Sprachwahrnehmung ist nicht nur ein aktiver, sondern ein konstruktiver Prozess unseres Gehirns. Erfahrene Sprecher/Hörer sind durchaus in der Lage, einen Satz zu verstehen und entsprechend zu handeln, auch wenn sie ihn, organisch-peripher betrachtet, nur bruchstückenhaft wahrgenommen haben.

Das Gehirn ergänzt eigenaktiv die notwendigen Sprachteile zu den gehörten Ausschnitten. Diese unser Alltagsleben enorm erleichternde Fähigkeit hat allerdings auch eine pathologische Kehrseite. So kennen wir dysgrammatisch sprechende Kinder, die auch im Schulalter noch Satzformen produzieren, die in der deutschen Sprache absolut unüblich sind und in ihrer Umgebung so auch nicht gesprochen werden. Sätze wie »Ich heute Brief schreibe« können deshalb nur als Eigenkonstruktionen dieser Kinder begriffen werden, die die bei ihnen eingehenden Sprachdaten in einer Art und Weise sortieren und Sätze konstruieren, die von dem Erwartungsüblichen abweichen.

Verfolgen wir den zweiten Teil dieser These von der intermodalen Wahrnehmung. Ich verweise rückblickend noch einmal auf das Modell von Affolter. Diese Grundkonzeption, nach der wir ja zunächst eine modale, dann eine intermodale und schließlich eine serielle Wahrnehmung bei Kleinkindern konstatieren können, ist entwicklungspsychologisch nicht mehr haltbar.

Nach den bahnbrechenden und mittlerweile im wesentlichen bestätigten Forschungen des französischen Phoniaters Tomatis (1987) können Kinder bereits vorgeburtlich im fünften Monat nach der Zeugung hören. Gerade das Ohr ist ein einzigartiges Organ, das schon pränatal voll funktionsfähig ist. Dabei weisen die *Ohren* einige Besonderheiten auf:

- Sie beherbergen zwei Wahrnehmungsorgane, eine Tatsache, die Ayres nicht gebührend berücksichtigt hat. Im Innenohr finden wir einerseits mit den Bogengängen und den Säckchen die organische Grundlage für die Gleichgewichtswahrnehmung, den vestibulären Sinn, als auch mit der Schnecke die organische Grundlage für das Hören, den auditiven Sinn. Dabei ist es nachgewiesen, dass der vestibuläre Apparat »mithört«, dass er Höreindrücke bis 700 Hz überträgt. Wie eng diese auditiv-vestibuläre Koppelung ist, erfahren wir eigentlich tagtäglich. Der Tanz als Bewegung im Raum zu einer Musik ist so eine intermodale Tätigkeit. Diese Fähigkeit, zu hören und sich statisch korrekt im Raum zu bewegen, ist bereits im Mutterleib ausgebildet.
- Diese Bedeutung des Ohres dokumentiert sich auch in einigen neurophysiologischen Besonderheiten. So ist das Ohr als erstes Organ schon bei der Geburt bzw. kurz danach vollkommen myelinisiert, das heißt, um die entsprechenden Nervenverbindungen hat sich eine Schutzschicht gebildet. Dieser Prozess, der beim Menschen insgesamt bis in das Erwachsenenalter reichen kann, ist also für den Hörbereich frühzeitig abgeschlossen.
Ebenfalls auf der Ebene neuronaler Verbindungen steht das Ohr im engsten Kontakt mit dem Gesicht, speziell mit dem Mund, dem Artikulationsbereich. Die Ohren sind das zentrale Organ, um Sprache zu präparieren und zu realisieren.
- Es scheint der Natur ausgesprochen wichtig zu sein, diese für unsere Entwicklung so bedeutsamen Ohren auch entsprechend zu schützen. Das winzige Innenohr wird umhüllt von dem härtesten Knochen, über den der Mensch verfügt, dem Felsenbein.

Zusammenfassend können wir also festhalten, dass die Wahrnehmung, auch jene, die für die Sprache des Menschen Verantwortung trägt, sich früh entfaltet, aktiv gestaltet wird und in der Lage ist, mehrere Wahrnehmungsebenen zu verknüpfen, intermodal zu sein.

3.4 Wahrnehmung und Sprache entwickeln sich miteinander, nicht nacheinander

Diese These geht wiederum auf eine Überlegung Affolters ein, nach der zunächst die sensomotorische Basis bei einem Kind entfaltet und stabilisiert wird und erst dann im zweiten Lebensjahr darauf aufbauend Sprache entsteht. Auch dieses Modell ist entwicklungspsychologisch so nicht haltbar.

Zunächst einmal müssen wir konstatieren, dass die Sprache von Anfang an in der Entwicklung eines Kindes eine große Rolle spielt. Sie wird, erneut sei auf Tomatis verwiesen, vom Kind bereits vorgeburtlich wahrgenommen. Die Mutter und andere Bezugspersonen sprechen, und das Kind hört diese Äußerungen. Nachgeburtlich verfügt der Säugling über die Möglichkeit, am Dialog mit diesen vertrauten Menschen mitzuwirken. Es existiert also eine enge Verbindung zwischen der Kommunikation mit dem Kind und der Fähigkeit des Kindes, entscheidende Elemente dieser Kommunikation wahrzunehmen. Wir können also nicht von diesem Schichtenaufbau, erst Sensorik, dann Sprache, ausgehen, sondern finden in der Realität die Sprache von Geburt an in den Kommunikationsprozess eingebunden. An diesem Dialog ist mit parasprachlichen Mitteln auch das Kind beteiligt. Es zeigt Blickkontakt, Mimik, Gestik, Handsprache, Schreien, Vokalisationen und sehr viele rhythmisch-musikalische Elemente in »seiner Sprache«. Das Kind ist ein Kommunikationspartner, eine Erkenntnis, die der heute führenden Sichtweise in Bezug auf die frühe Kindheitsentwicklung entspricht, die vom kompetenten Säugling ausgeht. Innerhalb dieses Dialoggeschehens differenzieren sich natürlich die Fähigkeiten des Kindes. Während ein Kind vorgeburtlich nicht die Inhalte dessen, was die Mutter sagt, versteht, sondern nur ihre emotionalen Anteile, wie Wut, Trauer, Freude, stimmungsmäßig wahrnimmt, kann es bereits nachgeburtlich auch sprachliche Äußerungen jenseits ihrer gefühlsmäßigen Botschaft verstehen bis schließlich hin zu äußerst komplizierten Sprachwahrnehmungsleistungen im Vorschulalter, wo Kinder z. B. Ironie oder Passivkonstruktionen dechiffrieren. Innerhalb weniger Jahre entfaltet das Kind also ein ausgesprochen feingliedriges Sprachverständnis, natürlich nur in Verbindung mit entsprechend differenzierten Wahrnehmungsfähigkeiten.

3.5 Sprachförderung muss über die Sinne Sinn stiften

Der berühmte amerikanische Neuropsychologe Sacks hat dies in seinem Buch »Stumme Stimmen« so zusammengefaßt:

> »Aber die Worte der Mutter und die Welt hinter diesen Wörtern würden für das Kleinkind keinen Sinn ergeben, wenn sie nicht mit etwas in seiner Erfahrung korrespondierten. Seine Sinne vermitteln ihm eine unabhängige Erfahrung der Welt, und diese verleiht der Sprache der Mutter Zusammenhang und Bestätigung und bekommt umgekehrt durch sie eine Bedeutung. Es ist die vom Kind verinnerlichte Sprache der Mutter, die es ihm erlaubt, von der Sinneswahrnehmung zum Sinn fortzuschreiten, von der perzeptuellen in eine konzeptuelle Welt aufzusteigen« (Sacks 1991, S. 154).

Wir erfahren hier noch einmal, dass es die Sprache der Mutter ist, die eine Muttersprache fundiert. Und wir erfahren ebenso erneut, wie nach diesem Verständnis Sinn und Sinne, Sprache und Wahrnehmung miteinander zusammenhängen.

Es ist nun eine pragmatische Fragestellung, wie sich diese theoretische Grundlage in konkrete sprachfördernde Praxis umsetzen läßt. An dieser Stelle will ich das Konzept der Themenorientierten Sprachförderung vorstellen.

Innerhalb der Geschichte der Sprachtherapie haben sich verschiedene Ansätze herausgebildet, wobei gerade die geschilderten Innovationen der letzten 25 Jahre Bewegung in die sprachtherapeutische Szene gebracht haben.

Klassischerweise dominieren in der Sprachtherapie die sogenannten übungstherapeutischen Ansätze, die darauf verweisen, dass dieser sprachfördernde Zugang aus der Medizin hervorgegangen ist. Nach einer Diagnosestellung, z. B. hinsichtlich einer Artikulationsstörung, wird eine entsprechende Behandlung indiziert. Sprachtherapie heißt dann, dass in künstlichen, weit gehend hoch strukturierten Situationen mit einem bestimmten Methodenrepertoire Sprachlernen initiiert wird. Selbstverständlich wird auf ein spielerisches Vorgehen geachtet, wobei bekannte Spielformen wie Memory, Lotto, Domino usw. hauptsächlich Berücksichtigung finden. Schwerpunkt des Repertoires bilden somit zweidimensionale Materialien, ansprechende Bilder und Fotos, die den zu therapierenden Laut oder die gewünschte Satzstruktur in immer neuen Varianten möglichst häufig thematisieren. In der Übungssprache wollen viele Gelegenheiten provoziert werden, in denen die erforderlichen Sprachmuster vom Kind trainiert werden können. Wichtig ist zudem, dass Sprachtherapeuten eine breite Palette an therapeutischem Handwerkszeug beherrschen, über verschiedenste Therapietechniken verfügen, um der Vielfältigkeit der Sprachstörungsbilder gerecht zu werden.

Ziel des Vorgehens ist es, in der Übungssprache so viel sprachliche Sicherheit zu gewinnen, dass der Transfer in die Alltagssprache gelingt. Häufig steht hier die höchste Hürde für das sprachtherapeutische Handeln.

Als Kritik an dieser Form der Übungstherapie entwickelte sich der sensomotorische Ansatz, den wir bereits vorgestellt haben. Sein Augenmerk liegt auf den Basisfunktionen der Sprache und auf realen dreidimensionalen Therapiegeschehnissen. Wir haben auch herausgearbeitet, dass dabei die Zusammenhänge von Sprache und Wahrnehmung nicht immer exakt geklärt werden bzw. die Sprache innerhalb der Therapie nur eine randständige, untergeordnete Bedeutung einnimmt. Direkte sprachtherapeutische Interventionen werden in diesen Konzeptionen gänzlich abgelehnt, oder sie finden erst am Ende des Therapieprozesses Verwendung.

Ebenfalls Kritik an den übungstherapeutischen Grundlagen formulierte in den Achtzigerjahren ein linguistisch-kommunikationstheoretisch fundierter Ansatz. Er beanstandet die hohe Künstlichkeit, die die Sprache in diesen übenden Verfahren innehat. Als Alternative wird eine intensive Beschäftigung mit den Mechanismen, den Lehr- und Lernstrategien des normalen Spracherwerbs angeboten. Wie erlernt das nichtsprachgestörte Kind die Sprache, und inwieweit kann dieses Lerngeschehen ein Modell sein für die Sprachtherapie, die ja die Sprachentwicklung fördern will? Im Mittelpunkt eines solchen Konzepts steht die freie, natürliche Sprachlernsituation, wie wir sie aus Mutter-Kind-Dialogen kennen. Es wird versucht im Rahmen von Spielsituationen, die in der

Regel handlungsorientiert sind, natürliches Interaktionsverhalten in die Therapie zu integrieren. Dabei hat der Sprachtherapeut die Aufgabe, jene Sprachmuster, die beim Kind stabilisiert werden sollen, etwa die richtige Wortfolge beim Satzbau, in sein Dialogangebot an das Kind intensiv und strukturiert einzuweben. Durch bestimmte Kommunikationstechniken, wie Fragestellungen, soll beim Kind die korrekte Sprachform provoziert und damit angebahnt und stabilisiert werden. Diese im Dialog gewonnenen sprachlichen Fähigkeiten sollten schließlich dem Kind auch in Dialogen außerhalb der therapeutischen Spielsituation zur Verfügung stehen.

Innerhalb dieses breiten Spektrums konkurrierender Ansätze in der Sprachtherapie, die sich in Teilen ergänzen, überschneiden und ausschließen, haben wir versucht, mit der *Themenorientierten Sprachförderung und -therapie* einen eigenen Weg zu finden.

4. Themenorientierte Sprachförderung und -therapie

Zunächst einmal lehnt die Themenorientierte Sprachförderung keinen der hier vorgestellten Ansätze gänzlich ab und beruft sich nicht ausschließlich auf eines dieser Modelle. Themenorientierte Sprachförderung versteht sich also integrationsstark; sie versucht, die sinnvollen Angebote jedes Konzepts zu prüfen und gegebenenfalls zu übernehmen, in eigene Vorstellungen einzugliedern.

In einem ersten Schritt ist danach zu fragen, welchen Anspruch in Bezug auf das zu behandelnde Kind die Sprachtherapie überhaupt erheben kann. Dabei orientieren wir uns an einer relativ klassischen Definition der Sprachbehinderung, nach der diese vorliegt, wenn ein Kind dadurch, wie es etwas sagt, davon ablenkt, was es sagt. Die Form der Mitteilung ist demnach so auffällig, dass sie die kommunikativen Absichten, die inhaltliche Botschaft verdeckt. Ziel der Therapie kann es deshalb nur sein, dass das Kind die Sprache in einem erwartungsüblichen Toleranzraum versteht und benutzt. Neben dieser kommunikativen Zielfindung erscheint es aus pädagogischer Sicht eine Selbstverständlichkeit, dass wir die Sprachtherapie ganzheitlich sehen. Allerdings sind gerade hier warnende Anmerkungen notwendig.

Ganzheitlichkeit als ausgesprochen wichtiges Gut der Pädagogik ist nur dann zu verteidigen, wenn wir es nicht als diffuse Ganzheitlichkeit begreifen. Ein Beispiel: Wir haben bei jedem einzelnen Kind sehr exakt zu beobachten und zu recherchieren, welche Schwierigkeiten und Fähigkeiten dieses Kind tatsächlich hat. Es ist nie schädlich, einem Kind mit Sprachproblemen motorische Förderangebote zukommen zu lassen. Es muss aber die Frage gestellt werden, ob bei einem sprachbehinderten Kind ohne motorische Defizite dieses notwendig ist. *Nicht alles, was nicht schadet, ist schon Therapie.* Sprachtherapie darf kein Schrotschuss sein, bei dem irgendeine therapeutische Kugel das Kind treffen wird. Sie hat auch nicht zu beinhalten, dass die Kinder sich mit ihren Problemen der Theorie des Therapeuten anzupassen haben. Ihr Ausgangspunkt muss es sein, Zugänge zu diesen Schwierigkeiten des Kindes zu finden und auf der Basis eines vielseitigen therapeutischen Handwerkszeuges diese Zugänge im Interesse des Kindes nutzen zu können. Dies setzt voraus, dass wir uns tatsächlich auf jedes einzelne Kind einlassen und nicht mit Globalkonzepten uns einer so homogen gar nicht existierenden Gruppe von sprachbehinderten Kindern nähern. Im Sinne einer differenzierten Ganzheitlichkeit werden also die sprachlichen und mit der Sprache korrespondierenden Funktionsleistungen betrachtet und u. U. miteinander therapeutisch verknüpft.

Für eine solche Aufgabe, so die Themenorientierte Sprachförderung, ist es notwendig, dass Kinder nicht nur hoch spezialisierten Situationen und Institutionen ausgesetzt werden, sondern dass über die Beratung der Eltern und vor allem Informationen und Hilfestellungen in den betreuenden Einrichtungen, wie Kindergärten und Schulen, die pädagogischen Fachkräfte als unterstützende Sprachförderer in das Therapiekonzept einbezogen werden. Ganzheitlichkeit ist nicht nur eine Frage der Methodik, sondern auch eine Frage der insgesamt therapeutisch und fördernd wirkenden Bezugspersonen des Kindes. Dieser Aspekt der Differenzierung bedeutet dann, dass wir zwischen den einzelnen Kindern und ihren verschiedenen Fähigkeiten zu unterscheiden haben. Ich nenne dies intersubjektive Differenzierung. Was bei Karin ein Problem ist, kann bei Karla eine herausragende Fähigkeit sein.

Zudem ist es wichtig, intrasubjektiv zu differenzieren. Jenen Fähigkeiten, die Karla in der motorischen Funktion aufweist, stehen massive Einschränkungen in der auditiven Wahrnehmung gegenüber. Es gibt keine homogene Entwicklung bei einem Kind, sondern nur unterschiedlich weit fortgeschrittene Entwicklungsbereiche. Aus diesem Spannungsverhältnis resultieren sowohl die Auffälligkeiten von Kindern, aber auch die Möglichkeiten ihrer Förderung.

Schließlich ist die ontogenetische Differenzierung zu berücksichtigen. Wir finden bei Kindern häufig Entwicklungsabschnitte, in denen sich kaum etwas bewegt, um uns dann aber in einem anderen Altersabschnitt mit den sogenannten rasanten Entwicklungsspurts zu verblüffen. Pädagogische Arbeit, auch die im sprachlichen Bereich, ist also nur sinnvoll, wenn sie über längere Distanzen zu Erkenntnissen führt, wie ein Kind in bestimmten Entwicklungsphasen seines Lebens sich in welchem Tempo und in welcher Intensität entfaltet.

Die Themenorientierte Sprachtherapie bemüht sich zusätzlich um die Klärung der Zusammenhänge von Lernen und Entwicklung. Die Sprachentwicklung ist ein natürlicher Lernprozess, bei dem die Lehrer, die Mütter, gar nicht wissen, dass sie lehren, und die Lernenden, die Kinder, gar nicht bewusst merken, dass sie etwas lernen. Vollzieht sich dieser Lehr-Lern-Prozess nicht in dem erwartungsüblichen Rahmen, dann werden in der Regel Sprachtherapeuten eingeschaltet. Diese haben dann das natürliche Erwerbsgeschehen durch strukturierte Lernimpulse in Gang zu bringen. Dabei ist es in der Tat eine wichtige Hilfe, jene Mechanismen aus dem normalen Spracherwerb auch für die Sprachtherapie zu nutzen. Allerdings sollte dieser linguistisch-kommunikative Zugang nicht überstrapaziert werden. Zu konstatieren ist ja, dass das Kind aus diesen Mechanismen im Rahmen des natürlichen Spracherwerbs nicht jene Sprachstandards sich erarbeiten konnte, die gesellschaftlich erwartet werden. Es ist deshalb zusätzlich immer notwendig, bei massiv sprachbehinderten Kindern ein gewisses Maß an hoch strukturierten, übungstherapeutischen Sequenzen in die Behandlung einzuplanen. Sprachtherapie soll, so weit wie es irgend möglich ist, als kommunikativer Ernstfall betrieben werden; dieses Grundprinzip kann aber nicht durchgängig eingehalten werden. Es bedarf bei vielen Sprachstörungen auch des gezielten Einsatzes spezifischer therapeutischer Verfahrensweisen, wie z. B. entsprechender Methoden bei mundmotorischen Problemen im Rahmen von Artikulationsstörungen.

Diese Techniken sollten ehrlicherweise als solche auch gekennzeichnet sein, denn sie lassen sich in den seltensten Fällen in natürliche Kommunikationsformen einbetten. Sie liegen aber im Interesse der Förderung des Kindes. Diese Lernangebote stehen in der Verpflichtung, zum Schrittmacher der Entwicklung des Kindes zu werden, in der Zone der nächsten Entwicklung strukturiert zu sein.

Eine letzte Anmerkung: Sprachtherapie muss in diesem Verständnis für das Kind ein sinnvolles Geschehen werden, was nur gelingt, wenn die Sprachtherapie sich in die Lebensthemen des Kindes einklinkt, für das Kind von den Inhalten her lebensbedeutsam wird. Sprachtherapie, die über die Sinne Sinn stiften will, muss also für das Kind bedeutungsvoll werden. Sie darf nicht nur sprachliche Bedeutungen vermitteln, sie muss für das Kind selbst Bedeutung bekommen. *Sprachtherapie macht aus einem natürlichen dialogischen Entwicklungsprozess einen teilweise bewussten, initiierten Lernprozess.* Dieser Aufgabe sollte sie so oft wie möglich in alltäglichen, konkreten Handlungssituationen nachkommen. Je häufiger dies gelingt, umso besser löst sich auch das Motivationsproblem bei Übungsphasen. Sind diese sinnvoll eingepasst, kann das Kind auch diese Übungen zu seiner Sache machen.

5. Abgrenzung von Sprachförderung und Sprachtherapie

Themenorientierte Sprachförderung versucht, die verschiedenen Bezugspersonen des Kindes in die Sprachförderung einzubeziehen und die verschiedenen Förderfähigkeiten dieser Bezugspersonen auf einen Nenner zu bringen, in einem gemeinsamen Thema zu bündeln. Wie lassen sich aber nun die Kompetenzen und Zuständigkeiten dieser Bezugspersonen im Prozess der Sprachförderung definieren?

- Eine ein- bis zweimal pro Woche stattfindende, isoliert dastehende *sprachtherapeutische Veranstaltung* stellt, unabhängig von der Qualität der Therapie, keine optimale Situation dar. Im Sinne der Effektivität, der Ganzheitlichkeit und Kontinuität wird es wesentlich, ein therapeutisches Setting zu konstituieren, bei dem die fachliche Dominanz bei entsprechend ausgebildeten Sprachtherapeuten liegt. Eingebunden werden sollten aber auch die wichtigen elterlichen und professionell pädagogischen Kontaktpersonen des Kindes, so weit dies möglich erscheint.
- Innerhalb der Themenorientierten Sprachförderung wird die Rolle von *Eltern als Kotherapeuten* abgelehnt. Eltern sollen zunächst Eltern für das Kind bleiben. Eine beratende Hilfestellung, um etwa den Leidensdruck, den die Sprachstörung des Kindes auslöst, aus der Familie herauszunehmen, ist jedoch häufig angesagt. Eine entsprechende Beratung sollte auf jeden Fall Hinweise für die Kommunikation, das Dialogverhalten zwischen Eltern und Kind einbeziehen.
- Einen Schritt weiter gehe ich bei den pädagogischen Fachkräften in *Kindergarten und Schule*, die von sich aus ein bestimmtes Interesse einbringen, an der Sprachentwicklung des Kindes und deren Förderung mitzuwirken. Auch diese Kolleginnen und Kollegen bedürfen häufig zunächst der Beratung, wie sie mit dem Kind und seiner Sprachstörung, vor allem im Gruppengeschehen, umgehen sollen. Ein weiteres Thema ist die Frage, wie ihr sprachliches Angebot an das betroffene Kind aussehen kann. Darüber hinaus halte ich es für unabdingbar, Verbündete für die Sprachtherapie zu finden, die zwar nicht über die spezifischen therapeutischen Techniken verfügen müssen, die aber so weit vorgebildet sind, dass sie wichtige, die Sprachförderung unterstützende Funktionen übernehmen können. Die umfangreichen praktischen Anregungen in diesem Buch präsentieren eine Palette, die die vielfältigen Möglichkeiten sprachfördernd wirkender Maßnahmen abstecken.

Mit dieser Sprachförderung würde ein flankierender Beitrag für die Sprachtherapie geleistet, der nicht unterschätzt werden sollte. Die *Sprachtherapie* der Sprachtherapeuten umfasst dann *zusätzlich* neben der Beratung der Bezugspersonen die Koordination der Angebote und die Beherrschung und den kindspezifische Einsatz bestimmter therapeutischer Verfahrensweisen, wie etwa Affolter-Therapie, Myofunktionelle Therapie und vieles mehr.

Marianne Wiedenmann

Sprachförderung mit allen Sinnen – Sichtweisen und Zugänge

1. Lernen mit allen Sinnen?

Die Sinne sind »in«. Es ist entschieden sehr verwunderlich – um mit dem Kleinen Prinzen von Saint-Exupéry zu sprechen –, dass gerade in den Neunzigerjahren die Sinne ins Blickfeld gerückt sind. Bildungstheoretiker, Erziehungswissenschaftler und Pädagogen kommen nicht umhin, sich mit diesem Trend zu beschäftigen. Während diese zu entsprechenden Tagungen strömen, entwickelt sich eine Jugendkultur, in der Sinnenreize auf extreme Weise gesucht oder ausgeblendet werden. Dauerberieselung mit Musik, Knopf im Ohr, Lichtorgel zum Discosound, Intensivierung durch Drogen, Nachthappenings, Grenzerfahrungen wie U-Bahn-Surfen oder Gotchaschießen mit Farbpistolen, Entdifferenzierung des Geschmacks durch Fastfood, Chips und Kultgetränke, extreme Bewegungserfahrungen vom starren »Hocken vor der Glotze« bis zum »Breakdance«, neue Sportarten wie Skate- oder Snowboardfahren oder »Bungeejumping«, unphysiologische Moden wie hohe Stiefel im Hochsommer. Dabei gilt als wichtige Verhaltensnorm: Immer cool bleiben, nicht uncool sein, never show your feelings!

Vielleicht ist dies eine Gegenbewegung zur Entsinnlichung vieler Vorgänge in unserer Zivilisation, zum Verlust von Unmittelbarkeit von Erfahrungen in Raum und Zeit.

Hier spricht Rumpf von einer»Forcierung einer Sinnlichkeit, die es darauf anlegt, vom Bann und den Einschränkungen der Sinnlichkeit möglichst freizukommen, etwa durch apparativ ermöglichtes Fern-Hören, Fern-Sprechen, Fern-Sehen, Fern-Fahren, Fern-Schreiben, Fern-Fliegen – bemerkenswerterweise fehlt in dieser Reihe noch das Fern-Tasten und Fern-Riechen« (Rumpf 1994, S. 6).

1.1 Fragen nach dem Sinn der Sinne

Schaut man der Sprache aufs Wort, so erschließen sich interessante Bedeutungsfelder aus dem Wortsinn von »Sinn«. Nach Auskunft des Duden wurde »Sinn« im Althochdeutschen auf Verstand *und* Wahrnehmung bezogen. Das Verb »sinnen« bedeutete sowohl »*streben, begehren*«, als auch »*gehen, reisen*«.

»Die gesamte *germ.* Wortgruppe beruht auf der *idg.* Wurzel ... sent- „gehen, reisen, fahren", deren ursprüngliche Bedeutung wohl „eine Richtung nehmen, eine Fährte suchen" war. Zu dieser Wurzel gehören außerhalb des *Germ.* z.B. *air.* sēt „Weg" und die Sippe von *lat.* sentire, „fühlen, wahrnehmen", sensus „Gefühl, Sinn, Meinung" ..., deren Bedeutungsgehalt dem der dt. Wörter ‚Sinn' und ‚sinnen' entspricht ... Zahlreiche Zusammensetzungen mit Adjektiven, z.B. ‚Scharf-, Stumpf-, Leicht-, Eigen-, Froh-, Tief-, Blöd-, Schwach-, Wahnsinn' bestimmen Teile des Gesamtbegriffs von ‚Sinn' näher« [idg.: indogermanisch, germ.: germanisch, air.: altirisch, lat.: lateinisch, dt.: deutsch; M.W.] (Duden 1989, S. 675).

Im Bedeutungszusammenhang von »eine Fährte suchen« steht »Witterung aufnehmen«, womit der Geruchssinn angesprochen ist, der im Zusammenspiel der Sinne meist vernachlässigt wird. Die beiden Fernsinne »Sehen« und »Hören« finden bedeutend mehr Beachtung in Bildungsinstitutionen als die Nahsinne, die zuweilen auch als niedere Sinne deklariert werden. Unter dem Blickwinkel der Physiologie werden Geschmacks- und Geruchssinn als biochemische Sinne bezeichnet. So werden die komplexen Sinnesfunktionen nach verschiedenen Kategorien differenziert.

Was im Wortsinn von »Sinn« noch zusammenschwingt, wird seit Aristoteles nach Organen aufgeteilt und Funktionen zugeordnet. So bietet es sich an, die Leistung der fünf Sinne isoliert zu betrachten. Grundlegende erkenntnistheoretische Fragen zum Zusammenhang von Sinneseindrücken, Empfindungen, Bewusstsein und Erkenntnis werden dabei schnell übergangen (Maturana/Varela 1987). Aspekte der Wechselbeziehungen zwischen Entfaltung der Sinne und Wahrnehmung von Dingen sind eigentlich nicht nur für Bildungstheoretiker interessant (zur Lippe 1989), zumal nicht nur Phänomene wie Radioaktivität oder Ozonloch die alltägliche Vergewisserung über die Sinne in Frage stellen.

Dazu ein Denkanstoß: »Es ist also eine gewisse Distanz zu den Dingen empfehlenswert. Wer ihnen zu nahe kommt, sieht, hört, fühlt, riecht und bewegt nichts mehr vor lauter Nähe. Das Wesen der Dinge ist dann zu groß und zu weit weg, um es noch erkennen zu können. Für den Frosch im Brunnen ist der Himmel tagsüber ein helles Loch, das gleich am Ende der Röhre beginnt. Dieses Loch hielte er für den Rest der Welt. Wir sehen vielleicht weiter. Doch haben auch die Teleskope und Mikroskope den Dingen ihre Geheimnisse nicht entreißen können. Nur ihre Wirkungen können wir mit unseren Sinnen und unserem Verstand wahrnehmen« (Beck/Wellershoff 1989, S. 25).

Zum ideengeschichtlichen Hintergrund der gegenwärtigen Diskussion um die Sinne finden sich in diesem Buch vielfältige Hinweise und Orientierungshilfen. Im Rückblick auf die Geschichte der Pädagogik lassen sich Entwicklungslinien von Rousseau über Pestalozzi zur Reformpädagogik verfolgen, in der die Bildung der Sinne und die Sinnestätigkeit im Umgang mit Phänomenen zentrale Bedeutung hatten, wenn auch auf sehr unterschiedliche Weise z.B. bei Montessori, Freinet oder Peter Petersen.

Viele neuere Reformansätze besinnen sich auf diese Wurzeln und fließen in vielerlei Mischungen in Schulkonzepte ein (Jürgens 1994).

1.2 Sinne im Schulalltag

Dazu einige Stimmen von Schülern, die auf ihre Grundschulzeit zurückblicken, befragt danach, ob sie »Lernen mit allen Sinnen« erfahren haben.

– »In der Grundschule, da gab es in der freien Arbeit immer so Arbeitsblätter, wo ein Auge, ein Ohr oder eine Hand drauf war.«
– »Das Auge hatten wir doch schon in Bio in der fünften, und da kam der X. in Polytechnik an und wollte was über Wahrnehmung machen! Ha-ha-ha!«
– »Und wenn Frau X. dann mit ihren Duftlämpchen ankam, da haben schon die Ersten angefangen zu kichern, und dann konnte die Lehrerin ihre Einheit grad' wegschmeißen. Die Schule insgesamt müsste realitätsbezogener sein und mehr mit unserem Leben zu tun haben.«
– »Taktil und so, mit seiner Fummel-AG hat X. sowieso keine Chance.«
– »In der Projektwoche in der vierten Klasse haben wir mal Hörspiele mit der Musiklehrerin gemacht – aber sonst?«
– »Im Sachunterricht bei Frau X. hatten wir schon die Sinne – alle …!«
– »War ganz schön, dass immer was zum Anfassen dabei war.«

Das Spektrum geht vom naturwissenschaftlichen Fachunterricht über ästhetische Erziehung bis zur Esoterik. Die Rolle der eigenen Sinne beim Lernen und Lehren wird noch kaum in Unterrichtskonzepte einbezogen. Vor diesem Hintergrund ist die Leitidee vom »Lernen mit allen Sinnen« eine Herausforderung, die auch Risiken birgt, wie es Rumpf so anschaulich darstellt:

> »›MIT ALLEN SINNEN LERNEN‹, dieser Titel ist missverständlich. Als aktueller pädagogischer Slogan richtet er sich gegen Einseitigkeiten im landläufigen Schulunterricht – gegen die ›Verhirnlichung‹ der Lernprozesse, gegen die ›Stilllegung‹ des Körpers, der ja zur Prothese für redende Münder, schreibende Hände, beobachtende Augen geschrumpft zu werden pflegt. Insofern ist es schon verständlich, die Stilllegung der vielartigen menschlichen Sinnlichkeit einzuklagen; deren Verödung könnte ja wohl – ein nahe liegender Verdacht – die immer wieder beklagte Erfahrungsarmut der Schulbelehrung mit verursachen. Es gibt ja andere Symbolisierungen als die von Wort und Zahl – es gibt andere sinnliche Resonanzen als das beobachtende oder lesende Auge, als das auf Worte hörende Ohr. Trotzdem: Die gut gemeinte Aufforderung, mit allen Sinnen zu lernen, bedarf der Erläuterung, soll sie nicht einem – auch von der Lehrmittelindustrie angedrehten – didaktischen Sinnentrubel verfallen, der Betriebsamkeit mit Leben verwechselt« (Rumpf 1994, S. 5).

1.3 Außerschulische Impulse

Einen wesentlichen Beitrag zur Renaissance hat Kükelhaus mit seinem Erfahrungsfeld zur Entfaltung der Sinne geleistet (Kükelhaus/zur Lippe 1982). Existenzielles Wissen kann in dieser »Schule der Sinne« an Stationen am eigenen

Leib erworben werden. Dieses Modell hat vor allem in der außerschulischen Bildungs- und Kulturarbeit vielfältige Impulse ausgelöst.

In dieser Tradition stehen Initiativen wie »Pädagogische Aktion/SPIELkultur, Natur und Kunst, Sinnenreiche für Kinder«. Viele der Ideen und Konzepte – auch zur Umgestaltung von Schulhöfen (Hecke 1979) – stammen von Eltern und Sozialpädagogen, die in Kindergärten, -häusern, -läden oder -büros engagiert sind. Konzepte zu einer umfassenden ästhetischen Elementarbildung (Seitz 1982) und praktische Anregungen für sinn-volle Frühförderung (Löscher 1994) gehören dort schon sehr viel länger zum grundlegenden Programm als in Regelschulen. In jährlichen Symposien zum Thema »Bildung der Sinne – Sinnenreiche« werden Sinnesprojekte vorgestellt und dokumentiert (Zacharias 1995). Geprägt sind diese Treffen von Querdenkern, Künstlern und sonstigen kreativen Nonkonformisten, die meist ohne finanzielle Absicherung mit viel Enthusiasmus Projekte zur Erfahrung der Sinne anbieten. Stark vertreten sind dort schulnahe Initiativen aus der Museumspädagogik, aus Lernwerkstätten (Ernst/Wedekind 1993) und dem Netzwerk internationaler Kontakte der »children-museums« und »teachercenters«.

1.4 Sonderpädagogische Traditionen und neue Impulse

Einschränkungen fordern Kompensation und Improvisation heraus. Sinnesschulung war ein wesentliches Element der früheren »Hilfsschule«, der Schule für »Schwachsinnige«. Dies wird noch 1962 wie folgt begründet:

> »Während in der Volksschule die Aufnahme oft schon durch einen oder zwei Sinne ausreicht, muss in der Hilfsschule grundsätzlich eine alle Sinne ansprechende Anschauung erfolgen. Gerade durch die niederen, primitiven Sinne wird ein stärkerer physiologischer Reiz ausgelöst, der wieder intensiver bildend auf die Gesamtpersönlichkeit wirkt (Betasten, Begreifen, Riechen, Schmecken). Außerdem kann bei einer allsinnigen Erfassung Sinnesschwäche auf einem Gebiete kompensiert werden« (Schade 1962, zitiert in: Beck/Wellershoff 1989, S. 209).

Es gibt in allen sonderpädagogischen Fachrichtungen, die Sinnesbehinderungen betreffen, Traditionen des kompensatorischen Lernens. Diese sind nach meiner Einschätzung bei Blinden- und Sehbehindertenpädagogen am stärksten ausgeprägt und funktionalisiert für den Erwerb von Kulturtechniken im Dienste von Lebensbewältigung. Wenn ein blindes Kind sprechen lernt, orientiert es sich an einer Umgebungssprache, die weniger Sprachformen für Nichtvisuelles bietet, als es der spezifischen Umwelterfahrung der Kinder entspricht. Imitierten Sprachmustern fehlen teilweise die Begriffsinhalte. Das kann dazu führen, dass Aufgaben zwar sprachlich gelöst, nicht aber in Handlung umgesetzt werden können (Nef-Landolt 1993, S. 590).

Ähnliche Symptome zeigen auch sehende Kinder, die erfahrungsarm aufwachsen. Das Phänomen des Verbalismus dürfte in einem traditionell rezeptiven Unterricht weniger störend auffallen als beispielsweise Reaktionsmuster hörbeeinträchtigter Schüler.

In der Behindertenpädagogik stößt man immer wieder auf eine dualistische Wertschätzung von Körper und Geist. Die Zuständigkeit für Leib und Seele sind professionell klar markiert. Um das Körperliche kümmern sich Pflegekräfte und Ergo- oder Bewegungstherapeuten – die Verantwortung für das Geistige liegt bei den Lehrkräften, die auch besser bezahlt werden.

Die Abspaltung des Sinnlichen spiegelt sich in bestimmten Förderkonzepten für Praktisch Bildbare und Mehrfachbehinderte, wenn z. B. Physio- und Sprachtherapie als zusammenhanglose Trainingsgebiete gesehen werden (Fröhlich 1993, S. 80). In dieser Tradition wurde auch in Strömungen innerhalb der Sprachheilpädagogik multisensorielle Arbeit noch dem »Vorfeldübungsprogramm« zugeordnet (Schulze 1980).

Inzwischen herrscht weitgehend Übereinstimmung bei Sprachheilpädagogen, dass die Gestaltkreise »Denken und Sprechen« und »Wahrnehmen und Bewegen« verknüpft werden müssen (Olbrich 1989, S. 254). Aus einem gewissen Abstand ist der Trend zu einer typisch sonderpädagogisch-medizinischen Vorgehensweise zu erkennen: Phänomene immer weiter zu differenzieren und behindertenspezifisch aufzuarbeiten. Am Beispiel des »Hörens« sieht das so aus, wie es unter dem Piktogramm »Hören« mit 15 Spezifizierungen nachvollzogen werden kann.

Derartige analytische Trennungen ermöglichen zwar einerseits sehr detaillierte Erkenntnisse in der Differenzialdiagnostik. Nach einem Grob-Sieb-Verfahren (Screening-Verfahren) können dann z. B. Teilleistungsstörungen genauer beschrieben werden. Wenn aber andererseits das Kind nicht ganzheitlich in seinem Umfeld verstanden wird, besteht die Gefahr, dass Zusammenhänge einseitig interpretiert werden.

Dazu kommen noch Einflussgrößen, die eigentlich erst aus dem Abstand erkennbarer werden. Es sind kollektive Deutungsmuster, die für Jahre den diagnostischen Blick bestimmen, z. B. Trends wie »MCD – Minimale Cerebrale Dysfunktion«, »Teilleistungsstörungen« oder »Störungen der Sensorischen Integration mit Auswirkung auf die Sprachentwicklung«.

Etliche Dokumentationen aus der aktuellen Praxis (Röttgen 1993) von Sonder- (Brand/Breitenbach/Maisel 1986) und Heilpädagogen (Tietze-Fritz 1994) berufen sich auf das Konzept der Sensorischen Integration (Brüggebors 1992, 1994). Es liegen auch Veröffentlichungen zu Anwendungsbereichen und Vergleiche mit anderen Fördermethoden und Konzepten vor (Doering 1993).

Differenzierte Anregungen aus verschiedenen Praxisfeldern bieten auch Fachzeitschriften für Bewegungs- und Körpertherapeuten im weiteren Sinne wie »Praxis der Psychomotorik – Zeitschrift für Bewegungserziehung« und

»Praxis Ergotherapie – Fachzeitschrift für Beschäftigungs- und Arbeitstherapie«, um nur zwei zu nennen.

Inzwischen gibt es Modellversuche zur Integration im Hinblick auf alle Fachrichtungen der Behindertenpädagogik, die konkrete Anregungen geben zur Förderung behinderter Kinder in der allgemeinen Schule (Schöler 1993). Von Sprachheillehrerinnen wurde ein Leselehrgang (Marx/Steffen 1990) entwickelt, der auch viel Anklang findet bei Kollegen, die in der Integration arbeiten. Zu jedem Phonem/Graphem gibt es Stationen mit Angeboten zum Gleichgewichts- und Bewegungsempfinden, zur Eigenwahrnehmung bzw. Tiefensensibilität, zum Hören, Sehen, Tasten und Fühlen. In den Fachzeitschriften mehren sich Berichte, die Umsetzungsversuche dieser Ansätze in verschiedenen Praxiszusammenhängen dokumentieren. Im Bereich der Diagnostik erweitern Kollegen und Kolleginnen die klassischen Verfahren zunehmend durch Vorgehensweisen, die noch mehr grundlegende Lernvoraussetzungen berücksichtigen (Eggert 1993).

1.5 Grundschulpädagogische Zugänge

Der Elementarpädagogik verdanken Sonder- und Grundschulen viele Ideen der Montessori-Pädagogik (von Oy 1986), in der die Sinnestätigkeit eine zentrale Bedeutung hat. Zum »Lernen mit allen Sinnen« haben Veröffentlichungen aus dem Vorschulbereich (Seitz 1983) Eingang in Unterricht und Therapie gefunden. Im breiten Angebot für Lehrmittel der allgemeinen Schule finden sich zunehmend auch Materialien aus Sprachheilschulen. Dies gilt noch mehr für den Bereich der sprachfördernden Spiele, wo schon fast der Trend zu einheitlichen Standardausstattungen in Kindergärten, Schulen und Praxen zu erkennen ist.

Im Zuge des »reformpädagogischen Frühlings« wurden Leitmotive wie »Erfahrungslernen, Lernen mit Kopf, Herz und Hand (Pestalozzi)« usw. in didaktische Konzepte der Grundschulpädagogik aufgenommen. Allerdings reduziert sich im Schulalltag die Programmatik vom »Lernen mit allen Sinnen« meist auf Einheiten über die Sinne im Sachunterricht und auf den Kunstunterricht. Trotzdem orientieren sich viele Pädagogen an dem Motto »Mit allen Sinnen fragen«, wie es besonders von Ute Andresen spezifiziert wurde. Sie wies verschiedentlich darauf hin, den »Gemeinsinn« als den 7. Sinn nicht aus dem Blick zu verlieren bei all den Individualisierungstendenzen in der Pädagogik.

2. Die fünf Sinne

2.1 Auge

Die Sehnerven wandeln Lichtwellen in elektromagnetische Wellen um und liefern über die Netzhaut Impulse an das visuelle Feld der Großhirnrinde. Die Informationen des linken Gesichtsfeldes werden in der rechten Hälfte des visuellen Kortex verarbeitet und umgekehrt. Die Körperseiten werden über Kreuz von den Gehirnhemisphären gesteuert. Wie bei allen paarig angelegten Organen kann ein Auge dem anderen überlegen sein, sodass also jemand ausgesprochen linksdominant wahrnimmt. Dabei gibt es individuelle Variationen im Zusammenspiel von Sinnesorganen und Körperteilen. So müssen beispielsweise Linkshänder nicht auch zwangsläufig linksdominant sehen oder hören, was unter Umständen Kindern Schwierigkeiten bereiten kann. Das Auge ist neben dem Ohr das zentrale Wahrnehmungsorgan im Zusammenhang mit schulischem Lernen.

»Der Gesichtssinn ermöglicht eine schnelle, hoch empfindliche und hoch auflösende dreidimensionale Wahrnehmung der Umwelt in einem sehr weiten Bereich zwischen unmittelbarer Nähe und ›unendlicher‹ Entfernung. Licht als adäquater Reiz wird durch einen angepassten dioptrischen Apparat auf den Netzhäuten beider Augen fokussiert und von den Photosensoren in elektrische Signale umgesetzt. Von diesen zweidimensionalen Abbildungen ausgehend, wird die gesehene Szene zur weiteren Analyse in Aspekte von Form, Farbe, Tiefe und Bewegung zerlegt und parallel weiterverarbeitet« (Schmidt 1993, S. 263).

Reize werden in den visuellen Gehirnarealen nicht hierarchisch verarbeitet, sondern in getrennten Strukturen parallel repräsentiert (Roth 1995, S. 143). Störungen der Signalverarbeitung in einem der Bereiche beeinträchtigen die Sehleistung und eine zielgerichtete Wahrnehmung.

Kurz- und Weitsichtige brauchen frühzeitig Brillen, die sie dann auch tragen sollen, was oft viel Geduld und Konsequenz erfordert. »Andere Sehbeeinträchtigungen (durch Vernarbungen auf der Hornhaut, Linse, Netzhaut, Störungen des Sehnervs und Einschränkungen des Gesichtsfeldes) sind durch Brillen nicht korrigierbar« (Leyendecker 1988, S. 46). Dafür ist eine diagnostische, medizinische Abklärung nötig. Experten raten zu erhöhter Aufmerksamkeit, wenn bestimmte Verhaltensweisen verstärkt auftreten. Neben Symptomlisten mit Anzeichen für Sehstörungen (Appelhans/Krebs 1983) gibt es auch Anleitungen zur Befragung von Kindern, wie beispielsweise:

»Frageschema für Sehfehler bei Kindern:
- Siehst du manchmal doppelt, wenn du an die Tafel schaust?
- Kannst du deutlich erkennen, was an der Tafel geschrieben steht?
- Siehst du manchmal doppelt, wenn du ein Buch anschaust oder liest?

- Tränen deine Augen, wenn du liest?
- Hältst du deine Hand schützend an den Kopf, wenn du liest?
- Kannst du den Text in deinen Büchern deutlich sehen?
- Deckst du gelegentlich ein Auge mit der Hand zu, wenn du liest?
- Bekommst du Schmerzen in den Augen vom Licht in der Schule oder zu Hause?
- Bekommst du Kopfschmerzen, nachdem du einen Film gesehen hast oder nachdem du gelesen hast?
- Fühlst du manchmal, dass es in den Augen brennt oder dass die Augen tränen, feucht werden?
- Sind deine Augen manchmal entzündet oder gerötet?
- Wirst du manchmal schwindelig, nachdem du einen Film gesehen hast oder nachdem du gelesen hast?
- Siehst du manchmal Flecke vor den Augen?«

(Malmquist/Valtin 1974, zitiert nach Leyendecker 1988, S. 63).

2.2 Ohr

Luftdruckschwankungen und Schallwellen erreichen über das Ohr die Schnecke, wo der mechanische Reiz in den Sinneszellen in elektrische Impulse umgewandelt und weitergeleitet wird. Auch beim Ohr kann es sein, dass eines eindeutig besser wahrnimmt. Es gibt auch einseitige Schwerhörigkeit, was Unsicherheiten beim Richtungshören mit sich bringt (Leyendecker 1988, S. 52).

Das äußere Ohr bildet zusammen mit dem Mittel- und Innenohr das auditive System (Duus 1990, S. 155). Hätten wir kein Mittelohr, so würden die Schall-

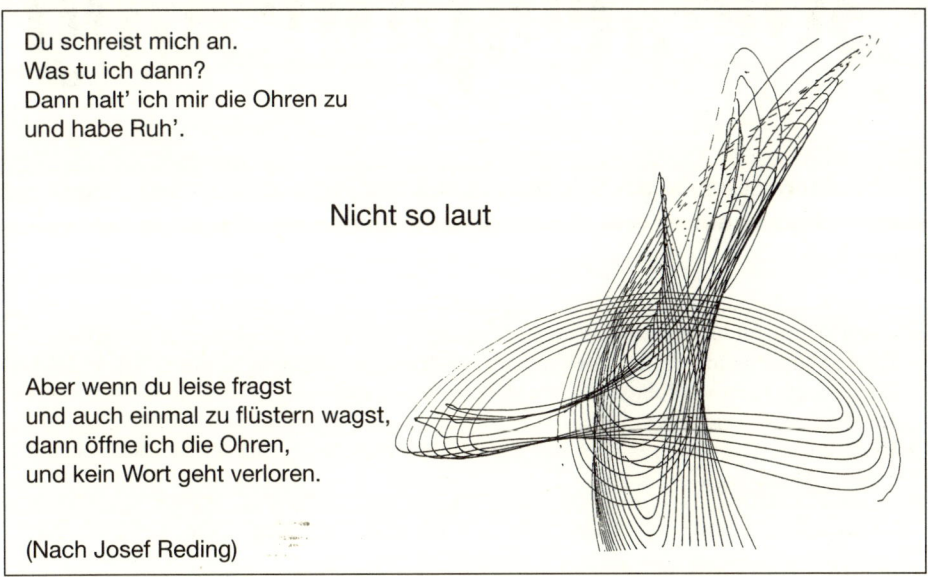

Du schreist mich an.
Was tu ich dann?
Dann halt' ich mir die Ohren zu
und habe Ruh'.

Nicht so laut

Aber wenn du leise fragst
und auch einmal zu flüstern wagst,
dann öffne ich die Ohren,
und kein Wort geht verloren.

(Nach Josef Reding)

wellen reflektiert werden und kaum in das Innenohr eindringen. »Der Mensch hört Frequenzen zwischen 20 und etwa 16000 Hz und empfindet Lautstärke-pegel zwischen 4 und 130 phon« (Schmidt 1993, S. 308). Störungen in diesem Bereich wirken sich in vielfältiger Weise auf das Sprachverständnis und die Sprachentwicklung aus. Inzwischen gibt es objektive Untersuchungsmethoden, um das Hörvermögen ohne Mitarbeit des Kindes zu untersuchen, wie beispiels-weise mittels BERA »**b**rain stem **e**voked **r**esponse **a**udiometry« (Schmidt 1993, S. 323).

Man unterscheidet Störungen der Leitung des Schalls (Grafik A) und solche der Schallempfindung (Grafik B), die dann Sprache verzerrt und lückenhaft darstellen. Übersetzt in ein Bild, kann man sich die Auswirkungen so veran-schaulichen:

Eine Beeinträchtigung der Schallleitung hat zur Folge, dass Sprache insgesamt leiser wahrgenommen wird, die Intensität gedämpft und die Hörweite verrin-gert ist.

> »Eine Schallleitungsstörung ist die Folge einer Verlegung des Übertragungsweges durch einen Pfropf aus Ohrenschmalz im Gehörgang, oder sie ist die Folge einer Dämpfung der Energieübertragung in der Übertragungsmechanik, in den Knöchelchen. Solche Dämp-fungen entstehen vorübergehend bei Erkältungen. Dann sind die Schleimhäute im Na-sen-Rachen-Bereich bis hin in die Tube angeschwollen. Die Tube ist verschlossen, und die Belüftung des Mittelohres über die Tube ist eingeschränkt, oder sie ist sogar ganz blo-ckiert« (Homburg 1989, S. 20).

Im Schulalltag verursachen chronische Erkrankungen der Atemwege oft uner-kannt Hörstörungen und damit ernsthafte Lerndefizite. Neben derartigen vorübergehenden Beeinträchtigungen sollen hier auch Anhaltspunkte für andauernde Schwerhörigkeit gegeben werden, die von einem Hals-Nasen-Ohren-Arzt weiter untersucht werden müssen:

>>Anzeichen einer Schwerhörigkeit können sein:
- verringerte Hörweite: Die Umgangssprache wird nicht über eine Entfernung von sechs Metern hinaus verstanden;
- angespannte Aufmerksamkeitshaltung: Hören bei seitlicher Neigung des Kopfes, Hand an der Ohrmuschel, geöffneter Mund und zentrierter Blick;
- akustische Unorientiertheit,
- rasche Ermüdbarkeit,
- unerwartete Antworten,
- rascher Blickwechsel bei der Suche nach einer Schallquelle,
- häufiges Nachfragen,
- abgedämpfter Sprechklang, insbesondere stumpfer Klang der S-Laute,
- stilles Mitsprechen,
- Unsicherheiten bei der Lautunterscheidung bis hin zu einer Lese-Rechtschreib-Schwäche,
- Lärmempfindlichkeit,
- unsichere oder fehlende Reaktion bei einer Ansprache von hinten<<

(Homburg 1989, S. 43).

Daraus ergeben sich Konsequenzen für den Umgang mit betroffenen Kindern im Unterricht, die eigentlich für alle Beteiligten angenehm sind: Blickkontakt, ruhiges Sprechvorbild, präzise Formulierungen, disziplinierte Gesprächsführung, aktives Zuhören, visuelle Sinnstützen, überschaubare Gliederung, Vorhersehbarkeit des Unterrichtsablaufes, Kontinuität und Konsequenz in der Gestaltung der Lernsituation.

Im Innenohr befindet sich auch das Gleichgewichtsorgan, das dem Menschen erlaubt, Drehbewegungen und Beschleunigungen zu registrieren, und letztlich den aufrechten Gang ermöglicht.

2.3 Hand und Haut

Der Tastsinn ist nicht eindeutig abzugrenzen von allgemeineren Bereichen der Somatosensorik (Schmidt 1993, S. 221), nämlich der Sensorik der Körperoberfläche, des Bewegungsapparates und der inneren Organe. Vereinfachend gilt die Hand mit ihrer hohen Innervationsdichte an den Fingerspitzen als Tastorgan, was die Gestaltwahrnehmung von Gegenständen ermöglicht.

Beim Fühlen und Tasten werden chemische und physikalische Reize über Rezeptoren in Form von Nervenimpulsen ins Gehirn weitergeleitet. Hier unterscheidet man Empfangseinrichtungen, die Signale von außen und solche vom Körperinneren aufnehmen und weiterleiten und so die Oberflächen- und Tiefensensibilität steuern. Es gibt große individuelle Unterschiede in der Reizaufnahme und -verarbeitung. Das ist ganz wichtig zu wissen, um Abweichungen und Auffälligkeiten im Hinblick auf Förderdiagnostik einschätzen zu lernen. Oberflächenrezeptoren melden folgendes:

- die Intensität eines Reizes (bei behaarter Haut stärker),
- die Geschwindigkeit beim Berühren (nur bei unbehaarter Haut),
- Druck und Erschütterung, Kitzeln und Jucken,
- Wärme, Kälte und Schmerz, Thermosensibilität (mit Schwellendetektoren).

Tiefenrezeptoren melden:

- Dehnung, Kontraktion und Streckung von Muskeln,
- den Wechsel von Anspannung und Entspannung,
- Stellung der Gelenke und Gelenkbewegungen (für die Raum-Lage-Erfahrung besonders wichtig).

Die Leitungsbahnen werden in mehreren Kerngebieten weiterverschaltet und treten in Kontakt zu anderen Bahnen. So zieht ein Teil der Hörbahn durch das Gebiet, das Tastempfindungen weiterleitet. In unmittelbarer Nähe verlaufen die Bahnen für Schmerz und Temperatur. Störungen können so alle Funktionsbereiche betreffen. Das kann man bei Verletzungen an sich selbst nachvollziehen.

Im Großhirn sind die Funktionsareale für taktil-kinästhetische Empfindung, Geschmack, Stimmbildung, Hören, Satz- und Wortverständnis und Körperschema eng benachbart. Dies weist auf die generelle Bedeutung von mehrkanaligem/multisensoriellem Lernen bei Kindern mit Auffälligkeiten beim Spüren, Hören und Sprechen. Die Wechselwirkung von Wahrnehmung und Sprache kann unter neurologischem Aspekt in der Aphasieforschung (Leischner 1987) bei Hirnerkrankungen nachvollzogen werden.

Die Umsetzung in pädagogische Handlungskonzepte (Bielefeldt 1991) steht erst am Anfang.

Wechselwirkungen zwischen einem pädagogischen Arrangement und Entwicklungen von Kindern sind oft nur nach längeren Beobachtungen im Rückschlußverfahren möglich, das heißt, dass im Nachhinein rekonstruiert werden kann, welche Faktoren sich entwicklungsfördernd ausgewirkt haben könnten.

2.4 Nase

Die sensiblen Nerven in der Nasenschleimhaut registrieren gasförmige Moleküle auf sehr individuelle Weise. Kein Mensch riecht gleich – sowohl aktiv als auch passiv. Der Riechsinn dient der Selbst- und Fremdwahrnehmung und beeinflusst Nähe und Distanz. Gerüche können Emotionen von Ekel bis zu Leidenschaft auslösen oder hemmen. Vegetative und hormonelle Prozesse werden dadurch gesteuert ebenso wie Wahrnehmungsintensität und Verarbeitung anderer Sinneseindrücke. Die Reizschwelle, bei der ein Geruch gerade noch registriert wird, und die Unterschiedsschwelle, um einen Reiz deutlich stärker zu spüren, sind subjektiv sehr verschieden. Bedenkt man, dass die Riechfähigkeit mit dem Lebensalter abnimmt, so wird verständlich, dass Kinder oft viel stärker auf Gerüche reagieren. Gegen Geruchsbelästigung kann man sich weniger wehren als gegen unangenehme Bilder oder Geräusche.

2.5 Mund

Tauber Mund und blinde Nase

Zwei Frauen, die ihren Geruchs- und Geschmackssinn verloren haben, erzählen:

Katherine, 34 Jahre

Ich weiß nicht, warum ich den Geruchssinn verloren habe. Ich erlebe diesen Vorgang wie eine Art Menopause. Vielleicht können Sie es gar nicht begreifen, doch ich komme mir nun steril vor. Auch die anderen erscheinen mir steril. Ich bin unverheiratet, und seitdem ich die Erinnerung an Gerüche verloren habe, habe ich den Eindruck, als wäre ich in meinen Beziehungen zu Männern behindert. Ich rieche sie nicht mehr. Im wahrsten Sinne des Wortes. Sie erscheinen mir nun anders, aus einem anderen Stoff. Als ob sie künstlich, fade und geschlechtslos wären. Ich kann nicht mehr wahrnehmen, wie sie sind, unterscheide sie nicht mehr. Für mich ist ein Mann jemand, der sich morgens rasiert.

Tiffany, 61 Jahre

Mein Leiden ist weder wahrnehmbar noch mitteilbar. Seitdem ich weder rieche noch schmecke, habe ich 25 Pfund verloren. Essen ist völlig uninteressant geworden. Vor drei Jahren hat mich diese Krankheit überfallen, und seither habe ich den Eindruck, dass das Licht ausgegangen ist. Da ich meinen Körper nicht mehr rieche, wasche ich mich und meine Kleider den ganzen Tag. Der Geruch meines Mannes fehlt mir. Er ist etwas von ihm, das ich nicht mehr habe. Mein Mund ist so fühllos, dass es mir vor kurzem beim Abendessen passierte, dass ich sehr scharfen Meerrettich aß in dem Glauben, es sei Kohlsalat. Nach einer Weile spürte ich, wie meine Kehle anfing zu brennen, und ich glaubte zu ersticken. Da ich anfing zu schwitzen und ich nicht mehr sprechen konnte, dachten alle, ich hätte einen Herzanfall. Ich lebe in einer Art chronischer, ergebener Depression. Wissen Sie, was Kaffee für mich ist? Eine warme Flüssigkeit. Und Kaffee und Milch? Eine warme Flüssigkeit, die etwas dickflüssiger ist.

aus: DIE ZEIT Nr. 31, 26. Juli 1991

Die Geschmacksknospen auf der Zunge und die Schleimhäute an den Lippen, am Gaumen und im Rachenraum transformieren ein chemisches Signal in eine elektrische Signalfrequenz (Hatt 1990, S. 99). Der Geschmackssinn ist ein relativ grobes Sinnesinstrument, das Eindrucke nach den vier Grundqualitäten: süß, sauer, bitter und salzig unterscheidet.

»Im ZNS (Zentralen Nervensystem) entstehen integrierte Geschmackseindrücke vermutlich dadurch, dass ein aus den unterschiedlichen Signalen zahlreicher Fasern zusammengesetztes Erregungsmuster (›across fiber pattern‹) dechiffriert wird und dadurch integrierte Geschmackseindrücke entstehen. Unser Gehirn ist in der Lage, diesen verschlüsselten Code über Mustererkennungsprozesse zu analysieren und Art und Konzentration des Reizstoffes zu identifizieren« (Schmidt 1993, S. 350).

Die Unterscheidungsfähigkeit für Geschmacksrichtungen ist kulturell geprägt und altersabhängig, was bestimmte Vorlieben und Abneigungen von Kindern erklären kann.

3. Weitere Informationsquellen über die Sinne

Der Makrokosmos des Universums und der Mikrokosmos des Gehirns erfordern höchste Bewunderung. Die Leistungen der Sinne sind nur zu verstehen in Verbindung mit dem Gehirn. Wahrnehmen und Erkennen, Fühlen und Denken, Lernen und Erinnern, Sprechen und Bewusstsein beruhen auf komplexen Prozessen und Funktionen. Während Pädagogen im Studium noch einiges aus der Entwicklungs- oder Kognitionspsychologie darüber erfahren, ist Hintergrundwissen aus der Psycholinguistik oder Neurophysiologie kaum verfügbar, was Störungen oder Verzögerungen erklären könnte. Neue Erkenntnisse aus den »Neurowissenschaften« finden Eingang in die Lehrerfortbildung mit Seminaren mit Angeboten zu Kinesiologie, Edukinästhetik, Brain-gym, Neurolinguistisches Programmieren (NLP), Hypnotherapie oder Suggestopädie. Pädagogen werden dabei herausgefordert, sich selbst Zugang zu Orientierungswissen zu erschließen, um Kurz- oder Fehlschlüsse für die Praxis zu vermeiden (Graichen 1989, S. 113–128).

Hierzu möchte ich aus der Fülle von Publikationen einige Hinweise für Suchrichtungen geben.

3.1 Für Erwachsene

Neuro- und Sinnesphysiologie (Schmidt 1993) bieten differenzierte Informationen zu biophysikalische Funktionsweise und Störungen aller Sinnessysteme, z.B. zu Erkennungsschwellen oder Empfindungstärken in Bezug auf Reize. Das Verständnis medizinischer Fachbegriffe wird dafür vorausgesetzt. Wer beispielsweise mehr wissen möchte über »Geruchsblindheiten«, kann dort erfahren, wie viel Prozent der Bevölkerung z. B. Schweiß nicht riechen können.

Neurobiologische, biochemische und verhaltensphysiologische Informationen über die Sinne bietet eine interdisziplinäre Forschergruppe für den sogenannten »gebildeten Laien« in einem Begleitbuch zu einer Sendereihe des ZDF: »Vom Reiz der Sinne« (Maelicke 1990). Einzelaspekte von Sinnesleistungen oder Funktionsweise der Empfangsorgane werden in überschaubaren Einheiten in einfacher Sprache dargeboten. Nichtsdestoweniger werden neueste Forschungsergebnisse verständlich vermittelt und mit philosophischen Grundfragen in Beziehung gesetzt. Anhand vieler Modelle und verschiedenartiger Illustrationen können auch Fragen von Kindern beantwortet werden, z. B. Warum kann man bunt träumen?

Verständliche Forschung aus den Neurowissenschaften (Thompson 1994) liegt vor zu Themenbereichen wie »Gehirn und Kognition« (Singer 1990) mit Beiträgen zum Farbensehen, Tastsinn und zur Sprachwahrnehmung u. a.; »Signale und Kommunikation« (Dittami 1993) mit Beiträgen zur Geruchswahrnehmung und Formen der Kommunikation aus der Tier- und Pflanzenwelt u. a.; »Schrift und Sprache« (Riese 1994), wo u. a. neue Erkenntnisse über das Erlernen von Sprache, die menschliche Stimme und maschinelle Spracherkennung dargestellt sind.

Psychologisch-pädagogische Schlüsselinformationen zu Neurowissenschaften finden sich in Publikationen des Deutschen Instituts für Fernstudien an der Universität Tübingen, besonders in den Studienbriefen zu »Behinderung & Schule« (DIFF; Adresse im Anhang). Diese Veröffentlichungen erschließen auch Wege zu vertiefendem Studium, zu Diagnostik und Therapie.

3.2 Für Kinder

Bücher mit Handlungsmöglichkeiten für verschiedene Altersgruppen bereiten die Thematik teilweise so auf, dass Kinder selbst Experimente (Rossberg 1995) dazu machen können, wie auch in »Zunge meldet Sahneeis« (van der Meer 1988) oder »Der Kompaß in der Nase« (McCutcheon 1993).

Anregungen zur selbständigen Arbeit für Schüler mit Karteien (Ackermann u. a. 1993), Broschüren (Grimm 1995) und Praxisdokumentationen (Oberndorfer 1991) bieten Lehrmittelverlage für verschiedene Schulstufen, Fächer und Zielgruppen. Dort gibt es Anregungen zur Gestaltung von Situationen, in denen eine Sinnesfunktion akzentuiert oder mit Kulturtechniken verknüpft wird. Zu prüfen wäre dabei, wie weit dabei die eigene Wahrnehmung und das Erleben der Kinder durch die Vorgabe möglicherweise in den Hintergrund gerät oder verstellt wird. Aber das ist eine pädagogische Grundüberlegung, die nicht nur dem Einsatz von Materialien gilt.

Zusammenfassend können folgende grundsätzliche Überlegungen Orientierung bieten:

»Wahrnehmung ist (demnach) nur selten einmal ein passives Beeindrucktwerden von Reizqualitäten aus der Umgebung oder auch aus der Körperperipherie und ebenso selten eine einfache mechanische Weiterleitung solcher Reizqualitäten bis zur ›Abbildung‹ in einem höher gelegenen Verarbeitungsstübchen oder auch bis zur unverarbeiteten, direkten Auslösung einer Reaktion (dies gibt es allerdings in Ausnahmezuständen auch!); vielmehr ist *Wahrnehmung ein aktiver Selektions- und Konstruktionsprozess* auf dem Hintergrund des gesamten bisher gespeicherten Wissens, aller bereits erworbenen Fertigkeiten sowie der momentanen Interessen; also auf dem *Hintergrund der gesamten Organisationsbasis* (Hacker 1973). Die verschiedenen Sensorien werden durch den hier angesprochenen Steuerungsapparat der Verhaltensprogramme selektiv auf die Suche geschickt, um die Realität abzutasten oder sogar zu konstruieren, in die sich das momentane Verhalten einpassen soll« (Graichen 1993, S. 340).

4. Begründung und Funktion der Piktogramme

Auf drei Schwerpunkte lenken die Piktogramme die Aufmerksamkeit, auf die Funktion einzelner Sinne, ihre Verknüpfung und auf Sprache.

Piktogramme Nr. 1–4

1. Im Blick auf einzelne Funktionsbereiche wird die Sensorische Integration modalitätsspezifisch akzentuiert.

Piktogramme Nr. 5–8

2. Die Verknüpfung und Verarbeitung von Eindrücken in Prozessen der intermodalen und serialen Wahrnehmung wird hier besonders angesprochen.

Piktogramme Nr. 9–12

Die Zeichen richten den Bick auf die expressiven Leistungen auf den verschiedenen Sprachebenen Phonetik, Semantik, Syntax und Stimme und Verknüpfungsmöglichkeiten von deutschdidaktischen und sprachtherapeutischen Intentionen (Peuser 1989).

Die Piktogramme können folgenden Zielen dienen:

- Sie bieten ein Orientierungssystem, um die Auswahl von Angeboten im Unterricht, in Förderstunden oder in Therapiesequenzen zu erleichtern.
- Sie tragen dazu bei, fachdidaktische und sprachheilpädagogische Sichtweisen aufeinander zu beziehen.
- Sie markieren Ansatzpunkte je nach den Erfordernissen der differenziellen Sprachdiagnostik.
- Sie »durchleuchten« die dargestellte Lernsituation im Hinblick auf ihre mögliche therapeutische Relevanz.
- Sie signalisieren »Nichtfachleuten« Ziele von Förderung.
- Sie verweisen auf das, was für beeinträchtigte Kinder eine Schwierigkeit darstellen könnte, und schärfen den Blick dafür.
- Sie regen dazu an, mit diesem »Lupenblick« Lernprobleme eher zu durchschauen.
- Sie ermöglichen eine schnelle Vorselektion für die Auswahl bei gezielten Fragestellungen, z. B. Anregungen zum Hören.
- Sie kommen auch in den weiteren Beiträgen der Reihe vor und bieten so Ansätze zu einer Vernetzung von Praxismaterialien zum Spracherfahrungsschatz.
- Sie bündeln weitere Hinweise zu Therapieansätzen, wie sie aus der Piktogrammübersicht schnell erschlossen werden können, z. B. zur myofunktionellen, ergotherapeutischen oder kinesiologischen Therapie.
- Sie bieten Hinweise auf Kompensationsansätze bei Teilleistungsstörungen, z. B. taktil-kinästhetische Differenzierungsschwäche oder visuomotorische Koordinationsstörungen.
- Sie markieren einen diagnostischen Suchbegriff, ohne Fremdwörter zu benutzen, die möglicherweise interessierte Laien unnötig abschrecken.
- Sie schärfen den Blick für die gesamte Bandbreite sensorischer Zugänge.
- Sie können Ansatzpunkte zur Diskussion mit Kooperationspartnern bieten.
- Sie können ergänzt werden mit spezielleren Pictogrammen, die mit therapeutischen Schwerpunktsetzungen korrespondieren.

5. Erklärungen zur Bedeutung der Piktogramme

Im Folgenden werden die Bedeutungsfelder der Piktogramme nur assoziativ zusammengestellt, um einen schnellen Überblick zu erleichtern über die vielfältigen Dimensionen.

5.1 Sehen – optische/visuelle Wahrnehmung

Die Begriffe werden von Autoren uneinheitlich definiert. Manche verbinden »optisch« mit dem rein physiologischen Vorgang der Reizaufnahme und »visuell« mit der zentralen Verarbeitung im Gehirn. Unter Berücksichtigung beider Aspekte wird hier durchgängig »visuell« verwendet.

- Schauen, beobachten, erkennen, erfassen, unterscheiden, erblicken, finden, empfangen, erspähen, zu Gesicht bekommen, bemerken, zublinzeln, schielen, beaufsichtigen, fixieren, anstarren, mit dem Blick streifen …
- Ganzheitlich, isoliert, simultan, punktuell, fragmentarisch, im Kontext, schnell, ausschnittsweise selektiv, abschnittsweise sukzessiv …
- Sehen von Form, Farbe, Kontrast, Helligkeit, Größe, Details, Raum, Tiefe, Bewegung, Entfernung, Position, Merkmalen, Ähnlichkeiten, Unterschieden, Zusammenhängen …
- Unter besonderen Bedingungen, mit Hilfsmitteln, die vergrößern, verkleinern, verzerren, vervielfachen, spiegeln …
- Unter Ausschaltung anderer Sinne, mit zugehaltener Nase und/oder mit Ohrstöpseln … oder sonstige Ausnahmesituationen durch extreme Reize.

5.2 Hören – akustische/auditive/auditorische Wahrnehmung

Hier ist es üblich, den rein biophysikalischen Vorgang der Reizaufnahme als »akustisch« zu bezeichnen und die weiterführenden verarbeitenden Prozesse alternativ mit den anderen beiden Begriffen.

Hören, verstehen, mitkriegen, aufschnappen, horchen, vernehmen, lauschen, hin-, zu-, an-, ab-, verhören, reagieren, Acht geben …

Im zentralen Prozess der auditiven Wahrnehmung (Günther 1994, S. 352–362) lassen sich unter diagnostischen Gesichtspunkten folgende mögliche Funktionsstörungen unterscheiden und beschreiben:

»1. gestörte Schalllokalisation,
2. nicht altersgemäße Diskriminationsfähigkeit,
3. gestörte Figur-Grund-Wahrnehmung,
4. Störung der Wahrnehmungskonstanz,
5. verkürzte Hör-Gedächtnisspanne,
6. nicht altersgemäßes Sequenzgedächtnis,
7. Störung der auditiv-visuellen Koordination,
8. Störung der auditiv-kinästhetischen Koordination (= auditive Kontrolle),
9. gestörte Lautanalyse,
10. gestörte Lautsynthese,
11. nicht altersgemäße rhythmisch-melodische Differenzierung,
12. nicht altersentsprechende Ergänzungs- und Antizipationsfähigkeit,
13. Codier- oder Decodierschwäche,
14. Störungen beim Wahrnehmen emotionaler Inhalte«
(Breitenbach 1989, S. 27–29).

Die Spiele und Materialien für entsprechende Förderung wurden 1989 zusammengestellt.

Es liegen Beobachtungshilfen vor zur »Erfassung von zentralen Störungen der auditiven Sprachwahrnehmung« von einem Hörgeschädigten-Zentrum (Adresse im Anhang). Zur Unterscheidung dieser zentral bedingten Hörstörungen von schallleitungsbedingten (Schwerhörigkeit) empfehlen einige Autoren auch den Begriff »fehlhörig«.

5.3 Tasten und fühlen, haptische/taktile Wahrnehmung

Die Sensorik der Körperoberfläche umfasst neben der symbolisierten Hand auch Haut und Haar. Die Sensibilität für Druck, Berührung, Vibration und Temperatur ist in der Hand am stärksten ausgeprägt. Die Tastmotorik ermöglicht die Gestaltwahrnehmung von Gegenständen. Beeinträchtigung der Impulsübermittlung der Hautrezeptoren können sich so auswirken:

> »Man vermag auch nicht mehr auf die Haut geschriebene Zahlen oder Buchstaben zu identifizieren und zwei gleichzeitig an verschiedenen Stellen gesetzte Reize als solche räumlich unterscheiden. Da auch das Druckgefühl gestört ist, spürt man den Boden nicht mehr unter den Füßen, sodass sowohl das Stehen wie das Gehen sehr unsicher (ataktisch) werden, insbesondere bei Dunkelheit oder bei Augenschluss« (Duus 1990).

Das verunsichert Kinder ebenso wie taktile Reize, die Unlustreaktionen hervorrufen:

> »Sie sind auf eine Überempfindlichkeit des ›taktilen Abwehrsystems‹ (Ayres) zurückzuführen. Man erkennt diese Kinder daran, dass sie mit Abwehr und Flucht auf ein Berührtwerden reagieren oder, besser gesagt, überreagieren. Manche zeigen sich überempfindlich gegenüber Kleidungsstücken, die angeblich kratzen oder jucken. Auch im Mund werden taktile Reize (feste Nahrung, Zahnbürste) als unangenehm empfunden« (Kiphard 1990, S. 35).

5.4 Bewegungsempfindung – kinästhetische Wahrnehmung

Die Bewegungswahrnehmung entsteht aus der Verarbeitung der Informationen der Lage- und Bewegungsrezeptoren. Weil die Bewegungsempfindung im Mund für das Sprechen so wichtig ist, wird dies mit dem Piktogramm symbolisiert.

> »Sprechkinästhesie hat einen maßgeblichen Anteil an der gedächtnismäßigen Speicherung von Laut-, Wort- und Satzschemata beim Erwerb der Laut- und Schriftsprache. Sie verbindet sich mit phonematischen, optischen und melodisch-rhythmischen Gedächtniskomponenten der Sprache und ist Grundlage für die Ausbildung des inneren Sprechens« (Breuer/Weuffen 1993, S. 33).

Sind die kinästhetischen Rückmeldesysteme gestört, so wird auch die Sprachwahrnehmung beeinträchtigt. Lurija berichtet über eine aufschlussreiche Untersuchung zum Zusammenhang von Empfindungen im Mund und Sprachwahrnehmung (Lurija 1970).

Nasarowa ließ normal entwickelte Kinder im 2. Schuljahr Diktate schreiben, »während sie einen Bleistift im Mund halten mussten. Und unter einer solchen Einschränkung der Möglichkeit zur Mitartikulation der gehörten Texte machten die Kinder etwa fünf- bis sechsmal so viele Fehler wie unter normalen Bedingungen« (Graichen 1978, S. 22 f.).

Undifferenzierte Bewegungsmuster wie Schlucken, Saugen und Kauen können Ursache sein für sprechmotorische Defizite. Die Eigenwahrnehmung in Bezug auf die Bewegungen der Sprechorgane wird mit speziellen Verfahren wie z. B. der Myofunktionellen Therapie und der Orofacialen Therapie (Berndsen/Berndsen 1991) aktiv stimuliert.

Mit dem geöffneten Mund im Gesicht können auch das Riechen und Schmecken assoziiert werden: die olfaktorische und gustatorische Wahrnehmung. Leider kommt dieser Bereich im schulischen Lernen kaum vor.

5.5 Eigenwahrnehmung – propriozeptive Wahrnehmung

Der Begriff ist vom lateinischen Wort »proprius«, das heißt: selbst, eigen, eigentümlich abgeleitet.

> »Die Eigenwahrnehmung vermittelt dem Gehirn, wann und in welchem Umfang sich Muskeln zusammenziehen oder strecken und wann und in welchem Ausmaß sich Gelenke beugen, strecken oder gezogen resp. gedrückt werden. Die Propriozeption ermöglicht dem Gehirn, in jedem Augenblick zu erkennen, wo jeder Körperteil sich befindet und wie er sich bewegt« (Ayres 1984, S. 259).

Gemeinsam mit dem Gleichgewichtssystem ermöglicht sie die Entwicklung einer Vorstellung vom Körper und den Aufbau eines Körperschemas. Das Erleben des Gleichgewichts hängt eng zusammen mit dem Zusammenspiel beider Körperseiten in der Rechts-links-Unterscheidung. Das Vestibulärsystem reagiert auf die Körperbewegungen im Feld der Schwerkraft mit besonderen Rezeptoren:

> »Sie befinden sich im Labyrinth des Innenohrs. Jedes Innenohr enthält sowohl Schwerkraftreizempfänger, die sich in feinen Säckchen befinden, als auch Bewegungsrezeptoren in den Bogengängen« (Ayres, S. 262).

Einbezogen in das Bedeutungsfeld des Zeichens sind auch die Überkreuzung der Körpermittellinie (Brand/Breitenbach/Maisel 1986, S. 93) und die Raum-Lage-Wahrnehmung von Objekten.

Wenn die sensorische Rezeption der aufnehmenden Sinne nicht gestört ist, wohl aber die sinngebende Verarbeitung, wirkt sich das auf alle Teilleistungen aus. Von zentraler Bedeutung für Lernprozesse ist die Figur-Hintergrund-Wahrnehmung (Leyendecker 1988, S. 55/56).

Sollen Gegenstände, Symbole, Personen, Handlungsmuster etc. wieder erkannt werden in unterschiedlichen Zusammenhängen, so muss das Wichtige wieder erkannt und von Unwichtigem unterschieden werden.

Die Fokussierung auf einen zu beachtenden Reiz muss ausreichend sein, um Wahrnehmungskonstanz zu gewinnen und gleiche Merkmale schnell wieder zu erkennen. Diese Fähigkeit ist Voraussetzung vieler Lernprozesse – nicht nur in der Schule. Derartige »Schlüsselqualifikationen« sind bei Perzeptionsstörungen in vielen Bereichen aufzubauen, nicht nur im Hinblick auf das Visuelle beim Schriftspracherwerb.

Die Figur-Grund-Wahrnehmung bedeutet, die Aufmerksamkeit selektiv lenken zu können, einzelne Sinnesreize zu unterscheiden und wieder zu erkennen, Gesamteindrücke zu durchgliedern und Aufgaben durchzustrukturieren. Das Piktogramm markiert nur die visuelle Variante, deutet aber auch auf andere Selektionsleistungen hin: etwas heraushören, -riechen, -schmecken oder ertasten. Das kann weit reichende Konsequenzen für die Organisation schulischer Lernprozesse bedeuten. Kinder mit »Filterschwächen« (Graichen 1993, S. 344), die Wichtiges von Unwichtigem (Milz 1989, S. 18) nicht unterscheiden können, werden überschwemmt mit Eindrücken aus allen Sinneskanälen.

Im Hinblick darauf ist kritisch zu prüfen, ob und wann welche Kinder eher Reizschutz brauchen als multisensorielle Stimulation.

5.7 Eindrücke nacheinander ordnen – seriale Integration

Sinnesinformationen müssen in zeitlicher, räumlicher, funktionaler und kausaler Beziehung »auf die Reihe gebracht werden«. Eine sinnvolle Verknüpfung setzt Kognitions- und Denkprozesse voraus. Seriativ-sensorische Funktionen beeinflussen auch »die Verschlüsselung, die Ablaufregulation und die Verbindung verschiedener gleichzeitiger Aktivitäten miteinander (Mimik, Gestik und Sprache)« (Schmidt 1989, S. 39 f.).

Partielle Störungen dieser komplizierten Funktionen erhalten demzufolge »Flaschenhalsfunktion« (ebd., S. 341). Wenn Eindrücke nicht im zeitlichen Nacheinander zu Sequenzen zusammengefügt werden können, erschwert dies Aufgaben, die sequenzielles Denken und Handeln erfordern. In die Planung und Organisation von Unterricht und Therapie können derartige Überlegungen eingehen (Wiedenmann 1991).

Die Eindrücke müssen zeitlich nacheinander gefügt und gereiht werden können, um die angekommenen Signale sinnvoll zu decodieren. Nur so können Daten für die Planung und den Aufbau von Handlungskonzepten gewonnen werden, die immer raum-zeitliche Orientierung voraussetzen.

Ist diese Komponente schwach entwickelt oder gestört, so kommt es zu Irritationen, Reversionen, Lücken, unnötigen Wiederholungen und fragmentarischen, wenig effektiven Handlungskonzepten. Untrennbar damit verbunden ist die Entwicklung der Motorik. Die Bewegung bietet die nötigen Strukturierungshilfen und Rückmeldung der Wahrnehmungsfunktionen.

5.8 Aufmerken – attentive Wahrnehmung

Aufmerksamkeit – schon das Wort weist auf den Zusammenhang hin: aufrecht, wach, gespannt sein, um sich etwas merken zu können. Die attentive Wahrnehmung steht eigentlich im Grenzbereich zu den sogenannten Oberprogrammen (Graichen 1993, S. 3) zur Steuerung von Wahrnehmung, Bewegung und Handlungen.

Man kann sich das wie eine Y-Funktion vorstellen, wo ein Balken die sensorische Stimulation, der andere die Aktivierung bedeutet.

So ist z. B. experimentell belegt, dass Leistungssteigerung der Sehschärfe oder der Farbunterscheidung durch Konzentration nachweisbar sind.

Voraussetzung dazu ist nach Graichen eine Synchronisierung physiologischer Rhythmen, ein Wechsel von Input- und Output-Phasen, die Zentrierung auf einen gemeinsamen Aufmerksamkeitsfokus, die Lenkung der momentanen Aufmerksamkeit durch Sprache von außen (Schmidt/Schneider 1988, S. 11). Die Wahrnehmung der eigenen Wahrnehmungsbereitschaft reift sehr langsam und kann im Grundschulalter nicht vorausgesetzt – wohl aber behutsam unterstützt werden. Die Gerichtetheit der Aufmerksamkeit beeinflusst das Spektrum, Breite, Tiefe, Prägnanz, Vollständigkeit, Selektivität und Speicherbarkeit des Wahrgenommenen. So hängt z. B. die Hör-Gedächtnis-Spanne erheblich vom Aktivierungsniveau und der Vigilanzschwelle (Wachsamkeit) ab (Schmidt/Schneider 1988, S. 13). Sprach-Handlungssituationen auf der Schwelle zwischen vorsprachlicher und sprachlicher Kommunikation bieten für Kinder einen günstigen Aufmerksamkeitsfokus, wie beispielsweise im Projekt Zaubern.

5.9 Arbeit am Laut

Heraushören phonetischer Merkmale der Laute (stimmlos/stimmhaft), Gliederung von Lautketten (Apothekersladenschelle), Verknüpfung von Lautproduktion und Klangvorstellung, Unterscheidung von ähnlich klingenden Lautbildungen (Kaugummi/Taudummi), Unterscheidung der Laute, die an einer Artikulationsstelle gebildet werden, z. B. Lippenlaute, Variationen der Laute im Kontext, mehrsilbige Wörter, Erkenntnis der Gesetzmäßigkeiten bestimmter Dialekteinflüsse, Auftretenswahrscheinlichkeit bestimmter Lautfolgen besonders bei »schweren« Konsonantenverbindungen (spr…), Regeln der Laut-Buchstaben-Zuordnung, Dehnsprechen, Synthese von isoliert vorgesprochenen Lauten, Annäherung an die normgerechte Artikulation der Zielsprache u. a.

5.10 Arbeit am Wort

Wesentlich ist der Schritt der Abstraktion von Stellungslauten zu Normallauten im Wort (Esel, Eichhörnchen, Elefant haben verschiedene Lautqualitäten). Im Schriftspracherwerb sind die Abweichungen von der Phonem-Graphem-Korrespondenz (z. B. beim stummen h) eine beachtliche Klippe.

Erst nach prägnanter Wahrnehmung können Lauten eindeutig Buchstaben zugeordnet werden.

Die Unterscheidung ähnlich klingender Laute in Lautketten ist die notwendige Voraussetzung für die phonematische Differenzierungsfähigkeit z. B. bei den Wörtern Nagel und Nadel. Die bedeutungsunterscheidende Funktion von Lauten wird in einem langen Prozess in vielen Operationen gesichert. Nach dem Muster minimaler Opposition bilden sich semantische Strukturen heraus. Reimbildungen und Wortspiele fördern die Differenzierungsfähigkeit. Assoziationen mit Wortfeldern und -familien erweitern die semantische Kompetenz. Der Gebrauch verschiedener Wortarten nimmt folgenderaßen zu: Substantive, Verben, Adjektive, Adverbien, Pronomen und Präpositionen mit den entsprechenden Formmerkmalen ebenso wie die Häufigkeit von Oberbegriffsbildungen. Strukturwörter werden variiert eingesetzt, und das Repertoire des individuellen Grundwortschatzes wird erweitert.

5.11 Arbeit am Satz

Der Umfang der Aussageeinheiten nimmt zu. Aus fragmentarischen Äußerungen werden einfache Sätze, zunehmend mit mehreren Subjekten und Objekten. Zu Aussagesätzen kommen Frage- und Befehlssätze. Verschiedene Verbformen treten auf, Hilfsverben und Vorsilben kommen dazu, Formen der Deklination und Konjugation bilden sich mit der wachsenden Kongruenz zwischen den Wörtern im Satz ebenso wie Zeit-, Passiv- und Konjunktivformen. Verschiedene Satzbaupläne entwickeln sich mit differenzierten Erzählformen.

Körperhaltung und Atmung beeinflussen die Stimme und den Redefluß in der Sprechsituation. Prosodische Variablen wie Intonation, Sprechmelodie, Tonfall, Akzent, Sprechgeschwindigkeit und Lautstärke schwingen beim Sprechen mit. Die Eigenheiten des Stimmeinsatzes, der Stimmführung, der Sprechtonhöhe und der Gestaltung der Satzmelodie wirken auf die Kommunikation. In der Sprechweise wie auch im Stimmklang drücken sich Stimmungen aus, die sich oft in suggestiver Weise übertragen. Wer verstimmt ist, verstummt leicht. Je jünger Kinder sind, desto mehr orientieren sie sich ganzheitlich und imitieren ihre Sprach- und Sprechvorbilder. Sie reagieren unmittelbar auf Widersprüche zwischen dem WAS und dem WIE in der Kommunikation. Die Stimme ist gleichermaßen Medium der Kommunikation wie Gegenstand der Reflexion. Spielerischer Umgang mit Diskrepanzen von Sprache, Mimik, Gestik, Gebärden, Körperhaltung und Bewegung beim Sprechen kann zu besserer Übereins*timm*ung führen.

All diese Angaben bieten nur grobe Anhaltspunkte. Zur weiteren Orientierung und Vertiefung sollten Fachleute befragt oder sollte Literatur zurate gezogen werden aus den Bezugswissenschaften der Sprachheilpädagogik, Linguistik, Phonetik, Medizin, Soziologie und Psychologie mit all ihren sprachrelevanten Überschneidungsbereichen. Bezogen auf wissenschaftliche Bezüge im Fall von Sprachentwicklungsstörungen ergibt sich folgende Übersicht, wie sie auf der Arbeits- und Fortbildungstagung der Deutschen Gesellschaft für Sprachheilpädagogik 1996 von Prof. Dr. Dupius präsentiert wurde:

Wissenschaftliches Arbeitsgebiet	Beispielhafte Fragestellungen	Beispielhafte Ergebnisse	Anwendungsbereiche
Wahrnehmungsphysiologie	nach der Leistungsfähigkeit von Sinnesorganen	Informationsaufnahme pro Zeiteinheit	Optimierung von Lernprogrammen (physiol.)
Entwicklungspsychologie	nach Entwicklungsabläufen und -phasen	Entwicklungsskalen und -tests. Beobachtungsverf.	Förderdiagnostik und -therapie, Beratung
Allgemeine und angewandte Linguistik	Gesetzmäßigkeiten sprachlicher Strukturen	Grammatiktheorien, Sprachstatistik	Sprachdiagnostik. Strukt. von Übungsmaterialien
Pädiatrie und Neurologie	allgemeine und zentralnervale Beeinträchtigung	Diätetische, hygien. Maßnahmen, med. Therapie	Prävention und Krankenversorgung
Pädaudiologie- und Phoniatrie	Hörbeeinträchtigungen und Sprachschädigungen	Früherkennung und medizinische Therapie	Prävention und Krankenversorgung
Sonderpädagogik, Didaktik	Lernsituation, -methoden, -verlaufsplanung	Lern- und Lehrpläne, methodische Prinzipien	Gestaltung von Sprachtherapie, Erz., Unterricht

III. Praxisteil: Sprachförderung als pädagogische Kleinkunst

Marianne Wiedenmann

Zaubereien

Zaubern markiert das Besondere
im Gegensatz zum Alltag.

1. Entstehungsgeschichte – Was hat Zaubern mit Sprachförderung zu tun?

Zaubern – allein das Wort weckt vielschichtige Assoziationen sowohl bei Kindern als auch Erwachsenen: Illusionen, Magie, Verwandlung, Wunscherfüllung, um nur einige Stichworte zu nennen. Wie auch bei Gauklern und Taschenspielern spielt die Schauspielkunst eine große Rolle, um das Publikum in Bann zu ziehen. Es wird gestaunt, gefragt, gelacht. Die Aufmerksamkeit der Zuschauer wird auf natürliche Weise auf eine Handlung konzentriert.

In besonderer Weise schafft die Sprache beim Zaubern eine Verbindung zwischen Schein und Sein, Phantasie und Wirklichkeit. Stumme Zauberei wirkt ähnlich wie ein Stummfilm, reizt dazu, pantomimisch zu übertreiben und sich mit der Körpersprache auszudrücken. Gerade Kinder mit Sprachproblemen haben oft ihre Stärke in der nonverbalen Kommunikation. Wird ein Zauberkunststück sprachlich begleitet, so muss die Haupthandlung automatisiert sein und das Sprechen darauf abgestimmt werden, ohne dass Pausen entstehen. Soll der Begleitvortrag auch noch von dem eigentlichen Trick ablenken und die Zuschauer lebendig einbeziehen, so erfordern die Inkongruenz von Handlung und Sprechen höchste Konzentration, da zwei widersprüchliche Programme laufen.

Das merkt man bei Störungen von automatisierten Handlungen, die dann neu gestartet werden müssen. Die Sachlogik erfordert den Aufbau von Handlungsfolgen und Sprechakten in einer dichten sozialen Situation. Von besonderem Reiz ist es (nicht nur) für Kinder, etwas zu können und zu zeigen, was andere bestaunen.

Anstöße zur Planung des Projektes »Zaubern« kamen von verschiedenen Seiten: Einige Kinder verblüfften mich immer wieder mit kleinen Zaubertricks, die ich nicht kannte. Ich suchte nach einem fächerübergreifenden Thema, das sich auch mit der Therapie von Integrationsstörungen vereinbaren ließ. Ich bekam eine Schülern während des 3. Schuljahres, die nicht lesen konnte und wegen Verhaltensauffälligkeiten aneckte. Ein Kollege aus der Schule für Erziehungshilfe berichtete begeistert über eine Projektwoche: Zaubern.

So begann ich mit vielen Vorbehalten, mich für das Thema zu interessieren und darüber zu informieren. In Märchen, Bilderbüchern, Kinderliedern, Theaterstücken und anderen Bereichen von Kinderkultur ist Zaubern ein vielgestaltiges Motiv. Gelegentlich wird dies in Schulbüchern aufgegriffen, um zu anderen Aufgaben hinzuführen. Selten steht das Zaubern selbst im Mittelpunkt des Interesses, z. B. bei Schulfesten. Noch seltener haben Kinder die Chance, sich selbst handelnd damit zu beschäftigen. Auftritte von Illusionskünstlern im Fernsehen oder Straßenkünstlern in der Öffentlichkeit erlauben kaum Nachfragen. Der Zugang über Zauberkästen und -spiele ist erschwert durch die hohen Anforderungen an sinnverstehendes Lesen.

In Kinderzeitschriften findet man immer wieder Erfolg versprechende Anregungen, eine weiterführende systematische Beschäftigung mit dem Zaubern ermöglicht dies kaum. Am schönsten wäre es, von einem richtigen Zauberer in die Geheimnisse der Magie eingeführt zu werden. Dem steht das Selbstverständnis von Profils entgegen, wonach sich kein Zauberer in die Karten schauen lässt und etwas verrät.

So bleibt nur der mühsame Weg, in Zauberbüchern Anregungen zu finden, die auf die eigene Situation übertragbar sind. Voll Eifer machten wir uns auf die Suche in Bibliotheken und Buchhandlungen. Bald hatten mich die Kinder mit ihrer Begeisterung angesteckt. Abgesehen davon, dass etliche interessante Bücher längst vergriffen sind, war es schwer, Geeignetes für Kinder in der Primarstufe zu finden, und noch dazu für sprachbehinderte Kinder.

Je nach Absicht der jeweiligen Autoren werden die reinen *Zaubertricks* oft verknüpft dargestellt mit

- Zauberpersönlichkeiten,
- Gruppen von Hilfsmitteln,
- Vorführsituationen,
- Präsentationsorten,
- Rahmenhandlungen,
- historischem Hintergrund,
- naturwissenschaftlichen Experimenten,
- Verblüffungseffekten,
- Wetten,
- Bastelangeboten,
- Spielen
- und Ähnlichem mehr.

Die Kinder wollen wissen, wie etwas geht, möglichst ohne viel und Kompliziertes lesen zu müssen. Auch Textauszüge mit markierten Passagen waren meist noch zu schwer. Selbst bei kommentierten Fotodokumentationen war der Sprachstil noch zu anspruchsvoll. Die Gliederung von Handlungsfolgen und die Präsentation der Schritte ist für das Verständnis von zentraler Bedeutung. Die Illustration mit Skizzen, Fotos oder Comics kann dies unterstützen, aber nicht alleine vollständig leisten. Jede Veranschaulichung hat Schwachpunkte: Skizzen sollen den Blick auf das Wesentliche lenken, vernachlässigen aber Hintergrundinformationen, wie sie bei einem Foto mitgeliefert werden. Bei einem Foto oder einem Comic wiederum kann Zufälliges irritierend wirken.

Verständnisschwierigkeiten fordern immer wieder dazu heraus, einen neuen Zugang zu probieren. Selten habe ich Kinder so motiviert erlebt, wie dann, wenn ich selbst ernsthaft nach einer Lösung suchte! Die Kommunikationssituation bietet reale Sprechanlässe, die sich allerdings nur dann fruchtbar entfalten können, wenn eine Aufgabe von einem angemessenen Schwierigkeitsgrad gewählt wurde. Eine Reihe attraktiver Tricks eignen sich schlecht für Kinder wegen

– aufwendiger Verfahren,
– komplizierter Techniken,
– teurer Hilfsmittel,
– ihrer Dauer,
– der erforderlichen Geschicklichkeit und Schnelligkeit,
– der Störanfälligkeit.

Dieser Auswahlprozess braucht seine Zeit und ist begleitet von Phasen der Begeisterung und auch der Enttäuschung. Je geringer die Frustrationstoleranz und der Handlungsspielraum der Lerngruppe sind, desto sorgfältiger müssen der Schwierigkeitsgrad bedacht werden und die Bandbreite des Angebotes darauf abgestimmt werden.

Die Auswahl der hier vorgestellten Tricks ist das Ergebnis eines Filter- und Erprobungsprozesses, der sich über zwei Jahre erstreckte. Ältere Schüler der Grundschule und Schule für Sprachbehinderte sowie Lehrer/-innen aus beiden Schulformen haben mit experimentiert. Es hat sich gezeigt, dass kein Trick aus den verschiedenen Quellen einfach so übernommen werden konnte, sondern in »pädagogisch-didaktischer Maßarbeit« auf die Bedingungen der jeweiligen Gruppe zugeschnitten werden musste.

Trotz Erprobung enthält das Angebot keine Erfolgsgarantie, vielmehr skizziert es eine Lernlandschaft, in welcher ein eigener Lernweg gebahnt werden muss, je nach Lernausgangslage der Klasse oder Gruppe.

Was Lehrer/-innen bei einer *Projektplanung* bedenken sollten:

– Zwischen »kennen« und »können« liegt viel Übung.
– Alles, was man den Kindern anbietet, sollte man selbst beherrschen.
– Vorbereitung des Raumes und der Utensilien ist sehr wichtig.
– Je verzweigter die Lernorganisation, desto klarer und verbindlicher müssen Regeln und Absprachen sein.
– Je mehr Kinder gleiche Gegenstände nacheinander benutzen, desto wichtiger ist es, dies in Ruhe gemeinsam zu planen und diese Abläufe zum Lerngegenstand zu machen.
– Zaubern sollte keinesfalls eine Pflichtaufgabe für alle sein, sondern im Rahmen eines Wahlangebotes stehen, sonst verliert es sehr schnell seinen Reiz.
– Unter dem Kostenaspekt ist zu erwägen, wie viel Verbrauchsmaterial zum Üben bereitgestellt werden kann.

– Die Anforderungen an Fingerfertigkeit und Handgeschicklichkeit sollten nicht zu hoch sein.
– Rahmenhandlungen und Übergänge bei Vorführungen müssen mit bedacht werden.
– Nicht zu lange üben, lieber häufiger!

2. Ansatzpunkte zur Sprachförderung

2.1 Artikulation

Anders als in der Einzeltherapie kann in Gruppensituationen nur eingeschränkt auf Aussprachemerkmale geachtet werden. Hilfreich ist ein Beobachtungssystem, das auch unter dem Handlungsdruck, unter dem ich als Lehrerin mit der Klasse/Gruppe stehe, quasi im Hinterkopf mitlaufen kann. Es besteht in einer Übersicht, auf der die Namen der Kinder senkrecht und die auffälligen Lautbildungen oben waagrecht eingetragen werden. Komme ich in der Stunde nicht dazu, so kann ich es mir danach kurz vergegenwärtigen. So gewinne ich nach und nach den Überblick über den Stand der Lautbildung jedes Kindes. Nebenbei registriere ich auch, wie sich meine Aufmerksamkeit auf welche Kinder konzentriert.

Bei einer neuen Klasse rechne ich etwa ein Vierteljahr für diesen Prozess. Nach der Beobachtungsphase bespreche ich meine Diagnose mit Kollegen, die mit in der Klasse sind. Wir konzentrieren uns auf einen einzigen Punkt bei jedem Kind, der besonders beachtet werden soll für einen abgesprochenen Zeitraum.

Wir stimmen unsere Reaktionsweise aufeinander ab und überlegen Möglichkeiten des Modellierens. Es kann so aussehen, dass bei Fehlbildung des »Indexlautes« z. B. ein Handzeichen gegeben wird, um auf die Artikulationsstelle hinzuweisen – je nach Einschätzung der laufenden Situation. Es kann aber auch so aussehen, dass die Situation selbst nicht unterbrochen wird, sondern später eine Gelegenheit genutzt wird, mit dem Kind darüber zu sprechen und eine bestimmte Lautbildung bewusst zu machen vor dem Spiegel. Jedes Kind hat einen Spiegel (Spiegelfliesen) in einer Setzleiste am Platz und kann so lehrerunabhängig die eigene Mundstellung bei der Artikulation überprüfen. In Kombination mit einem Fotoplakat, das Mundstellungen und Buchstaben groß zeigt, können sich Kinder zunehmend selbst orientieren.

Bei der Einführung von Lauten/Buchstaben habe ich im Stationsverfahren Angebotstische zum Hören, Sehen, Tasten, Riechen, Schmecken und Bewegen vorbereitet und immer meine »Spiegelstation«, wo ich die Lautbildung jedes Kindes kontrollieren und beraten konnte.

Der Fokus der Aufmerksamkeit richtet sich immer nur auf einen Punkt bei einem Kind. Diese Punkte hebe ich auf meiner Übersicht hervor und markiere Beobachtungen mit Plus- und Minuszeichen. Es kann vorkommen, dass nicht alle Kinder an einem Vormittag Beachtung finden oder dass mal ein Kind im Mittelpunkt steht. Hier ist die Unterstützung durch eine zweite Person sehr hilfreich. Dieses Verfahren ist nicht sehr spektakulär, aber im Schulalltag recht effektiv, sofern man langfristig in einer Klasse eingesetzt ist und kontinuierlich daran arbeiten kann.

Ähnlich wie bei den Laut-/Buchstaben-Einführungen am Schulanfang werden auch immer wieder bestimmte Laute und ihre Kombinationen besonders beachtet. So waren es beim »Zaubern« ts-Verbindungen im An-, In- und Endlaut, die durch ihr gehäuftes Auftreten beim Sprechen (auch beim Rechnen), beim Lesen und Schreiben mehr Aufmerksamkeit als sonst fanden. Am Beispiel (9.2) der Zauberkarten wird gezeigt, wie ein vorhandenes Schema zur Übung eines Lautes umfunktioniert werden kann. Dies ist auch auf andere Laute, Bilder oder Begriffe übertragbar.

Kinder mit »verwaschener Aussprache« können so angeleitet werden, stützpunktartig ein besseres Artikulationsprofil auszuprägen. Lautmalereien und inhaltslose Sprachspielereien sind mit den Zaubersprüchen möglich.

2.2 Wortschatz

Für genaue Erklärungen unbekannter Sachverhalte müssen die treffenden Wörter gefunden werden. Beim Weitergeben von Zaubertricks sind intensive Bemühungen von Kindern mit unterschiedlichen Annäherungsgraden an die Zielform zu registrieren. Da das Sprachverständnis oft weiter entwickelt ist als die Sprachproduktion, kann die Differenz mit Handlungen überbrückt werden. In solchen Zusammenhängen werden Wortbedeutungen präzisiert, Wortinhalte spezifiziert und Oberbegriffe ausdifferenziert. Unter fachdidaktischem Aspekt im Hinblick auf den Lernbereich Sprache bestehen Querverbindungen zur Arbeit mit dem Grundwortschatz, zu Wortfeld- und Wortfamilienbestimmungen, zu Synonymen und Homonymen (bei den Kindern als »Teekesselchen« recht beliebt).

Die Wortzusammensetzungen mit dem Stamm »Zauber-« mit den Minimalkontrast-Paaren (Zauberbuch/Zaubertuch) sind ein Beleg dafür, wie sich diagnostisch-therapeutische und schulfachspezifische Aspekte am gleichen Gegenstand finden lassen.

2.3 Satzbau

Beim Bemühen um angemessene Erklärungen erweitern sich Satzbaupläne, Raum- und Akkusativergänzungen nehmen zu. Konditionale und kausale Beziehungen werden eher mit Nebensätzen ausgedrückt (Wenn du das so machst, dann …). Konjunktionen werden weiterentwickelt (»weil« statt »wegen dem dass« z. B.). Selbstkorrekturen unzureichender Satzmuster, Deklination, Konjugation und Komparation nehmen zu.

Die Bandbreite der sprachlichen Differenzierungsfähigkeit wird aus den »Zauberwunschgeschichten« ersichtlich. Individuelle Förderansätze konzentrieren sich auf die noch stark dysgrammatisch sprechenden Kinder.

Ähnlich wie bei der Arbeit am Laut dargestellt, versuchte ich durch systematische Beobachtung der individuellen Sprechstrategien und der Rückmeldung an die Kinder die verfügbaren Satzmuster zu erweitern. Festgelegte Sprachformen bei der Anrede, Anpreisung der eigenen Künste und Aufforderung von Mitspielern erwiesen sich als brauchbare »Zwischenstützpunkte« zu frei improvisierter Rede beim Zaubern. Handlungsbegleitende Sprechakte fielen den meisten Kindern leichter, als mit Sprache von der Handlung abzulenken.

2.4 Stimme

Kinder mit schwachem Selbstbewusstsein zeigen sich schüchtern, sprechen nur auf Aufforderung und dann leise und verhalten, verstummen bei Störungen. Das trifft häufiger auf Mädchen zu als auf Jungen. Unter dem Schutz der Rolle mit der entsprechenden Ausstattung fällt es leichter, etwas von sich zu zeigen, Haltung anzunehmen, sich auf etwas auszurichten. Das bedeutet, dass die Hals- und Gesichtsmuskulatur angeregt wird, die Haltung angemessen zu regulieren. Wenn ein Kind mit schlaffem Muskeltonus etwas in sich hineinnuschelt, bringen die Sprechwerkzeuge nur einen Bruchteil ihrer Leistungsfähigkeit. Es heißt nicht von ungefähr: »die Stimme erheben«. Sich dem Publikum zeigen, Aufmerksamkeit fordern, signalisieren, dass man jemand ist, der etwas zu zeigen und zu sagen hat, solche Situationen erleben Kinder selten. Die Außendarstellung der Rolle stützt unsichere Kinder. Rituale und festgelegte Sprachmuster (wie Anrede oder Zaubersprüche) bei einem Auftritt begrenzen die Sprechquantität und unter Umständen das Tempo.

Kinder können üben, die Lautstärke der Situation anzupassen, die Stimme zu verstellen und zu modulieren: z. B. etwas marktschreierisch behaupten oder geheimnisvoll flüsternd einen Vorgang sprachlich begleiten. Sie können Extreme mit der Stimme produzieren. Zaubersprüche können sehr verschieden artikuliert werden!

Aufgeregte Zauberlehrlinge sprechen leicht schrill und piepsend und geraten in dauernde Fehlspannung. Bei der Vorstellung eines mächtigen Zauberers ändert sich die Körperhaltung, senkt sich die Sprechstimmlage und entsteht eine langsamere, »bedeutungsschwangere« Aussprache. Bei der Selbstdarstellung eines Zauberkünstlers oder einer Zauberin kann ein klangliches Erscheinungsbild gestaltet werden, indem der Klang der Stimme variiert wird, Resonanzen im Körper mitschwingen, Vokale ausgekostet oder Konsonanten verstärkt werden, was dem Auftritt Glanz und Würde verleiht.

Die Aufregung beim Vorführen kann schon bei der Vorbereitung thematisiert werden. Abgesehen von dem ganz realistischen Sprechanlass bietet dies eine gute körpernahe Lernsituation. Es kann dem nachgespürt werden, was im Körper passiert, wenn jemand aufgeregt ist, was einem die Stimme verschlägt. Die Kinder können so den Zusammenhang von Atmung und Spannung der Halsmuskulatur und der Schultern mit der Stimmgebung erfahren. Bei gepresster arhythmischer Atmung gelingt kein leichter, weicher Stimmeinsatz.

Kleine Rituale werden von Kindern gern angenommen, um sich »Luft zu verschaffen«. So kann man dem Zauberstab Zauberkraft einhauchen, indem er von unten nach oben angehaucht wird. Dabei streckt sich automatisch der Hals, und der Zauberer gewinnt Haltung.

Wenn ein Trick nicht funktioniert, kann man seufzen und den Zauberwind bemühen, der eine verstärkt hörbare Ausatmung darstellt. So fließt spielerisch präventive Stimmhygiene mit ein. Beginnende Stimmstörungen finden so eher Beachtung. Falls weitere Beratung nötig ist, kann der Kontakt zu Atem- und Stimmtherapeuten vermittelt werden.

2.5 Redeflussstörungen

Im Hinblick auf Redeflussstörungen bietet Zaubern Anlässe, Kinder in verschiedenen Sprechleistungsstufen zu beobachten, also Grade der Verbindung praktischer Handlung und sprachlicher Tätigkeit:

- gebundenes, nachahmendes Sprechen,
- handlungsbegleitender Sprachvollzug,
- verbaler Handlungsnachvollzug,
- verbale Handlungsplanung.

Im Sinne des Non-Avoidance-Ansatzes (Becker/Sovac 1979) bieten sich Anlässe zur Selbstdarstellung und Verbesserung der Selbstwahrnehmung, die zur Steigerung der Expressivität beitragen kann.

Sprachliche Angebote können in sprachlos ablaufende Tätigkeiten eingebaut werden. Vorhandene Inseln flüssigen, fehlerfreien Sprechens werden registriert, rückgemeldet und erweitert. Das Affektpotential kann in entspannten Situationen heruntergespielt werden, indem kreativ experimentiert werden kann mit verschiedenen Sprachmustern und Gewohnheiten.

Verhaltensschemata können durch die Besonderheit der Situation des Zauberns in der Schule infrage gestellt werden. Rollenzuschreibungen, die oft mit schulischer Leistungsrangfolge zu tun haben, geraten beim Zaubern in Bewegung. Kinder zeigen und entdecken oft bisher unbeachtete Fähigkeiten an sich und bei anderen. Gerade Kinder mit Redeflussstörungen erhalten mehr Spielraum, einerseits mit nonverbalen Leistungen Anerkennung in der Gruppe zu gewinnen, andererseits selbst zu bestimmen, wie viel Sprache sie »riskieren«. So entwickelte sich z. B. ein stotternder Junge zum Spezialisten für verschwundene Münzen, was für ihn ein relativ sicheres, spracharmes Unterfangen war. Er genoss es sichtlich, bewundert zu werden, und erlebte, wie geduldig ihm Kinder zuhörten, die unbedingt von ihm den Trick lernen wollten. Er wurde immer wieder »verlockt«, das Gleiche zu erklären und zu helfen, Hindernisse zu überwinden durch einfühlendes Nachfragen. Einmal sagte er flüssig voller Überzeugung: »Es ist doch sooo leicht!« Da konnten alle herzlich lachen.

Wenn ich Zauberin oder Zauberer wäre, dann …

(Zaubersätze von Schülern, Namen geändert)
Ich habe die Macht über die ganze Welt. Ich verwandel' alle in Fledermäuse und Hexen. Ich zaubere alle Bücher weg. Ich kann so oft aufs Klo, wie ich will. Ich zaubere der Sara eine Salbe, damit sie sich nicht mehr so schlimm kratzen muss. Dem Serkan zaubere ich, dass er deutlicher sprechen kann. Der Mohamed kriegt eine Brille gezaubert, die nie mehr kaputtgeht. Ich zaubere dem Daniel eine Swatch-Uhr. Für Antonio zaubere ich 1000 Freunde. Für Nurit zaubere ich ein Rechenbuch, in dem sie ganz ohne Fehler rechnen kann. David bekommt einen Big Mäc. Ich zaubere in die Klasse ein Schwimmbad, einen Babyhund, eine Babykatze und ein Kino. Ich verhexe die Schultische als Pferde, wo ich immer drauf reiten kann. Ich verwandle Corinna in einen Tischtennisball, der immer trifft. Ich zaubere, dass Yasmin die Stärkste auf der Erde ist. Ich zaubere Yücel und Alal in Schränke hinein, wo sie nur mit meinem Schlüssel rauskönnen. Ich verwandle Jessica in einen Stein. Für Sebastian zaubere ich viele Babyschlangen, die nicht töten, und ganz viele Hundertmarkstücke. Für die Zwillinge zaubere ich ein Getränk, das Streiten verhindert. Nadines Füller verwandle ich in einen Zauberfüller, der immer alles richtig schreibt. Und mir haben meine zauberhaften Schulkinder ein schönes, neues Rennfahrrad zugedacht.

---

3. Analyse der Fördersituation

Sowohl in der Planung und Reflexion von Fördersituationen als auch während des Prozesses selbst stellen sich mir Fragen zu meinem konkreten Handeln und auch zur Überprüfung und Weiterentwicklung des Konzeptes:

1. Wie sieht die Sprechsituation für das Kind, die Kinder und für mich aus?
   – Was steckt drin aus der Perspektive jedes Einzelnen an Notwendigkeit zur sprachlichen Kommunikation?

- Wie ist das Verhältnis von nonverbaler zu verbaler Kommunikation?
- Ist Partner- oder Gruppenbezug in der Situation möglich/nötig/wünschenswert?
2. Welcher Art sind die Sprechakte?
   - Ist die Sprache handlungsbegleitend/quasi illustrierend/kommentierend/parallellaufend?
   - Soll die Sprache von der Handlung ablenken?
   - Dient die Sprache dem Kontakt z. B. zum Publikum?
   - Wie ist das Verhältnis von festgelegten Sprachformen (Anrede/Sprüchen/Vorstellung) und freier Improvisation?
   - Wie umfangreich sind Redesequenzen? Wie beanspruchen sie das Gedächtnis und die Konzentration?
3. In welcher Richtung biete ich Impulse zur
   - Weiterentwicklung von Gestik zur Sprache,
   - Koordination von Handeln und Sprechen,
   - Artikulation, Semantik, Syntax,
   - Metakommunikation?
4. Wo liegt der nächste Schritt der Entwicklung für Einzelne/Gruppen?
   - Wo setze ich meine Sprache bewusst als Modell ein?
   - Wo lenke ich die Aufmerksamkeit auf Sprache, wo auf Handlung?
   - Wie beziehe ich die Reflexion von Kindern über sprachliche Äußerungen anderer ein?
   - Wie kann ich Fotos/Videoaufnahmen nutzen, um Entwicklungen zu dokumentieren?
   - Wie kann ich Kinder in den Reflexionsprozess einbeziehen?
   - Welche Formen der Beteiligung bei Planungen finden die Kinder selbst gut?
5. Wie berücksichtige ich Kinder mit ähnlicher Symptomatik in der Gruppe?
   - Wie vermittle ich spezielle Hilfen für und Anforderungen von Teilgruppen in der Klasse?
   - Wieweit kann ich zieldifferent arbeiten?
   - Wieweit nützen/schaden spezielle Hilfestellungen anderen Teilgruppen (z. B. Lautzeichen, die beim »Zaubern« mißverständlich sein können)?
6. Wie gewichte ich pädagogische und fachdidaktische Anforderungen (z. B. falscher Kasus)?
   - Wenn dies bei einer Übung auftritt, bei der dieses Sprachmuster angeboten wird?
   - Wenn dies bei einer Spielsequenz zwischen Kindern zu beobachten ist?
   - Wenn dies beim Rechnen, Vorlesen, Erklären, Erzählen usw. vorkommt?
   - Wo nutze ich Gelegenheiten zum Modellieren kindlicher Äußerungen?
   - Wo unterbreche ich den Handlungsablauf, biete Metakommunikation an?
   - Wann versuche ich Reflexion über Sprache einzuleiten oder anzuregen?

7. Wenn ich Möglichkeiten des Modellierens sehe, welche Techniken nutze ich (z. B. beim Projekt »Zaubern«)?
   - Verbalisieren von Situationsmerkmalen und Ereignissen, anderen sagen, wie's geht mit einem Zaubertrick.
   - Ein Vorhaben sprachlich umsetzen: Der Zauberlehrling begleitet sprachlich, was er beim Meister sieht, wenn er ihm durch das Schlüsselloch zusieht, und berichtet flüsternd dem Publikum.
   - Fragestrategien einüben; wenn ein Kind mir einen Trick zeigt, den ich nicht kenne, z. B.: »Soll ich das Seil unter dem Handgelenk durchziehen oder darüber?« »Warum hast du die Hand hinter dem Rücken und nicht in der Tasche?«
   - Vermutete innere Monologe vorspielen und das Kind Weichen stellen lassen bei Alternativfragen, z. B. bei vergeblichem Suchen: »Habe ich das Geld in die andere Tasche gesteckt, oder ist es runtergefallen – was meinst du?«
   - Selbstkorrektur vormachen und Kinder bestätigen, die sich selbst verbessern.

Weitere Möglichkeiten und die Einordnung in eine gewisse Systematik bietet eine Übersicht (s. folgende Seite).[1]

4. Unterrichtsstunde

Konkrete Rahmenbedingungen des Unterrichts in einem 4. Schuljahr an einer Schule für Sprachbehinderte (Sonderschule). Von den sechs Jungen und sechs Mädchen zeigten fast alle eine reduzierte Hör-Gedächtnisspanne, reduzierte Speicherfähigkeit und Störungen im Verständnis von Handlungsfolgen und verbaler Planung. Neben den Artikulationsauffälligkeiten zeigten sich verstärkt dysgrammatische und dysphasische Probleme, d.h. die Strukturierung von Sätzen war erschwert.

Im Sinne einer ganzheitlichen Orientierung von Unterricht und Therapie wurde versucht, die Strukturen so zu verändern, dass sie für die Kinder mit den Störungen in der Wahrnehmung von Sequenzen gedeihlicher wurden.

Es hat sich ein *Rhythmus* entwickelt, der für diese Kinder sehr fruchtbar ist. Günstig ist, dass der Unterrichtsbeginn täglich gleich ist.

---

1 Aus: Dannenbauer, Frieder/Kotten-Sederqvist, Anni: Sebastian lernt Subj. + Mod. + XY + V(inf.): Bericht einer entwicklungsproximalen Sprachtherapie mit einem dysgrammatisch sprechenden Kind. In: Vierteljahresschrift für Heilpädagogik und ihre Nachbargebiete, März 1990, Heft 1 (Jg. 59), S. 27–45 (Zitat von S. 40).

Übersicht 1: Techniken des Modellierens		
Bezeich-nung	**Funktion**	**Beispiel**
Kindlichen Äußerungen vorausgehende Sprachmodelle		
Präsentation	Situations- und rollentypische Sprechweisen werden demonstriert, um die Zielformen gehäuft einzuführen. Das Kind beobachtet; später kann es eine Rolle übernehmen.	Kontext: Dressurspiel; Sprachmodelle: »Du sollst Männchen machen/herkommen/Pfötchen geben … jetzt sollst du …« oder: »Soll ich durch den Reifen springen … was soll ich …«
Parallel-sprechen	Kindliche Vorhaben und Wünsche werden sprachlich umgesetzt. Das Kind erfasst sprachliche Zielformen in Bezug zu seiner aktuellen Bedürfnislage.	Kontext: Spielvorbereitung (Kind öffnet Spielkiste); Sprachmodelle: »Du willst wohl die Autos holen … wollen wir mit der Garage spielen … du willst bestimmt … ich will auch …«
Lingui-stische Markierung	Situationsmerkmale, auf die das Kind gerade achtet, werden versprachlicht, um die Zielstruktur in den Fokus seiner Aufmerksamkeit zu rücken.	Kontext: Parkgaragenspiel; Sprachmodelle: »Hier musst du warten … du musst noch zahlen … wir müssen nach oben fahren … ich muss vorher aussteigen …«
FA-Fragen (forced alternative)	Zwei Modelle einer Struktur werden dem Kind zur Beantwortung angeboten. Antwortet das Kind elliptisch, kann eine Expansion folgen (siehe unten).	Kontext: Zaubererspiel; T(herapeutin): »Zauberer, kannst du nur laufen, oder kannst du auch fliegen?« K(ind): »Fliegen.« T.: »Du kannst also fliegen.«
Kindlichen Äußerungen nachfolgende Sprachmodelle		
Expansion	Kindliche Äußerungen werden unter Einbau der Zielstruktur vervollständigt.	Kontext: Unfallspiel; K.: »Jetzt der Feuerwehr abgeschleppt werden.« T.: »Ja, die Feuerwehr muss abgeschleppt werden.«
Umformung	Kindliche Äußerungen werden in veränderter Form wiedergegeben, wobei die Zielstruktur eingeführt oder variiert wird.	Kontext: Autospiel; K.: »Nimm das Lastauto!« oder: »Du sollst das Lastauto nehmen.« T.: »Gut, ich soll das Lastauto nehmen.«
Korrektives Feedback	Kindliche Äußerungen mit fehlerhafter Zielstruktur werden berichtigt wiedergegeben.	Kontext: Unfallspiel; K.: »Der Krankenwagen nicht kommen muss.« T.: »Der Krankenwagen muss nicht kommen.«
Modellierte Selbst-korrektur	Fehler des Kindes bei der Zielstruktur werden von der Therapeutin übernommen und sofort bei sich selbst korrigiert.	Kontext: Piratenspiel; K.: »Wir muss uns beeilen.« T.: »Stimmt, wir muss … ach, falsch! … wir müssen schnell weg.«
Extension	Es wird semantisch an die kindliche Äußerung angeknüpft und diese unter Verwendung der Zielstruktur logisch weitergeführt.	Kontext: Unfallspiel; K.: »Tot wer?« T.: »Ja, der Krankenwagen muss kommen.«

Übersicht zur Lernausgangssituation der Schüler einer 4. Klasse

Etwas über die Kinder der Klasse

Beeinträchtigungen der Kommunikationsfähigkeit nach der Eingangsdiagnostik

Name (abgekürzt)	Störung des Sprachverständnisses: sensorisch/rezeptiv	der Sprachproduktion: motorisch/expressiv	Redeflußstörung Stottern	Stammeln (Dysalie) * partiell ** multipel	Dysgrammatismus * leicht ** mittel *** schwer	der Motorik: Feinmotorik/Grobmotorik	der Wahrnehmung: auditiven/phonematischen optischen/visuellen Differenzierungsfähigkeit	der kinästhetischen Wahrnehmung (Lippen/Mundbewegung)	der Wiedergabe von Melodien der Wiedergabe von Rhythmen i. Musik u. Sprache	der Stimme	v. Unterscheidung der Erst- u. Zweitsprache	der altersgemäßen Entwicklung
Ba	✕				*			✕		✕	✕			✕
Ke				*Sigm.					✕				
Mc	✕			**	***		✕	✕	✕	✕			✕
Mc							✕	✕	✕	✕			
Sa	✕			*	*		✕	✕	✕	✕			✕
Vo	✕	✕					✕	✕	✕	✕			✕
v.				*	*		✕	✕	✕	✕			
Wi	✕						✕	✕	✕	✕			✕
W	✕			*	***			✕	✕	✕			✕
W	✕			*	**			✕	✕	✕			✕
W	✕			**	**			✕	✕	✕			✕

An drei Tagen hatte ich vier zusammenhängende Stunden (Di, Mi, Do) mit folgendem Tagesrhythmus:

– Morgenkreis,
– Bewegungslied (eine Musikstunde habe ich auf fünf Tage verteilt), jede Woche ein neues Lied,
– Partnerlesen (mit Lesepass auf ganz unterschiedlichen Leseniveaus),
– zehn Minuten Diktat (in Partnerarbeit, orientiert am Grundwortschatz mit Lernkartei),
– individuelle Sprachübungen mit Legespielen, LÜK (**L**erne, **Ü**be, **K**ontrolliere. Vogel. Wilhelmshaven.), Sprachtherapiematerial, tägliche Übung,
– Pause.

Individualisiertes Lernen im Rahmen eines *Wochenplans*, der von Mittwoch zu Mittwoch lief. Gemeinsame Neueinführungen laufen – falls nötig – gleich nach der Pause. Besprechung der Hausaufgaben, Klassentagebuch, Verabschiedung.

Für Therapie standen mir sechs Lehrerstunden in Doppelbesetzung zur Verfügung (sofern nicht dringender Vertretungsbedarf ist). Die Kapazitäten dieser Kollegen wurden in den Ablaufrhythmus integriert, auch wenn sie phasenweise sich mit einzelnen Kindern zurückgezogen.

Die individualisierenden Sprachübungen versuchte ich so mit dem Unterricht zu verknüpfen, dass Querverbindungen zum Lernweg des Kindes erkennbar werden. Das wurde oft nicht leicht, wenn ich nicht Sachgesetzmäßigkeiten knebeln wollte. Oft zeigten auch die Kinder selbst Ansatzpunkte für selbst gesteuerte Übungen.

Eine weitere Bedingung war, dass ein zweiter Kollege schwerpunktmäßig in meiner Klasse eingesetzt war für Fachunterricht und Doppelbesetzung. Von daher war eine hohe Kontinuität möglich.

Die *Raum- und Materialorganisation* hatte ich im Lauf der Zeit weit gehend auf *Selbstbedienung* eingestellt. Durch Kopfhörer am Tonband war eine wesentliche Rückzugsmöglichkeit geschaffen.

Durch diese veränderten Rahmenbedingungen konnte ich auf frontale Phasen weit gehend verzichten und mich vielmehr auf die individuelle Lernberatung konzentrieren. Je älter die Schüler wurden, desto besser gelang Metakommunikation und selbstverantwortliche Arbeit an den Lernproblemen.

Lernziele

Das hatten die Kinder bei der Vorbereitung gemacht:

– sich in zwei Gruppen aufgeteilt,
– verbindliche Geheimhaltung abgesprochen,
– Vorerfahrungen über Zaubern ausgetauscht,
– Zauberbücher durchgesehen, alte Kinderzeitschriften, z. B. MÜCKI, Universumverlag Wiesbaden,

- Sinn entnehmend gelesen,
- danach Tricks ausgewählt,
- die Utensilien besorgt oder besorgen lassen,
- das Zeitlimit von 15 Minuten eingehalten,
- gefragt, erklärt, beschrieben, bewertet,
- Zaubersprüche erfunden und/oder gelernt,
- sich gegenseitig korrigiert, Kritik ausgehalten, gelobt,
- Handlungsabfolgen gemerkt, wiederholt,
- vor verschiedenen Zuschauern geübt (Kollegen, Mitschülern, Müttern, Freunden).

Das leisten die Kinder bei der Vorführung:

- ihre Aufregung produktiv in Aktion umsetzen in der Gruppe,
- die gespeicherten Handlungsfolgen wiedergeben mit den Utensilien,
- handlungsbegleitend sprechen zum Publikum,
- ablenkend von der entscheidenden Handlung Zaubersprüche sagen,
- sich zeigen und dabei sprechen (was einige Kinder fürchten),
- Verabredetes einhalten unter den verschärften Bedingungen einer Vorführung,
- Satzmuster aus der Übungssprache in die Spontansprache übernehmen in einer Ernstsituation,
- eventuell angebotene Hilfen durch Satzanfänge aufnehmen von Mitspielern,
- sich zielstrebig im Raum bewegen, um Gegenstände zu holen, ohne sich unterwegs ablenken zu lassen und etwas zu vergessen,
- zuschauen, beobachten, Hypothesen formulieren, raten,
- nacheinander sprechen, aufeinander eingehen, warten,
- Neugierde aushalten, miteinander Spannung und Entspannung nach dem Beifall erleben.

Das können die Kinder damit außerhalb der Schule lernen:

- wie man Aufmerksamkeit auf sich lenken kann,
- wie man in Kontakt zu anderen kommen kann, z. B. Erwachsenen,
- wie es ist, wenn man etwas kann, was die anderen nicht können,
- wie Sprache ihnen unmittelbar hilft, sich in neuen Situationen besser darzustellen,
- dass sie trotz Beeinträchtigung ihrer Sprache etwas können, wofür sie anerkannt werden und stärker beachtet als sonst.

(Die Angebote des Wochenplans stehen sonst an der Tafel bzw. liegen immer an bestimmten Plätzen aus. Die Kinder bekommen den Plan nicht mit nach Hause, damit dieser Wochenplan von Eltern nicht als Rest-Pensum interpretiert werden kann für Hausaufgaben.)

Zaubern

● *Pflicht*
Aus Zauberbüchern kann du dir einen Trick aussuchen und so üben, dass du ihn am Montag vorführen kannst. Herr J. und Frau H. helfen dabei (Doppelbesetzung).
Zaubermarionette nach Anleitung an der Wandtafel basteln,
Texte der Zaubermappe lesen und alle Wörter, die mit Zauber- anfangen oder -zauber enden, auf einer Liste sammeln,
mit dem Markierstift unterstreichen und auf eine Liste schreiben,
im Mathematikbuch auf Seite X die Zauberquadrate lösen und versuchen, neue zu bilden,
einen Zauberspruch aussuchen und auswendig lernen.

● *Kür*
Einen Zauberspruch selbst erfinden,
eine Geschichte schreiben, was du als Zauberer oder Zauberin am liebsten machen würdest,
weitermachen mit dem Drucken der Tips für Umweltfreunde,
in »Das Zauberbuch« lesen und einen kleinen Vortrag vorbereiten,
in »Kaitus oder Antons Geheimnis« von Janusz Korczak ein Kapitel so lesen, dass du es uns erzählen kannst,
einer anderen Klasse einen Brief schreiben, womit du sie zu einer Zauberaufführung zu uns einlädst,
aus einer Zaubermappe von (zum Basteln von der Firma Schreiber) etwas basteln, was du uns allen vorführen kannst).

Skizze der Planung einer Stunde, die in einen Wochenplan integriert ist

● *Inhalte*
Die Kinder haben in zwei Gruppen Zaubertricks ausgewählt und vorbereitet, die sie sich nun zum ersten Mal gegenseitig vorführen. Es geht darum, den Trick herauszubekommen. Wer meint, das Geheimnis gelüftet zu haben, kann versuchen, den Trick zu erklären und selbst vorzuführen – nicht ohne Zaubermantel.

● *Verlauf* (Abkürzungen mit zwei Buchstaben stehen für Vornamen)
Jede Gruppe kündigt ihre Nummern selbst an. Es beginnt die Gruppe SiTo-RoSaMar (abgekürzte Vornamen) mit dem Entfesselungstrick und Kartenlesen. Sollte noch Zeit sein, so kann Ro noch zeigen, wie er durch eine Post-

karte kriechen kann. Zur Halbzeit zaubern dann MaSaSeDaSaBi mit dem magischen Ring und dem Möbiusband.

- *Mögliche Schwierigkeiten für die Kinder auf der Beziehungsebene*
Wenn Zuschauer in die Klasse kommen, brauchen die Kinder erst mal Gelegenheit, auf ihre Weise Kontakt aufzunehmen. Es kann Verzögerungen geben durch zu viel Nähe oder Distanz. X reagiert oft aufgedreht, wenn Männer auftauchen, während bei Sa damit zu rechnen ist, dass sie Kontakt verweigert. Sa. und Mar. sind schüchtern und aufgeregt und spielen nur im Schutz der eingeweihten Gruppe, wenn alles genauso abläuft, wie sie es eingeübt haben. Ro. möchte sich gerne allein darstellen und achtet möglicherweise nicht genug auf seine Mitspieler, was den Erfolg der Nummer gefährdet. To. kann sich schlecht helfen lassen, ist aber sehr anspruchsvoll mit sich selbst und gerät dann so unter Druck, dass er mit der Sprache hängen bleibt. Er muss eventuell entlastet werden – ohne das Gesicht zu verlieren.
Die Kinder müssen sich für den »magischen Ring« schnell Partner aussuchen, die kooperativ mitspielen, sonst klappt es nicht. Das zaubernde Kind muss sich mit Geduld auf die Vermutungen und Fragen des zuschauenden Kindes einlassen, um nicht vorschnell die Lösung zu verraten.

- *Mögliche Schwierigkeiten, die mit der Besuchersituation verbunden sind*
In der Stunde waren Gäste anwesend: Rektor, Schulrätin und drei Professoren, die Situation war also nicht so ganz einfach – für alle. Die Kinder müssen sich so hinstellen, dass sie von allen gesehen werden können. Sie müssen sich also in die Zuschauer hineindenken und intuitiv einen Perspektivwechsel vollziehen. Die Körpersignale müssen eindeutig gesendet werden, sonst überlagern unwichtige Bewegungen das, worauf es ankommt. In der Aufregung der neuen Situation verfügen die Schüler mit Koordinationsproblemen möglicherweise nicht vollständig über ihr Repertoire, das sie für Notfälle eintrainiert haben. Dazu kommt, dass ich selbst die Nummern der zweiten Gruppe nicht kenne, weil sie diese mit einem Kollegen einstudiert hat. Im Zweifel kann ich also nicht weiterhelfen, sondern muss auf die Kräfte der Gruppe vertrauen. Aber dieses Risiko ist der Preis für die Ernstsituation, die dadurch für die Gruppe entstanden ist. Zur Überbrückung notfalls und meiner eigenen Beruhigung hielt ich eine Spieluhr bereit, in der ein Zauberer zu einer zarten Melodie tanzt. – Übrigens klappte alles ganz prima. Die Kinder zeigten sich von ihrer bezauberndsten Seite – meine »Zauberschülerinnen und -schüler.«

5. Vorführung

Das ist der Höhepunkt des Projekts. Weit blickende Planung ist nötig, um einen organisatorischen Rahmen zu gestalten, der es Kindern erlaubt, trotz ihrer Aufregung sich mit ihren neu erworbenen Fertigkeiten zu zeigen. Die Zeit ist ein wesentlicher Faktor. Wenn Längen entstehen, wird das kindliche Publikum schnell unruhig. Für jede Nummer muss genau die Zeit gestoppt werden, um einen realistischen Programmablauf zu gewährleisten.

Ich habe die Titel der Kunststücke mit den Kindernamen auf große Papierstreifen geschrieben und nach ihren Vorschlägen verschiedene Ablaufvarianten durchspielen lassen. Das hat zwar viel Zeit beansprucht, hat aber auch fruchtbare Gespräche bewirkt: Im Argumentieren über Pro und Contra konnten die Kinder etwas Abstand gewinnen zu ihrer eigenen »Produktion« und den Blick auf das Zusammenspiel mit den anderen lenken. Es wurde die Befürchtung geäußert, das Eigene zu vergessen, wenn man den anderen zuschaut. Kinder erzählten, wie sie sich ganz individuell behelfen: mit Merkwörtern im Zauberbuch, mit überbrückenden Ritualen wie Zaubersalz oder Zauberkraft einatmen, mit Nähe zu bestimmten Kindern, mit Blickkontakten zu mir, mit Konzentration auf ein bestimmtes Stichwort, mit Eselsbrücken, mit Souffleur, mit »laut denken« (»hoffentlich klappt das diesmal«), mit Kontakt zum Publikum, durch Fragen oder Erklärungen, Witze oder Plauderei.

»Angst macht dumm!« erklärte mir mal ein Achtklässler. Wenn Kinder sich mit ihren Ängsten beschäftigen und sie zur Sprache bringen können, gewinnen sie Abstand dazu. Auslösende Schlüsselsituationen können entschärft werden, wenn alternative Verhaltensweisen durchgespielt werden. Oft genügt dann im Ernstfall nur ein Stichwort, das vom Kind wie ein Rettungsring angenommen wird. Sich zeigen, in den Mittelpunkt treten, wieder zurücktreten, warten, zuschauen – all das sind Leistungen von Kindern, die nicht unterschätzt werden dürfen, besonders, wenn narzißtische Störungen vorliegen. Das Hineinschlüpfen in die Rolle des Zauberers mit den entsprechenden Utensilien, das angemessene Rollenverhalten des Publikums, der Wissensvorsprung durch Kenntnis des Tricks und eine kluge Organisation können schwierigen Kindern ihre Selbstdarstellung erleichtern. Ich habe den Kindern nahe gelegt, jemanden aus der Klasse »einzuweihen«, der notfalls die eigene Rolle übernehmen kann. Das entlastet, wenn ein Kind krank wird oder zu großes Lampenfieber bekommt und sich im letzten Moment nicht mehr traut. Kritische Momente zwischen den Nummern sind die kleinen Pausen beim Wechsel der Vorführenden. Wenn es keinen »Pausenclown« gibt oder keinen redegewandten Ansager, so kann die Situation mit Musik überbrückt werden. Diese Rolle hat bei unserer Vorführung ein mutistisches Kind übernommen und mit einer Spieluhr sehr beruhigende Signale gesetzt.

Auch wenn das Programm groß angeschrieben ist, so kommt dem Ansager doch noch eine besondere Rolle zu: Er kann Neugierde bei den Zuschauern wecken und die jeweiligen Zauberkünstler vorstellen. Eine Erleichterung für den Ansager ist es, wenn sich die Kinder der nächsten Nummer schon an einer bestimmten Stelle bereithalten.

Anders als bei Theatervorstellungen mit einer Bühne und einem Vorhang, müssen bei Zaubervorstellungen im Klassenzimmer Orte und Plätze umfunktioniert werden. Meist müssen Kinder ihren Stammplatz vorübergehend aufgeben. Wichtig ist es, im Vorfeld abzusprechen, wo die persönlichen Sachen (Ranzen, Pausenbrot, Kuscheltier, Mütze) hinkommen und wo die Requisiten bereitgehalten werden. Die Ordnung auf dem »Zaubertisch« kann durch feste Plätze und Aufstellschilder aufrechterhalten werden. So habe ich regelrecht geübt, Sachen zu holen und aufzuräumen – zuerst im Tempo der Zeitlupe, dann ganz schnell, aber leise. Nach Montessori verdient das »*Wie* gehe ich mit den Dingen um?« ebenso viel Beachtung wie die Gegenstände und Handlungen selbst.

Die Kinder hatten große, silberdurchwirkte Tücher als Zaubermäntel, die sie nach Gebrauch einfach auf einen Haufen warfen. Nach einem Streit darüber, wer das schönste – am wenigsten zerknitterte – Tuch bekommt, habe ich mit ihnen das Zusammenlegen zum Thema gemacht. Jedes Kind hat sich sein eigenes Tuch ausgewählt, die Wahl begründet und Konflikte bei gleicher Wahl ausgehandelt. Dann hat jedes Kind vorgemacht, wie es sein Tuch faltet, alle haben dies beobachtet und nachgemacht. Es gab lauter verschiedene Ergebnisse. Daraufhin hat das lästige Aufräumen eine persönliche Note und erhöhte Sozialkontrolle erhalten. Nach der Vorführung räumten die Kinder selbstverständlich ihre Sachen zurück und wunderten sich, dass sie von erstaunten Erwachsenen dafür Anerkennung gezollt bekamen.

6. Zauberschule

Nach der ersten Vorstellung vor der Parallelklasse kam die Idee auf, einige Tricks Interessierten weiterzugeben. Hierzu einige mögliche Modelle:

1. Klasse a lädt Klasse b in den Klassenraum a ein zur Vorführung, und danach üben Paare aus Klasse a+b einen Trick ein, z.B. »Das schwere Haar«. Dazu muss der Raum groß genug sein und eine schnelle, unkomplizierte Paarbildung zwischen den Kindern beider Klassen möglich sein. Es muss vorher geklärt sein, welche Lehrkraft das Sagen hat und was danach geschehen soll.
2. Ein Gastspiel findet im Raum der fremden Klasse statt. Dazu müssen die Organisationsmuster auf einen neuen Raum übertragen werden. Das erfordert einen hohen Grad an Kontextunabhängigkeit, Flexibilität und Improvisationsfähigkeit. Unter günstigen Bedingungen kann es mit einer Auswahl aus dem Repertoire gelingen. (Nach meiner Erfahrung war es sehr anstrengend für alle Beteiligten.)
3. Klasse b kommt nach einer Vorführung zu einem späteren Termin in Klasse a mit gezielten Wünschen, die vorher übermittelt worden sind. Klasse b kann Angebote an Tischen oder Stationen vorbereiten. Eine Übersicht an der Tafel erleichtert die Zuordnung und den Überblick. Anschlussaktivitäten müssen vorher geklärt sein.

4. Klasse a lädt zu einem späteren Termin ein. Wie bei einem Markt bieten Kinder der Klasse ihre Künste nacheinander an und bilden so Interessengruppen. Geklärt sein muss vorher, ob die Gruppen sofort anfangen können, ob sie abwarten sollen, bis alle sich gefunden haben, ob sie sofort in einen anderen Raum gehen können und was danach kommt. Dabei müssen bestimmte Regeln für das Verhalten als Gast klar sein und eingehalten werden: nichts kaputtmachen oder klauen. (Das hat bei mir mit einem 2. Schuljahr gut geklappt.)
5. Die Vorführung wird mit Video aufgezeichnet und klassenübergreifend gezeigt. Interessierte können sich für die Zauberschule anmelden, die im Rahmen eines Schulfestes oder a ls Wahlpflichtkurs möglich ist.
6. Kinder laden Eltern und Kollegen der Schule zu einer Vorführung ein mit der Bitte, dass diese danach auch Tricks zeigen, wenn sie welche können.
7. Kinder gestalten eine Zauberecke in der Klasse, wo Karteien, Bücher und Utensilien weiterführende Zauberstudien ermöglichen.

7. Orientierungshilfen

Zur Auswahl und Vorbereitung von Lernsituationen können die nachfolgenden Übersichten hilfreich sein. Im pädagogischen Alltagsgeschäft steht man ja sehr oft unter Handlungsdruck und muss viel improvisieren, Stichwort »Vertretung«! Die Orientierung über die Zaubertricks gebe ich aus verschiedenen Blickwinkeln, zuerst aus der Schulperspektive, dann bezogen auf die Sache aus der Sicht von Kindern und am Ende aus der pädagogisch-therapeutischen Sicht.

7.1 Suchraster zur Auswahl der Zaubertricks

Die Ausgangsfrage kam von Kolleginnen, die in meinem Workshop zum Zaubern viel ausprobiert hatten. Sie wollten einfach wissen, unter welchen Bedingungen sie bestimmte Vorhaben machen könnten. Wir überlegten, welche räumlichen und zeitlichen Voraussetzungen einkalkuliert werden müssen. Mit Blick auf verschiedene Organisationsformen im Unterricht wurden die personellen, sozialen und materiellen Kriterien zusammengestellt.

7.2 Förderschwerpunkte im Bereich Wahrnehmung und Sprache

Unter dem Aspekt von Sprachförderung durch intensivierte Wahrnehmung sind hier mögliche Schwerpunkte angekreuzt, wie sie sich aus meiner konkreten Situation angeboten haben. – Die Piktogramme kann man auch gut zur Diagnose nutzen, um für sich selbst Listen zu gestalten, in die man zu den Namen der Schüler Beobachtungen einträgt.

Zu 7.1: Suchraster zur Auswahl der Zaubertricks

Die Übersicht erleichtert die Orientierung zur Auswahl für bestimmte Intentionen. Die Kriterien beziehen sich auf räumliche Gegeben-heiten, Personen, Zielgruppen und spezielle einschränkende Bedingungen.

Kriterien	|									Tricks										
	1	2	3	4	5	6	7	8	9	10	11	12	13	14	15	16	17	18	19	20
1. Tisch	–	x	–	–	x	x	x	–	x	x	x	x	x	–	x	–	x	x	–	x
2. standpunktunabhängig	x	–	x	x	–	–	–	x	–	–	–	–	–	x	–	x	–	–	x	–
3. im Freien möglich	x	–	x	x	–	–	–	x	–	–	–	–	–	x	–	x	–	–	x	–
4. Angebot für Zauberecke	x	–	x	x	x	x	x	–	–	x	–	–	–	x	–	–	x	–	–	–
5. Einzelbeschäftigung	x	x	x	x	x	x	x	–	–	x	–	–	x	x	x	–	x	–	–	–
6. Partner nötig	–	–	–	–	–	–	–	x	x	–	–	–	x	–	–	–	–	x	x	x
7. Gruppenaktivität	x	–	x	–	–	x	x	x	x	–	x	x	x	x	–	–	–	x	x	x
8. mit Assistent	–	–	–	–	x	–	–	x	–	–	–	–	–	–	–	–	–	–	x	x
9. mit Kandidaten	x	–	–	x	–	x	x	–	–	–	–	–	–	x	–	–	–	–	x	x
10. Vorschulkinder	–	–	x	x	–	x	–	–	–	–	–	–	x	x	–	x	–	x	x	x
11. Klassensituation	x	–	x	x	x	x	x	x	x	x	x	x	x	x	–	–	–	x	x	x
12. Vertretungsunterricht	x	x	x	x	x	x	–	–	–	x	x	–	x	–	–	–	–	x	x	x
13. Fördergruppen	x	x	x	x	x	x	x	x	x	x	x	x	x	x	x	x	x	x	x	x
14. Einzeltherapie	x	x	x	–	x	x	x	x	x	x	x	–	–	x	x	–	x	x	–	–
15. mit Risiko	–	–	–	–	–	–	–	–	–	–	x	–	–	x	x	–	–	x	–	–
16. Verdunklung	–	–	–	–	–	–	–	–	x	x	x	–	–	–	–	–	–	–	x	–
17. viel Vorbereitung	–	–	–	–	x	–	x	–	–	–	x	x	–	–	x	–	–	–	–	–
18. materialintensiv	–	–	x	–	–	x	–	–	–	x	–	x	–	–	x	–	–	–	–	–
19. ohne Material	–	–	–	–	–	–	–	–	–	–	–	–	–	–	–	x	–	–	x	x
20. ohne Sprechen	–	–	–	–	–	–	–	–	–	x	–	–	–	–	–	x	–	–	x	–

Nr.	Grad													
1	3	X	X	X	X	X	X	X	X			X	
2	2	X		X		X	X	X	X				
3	2	X		X		X	X	X				X	
4	1	X		X		X	X	X	X				X
5	2	X		X		X							X
6	2	X		X		X		X					
7	3	X		X		X	X	X			X		
8	3	X		X	X	X	X	X	X		X		
9	3	X		X	X	X		X	X		X		
10	2	X	X	X	X	X		X			X		
11	3	X	X	X	X		X	X	X				X
12	3	X	X	X			X	X					X
13	2	X	X			X	X	X	X				X
14	3	X		X	X				X	X			
15	2	X		X		X			X			X	
16	1	X		X		X					X		
17	3	X		X			X	X	X				X
18	1	X		X		X	X	X	X		X		
19	2	X	X	X	X	X	X		X				
20	1	X				X		X			X		

= leicht   = mittel   = schwer

Die Zylinder markieren den Schwierigkeitsgrad der
Zaubertricks aus der Perspektive von Kindern im 4. Schuljahr.

7.3 Leitfragen zu den Zaubertricks

Wenn Kinder begeistert sind vom Zaubern und sich auf Zauberbücher stürzen, probieren sie erst mal aus und kommen dann schnell an ihre Grenzen. Sie können eher selbständig die Probleme weiterverfolgen, wenn sie von der Sachstruktur her einen roten Faden sehen. Standardfragen können recht nützlich sein, um eine eigene Handlungsplanung zu entwickeln. Der Nachteil eines Leitfadens ist, dass Fragen nacheinander kommen, die sich möglicherweise in der Wirklichkeit in anderer Reihenfolge stellen. Das ist gerade beim Zaubern ein zentrales Merkmal. Beim Zaubern muss man viel vorausbedenken, im Hinterkopf haben und planen. Trotzdem lebt jede Vorführung von der Spontaneität und der Situationskomik. Für Kinder mit Problemen in der Handlungsorganisation ist es entlastend, wenn sie in der Vorbereitung die Sicherheit gewinnen, dass sie für Notfälle gerüstet sind. Die Leitfragen entstanden aus den häufigsten Fragen der Schüler, und deswegen habe ich sie gemeinsam mit ihnen auf Zaubertricks angewandt, die sie unbedingt lernen wollten. Am wichtigsten war den Kindern, wie es geht und was der Trick dabei ist. Darum steht dies am Anfang. Das hat gelegentlich zur Folge, dass man erst mal nachsehen muss, was eigentlich dafür vorbereitet werden muss, um den Trick zu verstehen. Sprachlich gesehen sind viele Formulierungen gewiss zu anspruchsvoll für Kinder. Es liegt in der Natur der Sache, dass Vorgänge beim Zaubern sehr exakt und eindeutig beschrieben werden müssen für Handlungsanleitungen. Andererseits habe ich wirklich erlebt, dass Kinder Sprache als Hilfe benutzen, um ihre Tätigkeiten zu strukturieren, beispielsweise mit halblaut gesprochenen Monologen, die zu Interaktion führen können.

Folgende Leitfragen strukturieren jeden der Zaubertricks und geben Antwort darauf unter der entsprechenden Ziffer, z.B. unter 2. Ablauf: Wie geht es?

Zu 7.3: Leitfragen zu den Zaubertricks

1. Material:
   Was brauche ich dazu?

2. Ablauf:
   Wie geht es?

3. Erklärung:
   Was ist der Trick dabei?

4. Vorbereitung:
   Woran muss ich vorher denken?

5. Tips für Notfälle:
   Was könnte schief gehen?

6. Wiederholungen:
   Was kann ich verändern?

7. Vorführung:
   Welche Gelegenheiten eignen sich?

8. Bezeichnung:
   Wie kann ich den Trick noch nennen?

9. Sprache:
   Was kann ich dabei sagen?

---

8. Zaubertricks

Piktogramme in Kurzform

 Sehen – visuelle/optische Wahrnehmung

 Hören – akustische/auditive/auditorische Wahrnehmung

 Tasten und Fühlen – haptische/taktile Wahrnehmung

 Bewegungsempfindung – kinästhetische Wahrnehmung

 Eigenwahrnehmung – propriozeptive Wahrnehmung

 Figur-Grund-Wahrnehmung

 Eindrücke nacheinander ordnen – seriale Integration

 Aufmerken – attentive Wahrnehmung

 Arbeit am Laut

 Arbeit am Wort

Arbeit am Satz

Redefluss – Stimme – Atmung

Bewertung des Schwierigkeitsgrades der Zaubertricks

1. Tüte mit zwei Öffnungen, siehe Faltanleitung, flache Sachen, die in die Tüte passen, z. B. Münzen aus verschiedenen Ländern, Geld- oder Fahrscheine, Fotos, Zettel mit Namen, Sticker.

2. Behaupte, dass du mit dieser Zaubertüte etwas verwandeln kannst, z. B. 10 DM in 100 DM. Bitte jemanden, einen Geldschein in die Tüte zu stecken. Halte die Tüte mit der linken Hand so hin, daß die zweite Öffnung verborgen bleibt:

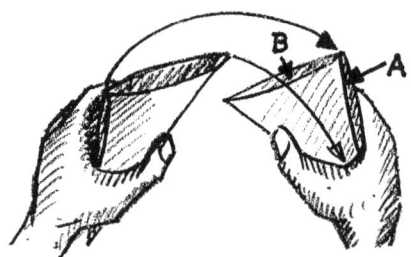

Dreh dich dann nach rechts und übernimm die Tüte mit der rechten Hand so, dass die zweite Öffnung aufklappt. Daraus ziehst du den 100-DM-Schein, den du vorher unbemerkt hineingesteckt hattest.

3. Die Tüte hat zwei Öffnungen. Stecke deinen Zaubergegenstand auf Seite A in die Tüte und zeige dem Publikum Seite B.

4. Falte mehrere Tüten und verstecke darin vorher das, was du angeblich hineinzauberst. Merke dir die Reihenfolge.

5. Achte darauf, dass Seite A ganz verdeckt ist durch deine Hand. Schiebe die Gegenstände vollständig hinein. Gib die Tüte nicht aus der Hand.

6. Du kannst verschiedene Merkmale verändern: Ein kleiner, einfarbiger Luftballon wird groß und bunt. Aus einer Busfahrkarte wird eine Telefonkarte. Aus einem 5-DM-Stück wird ein Schein. Aus einer Kaugummihülle wird ein Kaugummistreifen. Aus einem Papiertaschentuch wird ein Seidentüchlein. Es kann aber auch aus einem Goldkettchen Asche werden.

7. Dieser kleine Taschenspielertrick kann ohne großes »Tamtam« durchgeführt werden: bei einer Geburtstagsfeier ebenso wie bei einem Zauberfest, an der Bushaltestelle oder in der Schulpause.

8. Zaubertüte, Wundertüte, Hokuspokustüte, die wunderbare Taschengeldtüte.

9. Hokuspokus verschwindibus, dreimal schwarzer Kater, aus ist das Theater, sukopsukoh (Spruch rückwärts).

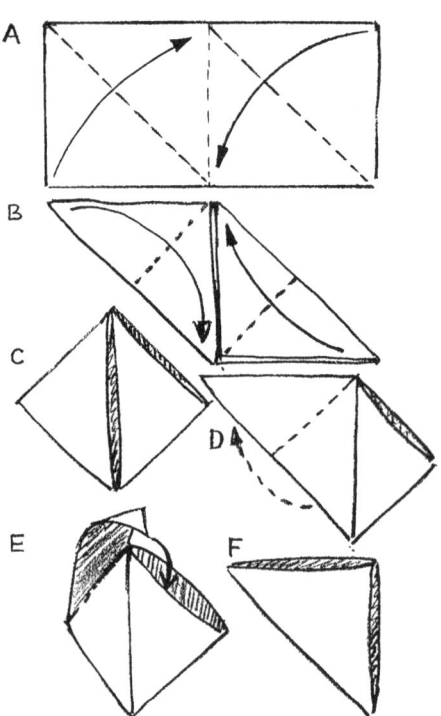

Faltanleitung

1. Man braucht einen Tisch, der etwas entfernt stehen sollte, eine Unterlage, eine Tischdecke oder ein Set, ein Stofftaschentuch, zwei gleiche Münzen, Reservemünzen eventuell aus einem anderen Land.

2. Lege das Tuch so vor dich, dass ein Zipfel auf dich zeigt.

   a) Lege die Münze in den oberen Teil des Tuches.

   b) Falte den unteren Teil des Tuches so nach oben, dass er deutlich übersteht.

   c) Rolle das Tuch von der langen Seite des Dreiecks her mit der Münze innen so lange nach oben, bis die untere Ecke wieder zu sehen ist.

   d) Fasse das Tuch an den Stellen A und B, und ziehe es langsam auseinander, während du geheimnisvoll einen Spruch murmelst.

   e) Nimm das Tuch, schwenke es in der Luft und gehe zum Publikum. Lass dich dort nach dem Geld absuchen und es in deiner Hosentasche finden.

3. Die Münze fällt unter das Taschentuch, wenn du es auseinander ziehst. Der Zauberspruch lenkt von dem leisen Geräusch ab, das entsteht, wenn die Münze auf die Unterlage fällt.

4. Stelle den Tisch so, dass niemand direkt von oben darauf sehen kann.

5. Wenn du das Tuch zu schnell auseinander ziehst, rollt die Münze weg. Wenn die Unterlage zu dünn ist, hört man die Münze fallen. Stehen die Zuschauer auf und kommen zum Tisch, so sehen sie die Münze dort liegen.

6. Lass dir ein Tuch von jemandem aus dem Publikum geben. Verwende Münzen einer anderen Währung.

7. Der Trick eignet sich für jede Zaubervorführung, bei der ein Tisch vorhanden ist, der genug Abstand zum Publikum hat.

8. Die verschwundene Münze, das unsichtbare Loch, Zaubermünzentrick.

9. Puste dem Tuch Zauberkraft ein und erkläre dies den Zuschauern vielleicht mit einem solchen Spruch: EINS, ZWEI, DREI – ZAUBERATEM KOMM HERBEI – HEX – HEX. Erfinde eine Geschichte über die Münze. Du kannst an Urlaubserinnerungen anknüpfen. Erzähle etwas über das Tuch, das du von einem Zaubermeister bekommen haben könntest. Behandle das Taschentuch wie eine Kostbarkeit.

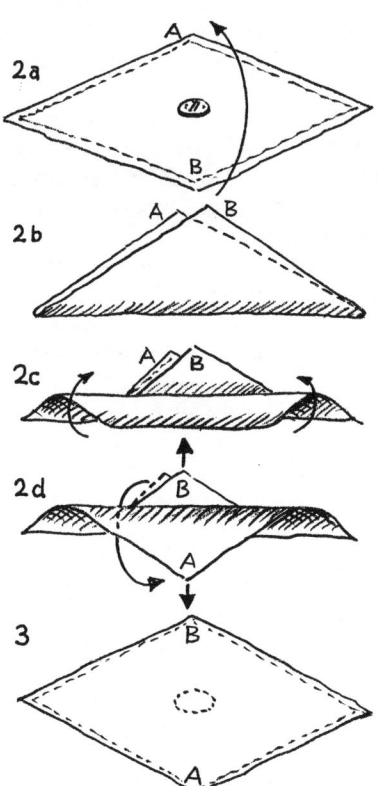

1. Ein Papierband, das mindestens doppelt so lang wie breit ist.
   Zum Üben: Papier im Format DIN A4, längs halbiert und an der schmalen Seite zusammengeklebt, Computer-Endlospapier.
   Zur Vorführung: zwei Zeitungsbögen, nebeneinander geklebt, oder grünes Seidenpapier; Konfetti oder Abfall vom Locher; Schere, Tesafilm, Büroklammern, Gummiringe.

2. Nimm das Papier an der schmalen Seite, rolle es zusammen und befestige es mit Hilfe eines Gummiringes oder mit Büroklammern. Schneide mindestens viermal bis zur Mitte der Rolle. Fasse einige der Papierstreifen möglichst weit innen im »Pinsel«, und ziehe sie vorsichtig nach oben. Trage dazu einen Zauberspruch vor mit immer lauter werdender Stimme. Klebe das Endstück der Papierrolle mit Tesafilm fest, damit du die entstandene Palme aus der Hand geben kannst.

3. Während du nach oben ziehst, drehst du die Hand ein bisschen nach rechts. Die Hand unten hält die Papierrolle locker und dreht sich gleichzeitig nach links.
   Tips für Linkshänder: Fasse die Rolle mit der rechten Hand unten. Mit der linken Hand ziehst du die Papierstreifen nach oben und gleichzeitig etwas nach rechts. Die untere Hand dreht in die Gegenrichtung.

4. Lege einen Tesafilmstreifen oder einen Gummi in greifbare Nähe, damit du unten die Papierrolle festkleben kannst. Stelle etwas bereit, um die Palme hineinzustecken: eine Vase, eine Flasche oder einen Schirmständer. Notfalls kann man auch die Zwischenräume von Heizungsrippen dafür nutzen.

5. Lege einige Papierrollen in Reserve, falls die Streifen beim Herausziehen abreißen.

6. Eingewickelte Konfettis oder Glitzerteilchen bringen einen besonderen Überraschungseffekt.

7. Der Trick eignet sich gut zu Beginn einer Zaubervorführung, weil man mit den Palmen gut die Bühne dekorieren kann. Gäste können sich zum Abschluß selbst Palmen zaubern und mitnehmen.

8. Zauberbaum * Palmenwunder

9. BÄUMCHEN, RECKE DICH – BÄUMCHEN, STRECKE DICH – WIRF GOLD UND SILBER ÜBER MICH.
   PALME, WERDE WIEDER KLEIN – GEH IN MEINE TASCHE REIN.

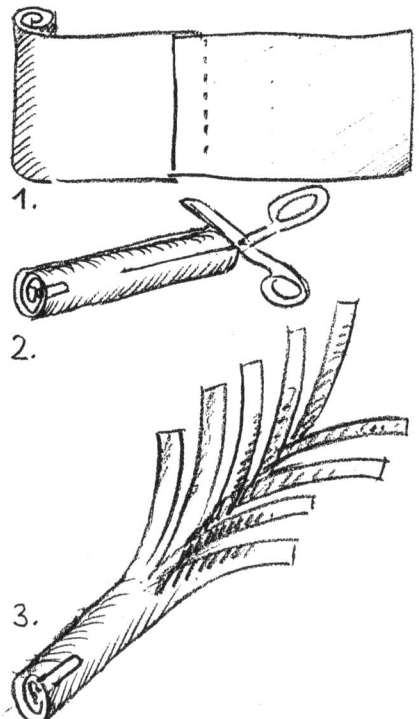

1. Ein Blatt Schreibmaschinenpapier, Tesafilm; oder ein Rohr aus Karton mit 1 bis 2 cm Durchmesser.
2. Halte das Rohr mit der rechten Hand vor das rechte Auge, und schaue durch. Das linke Auge bleibt offen. Halte das Rohr zwischen Daumen und Zeigefinger deiner ausgestreckten Hand etwa 30 cm vor dem Auge.
   Du siehst jetzt den linken Handrücken. Bewege dann die linke Hand langsam in Richtung Nase, bis du ein Loch in deiner Hand siehst.
   Hol dir einen »Zauberlehrling« aus dem Publikum, lass ihn alles nachmachen und erzählen, was er sieht.
3. Was du mit dem rechten Auge siehst, wird überlagert von dem Bild, das das linke Auge dem Gehirn meldet.
4. Du kannst ein vorbereitetes Zauberrohr benutzen oder in der Situation selbst eines herstellen. Du nimmst ein Blatt Papier an der kurzen Seite, wickelst es längs um den Zeigefinger und befestigst das Papier mit Tesafilm.
5. Wenn dein Zauberlehrling schielt, muss er das Rohr entsprechend halten. Brillenträger nehmen am besten die Brille ab, weil sonst zu viel Abstand zwischen Auge und Röhre ist.
6. Statt der Hand kannst du einen anderen flachen Gegenstand nehmen, z. B. ein Foto deiner Freunde, eine Postkarte oder ein Buch.
7. Die Nummer mit dem Zauberlehrling kann man in einer Zaubervorführung weiter spielerisch ausgestalten. Eine Spielvorgabe könnte sein: In Abwesenheit des Zauberers kramt der Lehrling unerlaubterweise in dessen Zauberkasten herum und findet das Rohr. Er probiert allerlei aus und entdeckt mit Entsetzen das Loch in der Hand. In dieser Situation kommt der Zaubermeister zurück und …
8. Das Loch in der Hand ❋ Das gefährliche Zauberrohr
9. Wird aus dem Publikum ein Mitspieler dazugeholt, muss dem ja alles genau erklärt werden. Wird ein kleines Rollenspiel vorgeführt, z. B. wie der Lehrling mit dem Zauberrohr ertappt wird, so kann dieser »laut denken«, während er Verschiedenes ausprobiert.

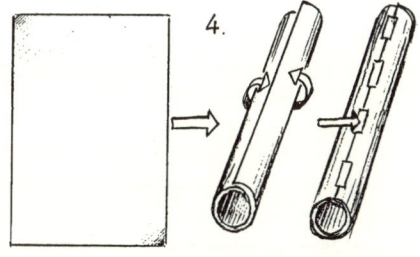

4.

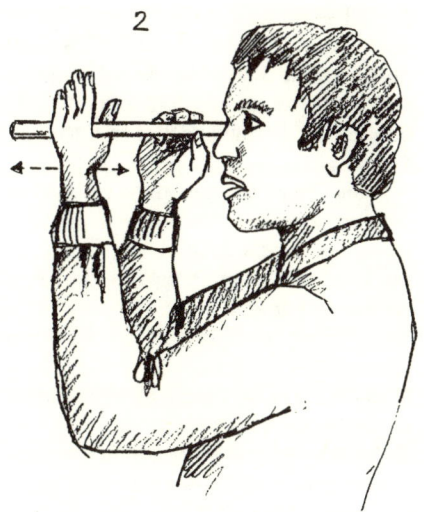

2

1. Haargummi mit einer Kugel an jedem Ende oder eine Schnur mit Perlen/Knöpfen an jedem Ende; Plastikschnellhefter DIN A4 quer; Schere, Lineal und Bleistift.
2. Gib dich als Zauberlehrling aus. Du entdeckst im Zimmer des Meisters den festgezauberten Haargummi einer Freundin.
   a) Versuche, diesen abzukriegen, indem du versuchst,
      – die Kugel durch das Loch zu schieben,
      – indem du das Stück herumdrehst und schüttelst,
      – verschiedene Sprüche ausprobierst und es mit Zaubersalz, -atem, -stab versuchst.
   b) Frage die Zuschauer um Rat.
   c) Bitte den heimkehrenden Meister darum, den Haargummi freizuzaubern.
   d) Der Meister wirft ein Tuch drüber, murmelt einen Spruch und gibt dir den Haargummi zurück.
3. Der Streifen wird geknickt und die so entstandene Schlaufe durch das Loch gesteckt. So kann die Kugel mühelos durchgeschoben werden. Danach wird das Stück Plastik wieder gerade gespannt.
4. An dem Plastikteil darf keine Knickstelle sichtbar werden.
5. Bereite ein Reservestück vor, das du jemandem aus dem Publikum zum Ausprobieren geben kannst.
6. Lehrling und Meister können die Rollen tauschen.
7. Diese Nummer kann gut in Stegreifspiele eingekleidet werden.
8. Befestigungstrick * Klack-klack-zack
9. In der Rolle des Zauberlehrlings kannst du den Meister in verschiedenen Stimmlagen bitten, fragen oder »nerven«. Du kannst deine Gedanken über den Meister laut aussprechen, z.B.: »Also warum hat er gerade diesen Haargummi von meiner Freundin hier festgehext!«

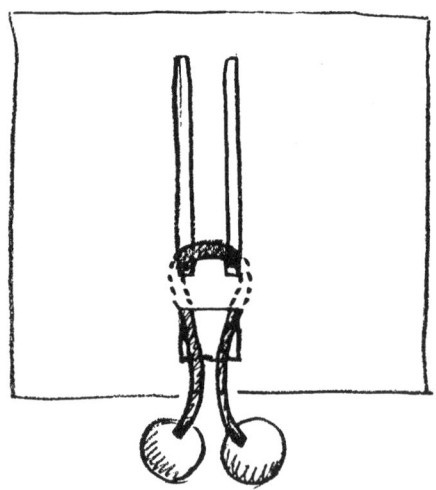

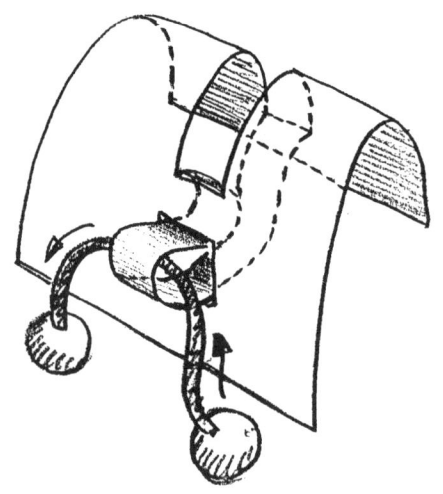

T

1. Vier Papierstreifen einer Zeitung auf die Körpergröße bezogen: drei Finger breit und mindestens so lang wie der Arm; Klebstoff, Schere.
2. Lege vier vorbereitete Papierringe vor dir auf einen Tisch. Frage, was passiert, wenn du die Ringe längs in Laufrichtung durchschneidest. Schneide Ring 1 so durch, dass ein doppelt so großer Ring entsteht, durch den du durchschlüpfen kannst. Fordere jemanden auf, es genau nachzumachen, gib ihm aber Ring 2. Es entstehen zwei kleinere, verschlungene Ringe. Einem dritten Kandidaten reichst du Ring 3 mit der dreifachen Drehung, der einen großen Ring mit einem Knoten ergibt. Zum Ende nimmst du selbst den Ring 4 ohne Drehung, und verblüffst das Publikum dann mit zwei einfachen Ringen.
3. Jeder Ring ist anders zusammengeklebt: Beim ersten Ring drehst du ein Ende des Papierstreifens einmal mit der Hand, so wie man einen Schlüssel bewegt. Beim zweiten Ring drehst du zweimal und beim drittem dreimal, während du den vierten ohne Drehung zusammenklebst.
4. Kennzeichne die Ringe mit Zahlen, damit du sie nicht verwechselst. Lege sie am besten in der richtigen Reihenfolge auf den Tisch.
5. Lege einen Ring aus festerem Papier zur Reserve bereit. – An Papier kann man sich schneiden. Ein Heftpflaster sollte notfalls griffbereit sein.
6. Ändere die Reihenfolge beim Durchschneiden der Ringe. Lass dir Namen von Freunden zurufen und auf das Band schreiben.
   Du kannst auch die Aufmerksamkeit ablenken, indem du verschiedene Scheren verwendest.

7. Der Trick eignet sich besonders für Gruppen, die sich schon gut kennen.
8. Zauberring * Zauberscheren * Verschlungene Papierbänder * Möbius-Band – benannt nach dem Mann, der als erster auf diese Gesetzmäßigkeit aufmerksam machte.
9. Du kannst den Zuschauern viele Fragen stellen bei diesem Trick.

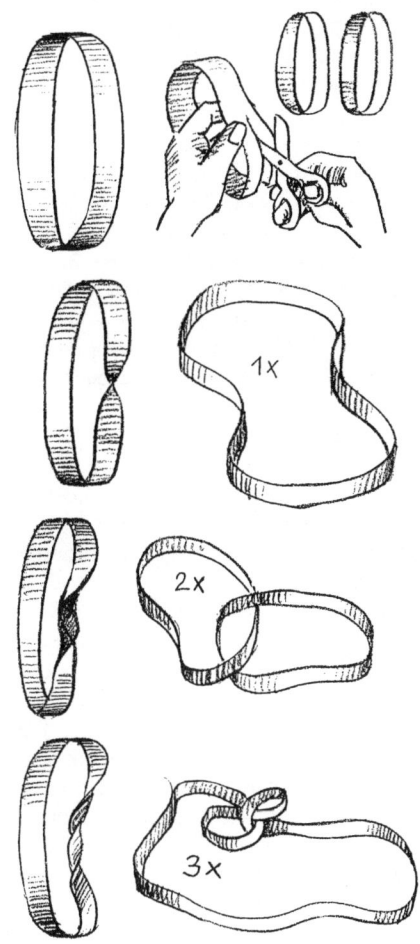

1. Schnur, Band, Kordel, Seil oder Spring-schnur; Ring von der Größe eines Fin-gerringes bis zu der eines Turnreifens.
2. Zeige Ring und Seil verbunden den Zu-schauern. Lass sie diese überprüfen, ob der Knoten fest und der Ring einwand-frei ist.
   a) Bitte zwei Personen nach vorn, und lass sie die Enden des Seiles locker halten.
   b) Stell dich hinter den festgeknoteten Ring. Wirf ein Tuch über den Ring, und sage einen Zauberspruch.
   c) Löse den Knoten unter dem Tuch, und zeige den Ring dem erstaunten Publikum.
3. Schiebe den Zeigefinger unter die Schlaufe an der Stelle A. Lockere die Schlaufe, indem du die anderen Finger nachschiebst. Lass die große Schlaufe über den Handrücken und den Ring rut-schen. So wird der Ring frei.
4. Befestige den Ring wie auf Abbildung 1. Lege ein Seil mit Ring bereit als Re-serve.
5. Wenn du an der falschen Stelle das Seil nimmst und über den Ring ziehst, ent-steht ein doppelter Knoten. Sollte dir das in der Aufregung passieren, so nimm das Reserveseil und beginne noch einmal von vorne. Verzichte dann auf das Tuch. Stell dich dann mit dem Rücken zum Publikum. Dann kannst du sehen, was du machst, aber die Leute nicht.
6. Du kannst auch ein ringförmiges Fahr-radschloß verwenden oder ein sehr lan-ges Seil, dessen Enden Personen aus dem Publikum festhalten können. Du kannst dir auch von Zuschauern ein Armband oder eine -uhr geben lassen, die du unauffällig befestigst und dann in der Vorführung »loszauberst«.

7. Bei einer Zaubervorstellung kann man mit dieser Nummer leicht Zuschauer zum Mitspielen gewinnen.
8. Zauberring ✽ Zauberknoten ✽ Der be-freite Reifen
9. Ein Zauberspruch könnte sein: Seil und Reif sind eng verbunden, der Spruch noch nicht gefunden, Zauberkräfte kommt herbei, eins, zwei, drei – der Ring wird frei!

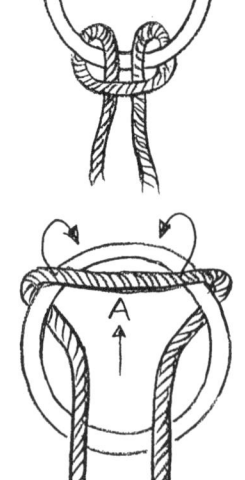

T

1. Zwei Seile, die etwas länger sind als die ausgebreiteten Arme.
2. Lass dir von jemandem ein Seil von einem Handgelenk zum anderen binden. Es soll so fest sein, daß die Hand nicht durchrutscht, aber locker genug, um einen Finger durchzuschieben.
   a) Ein zweites Seil wird zwischen deinem Körper und dem ersten Seil durchgeführt und an einem unbeweglichen Gegenstand befestigt oder an den Händen eines Partners.
   b) Spanne die Arme aus, als wolltest du das Seil sprengen. Dreh dich dabei etwas nach rechts.
   c) Fasse mit der rechten Hand das zweite Seil und bilde damit eine Schlaufe, so groß wie deine Hand.
   d) Führe diese Schlaufe durch die Schlinge an deiner linken Hand, und zwar vom Unterarm her in Richtung Hand: an der Körperinnenseite des Handgelenks vorbei, über die Handinnenfläche der linken Hand, über die Fingerspitzen, den Handrücken entlang und dann endlich unter der Schlinge am linken Handgelenk durch.
   e) Zeige, dass du dich befreit hast, und bedanke dich bei den Mitspielern.
3. Der Trick dabei ist, dass das zweite Seil so über deines gelegt wird, wie es die Zeichnung zeigt, von dir aus gesehen von schräg unten auf dich zu, über dein eigenes Seil, nach rechts oben weg von dir.
4. Die Knoten der Schlingen um die Handgelenke dürfen nicht zu fest sein.
5. Wenn du in der Aufregung leicht die Richtungen vertauschst, so zeichne dir vorher unauffällig mit Kreide auf den Boden, wie die Kreuzung der Seile vor dir aussehen muss.

6. Spiele es mit einem Partner vor, der die Hände genauso wie du verbunden hat.

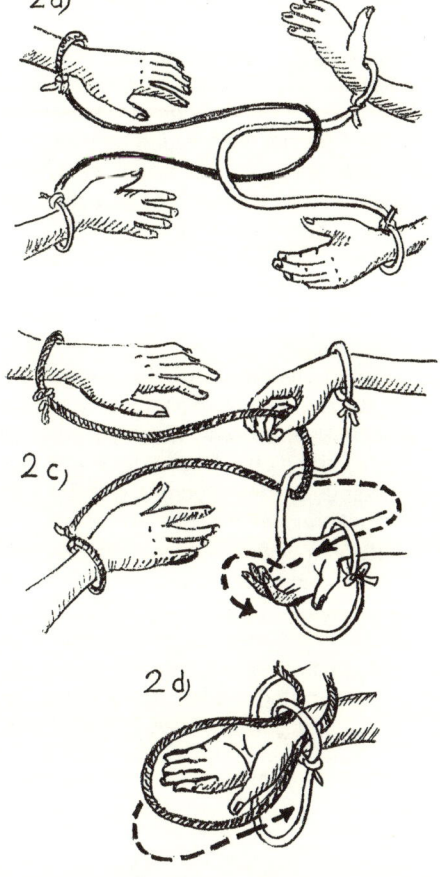

7. Im Freien kann man Bäume einbeziehen und ohne viel Aufwand üben.
8. Knotentrick ✴ Zauberseil ✴ Befreiungstrick
9. Spruch: HOKUSPOKUS – EINS, ZWEI, DREI, MIT RIESENKRAFT MACH ICH MICH FREI.

1. Tisch mit Tuch, Tischtennisball, Plastik- oder Schaumgummiball, große, feste Wattekugel (wie beim Karneval); eine bunte Scnur und einen unsichtbaren Nylonfaden, so lang, wie die Arme ausgestreckt werden können.

2. Lege den Ball vor dir auf der Unterlage zurecht.

   a) Fasse die Schnur an den beiden Enden, wo der Nylonfaden befestigt ist, und strecke die Arme seitwärts. Nimm die Knoten so zwischen so zwischen Zeigefinger und Daumen, dass eine fingerbreite Laufschiene entsteht, halte Schnur und Faden gespannt, die bunte Schnur immer nach vorn.

   b) Nimm den Ball auf die Schnur. Es gibt zwei Möglichkeiten: Bewege die Schnur mit dem Faden so auf den Ball und dich zu, dass der Faden zuerst unten durchrutscht. Der Ball rollt zu dir und wird an der Tischkante von deinem Bauch aufgehalten. Spätestens dann kannst du den Ball hoch nehmen.

      Du kannst aber auch versuchen, den Ball von oben zu nehmen, indem du Schnur und Faden so breit hältst, dass du gut über den Ball kommst. Führe dann Schnur und Faden auf dem Tisch wieder enger zusammen, so dass eine fingerbreite Laufschiene entsteht.

   c) Nimm die Arme hoch und lass den Ball erst dann hin- und herrollen.

3. Die Zuschauer können den zweiten Faden aus Nylon nicht sehen und meinen, dass der Ball auf der bunten Schnur von selber rollt.

4. Verknote den Nylonfaden an den Enden der Schnur in einem Abstand, wie du die Hände gut halten kannst.

5. Gelingt es nicht, den Ball aufzunehmen, lass ihn dir von einem eingeweihten Helfer auflegen. Atmest du heftig aus, so kann der Ball von der Schnur gepustet werden.

   Wenn Beleuchtung nötig ist, dann prüfe, ob man den Nylonfaden glänzen sieht.

6. Du kannst dem Ball befehlen, nach links oder rechts zu rollen, langsam oder schnell.

7. Bei einer Vorführung ist der Sicherheitsabstand wichtig, damit niemand den zweiten Faden sieht.

8. Der schwebende Ball ✳ Die geheimnisvolle Kugel ✳ Der folgsame Tischtennisball ✳ Zauberkugel

9. Spruch: ROLLE HIN – ROLLE HER, ZAUBERN IST NICHT SCHWER.

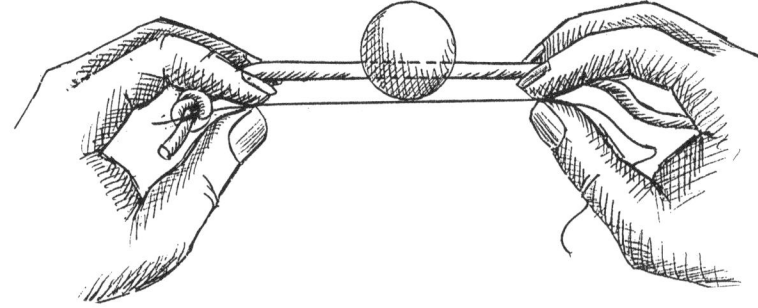

1. Eine undurchsichtige Vase mit einer kleinen Öffnung, etwa 1 m Schnur oder Schnürsenkel, Kugel, aus einem Korken geschnitzt.
2. Biete die Vase und das Seil dem Publikum zur Überprüfung an.
   a) Stecke unbemerkt die Kugel in die Vase.
   b) Halte ein Ende einer Schnur umgeknickt wie ein »J« und schiebe es in die Vasenöffnung (Abbildung 1).
   c) Drehe die Vase um, und lass die Schnur erst los, wenn du merkst, dass die Kugel in der Öffnung fest steckt und die Schnur hält.
   d) Nun kannst du die Vase schweben und pendeln lassen.
3. Unbemerkt lässt du eine Kugel in die Vase gleiten. Wird die Vase umgedreht, so rollt die Kugel zur Öffnung. Dort hindert sie die Schnur daran, herauszurutschen. Durch das Gewicht der Vase verkeilt sich die Kugel fest in der Öffnung.
4. Du brauchst eine Kugel, die genau durch die Öffnung passt, aber nicht viel kleiner ist. Ein Korken wird durchgeschnitten und rund gefeilt. Zwischendurch muss man immer wieder probieren, ob die Kugel schon reinpasst, damit sie nicht zu klein wird. Wird die Kugel zu klein, so kann sie mit Kreppband umwickelt werden. Nimm eine weiche Unterlage oder ein Kissen für deine Versuche. Es muss auch nicht eine kostbare Vase sein, es reicht eine Flasche.
5. Halte die Vase nicht schräg, sondern senkrecht mit der Öffnung nach unten, wenn du die Vase loslässt und dich vergewisserst, ob die Schnur mit der verborgenen Kugel hält.
6. Du kannst die Vase auch nach einem Pfeifton schweben lassen, je höher der Ton, desto höher bewegst du die Vase.

Es kann auch jemand aus dem Publikum pfeifen. Bei einer Abendvorführung verwendest du eine dunkle Schnur und eine helle Vase vor dunklem Hintergrund. Dann scheint die Vase zu schweben.

7. Für Vorführungen im kleinen Kreis als auch für größere Veranstaltungen eignet sich dieses Kunststück.
8. Vasenzauber ✳ Vasentrick ✳ Vase am Seil ✳ Die wunderbare Vase
9. Zauberspruch: HOCH UND HÖHER SCHWEBT DIE VASE – BIS HINAUF ZU MEINER NASE.

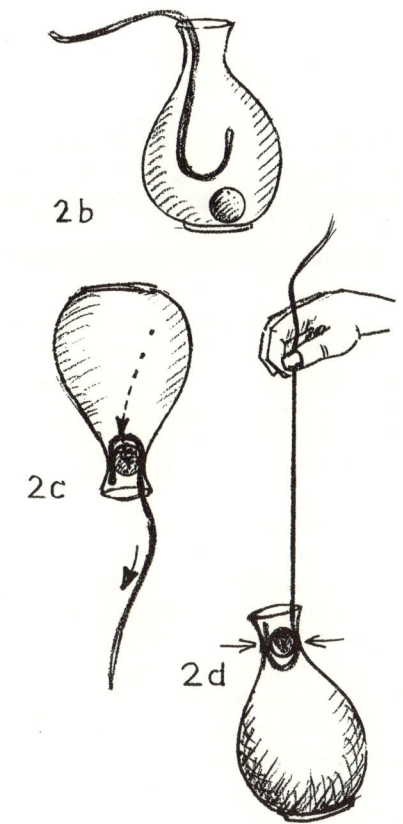

2 b

2 c

2 d

1. Streichhölzer, einige Flaschenverschlüsse aus Metall, eine Glasschale, ein Marmeladenglas mit großer Öffnung, eine Kerze, eine Zauberblume.
2. Schütte etwas Wasser vorsichtig in das Glasschälchen.
   a) Entzünde die Kerze.
   b) Stülpe das Marmeladenglas mit einer großen Armbewegung und einem Zauberspruch über die Kerze.
3. Die Kerze verbrennt den Sauerstoff der Luft unter dem Glas. Die Kerze erlischt, und das Wasser strömt unter dem Glasrand nach oben. Es entsteht ein Wasserberg. Du spürst den Luftdruck außerhalb des Glases, wenn du es hoch ziehst nach dem Erlöschen der Kerze.
4. Lege die Gegenstände vorher zurecht. Zünde die Kerze an, und befestige sie mit einigen Wachstropfen in einem Flaschendeckelchen. Befestige dies ebenso in der Glasschale.
5. Manche Gläser haben keine regelmäßigen Ränder. Probiere es vorher aus.
6. Lege eine Münze ins Wasser außerhalb des Marmeladenglases und behaupte, dass du diese vom Wasser befreien kannst, ohne sie zu berühren. Stelle dann wie vorher das Glas über die Kerze. Probiere vorher aus, wie viel Wasser du dann höchstens nehmen kannst. Lege eine Zauberblume (s. Abbildung 1) auf das Wasser, bevor du die Kerze anzündest. Die Blume wird sich langsam öffnen und die Zuschauer ruhig und neugierig machen.
7. Abends oder bei Verdunklung ist der Trick besonders wirkungsvoll. Erwachsene sollten in der Nähe sein, wenn du mit Feuer zu tun hast.
8. Wassergeister ✻ Das magische Glas ✻ Schwimmende Kerzen
9. Zauberspruch: EINS, ZWEI, DREI – WASSERGEISTER KOMMT HERBEI. Denk dir etwas aus über Wassergeister: wo sie wohnen, wie sie aussehen und was sie machen. Benutze das Aufgehen der Zauberblume als Beweis für mögliche Wassergeister.

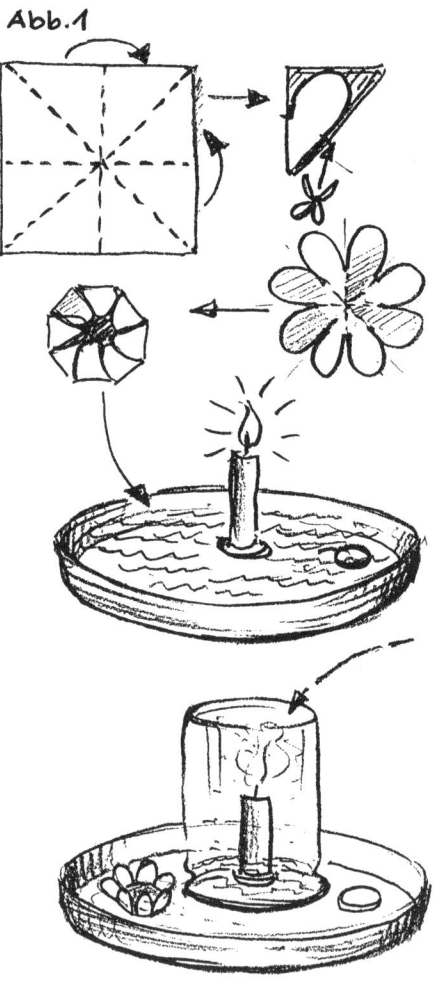

Abb. 1

1. Zeitung, zwei Pappbecher mit glattem Rand, Kanne mit Wasser, Schere.
2. Zeige, daß der Becher AB leer ist. Stelle ihn in eine Zeitung und wickle ihn ein in die Zeitungstüte.
   Sprich über Lieblingsgetränke, nimm gedankenverloren Becher B (ohne Boden) aus der Zeitung und stell ihn neben dich.
   a) Sprich weiter, nimm den Krug in die andere Hand und gieße etwas in die Zeitung in Becher A.
   b) Höre plötzlich erschrocken auf und sage, dass du den Becher vergessen hast.
   c) Stecke den leeren Becher B in Becher A in der Zeitung.
   d) Nimm Becher AB mit dem Wasser aus der Zeitung, lass diese auf den Boden fallen und trinke das Wasser aus.
3. Du benutzt nicht nur einen Becher, sondern einen zweiten, dessen Boden fehlt. Du tust so, als ob du vergisst, den Becher in die Zeitung zu stecken, und merkst das erst zu spät.
4. Schneide von einem Becher den Boden und den wulstigen Rand ab. Stecke diesen Becher B ohne Boden in den ganzen Becher.
5. Halte den Becher immer aufrecht, damit niemand die Attrappe erkennt. Verwende keine Plastikbecher, weil man das Plätschern des Wassers beim Eingießen stärker hört.
6. Du kannst auch andere Getränke nehmen, wie Säfte, Milch oder Kakao.
7. Günstig sind alle Gelegenheiten, bei denen du genug Abstand zum Publikum hast und niemand sehen kann, dass der Boden des Bechers fehlt.
8. Die wasserdichte Zeitung ✳ Der zerstreute Zauberer ✳ Der Bechertrick

9. Plaudere vor den Zuschauern über alles Mögliche, über das Zeitungslesen, Picknick oder Lieblingsgetränke. Übe vor dem Spiegel, wie du die Leute anschauen und zu ihnen sprechen kannst, wenn du mit den Händen gleichzeitig etwas anderes machst.

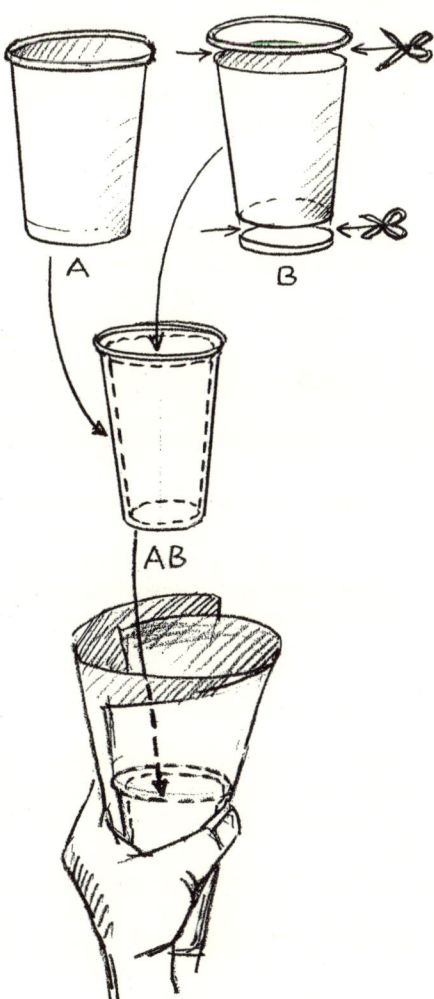

109

1. Vier undurchsichtige Filmdöschen, kleine, klappernde Gegenstände wie Pfennige, Nägel, Knöpfe, Figürchen, Murmeln.
2. Stelle drei Döschen vor dich auf einen Tisch. Erzähle etwas von einem kleinen Wesen, das in einem dieser Döschen wohnt. Gib dem Wesen selbst einen Namen, oder lass dir von den Zuschauern einen nennen.
   a) Schüttle das erste Behältnis mit der linken Hand. Kein Geräusch!
   b) Schüttle das zweite Döschen mit der rechten Hand. »Aha, da ist ja … Mister X.«
   c) Stelle es an eine andere Stelle zurück.
   d) Nimm das dritte Döschen mit der rechten Hand. »Oh, jetzt ist er hier.«
   e) Öffne das Döschen und zeige die kleine Figur.
   f) Frage die Zuschauer, wie das geschehen sein könnte.
3. Du hast nur in eine Dose einen Gegenstand gelegt. Dieses Döschen hast du am rechten Unterarm mit einigen Gummiringen befestigt. Dein Ärmel muss dies verdecken. Jedesmal, wenn der Geist zu hören sein soll, nimmst du die rechte Hand und bewegst somit das versteckte Döschen.
4. Verziere alle Döschen, und stecke in eines eine kleine Figur. Klebe den Deckel zu, damit die Figur nicht versehentlich herausfällt.
5. Merkt jemand, dass du die Hände abwechselst, so lenke die Aufmerksamkeit auf die Reihenfolge, in der die Döschen stehen.
6. Wenn du den Arm unterschiedlich stark schüttelst, kannst du den Geräuschen Bedeutungen geben, z. B. »Jetzt antwortet der Geist nur noch ganz leise, er ist anscheinend schon müde.«

7. Der Trick eignet sich nur für einen kleineren Kreis in einer ruhigen Situation, damit die Geräusche hörbar sind.
8. Zauberdöchen ✻ Der Zwerg im Döschen ✻ Was rappelt in der Dose?
9. Denk dir selbst Namen aus, z. B. Mini, Rappeltapp, Fehlerteufel … Du kannst mit unterschiedlicher Stimme sprechen: fordernd, nachdenklich, besorgt, ärgerlich, schelmisch oder lockend, wie wenn du auf der Suche nach einem Haustier wärest.

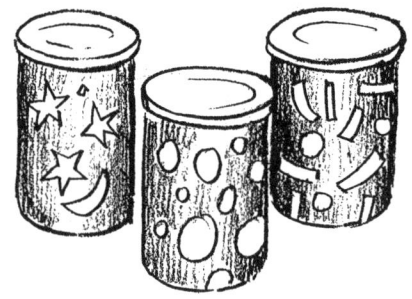

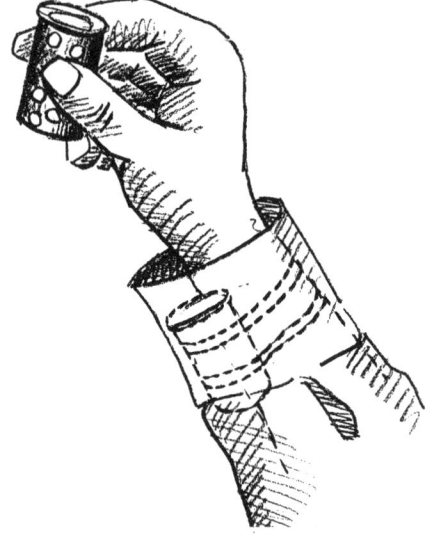

110

1. Einige Luftballons, verschiedene Nadeln (Steck-, Näh-, Sicherheits- oder Stopfnadeln), Tesafilmstreifen.
2. Wirf leere Luftballons ins Publikum, lass sie aufblasen und zur Bühne bringen. Lege die Luftballons zu deinen präparierten an einen windsicheren Platz. Bitte eine Person, als Kandidat dazubleiben.
   a) Zeige dem Kandidaten verschiedene Zaubernadeln, und lass ihn eine auswählen.
   b) Reiche ihm einen normalen Luftballon und nimm selbst einen, auf den du etwas Tesafilm geklebt hast.
   c) Fordere deinen Kandidaten auf, alles genauso wie du zu machen: Fasse den Luftballon am Verschluss, sprich beschwörende Worte und stich in den Ballon, ziehe die Zaubernadel heraus und zeige Ballon und Nadel. Der normale Ballon platzt.
3. Der Tesafilm hält den Luftballon an der Stichstelle so zusammen, daß die Luft nur sehr langsam entweicht.
4. Klebe zwei 6 cm lange Streifen Tesafilm über Kreuz auf eine Stelle in der Nähe der Öffnung, dort ist die Spannung nicht so groß.
5. Ältere Luftballons platzen gelegentlich trotz Tesafilm. Älterer Tesafilm löst sich leicht ab, was man aber rechtzeitig an den entstehenden Blasen erkennen kann. Dabei spielt auch die Raumtemperatur eine Rolle. Deswegen sollte man es auf jeden Fall vorher noch mal kurz vor einer Vorführung im gleichen Raum ausprobieren. Platzt der Luftballon, so fliegt auch die Nadel mit und muss gesichert werden.
6. Mit einiger Übung können auch Sicherheitsnadeln an kleinen Luftballons für kurze Zeit befestigt werden.
7. Klassenfest, Geburtstag, Zaubervorführung.
8. Zauberballon ✳ Nadelballon ✳ Der gespickte Luftballon
9. Sobald du Kandidaten auf der Bühne hast, musst du sprechen. Du kannst etwas dazu sagen, wie sie die Luftballons aufblasen, oder etwas über die Vor- und Nachteile bestimmter Nadeln oder Luftballonsorten.

1. Einige Paare verschiedener Büroklammern, Papierstreifen zum Üben, Geldschein zum Vorführen.
2. Stecke die Büroklammern auf einen Papierstreifen, wie auf Abbildung 1 und 2.
   a) Fasse die Streifen mit beiden Händen, murmle einen Zauberspruch, und ziehe die Streifen mit einem kräftigen Ruck auseinander, s. Abbildung 3.
   b) Die beiden Klammern verhaken sich und springen weg.
   c) Frage, wer von den Zuschauern es nachmachen kann.
3. Beim Aufstecken müssen sich die Klammern »mit ihrer offenen Seite anschauen«, wie es Schüler ausdrückten. Ziehst du die Streifen ganz langsam auseinander, so kannst du beobachten, wie sich die Klammern ineinander schieben. Allerdings ist ein gewisser Ruck dabei nötig.
4. Probiere aus, wie weit die Klammern springen, und halte so viel Abstand.
5. Die Büroklammern können ins Auge springen. Halte die Streifen so, dass die Klammern immer von dir wegspringen. Wenn du zu fest ziehst, zerreißt der Streifen. Nimm erst dann einen Geldschein, wenn du ganz sicher bist.
6. Befestige an den Büroklammern rosa und blaue Schleifchen, dann kann man besser verfolgen, wohin sie fliegen.
7. Es ist überall dort möglich, wo du genügend Platz hast und es übersichtlich genug ist, um die Büroklammern wieder zu finden.
8. Die Hochzeit der Klammern ✳ Unzertrennliche Freunde ✳ Die springenden Büroklammern
9. Ein kleines Gedicht dazu: EINE KLAMMER WAR ALLEIN, DAS WOLLTE SIE NICHT SEIN, DA KAM EINE ZWEITE, SPRANG MIT IHR INS WEITE.

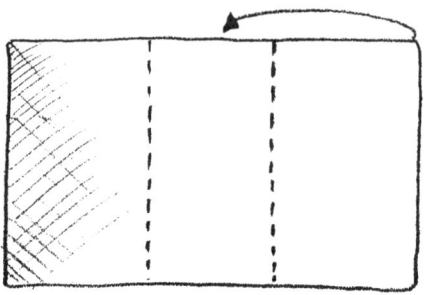

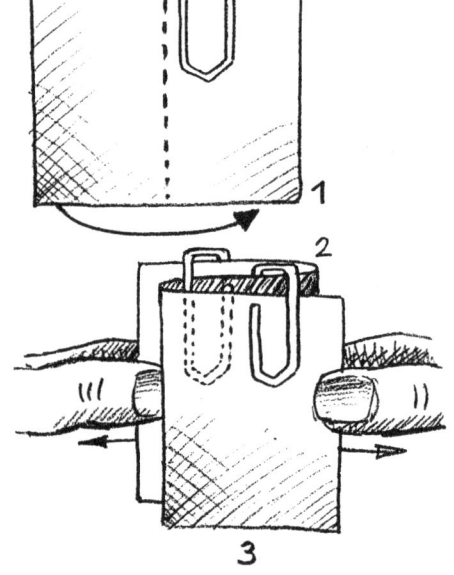

1. Fingerhut oder Kappe eines Filzstifts.
2. Stecke den Fingerhut auf den linken Zeigefinger.
   a) Zeige diesen so, dass du deine Handinnenfläche sehen kannst.
   b) Führe die Hand unter die rechte Achsel, fasse dort den Fingerhut mit Daumen und Ringfinger. Schlüpfe mit dem Zeigefinger heraus und mit dem Mittelfinger hinein.
   c) Zeige den leeren linken Zeigefinger.
   d) Führe den Arm hinter den Kopf und fasse zwischen Hals und Kragen. Nimm dort den Fingerhut mit Daumen und Ringfinger. Schlüpfe mit dem Mittelfinger heraus und mit dem Zeigefinger hinein.
   e) Zeige den Fingerhut wieder vor, den du scheinbar aus dem Kragen gezaubert hast. (Diese Anleitung bevorzugt ausnahmsweise Linkshänder und gibt Rechtshändern Gelegenheit, sich in deren Situation zu versetzen.)
3. Es sieht so aus, als ob du den Fingerhut unter der rechten Achsel einklemmst. Den schnellen Wechsel vom Zeigefinger zum Mittelfinger und zurück kriegen sie nicht mit.
4. Stell dich so, dass dich niemand von hinten beobachten kann.
5. Fällt der Fingerhut runter, so fängst du einfach wieder von vorne an.
6. Du kannst auf eine große Kappe eines Filzstiftes ein Gesicht zeichnen und ein Stückchen Fell als Haare aufkleben. Dieser Fingerkuppe kannst du einen Namen geben und sie wandern lassen.
7. Das ist ein guter Trick für zwischendurch, der Verzögerungen bei einer Vorführung überbrücken kann.
8. Der wandernde Fingerhut ✳ Fingerflieger

9. Du wirst dich anfangs sehr auf die Bewegungen konzentrieren müssen. Wenn du diese gut kannst, dann frage, wo sich die Figur versteckt haben könnte. Du kannst auch so tun, als ob du sie suchen würdest.

1. Kamm aus Kunststoff, Streichholzschachtel mit Inhalt, große Münze, Trinkglas aus hellem, dünnem Glas, Zauberstab, Tisch.
2. Stelle eine Münze aufrecht auf einen Tisch, der nicht wackeln darf.
   a) Nimm ein Streichholz an den Enden zwischen deine Zeigefinger.
   b) Lege das Streichholz vorsichtig quer auf die Münze (s. Abbildung 1).
   c) Nimm einen Plastikkamm und kämme dich damit – so ganz nebenbei.
   d) Nähere dich dann dem Streichholz mit dem Kamm, ohne es zu berühren – mit einem Zauberspruch.
   e) Das Streichholz bewegt sich oder fällt gleich von der Münze.
3. Der Kamm lädt sich durch das Kämmen elektrisch auf. Diese Kraft bewegt unsichtbar das Streichholz.
4. Untersuche Kämme danach, wie gut sie sich beim Kämmen elektrisch aufladen lassen. Lege dir einige als Reserve zurecht.
5. Fällt die Münze immer wieder um, so stütze sie mit Knete. Gelingt es dir nicht, das Streichholz quer auf die Münze zu legen, so probiere es in der Längsrichtung. Leichter ist es, das Streichholz quer auf eine aufgestellte Streichholzschachtel zu legen oder einen anderen, schmalen Gegenstand (s. Abbildung 2).
6. Steigere den Effekt, indem du noch ein Glas über die Münze mit dem Streichholz stülpst, bevor du es herunterzauberst.
7. Diese Nummer eignet sich nur für den Nahbereich. Wenn du die Glasplatte des Tageslichtprojektors als Unterlage benutzt, kannst du die Bewegung des Streichholzes stark vergrößert an der Wand sichtbar machen.

8. Das tanzende Streichholz ✳ Die magische Münze ✳ Der elektrische Kamm
9. Behaupte, dass du Gegenstände bewegen kannst, ohne sie zu berühren. Erzähle etwas Besonderes über die Herkunft der Münze oder des Kammes. Du kannst dich dafür entschuldigen, dass du dich nicht schon vorher gekämmt hast.

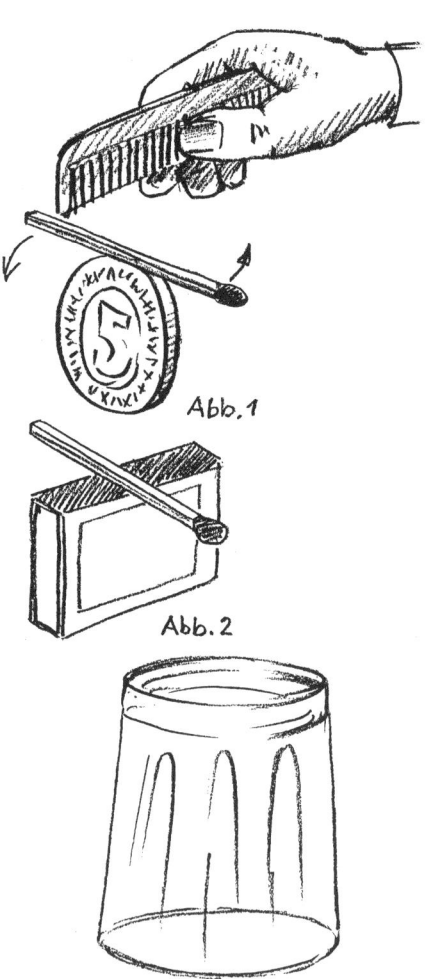

Abb. 1

Abb. 2

1. Tisch, ein Haar, eine leere Streichholzschachtel.
2. Lege eine leere Streichholzschachtel mit der offenen Seite nach oben so vor dich, dass sie einen Finger breit über der Tischkante vorsteht.
   a) Stelle sie mit deinem Zeigefinger mit einer Bewegung von unten her auf. Die Streichholzschachtel bleibt stehen.
   b) Besorge dir ein Haar von einem Zuschauer und lege es in die Streichholzschachtel.
   c) Drehe die Schachtel auf die Rückseite so, dass die offene Seite zum Tisch zeigt. Stelle die Schachtel dann mit dem Zeigefinger wieder genauso auf wie vorher. – Sie fällt um.
3. Das Haar ist nur eine Ablenkung. Mit dem Gewicht eines Haares kann sich der Schwerpunkt der Schachtel nicht verändern, nur durch Umdrehen. Auf der offenen Seite ist die Streichholzschachtel leichter, so dass sie beim Aufstellen stehen bleibt.
4. Der Tisch muss waagrecht stehen. Merke dir, dass die Schachtel umfällt, wenn du sie mit der Rückseite nach oben legst. Dann kannst du das »schwerere Haar« ankündigen. Schiebe den Innenteil immer in gleicher Richtung in die Hülle, wenn du die Haare hineinlegst.
5. Wenn die Schachtel durch einen Luftzug oder Wackeln des Tisches umfällt, so probiere es noch mal mit dem Einhauchen von »Zauberkraft«.
6. Nimm beim ersten Versuch ein Haar von einem Jungen und beim zweiten Versuch ein Haar eines Mädchens, je nachdem, worauf du anspielen willst.
7. Der Trick eignet sich zur spontanen Vorführung auf Festen, auch zur Verblüffung von Freunden und Verwandten.
8. Die geheimnisvolle Streichholzschachtel * Das magische Haar * Sind Jungen- oder Mädchenhaare schwerer?
9. Erzähle etwas Besonderes über Haare. Frage, wer dir ein Haar ausreißt, leiht oder schenkt. Frage, warum die Schachtel wohl umfällt. Frage nach Unterschieden zwischen Mädchen und Jungen. Behaupte, dass einer von beiden schwerere Haare hat, und beweise es mit Umfallen der Schachtel. Lass die Schachtel und das Haar von Leuten untersuchen und beschreiben für die anderen.

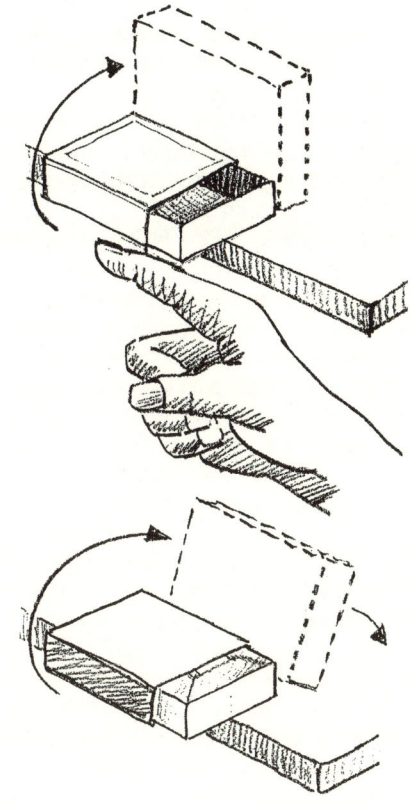

1. Es ist kein Material erforderlich.
2. Eine Gruppe schickt einen Hellseher vor die Tür.
   a) Die Gruppe denkt sich eine Zahl zwischen 1 und 99 aus.
   b) Ein eingeweihter Mitspieler erklärt sich als sogenanntes Medium bereit, setzt sich auf einen Stuhl und konzentriert sich augenscheinlich.
   c) Der Hellseher wird hereingerufen, stellt sich hinter das »Medium« und legt ihm die Handflächen an die Wangen bis zum Kinn.
   d) Der Hellseher trägt einen Zauberspruch vor.
   e) Das »Medium« nennt die Zahl der Gruppe oder schreibt sie auf. Effektvoll ist es, mit einem Taschenlampenstrahl zu schreiben.
3. Hellseher und »Medium« haben sich abgesprochen vorher: Nach dem letzten Wort des Zauberspruchs beginnt das »Medium« unauffällig zu kauen und damit Zeichen für die Zahlen zu geben: zuerst die Einerzahlen – Pause – dann die Zehnerzahl. Für eine mögliche Null muß ein Extrazeichen abgesprochen werden, z. B. Räuspern oder Schlucken.
4. Keine Vorbereitung ist nötig.
5. Merkt das »Medium«, dass es die Zahl vergessen hat, kann es abbrechen und sagen, dass die Zauberkraft nachgelassen hat und es noch mal mit verstärktem Zauberspruch versuchen möchte.
6. Bei gutem Gedächtnis sind sogar Hunderterzahlen möglich.
7. Es gibt keine Einschränkungen.,
8. Hellsehen ✽ Gedanken lesen
9. Ein Spielleiter kann seine Rolle ausgestalten als »Manager« des Hellsehers, indem er die wunderbaren Fähigkeiten des Meisters anpreist: »Der große … kann nicht nur Gedanken lesen, sondern auch Zahlen bis 100. Er braucht Ruhe, um seine Zauberkräfte zu sammeln«. Zauberspruch: HOKUSPOKUS, EINS, ZWEI, DREI, ZAUBERZAHLEN, KOMMT HERBEI! EINS, ZWEI, DREI, VIER, FÜNF, SECHS, SIEBEN – WO IST DIESE ZAHL GEBLIEBEN? Eindrucksvoll ist es, Zahlenreihen in einer anderen Sprache vorzutragen.

1. Einige beliebige Spielkarten, Tisch, zwei eingeweihte und einen freiwilligen Mitspieler.
2. Behaupte, Gedanken lesen zu können, und frage nach einem Kandidaten.
    a) Der Freiwillige (A) soll an den Tisch gehen, auf dem drei Karten nebeneinander liegen, und sich dort vor zwei Zeugen für eine Karte entscheiden.
    b) Du gehst aus dem Raum und wartest darauf, hereingerufen zu werden.
    c) Wirst du hereingerufen, so stellst du dich vor den Tisch (C) mit den Karten, überlegst kurz und deutest sicher auf die richtige.
3. Die beiden Zeugen geben dir Zeichen mit dem Arm. Wählt der Freiwillige die rechte Karte, so stützt sich der rechte Zeuge mit dem rechten Arm auf. Bei der mittleren Karte stützen beide Mitspieler ihre Gesichter mit beiden Händen auf.
4. Übe mit den »Eingeweihten« (B) vorher, wie sie unauffällig, aber eindeutig ihre Zeichen geben können.
5. Bist du unsicher in der Deutung der Signale der Zeugen, so sage, dass es Störungen im Kraftfeld gibt und du wiederholen wirst.
6. Statt Spielkarten können es auch Düfte oder Spielsachen sein, wichtig ist nur die Anordnung auf dem Tisch und die Absprache mit den Zeugen. Wer meint, den Trick kapiert zu haben, soll es nicht erklären, sondern vorspielen.
7. Der Trick eignet sich besonders für Gäste einer Klasse oder Gruppe.
8. Hellseher ✳ Gedankenleser ✳ Kartenschnüffler
9. Als Hellseher kannst du viel mit deiner Körpersprache ausdrücken: Geh zielstrebig zum Tisch mit den Karten. Schnüffle bedeutungsvoll an den Karten. Schau den Zeugen tief in die Augen. Zeige entschieden auf die gewählte Karte, nimm den Beifall würdig mit einer Verbeugung entgegen.

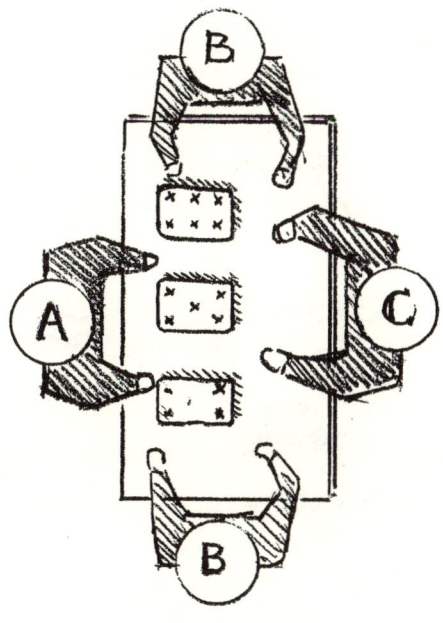

9. Weiterführende Anregungen zum Projekt Zaubern

9.1 Streichholztricks – Zauberspiele für Einzelne

»Ich kann ein Fenster in ein Haus verwandeln!« Dieser einfache Trick eines Kindes stand am Anfang der Entwicklung der Idee der Streichholztricks. Die Vorführung neuer Tricks am Tageslichtprojektor war so eindrucksvoll, dass sich Kinder Figuren nachlegten und auf Karten klebten mit Ausgangsfigur und Lösung. So entstand eine Kiste mit Streichholzrätseln, die sich Kinder gegenseitig vorlegten. Das hatte zwei entscheidende Nachteile: Die Streichhölzer klebten nicht lange sicher auf dem Karton; wenn der Rätselkenner nicht da war, konnte man mit den Karten nichts anfangen. Die Idee mit den Streichholzschachteln erlaubte es, daß sich viele Kinder Rätselschachteln für ihren eigenen Zauberkoffer machen konnten. Sobald die Hüllen überklebt sind mit der Anleitung, ist die Reibefläche für die Streichhölzer überdeckt, und Sicherheitsbedenken sind ausgeräumt. Welche Wahrnehmungsleistungen werden angeregt?

– Vergleichen des Schachtelinhalts mit der angegebenen Stückzahl auf der Hülle;
– Streichhölzer einzeln im Pinzettengriff zwischen Zeigefinger und Daumen nehmen;
– die Figur auf der Abbildung muss erfasst, maßstabsgerecht vergrößert und räumlich dargestellt werden, ständige Auge-Hand-Koordination ist dafür nötig;
– der Aufgabentext muß Sinn entnehmend gelesen und in Handlung umgesetzt werden (der Bedeutungsunterschied von »umlegen und wegnehmen/entfernen« ist eine Schwierigkeit);
– bei allen Lösungsschritten müssen immer wieder die Ausgangsfigur und der Aufgabentext ins Gedächtnis gerufen und mit den Vorlagen verglichen werden;
– Teile der Figur werden verändert, was reduzierten, gezielten Krafteinsatz in der Feinmotorik herausfordert, da ungeduldige Bewegungen die Figur zerstören;
– die eigene Lösung muss mit der verkleinerten Abbildung in Beziehung gesetzt werden;
– die räumliche Vorstellung der Zielfigur (Dreieck oder Quadrat) wird aktiviert;
– Zwischenlösungen müssen mit der Zielfigur in der Vorstellung verglichen werden.

Mögliche Sprechakte sind auf die eigene Handlung bezogen und mögliche Alternativen zur Veränderung und Beschreibung der Raumlage der Streichhölzer.

Das sind vier Beispiele für Steichholztricks. Die Vorlagen werden so vergrößert und kopiert, dass damit Streichholzschachteln beklebt werden können. Durchgehende Linien der Vorlage sind zu schneiden, durchbrochene zu knicken. So können die Angaben für den Trick auf der Hülle der Streichholzschachtel gelesen werden. Die Lösungen sind auf die Innenseite oder Rückseite der eigentlichen Streichholzschachtel zu kleben.

16 Streichhölzer

1

Name:

Nimm 5 Streichhölzer weg, dass NEUN entsteht.

6 Streichhölzer

2

Name:

Lege 2 Streichhölzer so um, dass ein Haus entsteht.

18 Streichhölzer

3

Name:

Entferne 3 Streichhölzer, damit 3 Dreiecke übrigbleiben.

13 Streichhölzer

4

Name:

Nimm ein Streichholz weg, lege 2 Streichhölzer so um, dass es trotzdem 4 Quadrate gibt.

1

2

3

4

Parallelsprechen und Alternativfragen bieten sich an. Eine Variante von part-nerorientiertem Sprechen ist das »Erklären ohne Hände« – wie es die Kinder genannt haben: Sobald der Partner aufgibt, kann der Kenner des Tricks Schritt für Schritt erklären, wie es geht, ohne etwas vorzumachen.

Weitere Figuren können schnell gewonnen werden, wenn eine Gruppe oder Klasse mit der gleichen Anzahl Streichhölzer möglichst viele verschiedene Fi-guren legt und dazu die Umwandlungsformen entwickelt werden. Aufgeklebte Figuren können gut fotokopiert und verkleinert werden. Darüber hinaus sind in Kinderzeitschriften und Hobbybüchern, Kinderkalendern und Beschäfti-gungsbüchern Streichholztricks zu finden.

9.2 Zauberkarten

Rechts-links-Unterscheidung, Figur-Grund-Wahrnehmung und Merkspanne können mit diesem Angebot angesprochen werden. Zudem lassen sich gezielte Artikulationsübungen zum Anlaut herstellen, wie es am Beispiel des Lautes /ts/(Buchstaben Z) gezeigt ist.

Das Bildmaterial des Leselehrgangs von Krichbaum im Lehrerbegleitheft bietet zu jedem Laut eine hervorragende Auswahlmöglichkeit in Bezug auf Bilder.

Nach dem Schema der Zahlen auf den Karten kann sehr leicht mit Zeich-nungen der Kinder selbst Übungsmaterial hergestellt werden. Die Zeichnun-gen der Kinder werden dafür mit dem Fotokopierer auf das Format eines Käst-chens verkleinert und dann fünfmal kopiert, einmal für die Übersichtskarte (1–15) und dann für die Auswahlkarten, auf denen ein Bild maximal viermal vorkommt. Einige Bilder bleiben dann übrig.

Das Prinzip der Zauberkarten kann auch auf Schriftzeichen fremer Kulturen (China z.B.) oder auf Wörter (Namen z.B.) übertragen werden. Die Kennzeich-nung der Bilder mit Zahlen ist nicht notwendig, wichtig ist nur, dass die Zuord-nung der Zahlen 1, 2, 4, 8 im linken obersten Kästchen mit den Karten 1 bis 4 übereinstimmt. Die entsprechende Position auf der Übersichtskarte kann man sich leicht vergegenwärtigen, weil Zahlen in Dreierschritten nacheinander kommen. Kinder, die sonst Schwierigkeiten haben, viele Karten gleichzeitig in der Hand zu halten (z.B. beim Quartett), genießen es sehr, mit diesen wenigen Karten großen Effekt hervorzurufen.

Die Anleitung, richtige Karten links abzulegen, entstand als Hilfe für Kinder, die noch unsicher in der Rechts-links-Unterscheidung waren. Unauffällig kann mit einer zusätzlichen Markierung geholfen werden, z.B. durch einen Gummi-ring als Armband, einen Ring oder Nagellack – was ja sonst niemand zu wissen braucht. Da die linke obere Position wichtig ist, sollen die richtigen Karten gleich nach links gelegt werden, was durch das wiederkehrende i in den Wör-tern assoziativ unterstützt wird.

1	2	3
4	5	6
7	8	9
10	11	12
13	14	15

12	13	14	15
8	9	10	11

12	13	14	15
4	5	6	7

10	11	14	15
2	3	6	7

9	11	13	15
1	3	5	7

Zeige dem Partner die Karte mit den 15 Zahlen oder Bildern und lass ihn sich eine(s) davon merken. Nimm dann die vier anderen Karten und zeige sie. Frage: »Ist deine Zahl oder dein Bild auf dieser Karte?« Wenn es nicht drauf ist, lege die Karte nach rechts. Sagt dein Partner »Ja«, dann lege die Karte nach links. Hast du alle vier Karten nacheinander so geprüft, dann nimmst du die linken Karten und achtest auf die Zahl links oben. Zähle diese Zahlen auf den Karten von der linken Seite zusammen. Das Ergebnis ist die gedachte Zahl des Partners.

Für andere Kinder, die keine Richtungsprobleme haben, ist die Form der Präsentation beliebig auszugestalten. So können die Auswahlkarten auch nebeneinander auf den Tisch gelegt werden, und der Spielpartner deutet auf die Karten, auf denen das Gedachte vorkommt. Für Kinder mit gestörter Figur-Grund-Wahrnehmung und geringer Aufmerksamkeitsspanne ist es in der Rolle des Spielpartners eine besondere Leistung, sich das eigene Gedachte zu merken und gleichzeitig zu prüfen, ob das auf den Karten vorkommt. Unsichere Kinder können es einem anderen Kind z.B. ins Ohr flüstern oder sich notieren, um das Gefühl zu haben, sich vergewissern zu können. Die Idee, derartige Zahlenkarten für Sprachförderung umzufunktionieren, verdanke ich einer Kollegin, der Sprachheillehrerin Gisela Franz aus Frankfurt.

9.3 Zauber-Silben-Bau-Kasten für Zaubersprüche und Zaubernamen

Was man alles damit machen kann:

1. Blind darauf deuten, zweimal oder vielleicht sogar fünfmal, die Silben nacheinander sprechen und so lange probieren, bis es gut klingt.
2. Darauf würfeln und die getroffenen Silben zusammenfügen.
3. Das Blatt auf ein Tablett oder einen Schacheldeckel legen und kreiseln. Wo der Kreisel liegen bleibt, wird die Silbe gelesen und dann verbunden.
4. Man kann aus einer alten, bunten Klarsichthülle Plättchen schneiden, so groß etwa wie die Felder, und die Folienteile auf die Vorlage legen mit geschlossenen Augen. Alle berührten Silben können zusammengefügt werden, auch in verschiedener Reihenfolge.
5. In den gebildeten Sprüchen können auch die Konsonanten vertauscht werden: z.B. MU-TA-BOR, MU-BA-TOR, MU-BA-ROT, BU-MA-TOR, TU-MA-BOR.
6. Reihen bilden mit Variation des Anfangslautes: HO-KUS-PO-KUS FI-DI-BUS.
7. Vokale variieren: KRI-BUS KRA-BUS.
8. Dreierfolgen bilden: Fitzlibus, Fatzlibus, Futschibus.
9. Teile von Namen mit Silben verbinden: TONI-BUS, GEDI-BUS.

AB	RA	KA	DA	BRA
HO	KUS	PO	KUS	FI
SIM	SA	LA	BIM	DI
MI	RA	KU	LIX	BUS
MU	TA	BOR	EX	TUS

für eigene Erfindungen

Erfundene Namen von Kindern:

Marvo
Schaschonie
Findinella
Ricardoni
Balamarina
Merlino
Kobrala
Samargü
Musada
Danielowitsch
Magiera
Schnatina
Lixikux

Erfundene Sprüche:

HOKUSPOKUS
ENE MENE
MOKUS
HEX HEX!

KOMM SCHNELL
AN DIESEN ORT,
UND ZAUBRE MIR
DAS RECHTE WORT:

DREIMAL
SCHWARZER
KATER,
SCHLUSS
MIT DEM THEATER.

AB RA KA DA BRA
URI SCHLA MU RI
AB RA ZO
RA GA ZO

MI MA MAUSEBÄR,
LA LA LAUSEBÄR,
WASCHILINE,
KOMM HERBEI,
SCHLÜPF AUS
MEINEM ZAUBERBREI

SIM SA LA BIM,
IST NICHT SCHLIMM,
WENN'S NICHT KLAPPT:

ZAUBERWORT UND
ZAUBERSTEIN –
ZAUBERRING UND
HEXENBEIN
HEX – HEX

KRI KRA KRUCH,
OBERHEXENSPRUCH,
KOMM SCHNELL –
SONST FLIPP ICH AUS
AUF DER STELL!

Werden die Teile auseinander geschnitten, nachdem das Blatt kopiert wurde, so ergeben sich neue Möglichkeiten:

10. Die Teile können neu zusammengeschoben werden, bis etwas gut klingt.
11. Ein Kind kann sich einen Spruch waagrecht legen, ein anderes seinen senkrecht kreuzen.
12. Teile mit zwei und drei Buchstaben können getrennt verwendet werden.
13. Neue Silben können dazuerfunden und mit eingemischt werden. Anfangssilben von Namen: MAR(TIN), SA(BINE), GÜ(VEN) oder MAR-SA-GÜ zusammenfügen.
14. Silben können auf einen Holzwürfel aus einem Baukasten geklebt werden. Wenn ein schöner Name gewürfelt ist, kann er auf die Namenskarten geklebt oder geschrieben werden.
15. Vorlage und ausgeschnittene Teile können als Legespiel wie ein Lotto verwendet werden.
16. Zwei ausgeschnittene Silbensätze können als Memory verwendet werden. Die beiden jeweils aufgedeckten Silben werden zusammengelesen.
17. Entstandene Namen oder Sprüche können mit verschiedenen Betonungen und Stimmlagen vorgetragen werden.
18. Die Silbenteile können so gelegt werden, wie es der Betonung entspricht: Auf Karten aufgeklebt, kann dies der Anfang zu einer Sprüchesammlung oder Namenskarten; werden.

KO ^{BRA} LA   KO $_{BRA}$ ^{LA} HO $_{KUS}$ ^{PO} $_{KUS}$ ^{FIDI} BUS   HOKUS ^{PO} KUS FIDI $_{BUS}$.

9.4 Zauberwörter auf der Drehscheibe

Zusammengesetzte Wörter (Namenwörter/Nomen/Hauptwörter/Substantiva) mit ZAUBER lassen sich mit der Drehscheibe beliebig bilden. Die vorgegebene Wortauswahl entstammt dem Gebrauchswortschatz, der sich im Laufe des Projekts »Zaubern« in der Klasse angesammelt hat. In der Anordnung auf der Scheibe wird der Schwierigkeitsgrad gesteigert im Hinblick auf die Merkspanne: von HUT bis VORSTELLUNG. Es kommen Minimalkontrastpaare vor wie TUCH/BUCH, BAND/BANN, GARTEN/KARTEN. Das eignet sich zur Grobüberprüfung der Lautunterscheidung im Hinblick auf Bedeutungen. Wenn Kinder solche Wörter hören und als gleich bezeichnen, sollte die Lautunterscheidungsfähigkeit genauer überprüft werden. Was man alles damit machen kann:

1. Kreise ausschneiden, Sichtfenster herausschneiden, durch den Mittelpunkt beider Scheiben ein Loch stechen und diese beweglich verbinden. Dazu eignen sich eine Aktenklammer, ein großer Druckknopf oder eine Schraube mit

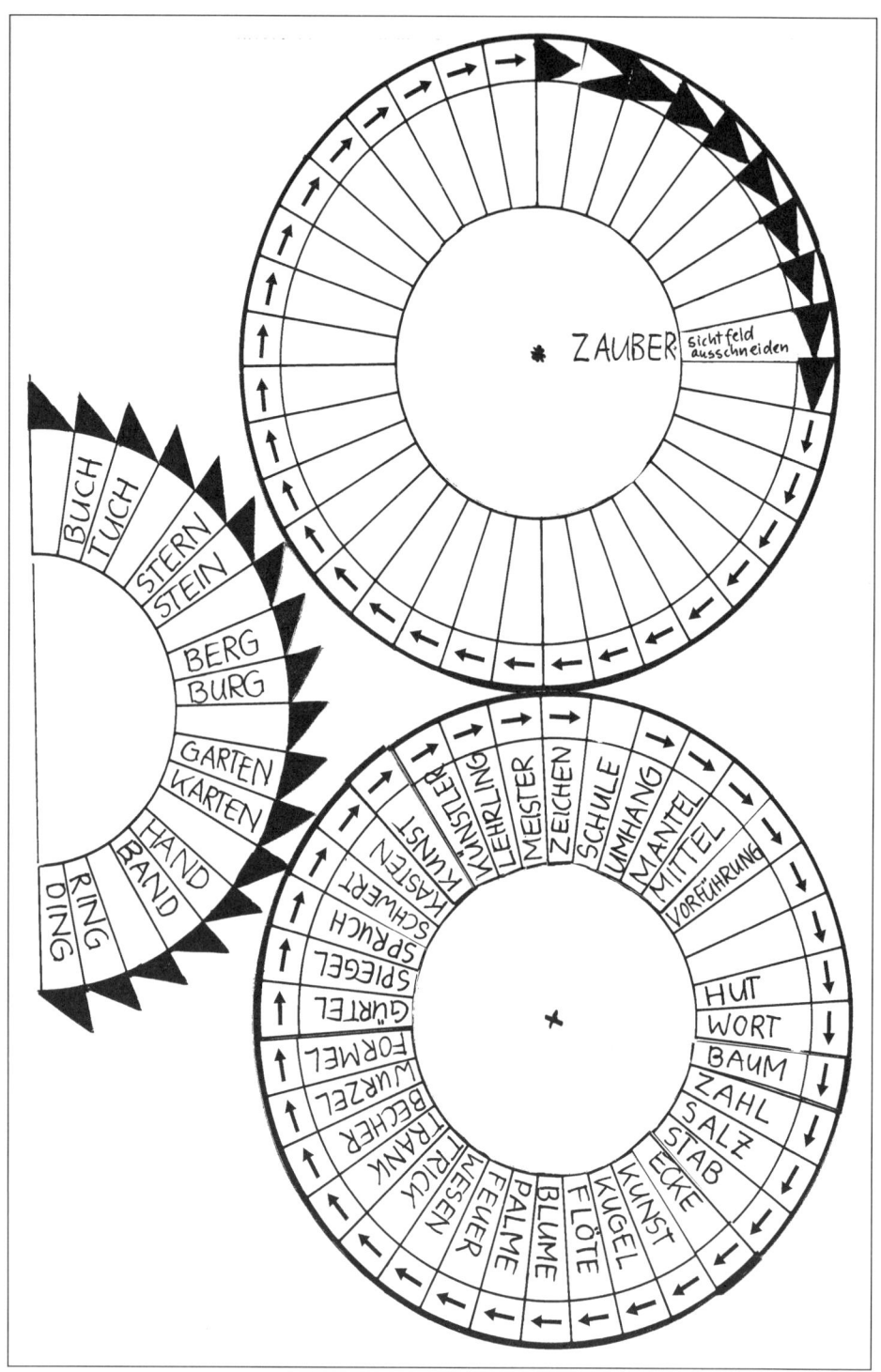

ZAUBER· sichtfeld ausschneiden

BUCH TUCH STERN STEIN BERG BURG GARTEN KARTEN HAND BAND RING DING

KÜNSTLER LEHRLING MEISTER ZEICHEN SCHULE UMHANG MANTEL MITTEL VORFÜHRUNG HUT WORT BAUM ZAHL SALZ STAB ECKE KUNST KUGEL FLÖTE BLUME PALME FEUER WESEN TRICK BECHER WURZEL FORMEL GÜRTEL SPIEGEL SPRUCH SCHWERT KASTEN KUNST

Mutter und Beilagscheibe, sofern das Papier mit Karton verstärkt worden ist. (Dieser Tip stammt von Gisela Franz.)

2. Die Scheibe mit den Wörtern kann auf das Format des Spieles »DENK FIX« verkleinert werden und mit der entsprechenden Drehscheibe gemeinsam benutzt werden. Wo das Sichtfenster stehen bleibt, wird das Wort gelesen und je nach Spielabsprache weiterverwendet.

3. Die Deckscheibe kann kopiert und mit weiteren, eigenen Wörtern beschriftet werden.

Für Partner- oder Gruppenspiele kann der Begriff verschiedenartig veranschaulicht werden:

1. Wie bei der Sendung »Montagsmaler« wird das Wort gelesen und dann schnell gezeichnet (Tageslichtprojektor!) und muss von der Gruppe erraten werden.

2. Wie bei der Sendung »Dingsda« wird der Begriff umschrieben, indem ein Platzhalter dabei benutzt wird (»hm« in der Häufigkeit der Silben). Wer richtig rät, darf die Scheibe blind drehen und das neue Rätsel stellen.

3. Der Begriff wird pantomimisch dargestellt und geraten.

4. Die Ratenden dürfen nur Ja-/Nein-Fragen stellen.

5. Einige Wortkarten sind vorgeschrieben, die auch auf der Scheibe vorkommen und als Gegenstand verfügbar sind. Ein Kind dreht an der Scheibe, ein anderes läuft los und holt einen der Gegenstände auf den Wortkarten, sobald er gewählt wird. Auf die gleiche Weise können die Sachen aufgeräumt werden. Das schnelle Erfassen umfangreicher Wortbilder kann so geübt werden.

Je nach Intention können Wörter auf der Scheibe hervorgehoben (z.B. Gegenstände im Raum) oder abgedeckt (z.B. schwer darstellbare Begriffe) werden.

9.5 Grundausstattung eines Zauberers oder einer Zauberin

1. Zauberpass
   Wer ein Zauberkunststück sicher vorführen kann, bekommt einen Pass und kann sich als Zauberschüler ausweisen: Ein Zylinder wird ausgemalt. Wie viel jemand können muss, um als Zaubermeister anerkannt zu werden, ist Sache der Vereinbarung der Gruppe/Klasse.
   Ein Bild oder Foto in der Zauberrolle, die Personalangaben und ein Zauberzeichen (Stempel oder Aufkleber) mit Unterschrift der Zauberlehrerin oder der Anleiter machen den Pass zu einem wichtigen Dokument. Wenn es dann auch noch eine echte Hülle DIN A7 dazu gibt, bekommt es beinahe magische Wirkung. Die Kontaktadresse garantiert jederzeit wieder den Zauberlehrer anschreiben zu können, falls man Probleme mit einem Trick (und nicht nur damit) bekommen sollte – während der Ferien z.B.

Der Zauberpass passt gefaltet in eine Din-A7-Dokumentenhülle wie ein Personalausweis.

Das Namensschild steht so:

Es kann als Tischkarte bei einer Vorführung benutzt werden. Es kann auch auf dem Platz stehen, wo jeder Zauberer sein Zubehör hergerichtet hat.

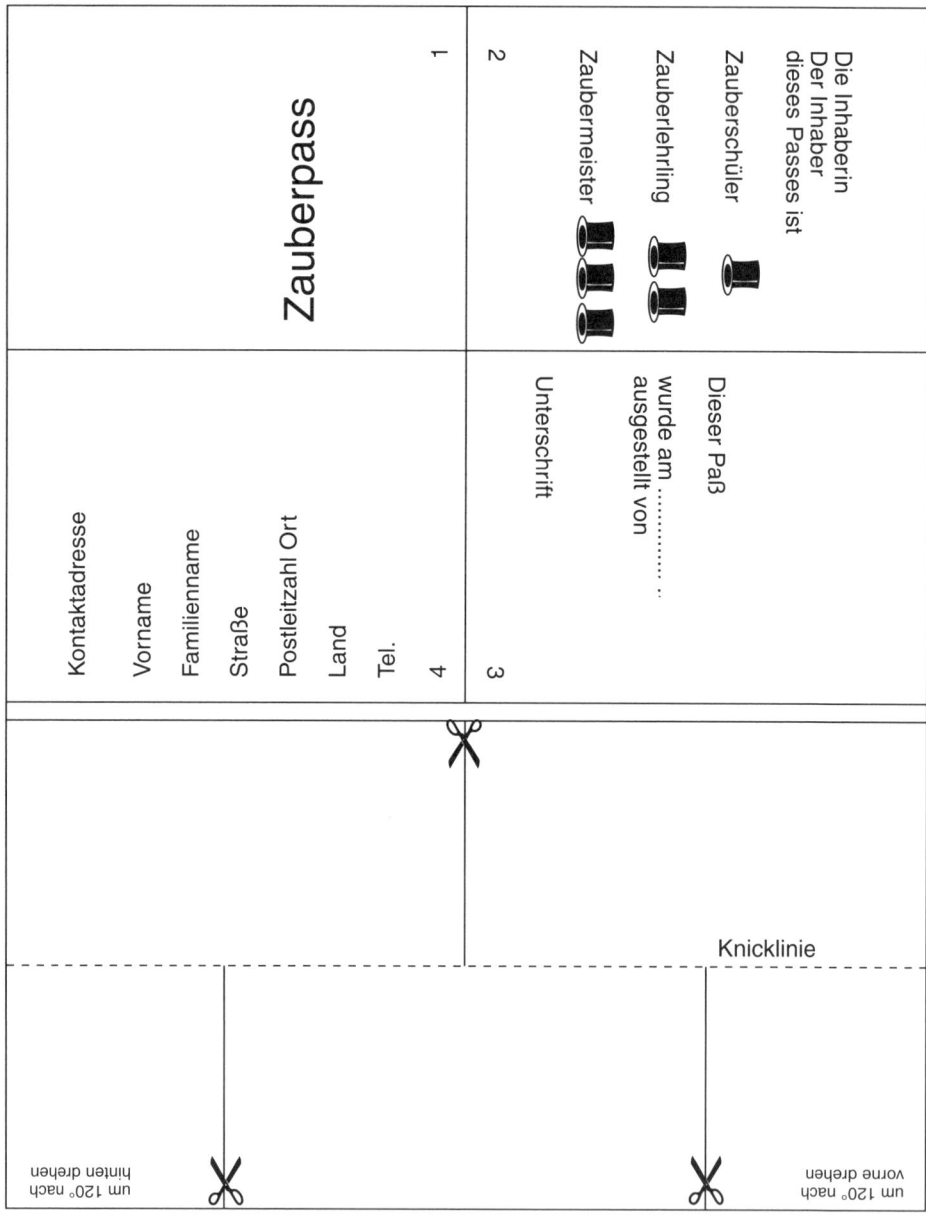

2. Aufsteller oder Namensschild

Ist ein Künstlername gefunden, so können die Silbenteile auf ein Kärtchen geklebt, gedruckt oder geschrieben werden. Besonders wirkungsvoll ist es, den Namen nicht nur auf ein einfaches Schild oder eine Tischkarte zu schreiben, sondern einen Aufsteller zu verwenden, wie er auf Seite 128 vorgefertigt ist. Nach dem Schneiden und Knicken werden die Teile A und C jeweils um 120 Grad gedreht, ein Teil nach vorne – der andere nach hinten. Teil B stellt sich dann nach oben auf und kann mit den Namen versehen werden. Günstig ist es, vorne den Künstlernamen und auf der Rückseite den normalen Namen zu haben, weil es die Zuordnung der Kinder – auch untereinander – erleichtert.

3. Zylinder oder Zauberhut

Es ist recht reizvoll, aber sehr aufwendig, einen Zylinder mit doppeltem Boden zu basteln. Der doppelte Boden wird mit einem Faden innen hochgezogen.

Einfacher ist es, einen Zauberhut herzustellen: Aus einer Zeitungshälfte (Maß: FR oder FAZ) wird mit einem Schnurzirkel ein Probestück aus einem Kreisviertel gezeichnet und ausgeschnitten. Danach wird aus festerem, schönerem Papier der Hut gefertigt.

Damit der Hut auch bei Bewegungen sicher sitzt, sollte der untere Rand weit genug überstehen. Notfalls ist eine zusätzliche Befestigung mit einem Band sinnvoll, das rechts und links mit einem Tacker schnell angeklammert werden kann.

4. Zauberstab

»Das wär' mein Zauberstab!«

Die Kollektion der Zauberstäbe in der Klasse erweiterte sich ständig um neue kreative Objekte – und schrumpfte auch, weil Kinder »dringend« welche für Vorführungen daheim brauchten. Schlichte Pappröhren mit magischer Beklebung schienen oft attraktiver als Originalzauberstäbe aus irgendwelchen Zauberkästen. Wichtig war wohl, dass man Zauberstäbe in der Länge verändern kann. Das merkte ich daran, daß abgebrochene Autoantennen bald zur Standardausstattung zählten. Für die Kinder aus den sozialen Brennpunkten war es etwas sehr Vertrautes, womit sie viele szenische Darstellungen aus ihrem Alltag »beschwören« konnten. Wichtig ist, dass Kinder etwas in die Hand bekommen, das ihnen Aufmerksamkeit sichert und vielleicht sogar Würde verleiht beim Auftritt. Ein Zauberstab als verlängerte Hand eines Kindes wirkt vielleicht ähnlich wie ein Szepter im Mythos von Königen oder der Taktstock bei Dirigenten. Das Material ist dabei völlig unwichtig im Vergleich zur symbolischen Bedeutung des Aktes.

129

9.6 Bastelanleitung für eine einfache Marionette als Zauberer

Du brauchst ein leichtes Taschentuch, eine Serviette oder ein Stoffstück, Nadel und Faden, zwei Knöpfe oder Perlen für die Augen, Watte zum Ausstopfen von Kopf und Händen, Papier für den Hut und einen Trinkhalm aus Plastik zur Führung der Marionette.

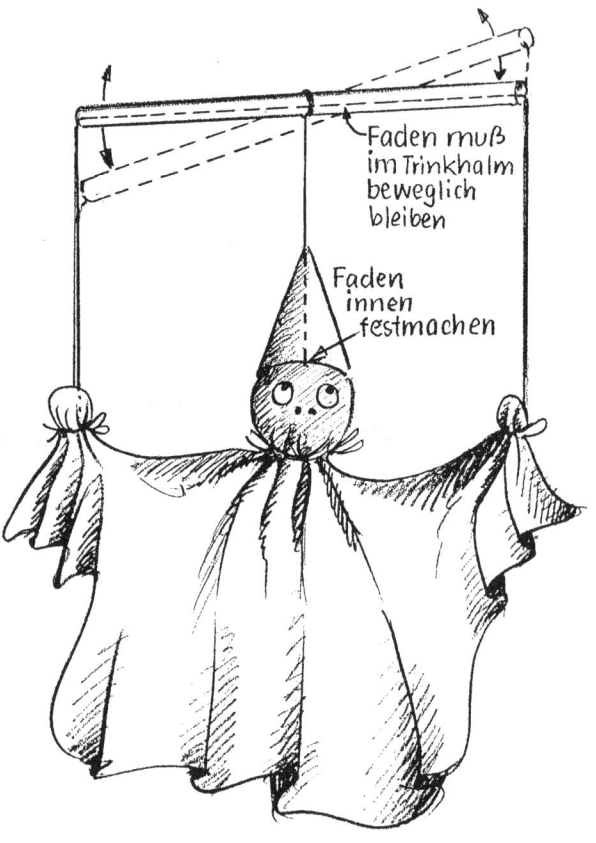

● *Wie kann ich den Zauberer vorführen?*
Gib deiner Figur einen Namen und stelle sie mit einer kleinen Geschichte vor. Die Figur lässt sich leicht führen, wenn du den Trinkhalm zwischen Ringfinger und Daumen klemmst und mit den anderen Fingern die Fäden führst.

● *Was kannst du sagen?*
Denke dich in eine Figur hinein, so zum Beispiel: »Dies ist der berühmte Zauberer Wackelzahn, Wenn er die Zahl Drei hört, nickt er dreimal. Bei der Zahl Vier kratzt er sich viermal und bei Zwei sagt er alles doppelt.«

● *Wie kannst du andere dazu bringen mitzumachen?*
Frage jemanden, ob er deine Figur auch so gut dirigieren kann. Lass Zuschauer sagen, was deine Figur alles machen soll. Gib dann eine andere zweite Figur einem Kandidaten in die Hand, und lass ihn alles nachmachen, was dein Zauberer macht. Dieses Arrangement lässt sich hervorragend für sprachliches »Echo-geben« nutzen.

130

Weitere Beispiele zur Gestaltung themenbezogener Arbeitsmittel

Die folgenden fünf Arbeitsblätter sollen exemplarisch zeigen, wie unter dem Leitmotiv »Zaubern« auch Sprachübungen mit Aspekten von Wahrnehmung verknüpft werden können. Bei den beiden ersten Beispielen S. 132 und S. 133 handelt es sich um Raum-Lage-Beziehungen und Figur-Grund-Wahrnehmung im Zusammenhang mit Sinn entnehmendem Lesen.

Es wird auch die Steigerung des Schwierigkeitsgrades erkennbar. Während beim ersten Arbeitsblatt ein einfaches Satzmuster durchvariiert wird mit verschiedenen zusammengesetzten Nomen und Adverben, erfordert das zweite Blatt mehr Leseverständnis und die Unterscheidung von rechts und links. Bei dem Märchenblatt S. 135 vom »Gestiefelten Kater« geht es um einen Text im Imperfekt mit wörtlicher Rede. Dazu kommt das Verstehen der Anleitung, wie aus dem Blatt ein Büchlein werden kann. Das Grundmuster zur Herstellung derartiger Hosentaschenbüchlein ist sehr einfach und lässt sich auf viele andere Themen übertragen. Die verschiedenen Illustrationen der Schüler regen diese unmittelbar dazu an, den Text auf seinen Bedeutungs-gehalt im Detail zu befragen und mit den Bildern zu vergleichen. Wie Kinder Anregungen zur Gestaltung eigener Arbeitsmittel aufnehmen, zeigen die Knickbilder, S. 134. Vorgabe waren gedruckte Knickbilder (Grasso 1985), die Kinder neu gefaltet haben wobei sie auf der Rückseite eigene Bilder gezeich-net haben. Am Schluss steht eine Idee, wie eine Einladung für ein Zauberfest, S. 136, gestaltet werden kann: Ein Kaninchen steckt in einem Zylinder.

Die beiden linken Zauberer sind von sprachbehinderten Schulanfängern ge-zeichnet, der rechte ist von einem Kind aus einer ersten Grundschulklasse.

Zeichne
den Zauberstab orange, das Zauberbuch dunkelblau,
den Zauberbecher gelbgrün, die Zauberringe giftgrün,
den Zauberhut violett, den Zylinder tiefschwarz.

Zaubere
du dem Zauberer ein Gesicht und
einen Zauberstab in die rechte Hand,
einen Zylinder in die linke Hand,
einen Raben auf die linke Schulter,
ein Kaninchen in die linke Manteltasche!

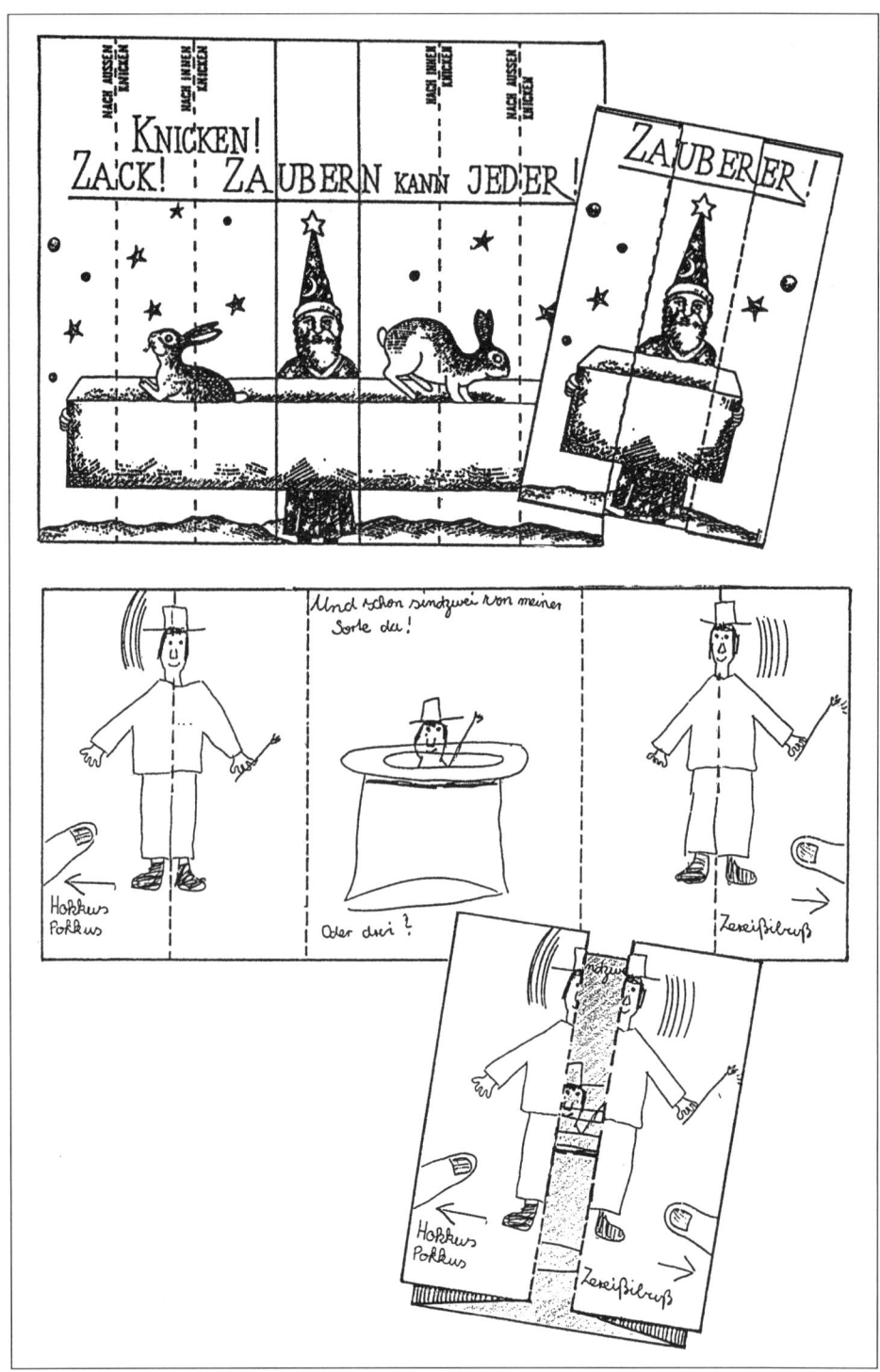

Das Märchen vom gestiefelten Kater (Grimm)

Ein Müller hatte drei Söhne, eine Mühle, einen Esel und einen Kater. Als der Müller starb, teilten sich die Brüder die Erbschaft. Der Jüngste bekam nur einen Kater. Er wollte Stiefel für sich. Der gestiefelte Kater war sehr klug. Er diente seinem Herrn und brachte ihm · viel Glück. Der gestiefelte Kater überlistete sogar den mächtigen Zauberer im Schloss.

Diese Märchen wurde illustriert von

.............NORA.............

2.

3.

Einmal kam der gestiefelte Kater in einen großen Wald und fragte die Leute dort: »Wem gehört dieser Wald?« Sie antworteten: »Dem großen Zauberer.«

Auf seinem weiteren Weg kam er an eine Wiese. »Wem gehört diese Wiese?«, fragte der gestiefelte Kater. »Dem großen Zauberer«, antworteten die Leute.

4.

5.

Der gestiefelte Kater ging zum Schloss des Zauberers. Der stolze Zauberer empfing den kleinen Kater voll Verachtung. Der Kater fragte: »Kannst du dich in einen Elefanten verwandeln, du großer Zauberer?« Er machte es.

Der gestiefelte Kater stellte sich erschrocken und schmeichelte dem Zauberer. Der Kater bat den Zauberer, sich in einen Löwen zu verwandeln. Auch das tat der Zauberer.

6.

ENDE

7.

»Mehr als alle andere Zauberer könntest du, wenn du dich in eine Maus verzaubern könntest.« Kaum war das geschehen, so fing sie der Kater und fraß sie auf. So ward das Schloss befreit.

Der gestiefelte Kater holte seinen Herrn, den armen Müllerssohn, in das Schloss. Dort heiratete er die Prinzessin, und der gestiefelte Kater wurde Minister.

So kannst du dir ein kleines Märchenbüchlein machen:
Lies die Texte und zeichne etwas dazu. Schneide die Teile an den gestrichelten Linien auseinander. Hefte die Blätter an der linken Seite zusammen.

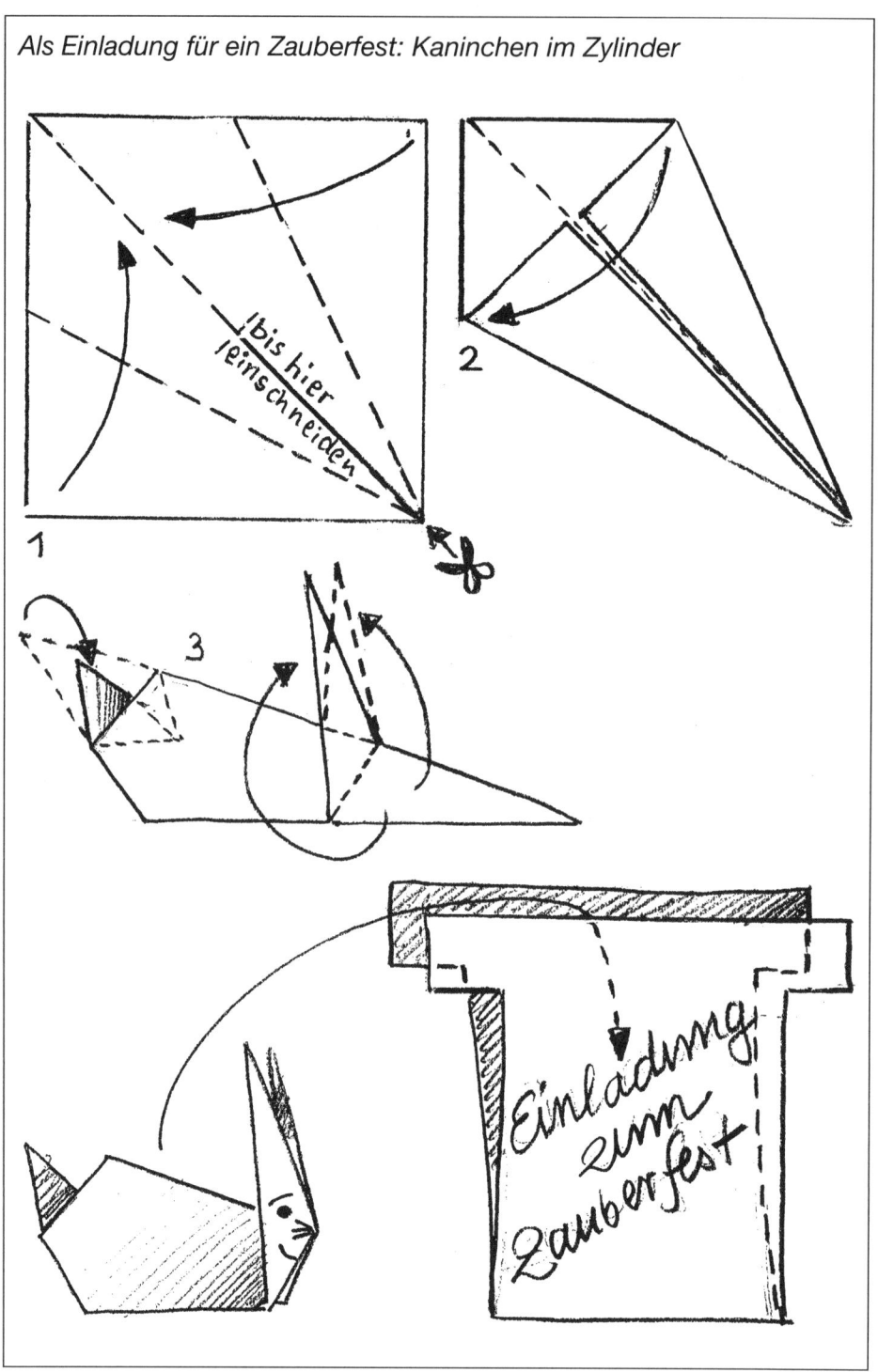

1

*bis hier
einschneiden*

2

3

Einladung zum Zauberfest

10. Kommentare, Tips und Erfahrungen

Die Kommentare zu den Zaubertricks beziehen sich auf Beobachtungen der Kinder und den gemeinsamen Lernprozess in der Klasse. Situative Beobachtungen sind Ausgangspunkt für eine systematische Reflexion. Konkrete Schwierigkeiten betrachte ich aus der Perspektive der Kinder und analysiere sie vor dem Hintergrund der Theorie der Sensorischen Integration. So kann ich beispielhaft aufzeigen, wie sich in realen Handlungssituationen Ansatzpunkte zu individueller Sprachförderung aufspüren lassen. Das Projekt »Zaubern« ist ein austauschbares Beispiel, in dem Merkmale und Schlüsselsituationen des Förderkonzeptes verdichtet dargestellt sind. Die praktischen Tips und Empfehlungen stammen aus meiner konkreten Situation und müssen im Einzelfall auf ihre Übertragbarkeit überprüft werden.

10.1 Zaubertüte

So wird die Tüte gefaltet: Die Grundform ist ein Rechteck, das aus zwei Quadraten besteht. Geht man von DIN A4 aus, so sind 6,2 cm von der Längsseite abzuschneiden. Je nach Lernziel können die Kinder selbst das Papier für verschiedene Größen ausrechnen, abmessen und zurechtschneiden. Schneidet man Papier in verschiedenen Größen vor, so kann man sofort differenzieren, wenn Kinder motorische Schwierigkeiten zeigen. Kleine Formate erfordern mehr Fingerfertigkeit, erleichtern aber den Überblick über die Handlungsabfolge. Größere Formate sind leichter zu falten, eignen sich aber weniger für die Vorführung als Zaubertüte.

Bewegung und Sprache dienen verschiedenen Zielen und müssen wie unabhängige Programme gesteuert werden. Das Kind muss mit Zuschauern Kontakt aufnehmen und erreichen, dass es etwas geliehen bekommt. Es wird Sprachmuster des Fragens, Bittens und Forderns benutzen, die sich auf Personen beziehen. Danach lenkt der Zauberspruch ab von der eigentlichen Bewegung: Die rechte Hand überkreuzt die Körpermittellinie mit einer halben Körperdrehung, und die Augen verfolgen dies. Das erfordert hohe Konzentration. Der Trick kann in eine Rahmenhandlung einbezogen werdewn, z. B. eine Taschengeldgeschichte. Kinder haben sich ausgedacht, daß es gute und schlechte Zaubertüten gibt, wo nicht mehr mit realen Gegenständen, sondern nur noch symbolisch gespielt wird. So kann sich mit einer Wundertüte Gestank in Duft verwandeln. In einer entspannten Gruppenatmosphäre können mit diesem kleinen Ritual Emotionen gelöst und Wünsche spielerisch ausgedrückt werden.

Exkurs: Wie kann ich Sprachförderung mit Falten verbinden?

Methodisch gibt es einige Varianten, wie Falten der Sprachförderung dienen kann:

– Frontal:
Ich mache jeden Schritt vor mit einem großen Papier. Das Faltstück halte ich hoch und stehe mich dem Rücken zur Klasse, um das Problem der Seitenverkehrung auszuschließen. Jeden Schritt formuliere ich so knapp, dass die Anweisung von einem Kind oder der Klasse nachgesprochen werden kann. Das trainiert handlungsbegleitendes und chorisches Sprechen. Die Kinder nennen dies »Echo oder Papagei spielen«. Dieses Verfahren setzt voraus, dass man die Handlungsschritte und Anweisungen selbst geübt hat, weil die Kinder jeden Fehler spiegeln. Voraussetzung ist, dass den Kindern geometrische Grundbegriffe und Tätigkeiten vertraut sind, wie Falzen, Knicken, Wenden, Drehen etc.
– Frontal mit Hilfe eines Tageslichtprojektors:
Mit dem Tageslichtprojektor ist die Aufmerksamkeit der Kinder gut zu konzentrieren. Es ist auch vorteilhaft, Blickkontakt zu halten. Die Faltschritte vollziehe ich mit Transparentpapier, um Mehrfachfaltungen sichtbar zu machen. Jeder Schritt kann festgehalten werden, indem ich den Projektor auf die Tafel richte und die Umrisse markiere. Gemeinsam mit den Schülern entstehen so Handlungsanleitungen in ihrer Sprache, was auch so notiert werden kann.
– Gruppenweise Instruktion:
An einem Gruppentisch falte ich etwas vor und erkläre es gleichzeitig. Danach falten wir gemeinsam, wobei ein Kind anleitet und in der ersten Person spricht. Mit größeren Kindern kann thematisiert werden, wie man sich am besten etwas merken kann. Zwischendurch üben wir mit geschlossenen Augen, »im Kopf zu falten«, wie es die Kinder nennen. Oft kommen Kinder selbst auf Merkhilfen, z. B. »Es sieht aus wie ein Heft, Schrank, Drachen«. Wenn eine Tischgruppe etwas sicher kann, wird sie zum Experten erklärt und Helfer, der zurate gezogen werden soll, bevor ich gefragt werde. Bei Schwierigkeiten zeige ich den Schritt am Faltstück und biete eine Formulierung zur Selbstinstruktion an, was dann mit der eigenen Bewegung gekoppelt wird.
– Anleitung durch Faltfolgen:
Man faltet schrittweise und klebt jedes Zwischenergebnis so auf, daß die nächste Faltung ausprobiert werden kann. Für lesende Kinder kann man Merkhilfen dazuschreiben.
Dieses Verfahren eignet sich, um Erinnerungsstützen zu bieten bei späteren Wiederholungen, speziell für Kinder mit eingeschränkter Raumorientierung.

Für diese sollte ausreichend Übungspapier im gleichen Format wie bei der Vorlage zur Verfügung stehen. Geschickte Kinder können selbständig nach Anleitungen falten, wie sie unter dem japanischen Begriff »Origami« in vielen Schwierigkeitsgraden verfügbar sind.

Diese vier Typen einer sprachgeleiteten Handlungsanweisung können natürlich verändert und verknüpft werden, je nach Intention und Zielgruppe. So habe ich z. B. beim Vertretungsunterricht in einer unbekannten Klasse Typ zwei und vier kombiniert, im Förderunterricht mit Migrantenkindern Typ drei und vier und in der eigenen Klasse die erste Version, kombiniert mit einem Archiv von Faltfolgen. Bei allem gilt: Der Weg ist das Ziel – nicht perfekte Kraniche. Die investierte Sorgfalt und Mühe findet Anerkennung, wenn die gefalteten Figuren ausgestellt oder weiterverwendet werden.

Mit der Falttechnik des Origami lassen sich vielerlei Tiere herstellen. Klemmt man sie mit einer Wäscheklammer fest, so stehen sie aufrecht und können »in Szene« gesetzt werden. Es lassen sich auch einfache Umrissfiguren herstellen, die zur Inszenierung einer Geschichte oder eines Problems wichtig sind. Verwendbar sind zum Beispiel auch Abbildungen aus den sprachaufbauenden Spielen von Inge Holler-Zittlau auf S. 265 beispielsweise.

10.2 Das Zaubertaschentuch

Die Wahrnehmung der Raum-Lage-Beziehung von zwei Gegenständen und die Auge-Hand-Koordination sind entscheidend für das Gelingen dieses kleinen Kunststücks. Das Kind ist selbst der Bezugspunkt für die Beschreibung der Raumlage: vor mir, hin zu mir, weg von mir, oben, unten etc.

Die Form des Tuches wird mehrfach verändert durch Falten und Einwickeln der Münze. Diese Schritte können langsam eingeübt werden mit Hilfe von Papierservietten, worauf die Position der Münze aufgezeichnet werden kann. Wichtig ist, dass nur eine Lage des Tuches erfasst wird und die zweite Spitze des Taschentuches schnell als solche erkannt und ergriffen wird.

Beim Einwickeln der Münze muß diese durch das Tuch ertastet werden, um zu verhindern, dass die Münze vorzeitig entgleitet und gesehen wird. Die Münze (taktile Figur) wird durch das Tuch (Figur-Grund-Wahrnehmung) ertastet ohne Sichtkontrolle.

Hat ein Kind Schwierigkeiten mit der taktilen Diskrimination, kann man Übungen dazu vorschalten. Wie bei allen Arrangements zur Unterscheidung von Merkmalen beginnt man mit extremer Opposition und nähert sich über Ähnlichkeiten Minimalunterschieden, wie sie beim Ertasten verschiedener Münzen erkennbar sind. Auf das Beispiel mit Münzen angewandt, hieße das, Fünfmarkstücke von Pfennigen zu unterscheiden, bevor man es mit 50-Pfennig-

und 5-Pfennig-Stücken probiert. Eine weitere Übung zur Unterscheidung von Hautempfindungen ist der »Münzen-Bürsten-Trick«, wie ihn die Schüler bezeichnet haben. Der Trick geht so: Ich lege jemandem eine Münze auf die geöffnete Handinnenfläche und sage: »Wer mir das Markstück wegbürsten kann, bekommt es.« Tatsächlich gelingt es nicht, die Münze zu bewegen, wenn man die Bürste glatt aufsetzt, wie beim Schuheputzen.

10.3 Zauberpalme

Im Zentrum dieser Übung stehen die Eigenwahrnehmung der Haltung, Bewegung und Raumlage in Verbindung mit der Auge-Hand-Koordination. Zudem wird die Körpermittellinie überkreuzt und die Rechts-links-Unterscheidung gefordert. Im taktilen Bereich liegt die Figur-Grund-Unterscheidung darin, mit den Fingerspitzen zu ertasten, welche Papierstreifen sich bewegen und drehen lassen. Dosierter Krafteinsatz ist nötig, da sonst die Streifen abreißen. Die Arme müssen die Spannung halten können, wobei eine Hand außerhalb des Blickfeldes sein kann, also nur die taktile Rückmeldung ausreichen muss. Das Ausstrecken der Arme setzt eine sichere Gleichgewichtswahrnehmung voraus. Fast alle Teilhandlungen beanspruchen beide Hände und deren Zusammenspiel in Bezug auf ein Material. Die serialen Leistungen im Hinblick auf Zeit sind überschaubar. Die Abfolge der benutzten Gegenstände ist schwieriger zu überblicken. Es kann eine große Hilfe für ein Kind bedeuten, wenn diese in der Reihenfolge bereitliegen und den Aufbau des Handlungskonzepts unterstützen: Papier – Schere – Gummiring – Klebestreifen – Ständer. Bei umfangreicheren Abläufen können Positionskarten mit Zahlen vom Kind selbst zu den gebrauchten Gegenständen verteilt werden, um die Handlung klar zu strukturieren und die Merkspanne zu erweitern.

10.4 Zauberlehrling

Neben der Spielhandlung spielt das Sehen in diesem Arrangement eine wichtige Rolle. In diesem Zusammenhang kann ein Kind möglicherweise erstmalig erfahren,

– dass es etwas sieht, was es nicht spürt, nämlich das Loch in der Hand,
– dass die beiden Augen verschiedene Blickwinkel haben,
– dass es mit einem Auge möglicherweise besser sehen kann als mit dem andern,
– dass das Auge Zeit braucht, um sich vom Fern- auf den Nahbereich einzustellen,
– dass es nicht leicht ist, die Augenlider unabhängig voneinander zu bewegen.

Diese Erfahrungen können Anlaß sein, Unterschiede in der Wahrnehmung, optische Täuschungen und Effekte in den Medien zu thematisieren.

Weiterführend wären Experimente zur visuellen Wahrnehmung mit Röhren mit verschiedener Lichtdurchlässigkeit und Öffnungsform.

10.5 Der verhexte Haargummi

Dieser Trick ist in ein kleines Stegreifspiel gekleidet und lebt von der dramatischen Ausgestaltung. Weniger die eigene Körperwahrnehmung, sondern viel mehr die soziale Wahrnehmung wird angeregt. Mit seinen Selbstgesprächen zaubert der Lehrling das Bild des abwesenden Meisters in den Raum. Spontane Einfälle, Improvisation und Sensibilität für Impulse aus dem Publikum sind hier gefragt. Merkmale von Monolog und Dialog können durch Stimmlage und Lautstärke markiert werden.

Der Trick selbst erfordert Geschick im Zusammenspiel beider Hände im Dunkeln. Das übergeworfene Tuch sollte etwas steif sein, damit es zwar den Vorgang verdeckt, aber nicht unnötig erschwert. Zum Üben habe ich einen Tastkasten mit zwei seitlichen Einschlupflöchern angeboten.

Exkurs: Beobachtung von Problemlöseverhalten

Die Kinder brauchen relativ viel Zeit zum Lösen des Problems und zum Üben des Vorgangs. Hier bietet sich eine günstige Gelegenheit, das Problemlösungsverhalten einzelner Kinder zu beobachten: Wie geht ein Kind an die Sache ran? Formuliert es Vermutungen? Probiert es kurz und legt das Ding dann weg? Kann es erklären, warum es etwas macht? Benutzt es Hilfsmittel? Sucht es Unterstützung bei anderen Kindern oder Erwachsenen? Wann gibt es auf? Wie vermittelt es eigene Erkenntnisse weiter? Welche Rolle spielt dabei der nonverbale und verbale Anteil von Kommunikation?

Diese pädagogische Fragehaltung kann gerade bei kniffeligen Aufgaben Aufschlüsse geben über Entwicklungstendenzen eines Kindes.

10.6 Möbius-Band

Möbius ist der Name eines deutschen Mathematikers des 19. Jahrhunderts, der als Erster auf das Phänomen aufmerksam gemacht hat. Es handelt sich um ein relativ einfaches Kunststück, das viel Ausgestaltungsmöglichkeiten bietet. Selbst wenn Zuschauer den Trick schon kennen, so können doch die wenigsten vorhersagen, welche Variationen sich ergeben.

Will das vorführende Kind die Effekte gezielt einsetzen, muss es sich vier Paarformationen merken. Das fordert ein differenziertes Raum-Lage- und Bewegungsgedächtnis im Bezug auf den eigenen Körper und verschiedene Objekte. Der Schritt von der Wahrnehmung einer Fläche zur räumlichen Perzeption kann für manche Kinder eine Schwelle markieren, die nur mit Hilfe grundlegender Wahrnehmungsübungen im Raum überschritten werden kann.

Ein besonders kleiner Schüler nutzte den Impuls zu weitergehenden Forschungen. Er wollte herausfinden, wie lang der Streifen höchstens sein darf, damit er selbst durch den entstehenden Ring steigen kann – aber sonst niemand anderes. Das löste regelrechte Versuchsreihen bei Mitschülern aus, was mathematische Schlüsselqualifikationen fördert, nämlich genau messen, vergleichen, Werte festhalten, Relationen formulieren und Schlussfolgerungen ziehen.

10.7 Der magische Ring

Die taktile Raum-Lage-Bestimmung mehrerer nicht sichtbarer Gegenstände ist die Voraussetzung dafür, dass der Handlungsablauf gelingt. Zudem muss im Bewegungsgedächtnis ein Modell von dem Ablaufmuster entwickelt werden, das es ermöglicht, die konkreten taktilen Informationen gezielt zu nutzen. Das muss unter verschiedenen Bedingungen geübt werden, bis es als übergreifendes Handlungsprogramm zur Vorführung des Tricks verfügbar ist.

Manche Kinder brauchen vielfältige Übungsgelegenheiten, bis sie sich den Ablauf sicher merken können. Aus einem Angebot verschiedener Ringe und Seile können sich die Schüler selbst Arrangements herstellen. Wenn sie auswählen können, vergleichen sie Materialeigenschaften und bewerten diese, soweit sie für den Versuch relevant sind.

Exkurs: Beobachtung der Annäherung an die Zielsprache

Die Kiste mit der Aufschrift »Zauberseile« kann auch zur Begriffsbildung und Wortschatzerweiterung genutzt werden, wenn Kinder zu unterscheiden versuchen zwischen Schnürsenkeln, Paketschnur, Hanfseil, Wäscheleine, Gitarrensaite und Lederband. Interessant zu beobachten ist, wie sich Kinder diesen Alltagsdingen sprachlich annähern, wenn sie etwas Bestimmtes wollen. Hier sind einige Beispiele aus der Spontansparche:

– Deuten oder Zeigen: »Das da«,
– Bestimmung der Relation zu etwas Bekanntem: »Das neben dem Blauen«,
– Nennen eines mehrdeutigen Merkmals: »Das Kleine da«,

- Negation: »Nicht das Dünne«,
- Vergleiche: »Was wie ein Kabel aussieht«,
- Benennen des sonstigen Erfahrungszusammenhanges: »So was ist rum beim Paket«,
- Angabe des Ortes: »Das gibt es auch in der Turnhalle«,
- Andeuten der Tätigkeit: »Da zumachen« (Schuhe binden),
- eigene Sprachschöpfungen: »Das Hubbelige«,
- aneinandergereihte Adjektive: »Die lange, verknuddelte« (Schnur),
- Generalisierung eines Teilbegriffs: »Die Schnüre«,
- Erweiterung falscher Generalisierung mit passenden Adjektiven: »Das grüne Kabel« (zu einer grünen Wäscheleine),
- unspezifische Substantive mit zutreffender Funktionsbeschreibung: »Das Dingsda, in der Pausenkiste ist das auch, da spiel ich immer mit Melanie, das geht so …«. Diese lupenähnliche Betrachtungsweise zeigt, wie breit das Spektrum der Annäherung an die Zielformen der Sprache ist. Aus solchen Beobachtungen können Anhaltspunkte zum Stand der Sprachentwicklung gewonnen werden und entsprechend für Fördermöglichkeiten.

10.8 Entfesselungstrick

Dieser Trick ist recht komplex im Hinblick auf die Handlungsfolge und Bewegungskoordination in einer sozialen Situation mit Erwartungsdruck. Der Reiz besteht darin, Befreiungssituationen aus dem Fernsehen nachzuspielen, was gerade Jungen zu erstaunlichen Durchhaltebemühungen motivieren kann.

Die Wahrnehmung der Bewegungsempfindung und deren Zusammenspiel beim Aufbau der Handlungsfolge stehen im Mittelpunkt. Wenn Kinder die Befreiung ausprobieren, gehen sie meist nicht systematisch vor, wie es vielleicht Erwachsene tun würden. Gelegentlich finden Kinder im »Versuch-und-Irrtum«-Verfahren schnell die Lösung, können sie aber nicht reproduzieren. Dies ist eine Herausforderung an das »Gruppengedächtnis«, was Kindern erhebliches sprachliches Problemlöseverhalten abverlangen kann, das in Therapiesituationen selten so realitätsnah simuliert werden kann.

Eine erfolgreiche Handlungsplanung setzt die Raum-Lage-Wahrnehmung im Raum voraus und beinhaltet auch die Überkreuzung der Körpermittellinie. Wenn die Lateralität noch schwach ausgeprägt ist, kann man »Eselsbrücken« anbieten, z.B. den »Rechts-Ring« mit einer Hilfsmarkierung an der Hand. Es kann auch eine Hilfe sein, wenn die beiden Seile unterschiedliche Tastqualitäten aufweisen. Da die Abläufe beim Fesseln und Entfesseln umkehrbar sind, muss der Vorgang in beide Richtungen automatisiert werden. Die Versprachlichung von Raum-Lage-Relationen in Bezug auf den eigenen Körper wird beim Erlernen der Entfesselung von der Sache her notwendig. Die Bedeutung der richtigen Auswahl von Präpositionen wird sinnlich erfahrbar: Wird das zweite Seil nicht *unter* dem ersten durch geführt, so löst es sich nicht, sondern verschlingt sich weiter.

Gerade in diesem Zusammenhang konnte ich beobachten, wie Kinder um Worte bei der Vermittlung ringen, wenn sie es selbst schon kapiert haben, sich aber nicht ausreichend verständlich machen können. Hier wird deutlich, wie Sprachförderung durch reale Herausforderungen lebendig werden kann.

10.9 Zauberball

Dieses Kunststück ist sehr schwierig, wenn man sich die Wahrnehmungsleistungen vergegenwärtigt. Bei ruhiger Atmung müssen beide Hände und Augen koordiniert werden bei häufiger Überkreuzung der Körpermittellinie. Mit geringem Krafteinsatz und hoher Geschicklichkeit werden zwei Gegenstände gleichzeitig bewegt, der Ball auf den Fäden.

Nicht zu unterschätzen ist die notwendige visuelle Figur-Grund-Wahrnehmung des bewegten Balles. Beim Üben kann ein ruhiger Hintergrund hilfreich sein. Bei geringer Fähigkeit zur Handlungsplanung können ruhige, suggestive Kommentare den Ablauf der Handlungsfolge unterstützend begleiten. Der Trick bietet eine gute Gelegenheit, Kinder zu beobachten im Hinblick darauf, ob sie mit den Augen isoliert einer Bewegung folgen können oder den ganzen Kopf mitbewegen.

Scheint die Auge-Hand-Koordination beeinträchtigt, können in der Übungssituation die Reize verstärkt werden, z. B. mit einem dicken Nylonfaden und einer rauhen Schnur, über die ein schwerer, bunter Ball rollt. Die Schritte »Aufnehmen des Balls«, »Hochbewegen« und »Rollenlassen« können isoliert geübt werden mit den entsprechenden handlungsbegleitenden Formulierungen.

Die Isolation von Schwierigkeiten kann darin bestehen, mit einer Hand, einem Gummi und einer Murmel das Aufnehmen zu üben. Dabei spannt man zwei oder drei Gummiringe zwischen Daumen und Zeigefinger. Über die Spannung der Gummis kann das Kind mit der eigenen Kraft und Geschicklichkeit experimentieren. Das eignet sich auch für Partnerübungen.

Die Schwierigkeiten dieser Nummer können mit älteren Schülern auch thematisiert und die Konzentration auf die Eigenwahrnehmung erhöht werden mit Fragen wie: Fließt der Atem ruhig, oder ist er gehetzt, folgen die Augen ruhig einer Bewegung, oder schweifen sie unstet im Raum umher? Äußere Ruhe und Schließen der Augen kann die Zentrierung auf die Eigenwahrnehmung unterstützen. Fällt der Ball immer bei der Nase runter, so bereitet die Überkreuzung der Körpermittellinie Schwierigkeiten. Das ist dann nicht durch Übung weiterzuentwickeln, sondern bedarf einer gründlichen kinderneurologischen Abklärung.

10.10 Vasenzauber

Dieser Trick fordert und fördert die Auge-Hand-Koordination, sowohl bei der Vorbereitung, wenn es um die Herstellung der Kugel geht, als auch bei der Präsentation. Dosierter Kräfteeinsatz kann hier geübt werden. Viel Spielraum besteht zur sprachlichen Ausgestaltung, die sich auf die Geschichte und Herkunft einer vermeintlich kostbaren Vase beziehen kann oder auf die magischen Kräfte der Schnur. Wer ganz sicher ist, kann die Vase auch durch die Luft schleudern in der Weise, dass zunehmend mehr Schnur freigegeben wird wie in der Bewegungsfigur einer Spirale und umgekehrt.

10.11 Wassergeister

Vordergründig erscheint der Trick einfach, Münzen oder Zauberblumen in eine Wasserschale legen, Kerze anzuzünden, Glas darüber zu stülpen und nebenbei das Publikum zu unterhalten. Für Kinder ist es schwierig, sich auf eine Handlungsfolge zu konzentrieren, gleichzeitig locker zu plaudern und so zu sprechen, dass die Spannung bei den Zuschauern aufgebaut wird.

Im Hinblick auf Eigenwahrnehmung, Körperkoordination und Steuerung des Handlungsprogramms ist der Vorgang anspruchsvoller, als es den Anschein hat, deswegen haben Kinder den Trick als mittelschwer eingestuft. In diesem Zusammenhang muss der Umgang mit Feuer im Rahmen von Schule thematisiert werden. Das tangiert unbeabsichtigt oft elterliche Normen, was Kinder in Loyalitätskonflikte stürzen kann. Darum ist es sinnvoll, sich vorher grundsätzlich mit Eltern darüber abzustimmen.

Für wahrnehmungsgestörte Kinder ist das Anzündenlernen einer Kerze mindestens ebenso schwer wie für andere Kinder zu lernen, die Schleife zu binden. Es lohnt sich, Kindern Zeit zu geben für scheinbar nebensächliche Prozesse, die doch eine hohe alltagspraktische Bedeutung haben – nicht zuletzt für die Sicherheit.

10.12 Zeitungstütentrick

Die Kunst der Ablenkung und Täuschung beinhaltet, dass zwei verschiedene Programme gleichermaßen Aufmerksamkeit erfordern: die Steuerung der Neugierde der Zuschauer auf das, was von der eigentlichen Handlung ablenken soll, und die Kunstgriffe des Tricks selbst. Bei der Vorbereitung können diese beiden gegenläufigen Prozesse getrennt geübt und dann bewusst kombiniert werden. Der Umgang mit Getränken beim Essen ist für manche Kinder negativ besetzt. Sie erinnern sich an Ungeschicklichkeiten, Ärger und Beschämung, was dann Ausweichen und Abwehr verursachen kann.

So war es wichtig, eine Gelegenheit zu schaffen, wo die Kinder ohne Sanktionen üben konnten, wie sie den Wasserkrug halten, wie schnell sie ihn neigen und wie genau sie zielen müssen. Gleichzeitig darf ja der Becher in der Zeitung nicht gekippt oder gequetscht werden. Kinder beschäftigte auch die Frage: Wie kann ich merken, dass der Becher voll ist, wenn ich nicht hinschauen soll? So kamen sie dazu, auf das Geräusch beim Eingießen und auf das Gewicht in der Hand zu achten. Das führte zu regelrechten Versuchsreihen zum »Blindgießen« am Waschbecken und am Heimatkundesandkasten, was viele fruchtbare Situationen zur Eigenwahrnehmung ermöglichte.

10.13 Rappelgeist im Döschen

Vom Lesetechnischen her ist auf die Schwierigkeit beim Wort Dös-*chen* hinzuweisen, wenn die Kinder nicht die Ableitung von Dose erkennen und »sch« lesen. Eine farbliche Markierung der Silbe kann das Sinn entnehmende Lesen unterstützen. Das Lauschen und der Aufbau eines Handlungsprogramms stehen hier im Mittelpunkt. Die sprachlichen und stimmlichen Variationsmöglichkeiten und die notwendige Rechts-links-Unterscheidung erfordern hohe Konzentration beim vorführenden Kind. Zudem muss es dafür sorgen, dass es leise genug ist, um die Geräusche zu hören. Das Kind selbst muss einerseits das Geräusch mit dem Armschütteln erzeugen, darf aber nicht hinschauen, sondern muss vielmehr die Neugierde der Zuschauer auf die Gegenstände vor sich lenken. Die Zuschauer müssen lauschen, um ein unbekanntes neues Geräusch zwischen den Raumgeräuschen zu erkennen.

Die Präsentation als »Einmannschau« ist für Kinder mit starkem Geltungsdrang eine gute Gelegenheit zu einer sachbezogenen Selbstdarstellung vor einer Gruppe. Ähnlich wie bei dem bekannten Glücksspiel »Hütchen«, spielt das Merken von Reihenfolgen eine wichtige Rolle. Kinder mit Problemen bei der serialen Wahrnehmung brauchen zusätzliche Unterstützung z. B. durch Markierungen mit Zahlen oder Farben.

10.14 Zaubernadeln

Luftballone sind etwas Unscheinbares, was Kinder selbst groß machen können. Beim Aufblasen müssen Atmung, Lippen und Finger so gesteuert werden, dass keine Luft entweicht. Selten wird die Funktion der Nasenatmung so deutlich. Für Kinder mit schlaffer Mundmotorik ist es eine Herausforderung, den Luftballon so mit Lippen oder Zähnen zu halten, dass abgedichtet ist. Andererseits muss die Muskelspannung dynamisch auf den steigenden Luftdruck reagieren. Dazu kommt die spannende Frage, wie weit sich die Ballonhaut dehnt, ohne zu platzen. Manche Kinder vergewissern sich nach jedem Atemzug oder setzen sich vor einen Spiegel zum Aufblasen. Das Verschließen des Luftballons ist selbst im 4. Schuljahr schwierig. Zuknüpfen können nur wenige. Da es eine feuchte Angelegenheit ist, ekeln sich manche davor und nehmen lieber eine Büroklammer zum Zuhalten und dann einen Faden zum Zubinden.

Mit Luftballone lassen sich vielerlei förderliche Situationen gestalten: Beim Pusten auf ein Ziel werden Atmung und Mundmotorik koordiniert. Vibrationen sind spürbar, wenn ein Luftballon zwischen Mund, Haut oder Ohr Schallwellen vermittelt.

Dosierter Krafteinsatz kann geübt werden, wenn Kinder Luftballone zwischen die Knie nehmen und laufen oder Partner ihre Laufrichtung steuern mit Luftballone zwischen den Händen. Angesichts dieser vielfältigen Verwendungsmöglichkeiten lohnt es sich, nach einer günstigen »Luftballonquelle« Ausschau zu halten.

Hat ein Kind Schwierigkeiten bei der phonematischen Differenzierung, so wird es die Wörter Nagel und Nadel verwechseln. In Zusammenhang mit diesem Zaubertrick bieten sich viele Gelegenheiten, das Wort »Nadel« im Funktionszusammenhang zu erfahren und in der Spontansprache zu nutzen. Erhöhte Aufmerksamkeit ist nötig, wenn das Kind auch andere ähnlich klingende Laute nicht sicher unterscheiden kann, also in Minimalkontrastpaaren wie »Kopf/Topf, Kanne/Tanne, Tasche/Tasse«, was eine wichtige Voraussetzung für den Schriftspracherwerb ist.

10.15 Die verheirateten Büroklammern

Bedeutsam für das Gelingen ist das Erfassen der Raum-Lage-Beziehung: Die Klammer wird *oben* aufgesteckt mit der offenen Seite zur anderen, *dahinter* kommt die zweite Klammer. Beidhändig wird der Papierstreifen auseinander gezogen mit gleichem Krafteinsatz. Die Klammer muss von den handelnden Personen wegfliegen. Einsichtig ist, dass die Koordination von Auge und Hand wichtig ist, um Gefahren zu vermeiden. In der Klasse ließ ich dieses Kunststück nur an einem Tisch an der Wand üben. Das hat auch den Vorteil, dass die Kinder ihre Klammer leichter wieder finden konnten. Ein Magnet ist dabei auch ganz praktisch. Je nach Geschicklichkeit braucht man unterschiedliche Papierqualitäten. Verwendet man Papierreste, so sollten die Stücke etwa viermal so lang wie breit sein. Sind die Streifen zu lang, zerren die Kinder sie leicht in verschiedene Richtungen und nicht genau entgegengesetzt, sind die Streifen zu kurz, so lassen sie sich nicht gut fassen.

Eine feste, glatte Papierqualität wie bei Hochglanzprospekten ist günstig, damit die Klammern gut rutschen. Längs gefaltete Streifen verringern das Risiko, dass sich Kinder am Papier schneiden. Die Sache mit dem Geldschein ist nur etwas für Könner und sollte keinesfalls daheim geübt werden von besonders eifrigen Zauberlehrlingen.

10.16 Der fliegende Fingerhut

Die Finger müssen lokalisiert und getrennt bewegt werden. Die Tiefenwahrnehmung der einzelnen Finger ist bei Schulanfängern noch nicht vollständig ausgebildet und erst mit etwa acht Jahren abgeschlossen. Daumen und kleiner Finger werden als Erste sicher unterschieden, die Unterscheidung von Zeige- und Ringfinger dauert am längsten nach einer Untersuchung zur Entwicklung des Körperschemas (Poeck/Orgass, S. 109). Es gibt auch Kinder, die zwar sprachlich nicht zwischen den Fingern differenzieren, wohl aber Handlungsfolgen imitieren können. An dieser Stelle sei auf die ausführliche Darstellung von Fingerspielen von Axel Holtz in diesem Band, S. 190, verwiesen.

10.17 Zauberkamm

Geduld, Geschicklichkeit, Ausdauer und Zielstrebigkeit sind hier gefragt. Die Koordination von Fingern und Augen steht im Vordergrund. Selbst unkontrolliertes Ausatmen kann schon das labile Gleichgewicht gefährden. Das Kind darf sich nicht unwillkürlich bewegen. Gezielte Bewegungsabläufe müssen von überflüssigen und störenden unterschieden werden. Das stärkt die Eigenwahrnehmung von Haltung, Spannung und Krafteinsatz. Die eigene Bereitschaft zur Wahrnehmung können auch Fragen von außen unterstützen: »Sind die Hände ruhig oder zittrig? Fließt dein Atem so ruhig, dass sich kein Watteflöckchen mehr bewegt? Schwitzt du?«

Es bieten sich viele Gelegenheiten, mit dem Atem zu experimentieren: »Wie stark muss ich pusten, um eine Streichholzschachtel zu bewegen? Wie weit bewegen sich Münze, Streichholz und Schachtel, wenn ich mit aller Kraft puste? Kann ich ausschließlich mit der Nasenatmung etwas bewegen? Wie intensiv muss ich den Kamm reiben, bis er ausreichend aufgeladen ist?« Mit älteren Kindern kann man gut thematisieren, wie sie parallel zu derartig intensiven Tätigkeiten Sprache benutzen. Nach der hohen Konzentrationsleistung brauchen die Kinder genügend Zeit zu Entspannung.

10.18 Das schwere Haar

Das Kind muss merken, wie es die Schachtel aufstellen muss, damit diese stehen bleibt oder umfällt. Daneben ist die feinmotorische Leistung nicht unerheblich. Ein einzelnes Haar wird mit den Fingern im Pinzettengriff genommen, mit den

Augen fixiert und vor einem bewegten Hintergrund in eine Schachtel gesteckt, ohne dass das Haar verloren geht. Das Raum-Lage-Gedächtnis muss speichern: Wenn die offene Seite nach oben zeigt, fällt die Schachtel um.

Zusätzliche Merkfähigkeit ist nötig, wenn der Vorgang mit Bedeutungen verknüpft wird, die einen willkürlichen Zusammenhang mit dem Geschlecht herstellen. Erkennt das Kind den Zusammenhang zwischen dem Gewicht (doppelter Karton auf der Rückseite, einfacher Karton auf der Vorderseite) und der Standfestigkeit, so kann es den Trick beliebig variieren. Es kann dann die Schachtel auch senkrecht aufstellen oder auf verschiedene Weise in die Hülle stecken.

In Zusammenhang mit dem Kunststück ist häufig der Gebrauch des Wortes »Streich-holz-schachtel« erforderlich, woran man Grundsätzliches zur Arbeit am Wort verdeutlichen kann. Das Wort ist dreifach zusammengesetzt und hat schwierige Lautverbindungen. Die komplexe Klanggestalt muss lautlich gegliedert und strukturiert werden. Häufiges, deutliches Sprechen prägt Sprechbewegungsmuster, aus denen sich Einzellautbewusstsein und korrekte Artikulation entwickeln.

Das eigene Sprechen bietet eine elementare Orientierungshilfe beim Aufbau automatisierter Kontrollmechanismen. Dies kann man gut verfolgen, wenn in einer Situation häufig ein bestimmtes Wort fällt. Man kann dann teilnehmend beobachten, wie ein Kind ein Feedback aufnimmt, welche Elemente der »gespiegelten Zielsprachform« es aufgreift, und das positiv verstärken.

10.19 Zahlzauber

Die Hör-Gedächtnisspanne und die taktile Merkfähigkeit sind hier von Bedeutung. Das Medium steht im Mittelpunkt, ohne sprechen zu müssen, was für gehemmte Kinder eine sehr attraktive Rolle sein kann. Das »Medium« lässt sich im Gesicht berühren, was einen Eingriff in die Intimsphäre bedeutet. Zudem muss es sich die Zahlen in der Stellenwertfolge merken und dies in die Mundmotorik umsetzen ohne Mitbewegungen der Augenlider oder des Kopfes. Eine diskrete, isolierte Bewegung des Unterkiefers ist nötig. Beim simulierten Kauen wird ein automatisierter Vorgang bewusst gemacht und geübt. Hier werden auch Ansatzpunkte zu Elementen aus der myofunktionellen Therapie erkennbar.

Der Hellseher ist dem Erwartungsdruck der Gruppe ausgesetzt. Seine Aufgabe ist es, beim Berühren des Gesichts die Signale in Kieferbewegungen umzusetzen, zu zählen und die gemerkte Zahl nach der Vorschrift der Stellenwerte in der richtigen Reihenfolge zu nennen. Bei der taktilen Figur-Grund-Wahrnehmung müssen die nicht relevanten Empfindungen wie Temperatur, Feuchtigkeit, Druckstärke und die dadurch ausgelösten Assoziationen ausgeblendet werden. Diese Prozesse können so viel Aufmerksamkeit binden, dass die Zahl oder die Reihenfolge vergessen wird.

Körpersprache, erhöhte Aufmerksamkeit für nonverbale Signale und Reflexion der eigenen Wahrnehmungsbereitschaft stehen im Mittelpunkt dieser Lernsituation. Der Zuschauer muss Abstand gewinnen zum unmittelbar Beobachtbaren, um das Geheimnis zu lüften, und das gesamte Arrangement in Frage stellen: »Warum gibt es nur drei Karten? Warum braucht ein Hellseher Zeugen? Kann irgendein Zuschauer Zeuge sein?«

Die Zeugen müssen sich die gewählte Kartenposition merken und dies mit der Körperhaltung signalisieren.

»Rinks und lechts kann man reicht velwechsern.« Bei Schwierigkeiten in der Rechts-links-Orientierung helfen »Geheimzeichen« wie ein Ring am linken Finger oder ein Freundschaftsbändchen. Ein schlichtes Trainieren der Wörter bleibt unbefriedigend, solange nicht die zugrunde liegenden Lernvoraussetzungen berücksichtigt werden. Kinder mit labiler Raum-Lage-Wahrnehmung klammern sich leicht an zufällige Gegebenheiten des Raumes, z. B. rechts ist, wo die Tür ist. Die Erkenntnis, daß die Raumlage immer in Bezug auf die Person definiert ist, berührt unmittelbar das Selbstbewusstsein. Ein Kind, das sich nicht selbst als handelnden Bezugspunkt erleben kann, wird auch die Rechts-links-Unterscheidung als fremde Leistungsanforderung und willkürliche Setzung erleben. In diesem Sinne kann die beschriebene Situation unsicheren Kindern einen Entwicklungsanreiz bieten.

11. Schnupperecke

Dies sind 18 Stationen zum Riechsinn aus einer Lernwerkstatt. Die Ideen entstanden aus dem Sachunterricht im 4. Schuljahr der Sprachheilschule. Im Rahmen einer Projektwoche dachten sich Kinder Aufgaben aus für andere Schüler, Lehrer und Eltern. Daraus entwickelte ich Anregungssituationen für Lehrerfortbildungsveranstaltungen zum Lernen mit allen Sinnen. So entstanden Stationen, die schnell aufgebaut, aktualisiert und wieder zusammengepackt werden können. Im Rahmen der Didaktischen Werkstatt für Lehramtsstudenten der Universität Frankfurt am Main kamen noch weitere Ideen von Studierenden hinzu, die im Praktikum damit experimentieren konnten. Ein fester Bestandteil der Themenkiste »Schnupperecke« sind Bücher, wie sie im Literaturverzeichnis auffindbar sind von Autoren wie Beck/Wellershoff (1989), Fazzioli (1987), Kükelhaus (1982), R. F. Schmidt (1993), Seitz (1982, 1983), Singer (1990) und natürlich Süskind mit dem Roman »Das Parfüm« (1985). Dazu kommen praktische Anleitungen zum Arrangement weiterführender Lernsituationen, wie sie in Broschüren des Hessischen Instituts für Lehrerfortbildung (s. Adresse im Anhang) ausgearbeitet sind zum Thema Duftstoffe und Anleitungen aus der

Reihe Hobbythek, die leider inzwischen vergriffen sind: »Lexikon der sanften Kosmetik« und »Düfte und Cremes selber gemacht«.

Was man in der Schnupperecke alles machen könnte:

1. Stinkebecher
   Schnupperschlitze sind in Behältnisse (Margarinebecher) geschnitten, um den Geruch von Benzin, faulen Äpfeln, Zigarettenkippen, Kreide, Waschlappen etc. zu erraten.

2. Duftöle
   Es gibt Lavendelöl, Latschenkieferöl, Zitronenöl, Nelkenöl und Pfefferminzöl. Eines kommt doppelt vor und soll gefunden werden.

3. Riecht weißes Pulver?
   Zehn Röhrchen mit verschiedenen weißen Substanzen sollen bestimmt werden: Mehl, Stärke, Waschmittel, Deodorantpuder, Puderzucker, Vanillepulver, Babybuder, Milchzucker, Traubenzucker, Scheuerpulver. Entsprechende Wortkarten können erstellt und zugeordnet werden.

4. Küche oder Bad?
   Flüssigkeiten aus dem Haushalt sind in Gläser gefüllt und werden nach ihrer Verwendung sortiert. Günstig sind schmale, hohe Gläser mit Schraubverschluß, die von Kinderhänden einfach geöffnet werden können, z. B. Olivengläser. 1. Pustefix, 2. Spiritus, 3. Benzin, 4. Haushaltsreiniger, 5. Fensterreiniger, 6. Whiskey, 7. Anissirup, 8. Salbeitee, 9. Essig, 10. Salatöl. Das ist eine gute Gelegenheit, über Gerüche als Gefahrenanzeiger zu sprechen und vor dem »Genuß« gewisser Sachen zu warnen.

5. Kräuterraten
   Frische und getrocknete Kräuter werden zwischen den Fingern zerrieben, beschrieben und Abbildungen zugeordnet. Kräuter werden oft von Kindern als Merkmale bestimmter Gerichte identifiziert.

6. Gewürzdosen raten
   Handelsübliche Streudosen werden mit einer Hülle versehen, die die Aufschrift verdeckt, aber hochgeschoben werden kann, um das Rateergebnis zu überprüfen.

7. Seifenraten
   Ein Kind schnuppert an mehreren Seifen, bekommt dann die Augen verbunden und eine Seife gereicht zum Händewaschen, wozu eine Waschschüssel und Handtücher vorzubereiten sind.

8. Wie riecht es echt?
   Künstliche Aromen werden mit den Originaldüften verglichen: Vanilleschote, Vanillepulver und Lipstick; frische Erdbeeren, Erdbeerbonbons und -marmelade.

9. Stimmt »Smellory«?

»Smellory« ist ein Spiel mit kleinen Aromadöschen, Karten von Duftträgern und Übersichtstafeln. Die Duftdöschen werden erst mal so beschnuppert und geraten, dann Objekten mit Originaldüften zugeordnet, z. B. Banane, Schokolade oder Kokosnuss.

10. Sratch & Sniff Sticker

Diese Sticker sind mit Duftstoffen präpariert, die sich entfalten, wenn daran gerieben wird. Beim Tauschen der Sticker vergleichen die Kinder ihre Düfte und identifizieren Doppelte. – Ähnliche Reibefolien gibt es gelegentlich in Zusammenhang mit Parfümanzeigen.

11. Duftlabor

Duftnoten werden beschrieben, Essenzen gemischt, eventuell mit Wortkärtchen belegt, subjektive Begründungen ausgetauscht und Phantasienamen kreiert (Lüftung!).

12. Parfümerie spielen

Die Verkäuferin präsentiert und preist an. Der Käufer prüft die Angebote und muss sich bis zur Entscheidung mehrere Düfte nacheinander merken. Zusätzlich können noch Werbeanzeigen für Düfte in das Spiel einbezogen werden.

13. Nasendetektiv

Duftproben in neutralen Fläschchen sollen den Originalflacons zugeordnet werden.

14. Rechts oder links?

Jemand sitzt entspannt mit Augenbinde und achtet auf Geruchsveränderungen, die von verschiedenen Seiten her kommen. Es kann auch ausprobiert werden, wie es mit einem zugehaltenen Nasenloch ist.

15. Duftreise

Kinder einer Gruppe suchen sich Parfümpröbchen und Bild- oder Farbkarten aus und lassen sich inspirieren. Parfüms und Bilder lösen viele Assoziationen aus, und leicht entstehen Geschichten, die andere Kinder einladen, mit auf die Reise zu gehen.

16. Apfel oder Zwiebel?

Kinder probieren Stückchen davon, die auf einem Zahnstocher gereicht werden. Sie halten sich dabei die Augen und die Nase zu. Zur Erschwerung kann man noch Schnitze von Kartoffeln oder Melonen dazwischengeben. Man muss damit rechnen, dass Kinder Unangenehmes wieder ausspucken möchten, und entsprechend vorsorgen.

17. Mücke-Themenheft 10/95 Meine Sinne: Riechen und Schmecken.

Kinder und auch Erwachsene können Mineralwasser testen, süße und salzige Kochrezepte ausprobieren, etwas über Parfümeure, die Super-Schnupper-Nasen von Tieren und Stinktiere erfahren. (Universum Verlagsanstalt Wiesbaden)

18. Schnuppermemory
   In je zwei Filmdöschen sind gleiche Gewürze. Durch Schnuppern werden
   Paare herausgefunden. Die Lösung steht verdeckt unten am Döschen. Dazu gibt es eine Übersicht und Wortkärtchen, die zugeordnet werden können.

Knoblauch Kaffee Zwiebeln Maggi Kümmel Lakritze
Estragon Salbei Banane Ingwer Himbeerbrause
Waldmeisterbrause Oregano Tee Pfeffer Muskat
Kokosflocken Kakao Zimt Curry Nelken

Ein Blick in die Schnupperwortschatzkiste Ende des 4. Schuljahres:

miammi frisch aromatisch nach Pipi igitt ätherisch giftig
verdorben ungelüftet gekotzt nach Kot eklig säuerlich zitronig
zart ranzig minzig WC scheußlich kühl lehmig doof stinkend
vergammelt leicht dunkel unheimlich scharf übel aufregend
lieblich salzig süß anregend süßlich schwer warm Knoblauch
abweisend penetrant mild natürlich nach Schweiß muffig herbstlich
köstlich appetitlich Mundgeruch blumig kampferartig nach Zitrone
nach Bauernhof nach Schule wie Heu nach Weihnachten nach daheim
nach Essen geil wie Krankenhaus nach Geburtstag nach Oma
nach Mülltonne wie du

Axel Holtz

Hör-, Mund- und Fingerspiele

1. Das Hören, Horchen und Verstehen

1.1 Überblick

In der fachpädagogischen Literatur nimmt das Thema »Wahrnehmung« in den letzten Jahren einen hohen Stellenwert ein. Sensorische Lernstörungen, sensorische Integration, taktil-kinästhetische Erlebnisse sind einige jener Fachbegriffe, die sich durch die Diskussion ziehen. Kinder benötigen hiernach Geruchs- und Geschmackserfahrungen, Angebote zur Gleichgewichtsförderung u. v. m. Diese Ansätze können hier weder aufgearbeitet noch kritisiert oder gewürdigt werden. Wenn es jedoch um die Zusammenhänge der Entwicklung von Sprache und Wahrnehmung geht, dann scheint der Verweis auf eine einfache, aber oft vernachlässigte Tatsache angezeigt. In dem Moment, wo Menschen die Lautsprache benutzen, ist dies physikalisch primär ein akustisches und (neuro)psychologisch auditives Geschehen, das heißt zuallererst in Anspruch genommen sind die Funktionsleistungen des Hörens und die entsprechenden Organe, die Ohren. Dies grenzt keineswegs die Erfahrung aus, dass gehörlose Menschen visuelle Sprachsysteme favorisieren oder hörende Menschen auch beim Sprechen und Verstehen von Sprache andere Wahrnehmungsbereiche benötigen, wie das Sehen von Gestik, Mimik und Mundbild oder das Fühlen der Zungenbewegungen. Gerade den letzten Aspekt werden wir noch eingehend berücksichtigen. Zunächst allerdings konzentrieren wir uns auf die auditive Wahrnehmung in Beziehung zur Sprachaufnahme, zur Sprachverarbeitung und zum Sprachverständnis.

1.2 Organische Hörfähigkeit

Wir wissen heute, dass Kinder bereits vorgeburtlich ihre Muttersprache, vor allem durch die Sprache ihrer Mutter, kennenlernen, dass sie Musik erfahren und Geräusche wahrnehmen, dass der Embryo also hört. Diese Leistung wird spätestens viereinhalb Monate nach der Befruchtung möglich. Ebenfalls möglich ist dann nach der Geburt eine hohe Differenzierungsfähigkeit des Säuglings in Bezug auf die menschliche Stimme und ihre Lautproduktionen. Zudem belegen zahlreiche Untersuchungen, dass all diese auditiven Erlebnisse nicht

154

flüchtige Eindrücke sind, sondern grundsätzlich im Gedächtnis behalten, aufbewahrt werden können. Diese wenigen, vor einigen Jahrzehnten noch gar nicht vermuteten Ergebnisse der neueren Kleinkindforschung werfen nur Schlaglichter auf die enormen Leistungspotentiale des menschlichen Hörorgans. Dem gegenüber bestehen alarmierende Zahlen über spätere Leistungsbeeinträchtigungen dieses Systems. Ärzte legen Daten vor, nach denen die häufigste anerkannte Berufskrankheit in Deutschland die Lärmschwerhörigkeit ist bzw. nach denen 20% der Bundesbürger in medizinischer Definition als schwerhörig bezeichnet werden müssen. Bei jedem fünften Deutschen muss somit von einer Hörstörung ausgegangen werden, die irgendwo zwischen einer leichten Insuffizienz und einer Quasitaubheit einzuordnen ist. Diese erschreckende Einschätzung, so die nächste Überlegung, kann nicht mit der bekannten Altersschwerhörigkeit erklärt werden, im Gegenteil: In einem bedrohlichen Trend werden nicht nur immer mehr Menschen, sondern mehr Menschen immer früher organisch effektiv hörgeschädigt.

1.3 Auditive Aufmerksamkeit

Die Diagnose dieser Beeinträchtigungen und eine eventuelle Hörgeräteversorgung liegen in der Kompetenz der Medizin, ihre Berücksichtigung in konkreten Spiel- und Lernsituationen ist eine pädagogische Herausforderung für Elternhaus, Kindergarten und Schule. Zu ihr gehört zweifellos auch ein weiteres Phänomen, das wir jenseits organisch messbarer Defizite ansetzen müssen, die auditive Konzentrationsschwäche. Dies mag zunächst befremdend wirken. Leben Kinder heute nicht in einer einseitig vom Sehen und Hören dominierten Welt? Sind Videorecorder, Fernseher, Telespiele einerseits und der Gute-Nacht-Geschichte-Ersatz per Kassettenrecorder andererseits nicht die technischen Symbole dieser Entwicklung? Gelingt die perfekte Handhabung der audiovisuellen Medien nicht schon kleinen Kindern? Entsprechende Analysen entlarven diese Fragen als rhetorische. Und dennoch: Was die Ohren betrifft, so vergeht kein Klagelied der Pädagogen, in dem nicht mindestens eine Strophe dem »Nicht-mehr-zuhören-Können«, dem »Ständig-abgelenkt-Sein«, dem Lärm und Krach von Kindern gewidmet ist. Und in der Tat: Kinder können heute in der Regel eher die Geräusche eines Gameboy differenzieren als die Höreindrücke bei einem Waldspaziergang. Unruhe, Hektik und eine Überdosis auditiver Müll schlängeln sich als ein roter Faden durch ihr Leben. Bleibt da der Pädagogik nur die resignative Reaktion, bei geschlossenen Augen einfach mitzuschwimmen, oder gibt es Möglichkeiten gegenzusteuern?

Dies ist eine alte Frage der Pädagogik, und wir wollen hier nur für unseren kleinen Ausschnitt der Hörerziehung einige Antwortversuche zusammentragen. Fassen wir das Bisherige grafisch zusammen:

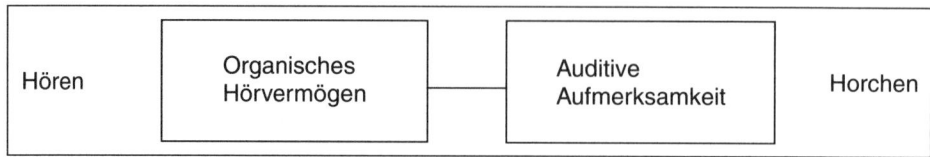

Hören	Organisches Hörvermögen	Auditive Aufmerksamkeit	Horchen

Damit greifen wir eine Unterscheidung auf, wie sie in den eindrucksvollen Arbeiten von Berendt (1989, 1990) und Tomatis (1987) vorgestellt wurde. Hier das Hören als physiologische Grundfähigkeit, dort das Horchen als gesteigertes Hören. Was bedeutet das? Berendt zitiert den Naturforscher Oken mit dem Satz: »Das Auge führt den Menschen in die Welt, das Ohr führt die Welt in den Menschen ein« (Berendt 1990, S. 32).

Hilfestellung auf diesem Weg der Welt in den Menschen, so Manassi (in Tomatis 1987), kann von einer »Pädagogik des Horchens« erwartet werden. Das Horchen bestimmen wir in diesem Kontext als innere Aufmerksamkeit, als Gesammeltsein, als bewusste Hinwendung zu auditiven Angeboten aus der Umgebung, aber auch aus dem eigenen Körper bei besonderer Ausnutzung der Fähigkeit, störende, ablenkende Reize auszufiltern, sofern sie nicht von vornherein vermieden werden können. Wenn wir davon ausgehen, dass die Erziehung der Kinder mit der der Erzieher beginnt, dann müssen wir als Pädagogen zunächst unser eigenes Verhalten reflektieren. In meiner Biografie als Lehrer hat mich jene paradoxe Szene des »Ruhe« brüllenden Pädagogen, die auf Montessori zurückgeht, äußerst nachdenklich gemacht. Wie oft war mir das passiert, welche Alternative gibt es? Auch hierzu lohnt sich das Nachlesen bei Montessori. Sie spricht von Lektionen der Stille, wir würden diese Angebote im Vorfeld der Meditation heute vielleicht Entspannungsübungen nennen.

>»Nun, wenn wir das Schweigen wollen, müssen wir es lehren. Und bevor wir es lehren, müssen wir noch etwas anderes tun. Wir müssen in Betracht ziehen, dass man es demonstrieren, kennen lernen lassen muss« (Montessori 1989, S. 150).

Es gibt auch heute immer noch Diskussionen unter Pädagogen, ob z. B. ein Stuhlkreis durch den Transport der Stühle nicht so viel Unruhe bringt, dass lieber darauf verzichtet wird. Warum? Montessori demonstriert, lässt kennen lernen, wie Stühle ruhig an ihren Bestimmungsort getragen, Türen leise geschlossen und Schüler nicht in entsprechender Lautstärke diagonal durchs Klassenzimmer herzitiert werden. Doch hüten wir uns vor einem falschen Eindruck, mit Geräuschereduzierung ist es nicht getan. Das Vermeiden von Lärm muss zu einem Bedürfnis nach Stille fortentwickelt werden. Für Montessori ist Stille eine Zeremonie der inneren Fassung und äußeren Feierlichkeit, die durch bestimmte Angebote gelehrt werden kann. Den wohl momentan reichhaltigsten praktischen Überblick hierzu offeriert die Arbeit von Faust-Siehl und Koautoren mit dem treffenden Titel: »Mit Kindern die Stille entdecken« (1990).

Das Buch verzichtet nicht auf die notwendige theoretische 'Grundlegung, es wird aber auch nicht in ihr stecken geblieben. Die Einbeziehung der Eltern wird als wesentlich herausgestrichen, Stille fungiert als Lebensprinzip und nicht als didaktischer Trick für einen ruhigen Unterrichtsvormittag. Tänze, Bilder, Musik, Geschichten u. v. m. in ganz unterschiedlichen Erfahrungsfeldern werden in ihrer praktischen Reichhaltigkeit vorgestellt, und als verbindende Klammer, als Ziel aller Bemühungen wird schließlich die schlichte Formulierung herausgestrichen: »Stilleübungen geben den Kindern die Gelegenheit dazu, ihre inneren Räume zu betreten und darüber zu sprechen oder zu schreiben« (S. 37). Diese Verbindung von Innerem und Äußerem, von ungestörter Ruhe und positiver Leistungsfähigkeit muss als Grundelement, als Basis einer Pädagogik des Horchens markiert werden. Noch einmal sei daran erinnert, was hierzu benötigt wird:

1. »Die Lehrerin muss selbst ruhig sein, damit die Kinder still werden können« (S. 23).
2. Der Lehrer braucht Anregungen, Hilfestellungen und Ideen als Angebote an die Kinder, um zur aktiven Stille vorzudringen. Einige der für meine Arbeit in unterschiedlichem Ausmaß hilfreichen Quellen sind im Literaturverzeichnis genannt und mit * markiert.

1.4 Auditive Teilleistungen

Erst auf diesen Säulen der organischen Hörfähigkeit und des Horchenkönnens sind die weiter gehenden auditiven Teilleistungen des Menschen in vollem Umfang zu entfalten. Für diese Einzelleistungen gibt es unterschiedliche Begrifflichkeiten, ja zum Teil divergierende Zusammenstellungen, was zu diesem Bereich alles gehört. Wir verzichten hier auf einen solchen Überblick und beschreiben stattdessen das Gemeinte in einigen Beispielen.

So sind Menschen in der Lage, Geräusche aus einer Lärmkulisse herauszuhören, sie zu identifizieren, Vergleichbares gelingt mit dem Erkennen eines Lautes in einem Wort, einem Wort in einem Satz usw. Wir können Geräusche bzw. Lautketten zusammensetzen, sie verschmelzen und in Einklang bringen. Letzteres charakterisiert die technische Seite des Lesens. Wir können die Stimme eines Bekannten am Telefon genau einordnen, das heißt dieser Person zuordnen, obwohl diese Stimme beim Gespräch am Mittagstisch oder beim Spaziergang im Wald eine andere akustische Qualität hat. Die Sirene eines Krankenwagens bleibt für uns diese Sirene, unabhängig davon, ob man direkt neben ihr stehe oder sie aus der Ferne wahrnehme. Genauso imposant ist die Leistung, so ähnliche Lautgestalten wie die Vokale /a/ und /o/ unterscheiden zu können. Wer Musik hört, kann in der Regel entschlüsseln, ob Costa Cordalis oder José Carreras singt. All diese phantastischen Fähigkeiten dürfen nicht als Selbstverständlichkeit verstanden werden. Viele Kinder beweisen die Richtigkeit dieser Überlegung durch Schwierigkeiten beim Zuhören, beim Schreiben, beim Lesen, bei der Umweltorientierung. Wir können die auditiven Teilleistungen fördern oder verkümmern lassen. Ergänzen wir unsere grafische Übersicht, um dann die Ausmaße des Problems und Möglichkeiten einer solchen Förderung anzudeuten.

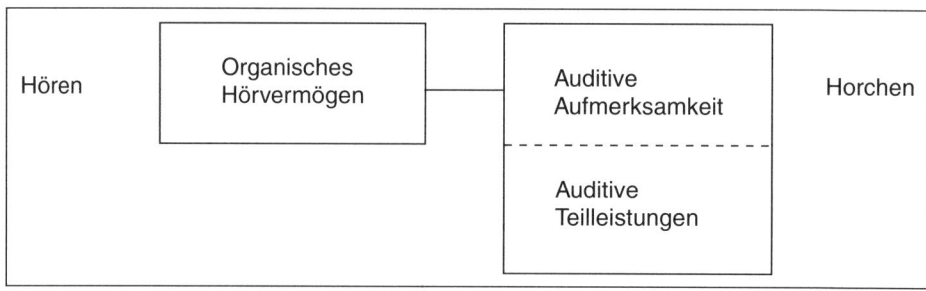

H. und W. Günther haben in einer groß angelegten Studie in den Achtzigerjahren 491 Kinder aus 26 Kindergärten in drei Bundesländern im Hinblick auf auditive Teilleistungen untersucht. Für einen Vergleich wurden schließlich 135 Kinder zwischen 4,0 und 4,6 Jahren parallelisiert.

	Normal entwickelte Kinder	Kinder mit Dyslalien	Kinder mit Sprachentwicklungsstörungen
Anzahl der Kinder	45	45	45
Auditives Leistungs- potential	100%	70%	50%
Problem- bereiche	—	Einzelne auditive Teilleistungen sind betroffen.	Alle auditiven Teilleistungen sind betroffen.

Wenn wir diese Ergebnisse zugrunde legen, zeigen sich erstens die enormen Defizite im Bereich der auditiven Teilleistungen bei sprachauffälligen Kindern im Vergleich zu sprachunauffälligen Kindern und zweitens die zunehmenden Schwierigkeiten in diesen auditiven Teilleistungen bei steigender Intensität der Sprachstörung. Kinder mit isolierten Stammelfehlern erreichen quantitativ immerhin 70% der Möglichkeiten normal entwickelter Kinder und weichen qualitativ nur in einzelnen Bereichen von deren Fähigkeiten ab. Kinder mit Stammelfehlern, bei denen auch noch der Grammatikerwerb und die Wortschatz-

und Wortbedeutungsentwicklung betroffen sind, erreichen nur die Hälfte der üblichen Werte und zeigen umfassende Probleme in auditiven Anforderungen. Bei ihnen drängt sich die Frage auf, ob überhaupt noch von Teilleistungsstörungen gesprochen werden kann.

Insgesamt unterstreichen diese Daten noch einmal mit allem Nachdruck die dringende Notwendigkeit einer gezielten und breit angelegten Hör- und Horcherziehung. Wie kann diese gestaltet werden?

Eine Möglichkeit bilden die im Fachhandel erhältlichen »standardisierten Regelspiele«, die das Ziel haben, die auditiven Fähigkeiten zu fördern. Eine Auswahl dieser Angebote wird im Literaturverzeichnis vorgestellt und mit * markiert.

Ein anderer Zugang zur Förderung der auditiven Aufmerksamkeit und entsprechender Teilleistungen stellt jene Sammlung von Spielideen dar, die im Anschluss an diesen theoretischen Vorspann zusammengefasst sind. Das dort aufgeführte Geräuschememory bildet quasi einen Übergang von den obigen »Regelspielen« zu den selbst produzierten Hör-Spielen, die auf den eigenen Körper oder konkrete Materialien zurückgreifen.

1.5 Sprachverstehen

Bevor wir uns diesen Spielen konkret widmen, soll der Vollständigkeit wegen noch der letzte Abschnitt unseres Modells skizziert werden, das Verstehen der Sprache, die Sprachverarbeitung.

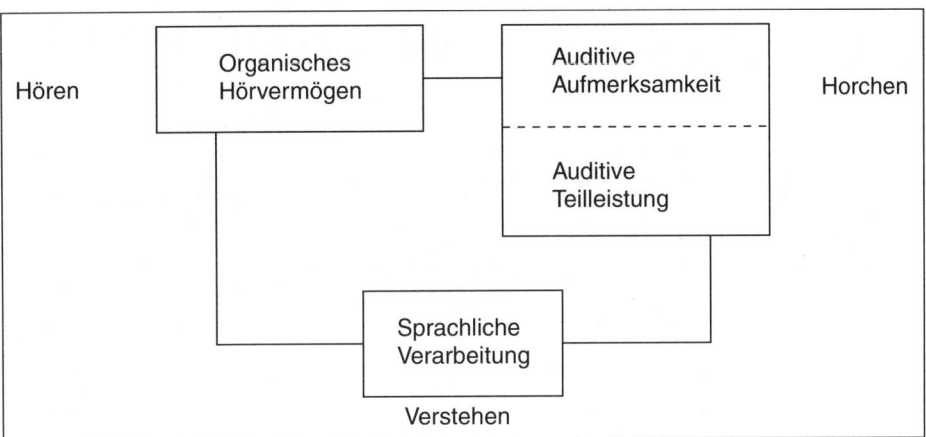

Diesen letzten Bereich untergliedern wir in den Sinn und die Bedeutung der Sprache. Zur Erläuterung schildere ich eine kleine Szene vom Mittagstisch: Vater, Mutter und Kind löffeln eine Suppe. Nachdem das Kind einen Teil der Suppe gegessen hat, erhebt es sich wortlos und will das Zimmer verlassen. Der

Vater schaut kurz auf und bemerkt in strengem Tonfall: »Du hast noch Suppe im Teller.« Wenn wir diesen Satz des Vaters auf der Ebene der objektiven Bedeutung nehmen, so stellt er einfach einen Tatbestand fest. Es ist wirklich noch Suppe im Teller. Diese Information ist allerdings relativ überflüssig, weil das Kind dies weiß. Insofern könnte es die Aussage ignorieren. In der konkreten Situation ist dies kaum möglich, denn der Vater meint selbstverständlich etwas anderes, was wir zwischen den Zeilen der objektiven Bedeutung interpretieren müssen. Wir haben den persönlichen Sinn, das eigentlich Gemeinte zu entdekken und danach unser Handeln auszurichten. Nach Ansicht des Vaters hat das Kind an den Tisch zurückzukehren und die Suppe im wahrsten Sinne des Wortes auszulöffeln. Nichts anderes verbirgt sich in dem Sinn dieses Satzes »Du hast noch Suppe im Teller«. Es ist erstaunlich, wie souverän Kinder ein so differenziertes Sprachverständnis erwerben. Wir müssen aber genauso einsehen, dass sprachauffällige Kinder – entgegen einer oberflächlichen Beobachtung – in dem reinen Verstehen der Sprache, losgelöst von Erfahrungswissen und klärenden Handlungszusammenhängen, zum Teil hier erhebliche Probleme zeigen. Diese Überlegung wird durch neuere Studien gestützt, wobei Interessierten besonders das Buch von Zollinger (1987) zum Vertiefen dieses Aspekts des Sprachverständnisses empfohlen sei. Aus diesem Grund ist es auch ein Prinzip der hier veröffentlichten Ideen – und dies gilt übergreifend für die Hör-, Mund- und Fingerspiele –, die Sprache in das Geschehen einzubinden, Spiele, die unter Umständen auch ohne sprachliche Begleitung durchzuführen sind, mit Versprachlichungsmöglichkeiten zu koppeln.

Empfehlungen zu gegenständlichen Spielen zum Hören

Spiele

Ene mene mose, was rappelt in der Dose? Jumbo Spiele
> In Anlehnung an die Geräuschedosen von Montessori wird hier ein Spiel zur auditiven Differenzierung von verschiedenen Materialien in unterschiedlicher Anzahl geboten. Die Anforderungen sind hoch und bedürfen der Differenzierung durch die Benutzer.

Was hörst du? Ravensburger Spiele
> Das Spiel »Was hörst du?« ist so konzipiert wie auch fast alle folgenden Angebote. Eine Geräuschekassette, ein Spielplan und Bilder bzw. Chips bilden das Grundgerüst. Die Geräusche von Tieren, Musikinstrumenten, Naturerscheinungen, Fahrzeugen usw. müssen identifiziert werden. In der Regel sorgt dann die Form des Lottospiels für einen gewissen Wettkampfcharakter.

Lotto sonore. Schubi-Verlag
Geräusche in unserer Umgebung. Schubi-Verlag
Lerne hören, lerne sprechen. Schubi-Verlag
Der Mensch und die Umwelt. Dusyma Verlag
Wasser-Geräusche-Spiel. Verlag an der Ruhr
Hier tönt's. Verlag an der Ruhr
Tier tönt. Verlag an der Ruhr
Tönende Geschichten. Schubi-Verlag
> Dieses Spiel enthält eine neue Variante. Grundstruktur sind verschiedene Bildergeschichten von einem Jungen und seinem Hund. Diese Erlebnisse der beiden werden zusätzlich als Geräuschekulisse auf zwei Begleitkassetten wiedergegeben, womit neue didaktische Möglichkeiten zur Erarbeitung von Bildgeschichten gegeben werden.

1.6 Hörspiele

1.6.1 Geräuschememory

Spielmaterial:
- 24 schwarze Filmdosen für Diafilme, 12 mit einem grauen und 12 mit einem schwarzen Deckel,
- ein Holzbrett (Maße ca. 40x25 cm) mit 24 leichten Vertiefungen für die Filmdosen (4 Reihen mit jeweils 6 Dosen),
- Aufbewahrungsschachtel für die Spielregel und 12 zusätzliche Filmdosendeckel (grau oder schwarz).

Spielvorbereitung:
Die schwarzen Filmdosen werden mit unterschiedlichen Materialien (Sand, Geld, Kugeln, Wasser usw.) gefüllt. Jede Füllung muss doppelt vorhanden sein, einmal in einer Dose mit schwarzem Deckel, einmal in einer Dose mit grauem Deckel. Alle Dosen werden in jeweils verschiedenen Farben durch einen Aufkleber unten/außen am Boden (beim Aufstellen der Dosen also nicht sichtbar) gekennzeichnet. Die Dosen mit identischen geräuscherzeugenden Materialien bekommen auch identische Farben zugeordnet.

Spielmöglichkeiten:
Die Regeln für das Geräuschememory orientieren sich an den Spielfestlegungen für das übliche Memoryspiel, einige Besonderheiten seien zusätzlich aufgelistet.

a) Das Geräuschememory spricht, für ein Memoryspiel unüblich, die Ohren an. Es kann hilfreich sein, während des Schüttelns die Augen zu schließen, um sich noch eindringlicher auf die Geräusche konzentrieren zu können.
b) Das Geräuschememory weist verschiedene Möglichkeiten auf. So können tatsächlich die Spielformen den auditiven Fähigkeiten der Kinder angepasst werden:
   - Die Anzahl der Dosen kann von 24 zunächst auf jede beliebige Menge reduziert werden (Minimum: 10 Dosen).
   - Diese Minimierung der Dosenmenge erlaubt es, in den ersten Spielphasen stark kontrastierende Geräusche auszuwählen.
   - Die unterschiedlichen Deckel erleichtern die Paarsuche, weil so beim Anhören einer Dose mit schwarzem Deckel das Pendant nur unter den Dosen mit grauen Deckeln gefunden werden kann.
   - In einem späteren Stadium des Spiels werden dann alle Dosen des Spiels mit gleichfarbigen Deckeln verschlossen.
c) Die Kontrolle des Geräuschememorys, also die Entscheidung darüber, was von der Geräuschequalität her zusammengehört und was sich unterscheidet, sollte über den auditiven Vergleich vollzogen werden. Wo dies noch nicht gelingt oder Unsicherheiten bestehen, helfen die Farbmarkierungen am Dosenboden visuell weiter.
d) Es kann versucht werden, die Geräusche sprachlich zu fassen: laut–leise, hoch–tief, bzw. es darf spekuliert werden, welche Materialien und eventuell wie viel davon sich in der Dose verbergen.

1.6.2 Friedliche Faust

Spielmaterial: –

Spielvorbereitung:
Die Kinder werden in ruhiger Atmosphäre versammelt.

Spielmöglichkeiten:

1. Still, noch stiller und ganz leise,
   der Daumen zieht große Kreise.
   Still, noch stiller und ganz leise,
   der Daumen zieht kleine Kreise.
2. Nun kuschelt er sich in die Hand
   und schläft wie in warmem Sand.
3. Der Zeigefinger wird gebückt,
   bis er sanft auf den Daumen drückt.
   Der Mittelfinger wird gebückt,
   bis er sanft auf den Daumen drückt.
   Der Ringfinger wird leicht gebückt,
   bis er sanft auf den Daumen drückt.
   Der kleine Finger wird gebückt,
   bis er sanft auf den Daumen drückt.
4. Jetzt weißt du, wie du sie dir baust,
   eine kleine, friedliche Faust.
5. Dann sehen wir den kleinen Finger sich recken
   und ganz hoch in die Luft strecken.
   Dann sehen wir auch den Ringfinger sich recken
   und ganz hoch in die Luft strecken.
   Dann sehen wir den Mittelfinger sich recken
   und ganz hoch in die Luft strecken.
   Dann sehen wir den Zeigefinger sich recken
   und ganz hoch in die Luft strecken.
6. So wird der Daumen wieder wach
   und macht es still den Fingern nach.

Es wird beim ersten Durchlesen vielleicht überraschen, dass die »Friedliche Faust« nicht bei den Finger-, sondern bei den Hör-Spielen aufgenommen wurde. Dies hat natürlich seinen Grund. In dem oben angegebenen Buch von Brunner »Hörst du die Stille?« (1991) hat bei den meditativen Übungen mit Kindern die Betrachtung der Hände eine enorme Bedeutung. Insofern ist die »Friedliche Faust« eingebettet in Angebote des Pädagogen zur auditiven Aufmerksamkeit, zur Entspannung. Von dieser Intention her bietet es sich auch an, die Sprache in den Hintergrund zu drängen und die Kinder nicht unbedingt zum Mitsprechen zu animieren. Die sprachlichen Vorgaben des Pädagogen sollten von den Kindern aufgenommen und in Handlungen umgesetzt werden. Hier kann zunächst die Augenkontrolle hilfreich und sinnvoll sein, in einem späteren Stadium verlassen sich die Hände dann nur auf die Ohren und die Bewegungsempfindung, die Augen werden geschlossen. Diese Phase setzt aber bereits Vertrauen in sich und die Umgebung bei der Kindergruppe voraus. Zudem: Das Betrachten der Hand, das in den Mittelpunkt der Wahrnehmungserfahrung rückt, ist in der Hektik des Kinderalltags kaum noch üblich. Es wird hier deshalb ganz bewusst zum Wesensmerkmal des Spiels als Beispiel für gezielte Körperbeobachtung.
Die Sprache konzentriert sich am Anfang ganz gezielt auf die Stille, das Kreisen des Daumens, die Bewegung wird kleiner (1.), bis er vollends zur Ruhe kommt und sich in die Handfläche legt (2.). Langsam, als sehr bewusster Bewegungsablauf, legt sich ein Finger nach dem anderen sanft auf den Daumen (3.). Das Ende dieses Prozesses wird sprachlich untermalt (4.). An dieser Stelle kann das Spiel beendet werden, auf jeden Fall sollte eine Zeitspanne der Besinnung, des Versinkens folgen, bevor die Faust wieder langsam aufgelöst wird (5.). Diese Art »Aufwachen« der Hand findet wieder durch eine sprachliche Markierung den Abschluß (6.). Der Daumen ist wach geworden.

162

1.6.3 Eins, zwei, drei

Spielmaterial: –

Spielvorbereitung:
Die Kinder sitzen im Fersensitz (Diamantensitz) im Kreis.

Spielmöglichkeiten:
Eins, zwei, drei.
Pst, sch.
Alle sind dabei.
Pst, sch.
Wir klatschen heut drauf zu.
Patsch, klatsch.
Und was zeigen, das darfst du.

Die Idee zu diesem Spiel stammt von der Schweizer Musikpädagogin Gerda Bächli, der Text wurde hier neu formuliert. »Eins, zwei, drei« ist in gewissem Sinne vergleichbar mit der »Friedlichen Faust«, setzt aber andere Akzente. Es dient nicht primär der Entspannung, sondern möchte die auditive Aufmerksamkeit in Bewegungsfolgen und ihre Speicherung überführen. Die Beschreibung des Spielgeschehens macht diese Absicht deutlich:

Mit den Fingern wird laut bis drei gezählt, das /Sch/ bzw. /Pst/ wird – der Zeigefinger liegt auf dem Mund – geflüstert. Bei dem wieder laut gesprochenen »Alle sind dabei« führt der Zeigefinger einen Kreis aus. Leise und mit dem Zeigefinger auf dem Mund wird wieder /Sch/ oder /Pst/ artikuliert. »Wir klatschen heut drauf zu« als laute Wortfolge kann durch ein sanftes Klatschen der Hände bzw. Patschen der Hände auf die Wangen verwirklicht werden. Wichtig ist hierbei wieder die Einheit von Sprache/Stimme und Bewegung, das heißt, es sollte angestrebt werden, dass alle Kinder auch sprachlich mitmachen. Nach »Und was zeigen, das darfst du« zeigt der Pädagoge auf ein Kind im Kreis. Dieses darf nun irgendeine Geräuschefolge vorgeben, z. B. zweimal Klatschen auf die Schenkel und dann einmal in die Hände. Der Rest der Gruppe wiederholt diese Vorgabe. Der Vers von »Eins, zwei, drei« wird erneut als Intermezzo gesprochen. Das in der ersten Runde ausgewählte Kind darf nun selbst auf ein anderes Kind zeigen, das wiederum einen Rhythmus vorgibt usw. Ist diese Spielform vertraut, können die Augen geschlossen werden, nur das Gehör ist gefordert. Wesentlich ist es, zunächst einfache Geräuschefolgen einzubringen. Es kann sogar notwendig sein, beim Schließen der Augen erst einmal die Anforderungen auf ein Muster (Klatschen auf die Schenkel) zu reduzieren.

1.6.4 Geräusche raten

Spielmaterial:
Steine, Papier, Federn, Flaschen, Dosen usw.

Spielvorbereitung:
Die Kinder hocken im Fersensitz im Kreis, vor jedem Kind liegen die verschiedenen Materialien.

Spielmöglichkeiten:
Erst sind wir laut (Rufen),
dann sind wir leise (Flüstern)
und schließlich still (Zeigefinger auf den Mund legen).
Die/Der … zeigt unseren Ohren,
was sie/er uns zeigen will.

Das Geräuscheraten setzt das Spiel »Eins, zwei, drei« fort. Der Grundaufbau ist wieder ein gemeinsamer Vers mit stimmlicher Veränderung, diesmal nicht im Wechsel von laut und leise, sondern in der Stufung von laut nach leise. Dafür wechseln die Sprecher. Der Grundtext ist für die Pädagogin gedacht, das Rufen (z. B. huhu, hallo) und Flüstern übernehmen die Kinder, wobei die Rolle des Pädagogen bei großer Vertrautheit mit diesem Spiel von einzelnen Kindern übernommen werden kann. Wiederum wird dann ein Kind zum Vorführen bestimmt, diesmal jedoch nicht durch Zeigen, sondern durch Nennen des Namens. Als Vorgabe fungieren bei diesem Spiel auch nicht Geräusche, die mit dem Körper erzeugt werden, sondern solche, die mit den ausgesuchten Materialien hergestellt werden: Pusten der Feder, Klopfen von Steinen, Scheppern des Steins in der Dose usw. Spielverlauf und Spielvarianten sind bei »Eins, zwei, drei« nachzulesen.

1.6.5 Blechbüchsen

Spielmaterial:
Blechbüchsen, Steine bzw. ähnliche Materialien wie Tischtennisbälle usw.

Spielvorbereitung:
Die Kinder sitzen im Fersensitz im Kreis. Jedes Kind hat zwei Blechbüchsen, jeweils mit einem Stein oder einem anderen Material gefüllt.

Spielmöglichkeiten:
1. Wir Büchsen aus Blech
   sind laut und auch frech.
   Wer uns wild rüttelt
   und ganz wild schüttelt,
   hört uns laut kleppern
   und ganz laut scheppern.
2. Wir Büchsen aus Blech
   sind leis' und nicht frech.
   Wer uns sanft rüttelt
   und ganz sanft schüttelt,
   hört uns leis' kleppern
   und ganz leis' scheppern.

Die Kinder sitzen wieder im Kreis, die benötigten Materialien liegen bereit. Grundanliegen des Spiels ist es, Geräuschintensität und Bewegungsintensität in einen Zusammenhang zu bringen. Laut sein heißt hier eine wilde, ungestüme Bewegung der Dosen durch die Hände. Leise sein bedeutet eine sanfte, vorsichtige Bewegung der Dosen durch die Hände. Eine Parallele zur Stimmführung ist offensichtlich: laut–anstrengend, leise–schonend. Die Bewegung erzeugt andere wahrnehmbare Muster. Um dies auch sprachlich zu unterstreichen, bleibt das Gedicht in den Strophen fast unverändert, die entscheidenden Begrifflichkeiten laut–wild, leise–sanft werden auf diese Weise hervorgehoben. Das Sprachverständnis und das gezielte Erfahren und Lernen von bestimmten Adjektiven wird Inhalt des pädagogischen Geschehens. Speziell das sanfte Schütteln bedarf einer guten motorischen Koordination und einer entsprechenden Konzentration. Zudem haben sich folgende Spielvarianten bewährt:

– Zunächst wird nur eine Büchse pro Kind eingesetzt, um die Links-rechts-Abstimmung – bei vielen Kindern ein erhebliches Problem – auszuschalten. Erst nach dem isolierten Schütteln mit der einen und später mit der anderen Hand werden beide Büchsen benutzt.
– Auch bei diesem Spiel können nach einer gewissen Vertrautheit die Augen geschlossen werden. Das Gehör wird zum dominanten Kontrollorgan neben der Bewegungsempfindung.
– Schließlich kann der Sitzkreis verlassen werden. Die Kinder bewegen sich nach eigenen Vorstellungen im Zimmer. Neben der dosierten Handbewegung werden dann die Beachtung der Fortbewegung und der Raumorientierung gefordert.

165

1.6.6 Das Kinderflaschenkonzert

Spielmaterial:
Leere Flaschen.

Spielvorbereitung:
Die Kinder sitzen sich – paritätisch aufgeteilt – in zwei Reihen gegenüber. In der einen Gruppe erhält jedes Kind zwei Flaschen, die andere Reihe bekommt kein Material.

Spielmöglichkeiten:
1. Heute ist der Kinderflaschentag.
   Die Kinder machen's vor, die Flaschen klirren's nach.
2. Die Kinder singen singe singe sang,
   die Flaschen klingen klinge klinge klang.
3. Die Kinder summen summe summe summ,
   die Flaschen knallen knalle knalle knumm.
4. Die Kinder pfeifen pfiffe pfiffe pfiff,
   die Flaschen schleifen schliffe schliffe schliff.
5. Die Kinder klatschen klatsche klatsche klatsch,
   die Flaschen trommeln patsche patsche patsch.
6. Die Kinder schnipfen schnipfe schnipfe schnipp,
   die Fllaschen klicken klicke klicke klick.
7. Das war das Kinderflaschenkonzert,
   habt ihr schon mal was schnuppel schnippel schnappel
   Schöneres gehört?

Bei diesem Spiel wird die Kindergruppe geteilt. Eine Untergruppe übernimmt den Teil der Kinder. Diese Kinder singen, summen, pfeifen, klatschen, schnipfen. Die andere Untergruppe spielt die Flaschen. Jedes Kind erhält in jede Hand eine Flasche. Mit diesen Flaschen sollen folgende Bewegungen ausgeführt werden:

2. Die Flaschenbäuche werden zusammengestoßen.
3. Die Flaschenböden werden zusammengestoßen.
4. Die Flaschen werden aneinander gerieben.
5. Mit den Flaschen wird vorsichtig auf den Boden gestampft.
6. Die Flaschenhälse werden zusammengestoßen.

Dieses Kinderflaschenkonzert verlangt neben der auditiven Aufmerksamkeit (Wann ist wer mit welchem Geräusch an der Reihe?) und dem Sprachverständnis (dem Umsetzen der Sprachanweisungen des Pädagogen in Handlungen) von den »Flaschen« ein feines Gespür für die Bewegungsdosierung. In einem zweiten Durchgang werden die Rollen der Kinder getauscht. Dieses Spiel lässt sich auch auf andere Materialien übertragen.

Hinweis: Bei diesem Spiel sollte darauf geachtet werden, mit den Flaschen behutsam umzugehen, damit Scherben und eventuelle Verletzungen vermieden werden.

1.6.7 Knister

Spielmaterial:
Verschiedene Papiersorten und vergleichbare Materialien: Zeitungspapier, Packpapier, Transparentpapier, Aluminium usw.

Spielvorbereitung:
Die Papiermaterialien liegen in der Mitte des Sitzkreises. In einer Vorphase werden erst eingehende Hörerfahrungen mit dem Zerknüllen dieser Materialien angeboten. Die unterschiedlichen Arten des Knisterns werden langsam vorgeführt, da hier die auditive Differenzierungsfähigkeit schon sehr eindringlich beansprucht wird. Erst die Kenntnis der unterschiedlichen Geräuschequalitäten macht die Durchführung des Spiels sinnvoll.

Spielmöglichkeiten:
1. Wenn es knastert und knistert,
   was hat dann zu euch geflüstert?
2. Beim Knaster und beim Knister,
   das ist ...geflüster!

Ein Kind A setzt sich in die Kreismitte zu den Papieren. Die anderen Kinder schließen die Augen. Nun stellt das Kind A die Frage (1) und knistert in Ruhe mit einem Papier seiner Wahl, bis es zu einem »Ball« geformt ist. Die Kinder, die das Geräusch einem Papier zuordnen können, also die Antwort wissen, signalisieren dies, etwa durch Heben des Armes. Kind A darf sich nun von diesen Kindern eins heraussuchen, das die Antwort in der Form des Verses (2) formuliert. Für die Punkte wird der korrekte Begriff eingesetzt (z. B. Zeitungsgeflüster). Ist diese Antwort richtig, dürfen alle die Augen öffnen und sich davon überzeugen. Ist die Antwort falsch, bekommt ein anderes Kind die Gelegenheit. Das Kind mit der korrekten Antwort darf nun in die Kreismitte. Vor der nächsten Runde wird das benutzte Papier wieder entknüllt, um die gleichen Ausgangsbedingungen zu schaffen. Die Varianten des Spiels liegen in der Anzahl der verwendeten Papier bzw. in ihrer auditiven Kontrastierung beim Knistern.

2. Der Mund – Bewegung und Artikulation

2.1 Überblick

So wie die Sprachwahrnehmung vornehmlich von Hören, Horchen und Verstehen über das Sinnessystem der Ohren abhängt, benötigt die Sprachproduktion unter dem Aspekt der Funktion das Bewegungssystem Mund, um durch hoch differenzierte Bewegungen in kürzester Zeit und auf engstem Raum Sprachlaute zu erzeugen, zusammenzufügen und sie zu kontrollieren. Machen wir uns diese motorische Höchstleistung an einem Beispiel klar: Sprechen Sie das Wort »Ball« aus, und beobachten Sie ganz bewusst Ihre Artikulation. Beim /b/ müssen die Lippen geschlossen sein, um dann für das Hervorbringen dieses Lautes durch den Luftstrom gesprengt zu werden. Das folgende /a/ verlangt einen weit geöffneten Mund bei ruhiger Zungenlage am Mundboden, während das abschließende /l/ einen leicht geöffneten Mund fordert. Die Zunge bildet in der Mitte eine Art Rinne und drückt mit der Spitze leicht nach oben hinter die Schneidezähne. Schon bei diesem einfachen Wort »Ball« werden also in großer Geschwindigkeit in den wenigen Kubikzentimetern der Mundhöhle stark kontrastierende Bewegungsmuster verwirklicht. Was leistet dieser Bereich erst bei Wörtern wie »Schrankschlüssel« oder bei ganzen Satz- und Redebeiträgen? Doch dies ist nur ein Teil des beobachtbaren, peripheren Bereichs; wir müssen aber zumindest noch die übergeordnete zentrale Steuerung des Sprechens berücksichtigen. Dies ist insofern eine Notwendigkeit, weil z. B. die Bewegungen für die Laute des Wortes »Ball« nicht nacheinander in der dann gehörten Reihenfolge /b/, /a/, /l/ vom zentralen Nervensystem innerviert werden, sondern hier sich überschneidende Prozesse zugrunde liegen. Es geht um Aktivitäten des Nach- und Nebeneinanders, bei denen ca. 70 bis 100 Muskeln in ihrem Zusammenspiel eingesetzt und überwacht werden müssen. So muss das /l/ von »Ball« aufgrund seines hohen sprechtechnischen Aufwandes früher neurophysiologisch vorbereitet werden als das sprechtechnisch einfachere /a/, obwohl es ja in der Wortfolge später erscheint.

Dies sind nur einige, stark vereinfachende Schlaglichter auf ein äußerst kompliziertes Geschehen. Sie ermöglichen aber einen kleinen Einblick in die Anforderungen, die beim Sprechen bewältigt werden, sollen jedoch auch Verständnis wecken für die Störanfälligkeiten, für die enormen Schwierigkeiten, die in etwas angeblich so Einfachem, so Selbstverständlichem wie dem Sprechen beherbergt sind.

Genau diese mundmotorischen Störungen sind das Thema dieses Kapitels, wobei auch hier folgende Zusammenhänge Gültigkeit haben: Kinder mit Pathologien der Mundregion bedürfen in der Regel professioneller sprachtherapeutischer Angebote. Dies betrifft die genaue diagnostische Abklärung und die Durchführung von Behandlungen. Hier sind sogar für die entsprechenden sprachtherapeutischen Berufsgruppen besondere Fort- und Weiterbildungen notwendig, die über den Ausbildungsstandard dieser Berufszweige hinausgehen. In Deutschland haben sich schwerpunktmäßig

- die *Myofunktionelle Therapie* (MFT) nach Garliner (1982) und
- die *Orofaziale Regulationstherapie* nach Castillo-Morales (1991)

etabliert. In den Mittelpunkt der Betrachtung sollen Überlegungen gerückt werden, wie im Vorfeld professioneller Therapie bzw. in ihrer Begleitung die Pädagogik hilfreiche und in ihrer Kompetenz liegende Förderangebote in ihre Arbeit einweben kann. Die Funktion solcher Angebote kann in einer Verhütung weiter reichender Folgen bei leichten Auffälligkeiten, aber auch in der Unterstützung eingeleiteter Therapien liegen. Der inhaltliche Schwerpunkt dieses pädagogischen Ansatzes flankierender Sprachförderung konzentriert sich auf die Mundspiele.

2.2 Organische Voraussetzungen

Es kann und soll in diesem Kapitel kein medizinisches Grundwissen aufgearbeitet werden. Dennoch ist es eine unverzichtbare Voraussetzung bei der Durchführung von Mundspielen, dass die Zusammenstellung und Auswahl entsprechender Angebote begründet erfolgt, das heißt zumindest ein bestimmtes Hintergrundwissen vorhanden ist. Mit dessen Hilfe wird das Mundspiel nicht nur zu einer netten, lustigen Auflockerung des pädagogischen Alltags, sondern auch ein gezieltes Angebot für die Probleme dieses Kindes oder jener Kindergruppe. Zudem sollte Folgendes bedacht werden: Wie bei allen Funktionsübungen sind Einwirkungen auf den Bewegungsapparat nicht automatisch hilfreich, im ungünstigsten Fall können sie sogar schädlich sein.

Es wird in den Fachwissenschaften Logopädie, Sprachbehindertenpädagogik usw. häufig von den am Sprechvorgang beteiligten »Artikulationsorganen« gesprochen. Dies ist insofern irreführend, weil es zunächst keine für die Artikulation von Lauten vorgesehenen Organe gibt. Der Mundbereich ist primär für lebenssichernde Funktionen wie die Atmung und die Nahrungsaufnahme eingerichtet. Erst nachgeordnet findet auch das Sprechen hier seine organischen Bedingungen; es bedient sich ihrer aber nicht voraussetzungslos. Zu Recht wird nicht nur aus psychoanalytischen Kreisen auf die Mundhöhle als ersten wichtigen, im Vergleich zu den Händen auch differenzierteren Erkundungs-, Wahrnehmungs- und Erfahrungsbereich hingewiesen. Dies ist für unser Anliegen von daher von Bedeutung, da das Sprechen nicht nur von der Bewegung getragen wird, sondern vor allem auch von der Wahrnehmung dieser Bewegung. Wir müssen beim Sprechen sehr feine Bewegungsformen unterscheiden können, wir müssen die Lage, z. B. der Zunge, genau erleben und die Dosierung ihrer Bewegungskraft spüren. Der Mund ist somit eine hoch sensible taktil-kinästhetische Region. Diese Fähigkeit bedarf der Erfahrung, der Übung. Dem »In-den-Mund-Stecken« kommt entwicklungspsychologisch ein nicht zu unterschätzender Wert zu.

Noch ein zweiter Gedanke gehört in diese Argumentation. Säuglinge sprechen zwar noch nicht, sie können sich aber mit ihren Bezugspersonen sehr eindringlich in einen Dialog, in eine Kommunikation begeben. Dabei spielen mimische Faktoren, wie z. B. der Blickkontakt und das Lächeln, eine herausragende Rolle. Auch wenn die Sprache in der weiteren Entwicklung zum entscheidenden Kommunikationsmittel wird, bedarf sie für einen interessanten, eindrucksvollen Austausch der Begleitung durch die Mimik. Für unser Anliegen der Sprachförderung durch Mundspiele ist diese wichtig.

Zum einen begrenzt sich Sprechen nicht auf die inneren Mundbereiche. Die Artikulation eines /sch/ verlangt z. B. auch die sogenannte Schnutenbildung, das Stülpen der Lippen. Dies kann nur gelingen, wenn Teile der Gesichtsmuskulatur in Anspruch genommen werden.

Zum anderen zeigen mundmotorisch auffällige Kinder nicht nur Probleme beim Sprechen, sondern auch in der Mimik, weil es im Gesicht eine enge »muskuläre Verzahnung« von lautsprachlicher und mimischer Bewegung gibt.

Ebenso einsichtig ist, dass bestimmte Berührungen und »Massagen« im Gesicht nur in bestimmten, der Verlaufsrichtung der Muskeln folgenden Richtungen ausgeführt werden dürfen bzw. dass falsche Bewegungsmanipulationen vermieden werden müssen. So weit ein kleiner Einblick in die äußeren Bereiche des Sprechbewegungsfeldes. Worauf haben wir bei den »inneren« Vorgängen zu achten?

Mit Ausnahme der nasalen Laute /m/, /n/ und /ŋ/ (Beispielwort: Angel) werden alle Laute der deutschen Sprache dadurch gebildet, dass der Luftstrom durch den Mund geleitet und dem jeweiligen Laut entsprechend modelliert wird. Einige dieser Veränderungen des Luftstroms hatten wir bereits am Beispielwort »Ball« vorgestellt. Wir wollen sie hier im Sinne eines Überblicks systematisieren. Um diese Zusammenstellung nicht zu unübersichtlich und kompliziert werden zu lassen, gebe ich nur einige wesentliche Ausschnitte wieder.

1. Wie angedeutet, ist die Unterscheidung der Lenkung des Luftstroms wichtig:

Nase	*Mund*
/m/, /n/, /ŋ/	Alle anderen Laute

2. Aber nicht nur der Weg, auch die Veränderung des Luftstroms hat Auswirkungen auf das Sprechen. In einer groben Klassifizierung lassen sich hier drei Formen trennen:

Ungehinderter Luftaustritt	*Verengung des Luftdurchlasses*	*Sprengung einer Verschlussstelle für den Luftdurchlass*
/a/	/sch/	/t/

3. Eine gut beobachtbare Veränderungsstelle für den Luftstrom bilden die Lippen. Auch hier einige Beispiele:

Lippenschluss	*Lippenöffnung*	*Lippenstülpung*	*Lippendehnung*
/m/	/a/	/sch/	/e/

4. Als zentrales Organ für die Artikulation gilt die Zunge. Sie ist in ihrer einmaligen Beweglichkeit durch Kunstprodukte (Prothesen) nicht zu imitieren. Die bedeutungsvollsten Fähigkeiten für das Sprechen beweist sie durch folgende Bewegungsmuster:

Zunge hinter den oberen Schneidezähnen
/t/, /k/, /g/, / /, /j/, /ch 1/
Zunge wölbt sich im mittleren Teil mit Kontakt zum Gaumen
/d/, /n/, /l/ (ich)
Zunge wölbt sich im hinteren Teil mit Kontakt zum Gaumen
/ch 2/ (ach)
Aktivierung der Zungenränder
/l/

Fassen wir zusammen: Die Sprechmotorik findet ihre entscheidenden Ausführungsorgane in zwei beweglichen (Zunge, Lippen) und zwei relativ statischen Körperteilen (Zähne, Gaumen). Die einen (Zähne, Gaumen) dienen häufig den anderen (Lippen, Zunge) als wichtige Begrenzung und Orientierung. So darf für die Laute der deutschen Sprache die Zunge nicht außerhalb der Zahnreihen erscheinen, ein eklatanter Unterschied etwa zur englischen Sprache mit ihrem »th«.

2.3 Störungen der Mundmotorik

Die Zusammenhänge zwischen einer auffälligen Mundmotorik und Aussprachestörungen sind schon lange bekannt. Sie gehören zum klassischen Wissensbestand der Sprachtherapeuten. In den letzten zehn bis 15 Jahren hat sich in Deutschland, besonders durch die Arbeiten der bereits erwähnten Autoren Castillo-Morales und Garliner, der Erkenntnisstand dieser Berufsgruppe entscheidend vertieft. Da es sich hier nicht um ein sprachpsychologisches Lehrbuch handelt, will ich wiederum nur beispielhaft die Probleme verdeutlichen.

So wurde gerade in den Forschungen von Garliner nachgewiesen, dass sehr viele Menschen falsch schlucken. Der Schluckvorgang ist kein bewusster Prozess, wenn wir ihn uns jedoch bewusst machen, so entdecken wir folgendes Geschehen: Durch ein Drücken der Zungenspitze an die Stelle hinter den oberen Schneidezähnen (den »Punkt«) kommt eine nach hinten in die Mundhöhle gerichtete Bewegungswelle zustande, die Speichel, sonstige Flüssigkeit, feste Nahrung in Richtung Speiseröhre transportiert. Bei einem nicht korrekten Schlucken besteht ein auffälliger Faktor darin, dass die Zunge den »Punkt« nicht trifft, das heißt gegen die Zähne drückt, was bis zu dem Symptom des »Zungenpressens« gesteigert werden kann. Um sich die Auswirkungen dieses Fehlfunktionierens der Zunge deutlich zu machen, verweise ich auf folgende Zahlenangaben: Der Mensch schluckt am Tag im Wachzustand ca. zweimal pro Minute, im Schlafzustand einmal pro Minute. Dies ergibt ungefähr 2000 Schluckakte pro Tag. Die Zunge verfügt dabei über eine Kraft von 1 bis 3 kg, was sich bei der täglichen Schluckleistung zu einem Druck von 1,5 bis 6 t summiert, der gegen die Zähne aktiviert wird. Wenn dieser Prozess noch durch Angewohnheiten, wie die Verwendung eines falschen Saugers beim Füttern des Säuglings oder späteres Daumenlutschen, verstärkt wird, entsteht eine unausgewogene Muskelbalance im Mund-/Gesichtsbereich und zu Gebissanomanlien, insbesondere zum Überbiss, das heißt dem weiten Herausstehen der oberen Zähne aus dem Mund. Diese Beeinträchtigung der Form und der Funktion der Artikulationsorgane führt in der Regel auch zu Sprachauffälligkeiten, vor allem zu den Artikulationsstörungen. Es sei noch einmal darauf hingewiesen, dass es sich hier um die Darstellung eines Beispiels handelt, das nur einen Ausschnitt aus dem gesamten Problemfeld veranschaulicht. Wer hier weiterführende Interessen entwickelt und das hier nur Angedeutete vertiefen möchte, findet im Literaturverzeichnis weiterführende Werke die mit ° gekennzeichnet sind.

2.4 Zur Didaktik des Mundspiels

Mundspiele sind – im Unterschied zu den Fingerspielen – kein etablierter Bestandteil der pädagogischen Praxis. Dies gilt gleichermaßen für Kindergarten und Schule. Deshalb werden hier einige wesentliche Gesichtspunkte zum Einsatz von Mundspielen zusammengetragen.

1. Mundspiele erfüllen nur dann ihre Wirkung, die Mundfunktionen zu verbessern, wenn sie *regelmäßig* angeboten werden. Dabei haben sich kurze, aber täglich stattfindende Einsätze gegenüber einmaligen, dann aber lang ausgedehnten Phasen bewährt. Wie bereits erwähnt, können Mundspiele in Absprache mit dem Sprachtherapeuten für einzelne Kinder zusammengestellt und eingebracht werden. Vorrangig wird in Kindergärten und Schulen jedoch das Mundspiel als grundlegendes, allgemeines Förderangebot fungieren, das vor allem als Gruppenaktivität Verwendung findet.
2. Bei Mundspielen werden häufig ganz unterschiedliche *Utensilien* benötigt. Die folgende Zusammenstellung mag eine grobe Orientierung geben.

Grundmaterial	Blasmaterial	Mumomaterial
Schere	Federn	Fadenschnüre
Klebstoff	Wattebausch	Holzstab
Bleistift	Blasinstrumente	Knöpfe
Papier/Bierdeckel	Strohhalme	Pinsel
Tore	Kerzen	Korken
Streichhölzer	Zauberkerzen	Wattestäbchen
Spiegel	Seifenblasen	Spatel
Büroklammern	Luftballons	Oblaten
Muggelsteine	Blasrohre	Fadenrollen
		Gummiringe

Bälle und Kugeln aus unterschiedlichen Materialien

Es hat sich in der Praxis bewährt, diese Materialien übersichtlich sortiert vorrätig zu haben. Für die Kinder empfehlen sich aus hygienischen und pädagogischen Gründen Mundmotorik-(Mumo-)Schachteln. Diese können selbst gebastelt bzw. gestaltet werden, sollten allerdings für jedes Kind vorhanden sein. Die für bestimmte Mundspiele notwendigen Hilfsmittel werden gesammelt und in der Regel für die Kinder zu einem wichtigen Besitz.

3. Ein weiterer Faktor zur Strukturierung und Motivierung für Mundspiele ist der Einsatz von *Symbolfiguren*. Entsprechende Handpuppen bieten sich an, die für die Kinder dann in diesem Kontext ihre Bedeutung bekommen. So gibt es Einrichtungen, in denen jeden Morgen der Tiger kommt und etwas mitbringt (Haaga/Brändle 1989), der Riese Riesenklein, der im Mund herumturnt, kann Ansprechpartner der Kinder werden oder der mittlerweile schon so benannte »Logopädendrache«. Diese Symbolfiguren dienen aber nicht nur den Kindern als Orientierung dafür, dass nun Mundmotorik angesagt ist, sie erleichtern auch dem Pädagogen die konkrete Vorführung des Mundspiels. Im Unterschied zum Fingerspiel können beim Mundspiel das Sprechen und die Bewegung nicht zwei getrennten Körperregionen zugeteilt werden: Der Mund ist Gegenstand des Spiels und Mittel zu seiner sprachlichen Begleitung. Entweder wird somit das Mundspiel in Sequenzen zerlegt, erst Sprache, dann Bewegung, oder aber die Pädagogik spricht und die Symbolfigur übernimmt den Bewegungspart, sofern ein gleichzeitiges Vorgehen sinnvoll ist.

4. Bei der Ein- und Durchführung von Mundspielen sollten wir uns klar darüber sein, dass der Kopf ein *hoch sensibler Körperbereich* ist. Erinnert sei nur an die Angst vor dem Besuch beim Zahnarzt oder die Pein von Ohrenschmerzen. Zudem muss berücksichtigt werden, dass Kinder mit mundmotorischen Funktionsstörungen gerade in dieser Körperregion häufig erhebliche Versagenserlebnisse hinter sich haben. Von daher ist die Mundmotorik und

ihre Auffälligkeit nicht nur ein organisches, sondern auch ein psychisches Problem. Entsprechend empfindsame Kinder müssen deshalb nicht gleich im Gruppengeschehen mitspielen, sie arbeiten – wenn es organisatorisch möglich ist – zunächst eher in einer vertrauten Atmosphäre mit der pädagogischen Bezugsperson. Hier wird es dann sinnvoll, erst einmal Spielformen einzubringen, die Vertrauen entstehen lassen, Nähe ermöglichen, für die Förderung der Mundmotorik vorbereiten. Zum Beispiel könnte dieser erste Abschnitt der Förderung so gestaltet werden, dass das Kind das Gesicht des Pädagogen streichelt und erlebt, daß es u.U. die Gegenbewegung, das Streicheln des eigenen Gesichts durch den Pädagogen, zulässt usw. Ebenso hat es sich bewährt, diese ruhige, emotionale Atmosphäre durch entsprechende Entspannungsmusik zu untermalen.

5. Wann immer es möglich ist, sollten Mundspiele eingebettet werden in die sinnvollen Lebenszusammenhänge der Kinder. Dies sind im Alltag von Kindergarten und Schule bestimmte Themen, die in einem gewissen Zeitrahmen ihr Interesse, ihre Lernerfahrungen, Teile ihrer Lebensinhalte ausmachen. Sofern dieser Anspruch Verwirklichung findet, sprechen wir von themenorientierter Förderung, hier akzentuiert in Bezug auf die Mundmotorik.

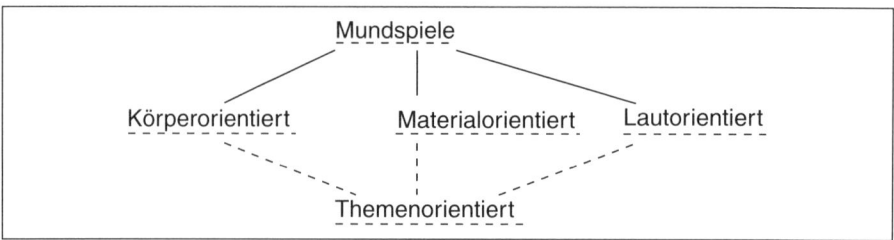

a) Körperorientierte Mundspiele vereinigen alle jene Spiele, bei denen Zunge, Zähne, Lippen, Wangen usw. ohne zusätzliche Hilfsmitel und ohne die Absicht, bestimmte Laute direkt zu produzieren, Gegenstand des Textes sind.

b) Materialorientierte Mundspiele vereinigen alle jene Spiele, bei denen die Bewegung des Mundes mit der Benutzung bestimmter Utensilien verknüpft wird.

c) Lautorientierte Mundspiele vereinigen alle jene Spiele, bei denen mit den Mundbewegungen jene Stellungen eingenommen werden, die wir zur Produktion bestimmter Laute benötigen.

2.5 Mundspiele

2.5.1 Das Mundrätsel

1. Blasen wir sie richtig auf,
   hängen sie nicht mehr schlaff,
   und klopfen wir dann drauf,
   macht es laut paff.
2. Mal kann man sie sehen,
   und mal verstecken sie sich,
   mal wollen sie zu dir gehen,
   dann küssen sie dich.
3. Manchmal ruht sie sich aus,
   und manchmal ist sie munter,
   dann turnt sie rein und raus
   und auch hoch und runter.
4. Sie können auf sich selber beißen,
   und zwischen ihnen gibt's manchmal Lücken,
   wenn wir sie auseinander reißen,
   sehen wir die Zunge nach vorne drücken.

Dieses körperorientierte Mundspiel ist als Rätsel konstruiert. Seine Absicht besteht darin, wesentliche Gesichtsteile vorzustellen. Besonders bei jüngeren Kindern ist nicht immer davon auszugehen, dass die korrekte Begrifflichkeit (z. B. Wangen) zur Verfügung steht. Jede Strophe hebt den entsprechenden Körperteil in einer für Kinder amüsanten, charakteristischen Bewegungsform hervor. Die Lösung des Rätsels kann dann zur Sprache gebracht werden, wobei sich hierbei Bewegung und Sprachverständnis koppeln.

1. Wangen
2. Lippen
3. Zunge
4. Zähne

2.5.2 Das Mundhaus

1. Die Zunge, recht lang
   und vorne ziemlich rund,
   lebt in einem Haus,
   das nennen wir Mund.
2. Hier steigt sie ohne Krach
   bis oben auf das Dach.
3. Hier rennt sie dann noch schneller
   bis unten in den Keller.
4. Nun schaut sie aus dem Haus
   ganz weit nach links heraus.
5. Nun schaut sie aus dem Haus
   ganz weit nach rechts heraus.
6. Dann rast sie hin und her, hin und her,
   mit einem Mal kann sie nicht mehr.
7. Sie kriecht zurück ins Haus
   und ruht sich erst mal aus.

Das Mundhaus ist eine Weiterführung des Mundrätsels. Gegenstand des Spiels ist allerdings nur das entscheidende Artikulationsorgan, die Zunge. Zudem werden hier gezielte Bewegungen verlangt, wobei Strophe 2 und 3 für ganz bestimmte Artikulationsstellungen sensibilisieren sollen (Zunge nach oben hinter die Schneidezähne und nach unten hinter die Schneidezähne). Angesprochen wird damit auch ein bei bestimmten Kindern großes Problem in der Mundmotorik, die räumliche Orientierung. Was ist oben, unten, links, rechts? Dies sind teilweise recht hohe Hürden bei der Durchführung von Mundspielen. Diese räumlichen Begriffe können im »Mundhaus« für jenen Ort erarbeitet werden, wo sie benötigt werden, den Mund. Der anschauliche Aufhänger »Haus« lehnt sich dabei an das Buch von Hekster, »Frau Zunge« (1986), an, das ergänzend eingesetzt werden kann.

2.5.3 Guten Morgen, Zunge!

1. Guten Morgen, Zunge!,
   so heißt dieses Spiel,
   nun wach langsam auf,
   das ist doch nicht viel.
2. Guten Morgen, Zunge!,
   so heißt dieses Spiel,
   nun steht langsam auf,
   das ist doch nicht viel.
3. Guten Morgen, Zunge!,
   so heißt dieses Spiel,
   mach Lärm wie ein Wecker,
   doch auch nicht zu viel.
4. Guten Morgen, Zunge!,
   so heißt dieses Spiel,
   wasch die Lippen mit Spucke,
   doch nimm nicht zu viel.
5. Guten Morgen, Zunge!,
   so heißt dieses Spiel,
   nun kannst du was sagen,
   leise, laut, wenig und viel.

Der Charakter dieses Spiels geht aus dem Text unmittelbar hervor; es dient der Begrüßung in der Gruppe (Kindergarten, Schule) oder in der Einzelsituation mit dem Kind. Dabei wird die reale Morgensituation des Kindes auf die Zunge übertragen und entsprechend modifiziert (z.B. statt Zähne putzen Lippen waschen). Die Strophen erfordern folgende Bewegungsmuster:

1. Mund öffnen (eventuell Gähnen).
2. Die Zunge schaut vorsichtig aus dem Mund heraus.
3. Die Zunge schnalzt bzw. macht irgendein Geräusch.
4. Die Lippen werden in langsamer Bewegung von der Zunge abgeleckt.
5. Ein bestimmter Laut, der in der Arbeit mit dem Kind gerade Bedeutung hat, wird in Variationen artikuliert (z.B. /k/):

leise = Flüstern des /k/
laut = normale Lautstärke bei der Artikulation des /k/,
wenig = ein /k/,
viel = mehrere /k/ /k/ /k/.

2.5.4 Riese Riesenklein

1. Wenn Riese Riesenklein sich übern Montag freut,
   dann kommt es vor, dass er laut schreit:
   Zeigt mir mal eure Zunge heut.
   Sie turnt zwischen unseren Lippen,
   um an die Mundwinkel zu tippen.
   Nun ziehen wir sie wieder rein
   und strecken unser linkes Bein.

   Wir stehen im Kreise,
   die Zunge schleicht leise
   aus ihrem Haus
   ganz weit heraus.
   Wir stehen in der Runde,
   sie verschwindet im Munde.
   Nun können wir nach Hause gehen,
   bis morgen dann: Auf Wiedersehen.

2. Wenn Riese Riesenklein sich übern Dienstag freut,
   dann kommt es vor, dass er laut schreit:
   Zeigt mir mal eure Lippen heut.
   Wie wir sie stülpen müssen,
   wollen wir … küssen.
   Nun ziehen wir sie wieder ein
   und strecken unser rechtes Bein.

   Wir stehen im Kreise,
   die Zunge schleicht leise
   aus ihrem Haus
   ganz weit heraus.
   Wir stehen in der Runde,
   sie verschwindet im Munde.
   Nun können wir nach Hause gehen,
   bis morgen dann: Auf Wiedersehen.

3. Wenn Riese Riesenklein ich übern Mittwoch freut,
   dann kommt es vor, daß er laut schreit:
   Zeigt mir mal eure Zähne heut.
   Wir wollen sie aufeinander drücken
   und zischen dann ein /s/ durch ihre Lücken.
   Dabei wird es den Zähnen warm,
   wir heben unsern linken Arm.

   Wir stehen im Kreise,
   die Zunge schleicht leise
   aus ihrem Haus

ganz weit heraus.
Wir stehen in der Runde,
sie verschwindet im Munde.
Nun können wir nach Hause gehen,
bis morgen dann: Auf Wiedersehen.

4. Wenn Riese Riesenklein sich übern Donnerstag freut,
dann kommt es vor, dass er laut schreit:
Zeigt mir mal eure Wangen heut.
Wir blasen sie mal richtig auf
und klatschen mit den Händen drauf.
Dabei wird es dem Gesicht ganz warm,
wir heben unsern rechten Arm.

Wir stehen im Kreise,
die Zunge schleicht leise
aus ihrem Haus
ganz weit heraus.
Wir stehen in der Runde,
sie verschwindet im Munde.
Nun können wir nach Hause gehen,
bis morgen dann: Auf Wiedersehen.

5. Wenn Riese Riesenklein sich übern Freitag freut,
dann kommt es vor, dass er laut schreit:
Zeigt mir mal euren Rachen heut.
Denn hinter unseren Zähnen
können wir ganz laut gähnen.
Dabei werden unsere Arme schwer,
wir schaukeln müde hin und her.

Wir stehen im Kreise,
die Zunge schleicht leise
aus ihrem Haus
ganz weit heraus.
Wir stehen in der Runde,
sie verschwindet im Munde.
Nun können wir nach Hause gehen,
bis morgen dann: Auf Wiedersehen.

Riese Riesenklein ist eine Symbolfigur, die sich in unserer Arbeit bewährt hat. Es kann sich
hier z. B. um eine kleine Fingerpuppe handeln. Er tritt immer dann auf, wenn die Kindergruppe sich verabschiedet: Insofern ist dieses Spiel das Pendant zu »Guten Morgen,
Zunge!«, allerdings mit einer anderen Struktur. Riese Riesenklein besteht aus zwei Teilen.
Abschnitt 2 bleibt immer konstant, während Abschnitt 1 für die Wochentage von Montag
bis Freitag variiert. Die Bewegungen zu diesem ersten Teil gehen aus dem Text hervor. An
die Stelle der Auslassungspunkte in Strophe 2 wird ein für die Kinder bedeutungsvoller
Name eingesetzt. Auch der zweite Abschnitt ist eindeutig. Das leise Herausstrecken der
Zunge sollte gleichgesetzt werden mit einem langsamen Herausstrecken. Das Hereinzie-
hen kann dann schnell und mit Geräusch vollzogen werden.

2.5.5 Zupf zupf Zunge

1. Die Zunge kommt heraus.

2. Zunge an die Nase.

3. Zunge in den linken Mundwinkel.

4. Zunge an das Kinn.

5. Zunge in den rechten Mundwinkel.

6. Zunge leckt die Lippen ab.

7. Zwischen den Mundwinkeln hin und her.

8. Zunge verschwindet im Mund.

Bei »Zupf zupf Zunge« wird ein altes und beliebtes Kinderspiel aufgegriffen. Eine bestimmte Bewegungsform dient als Auslöser für die Zunge zu erscheinen, gewisse Bewegungen zu imitieren und wieder zu verschwinden. Die Einzelheiten ergeben sich aus den Zeichnungen.

180

2.5.6 Zirkus Lipporelli

1. Zircus Lipporelli ist in der Stadt,
   seht, was er für Akrobaten hat.
2. Hereinspaziert, hereinspaziert,
   Zircus Lipporelli präsentiert:
3. Das ist unser(e) starke(r) Lippe(i) Lippus,
   zur Begrüßung wirft er (sie) einen Handkuss.
4. Dann stemmt sie (er) die Hantel hoch zum Nasenloch,
   aber bitte applaudiern Sie doch.
5. Diesen Knopf hält er (sie) als Nächstes fest,
   den er (sie) nicht mehr aus den Lippen lässt.
6. Auch der kommende Trick ist kaum zu glauben,
   wer kann schon Wattebällchen saugen?
7. Als Höhepunkt nun können seine (ihre) Lippen
   mit dem hölzernen Spatel wippen.
8. So geht die Vorstellung zu Ende,
   bitte klatschen Sie noch einmal in Ihre Hände.

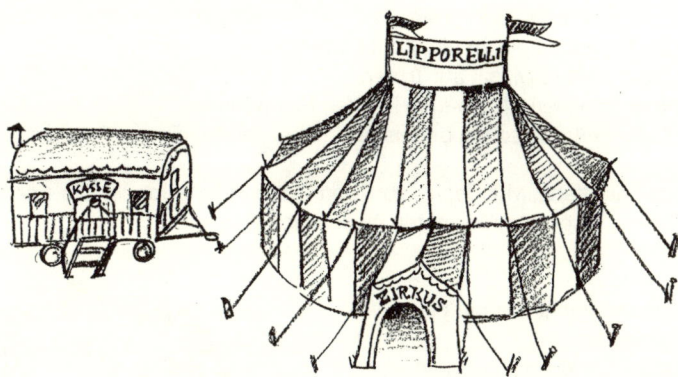

Dieses materialorientierte Mundspiel aus dem Zirkusleben eignet sich ideal zur Vorführung in einer Kindergruppe. Ein Kind führt die Kunststücke vor, der Pädagoge übernimmt die Ansage und die Assistenz. Benötigt werden folgende Utensilien:

4. An einen Schaschlikstab werden links und rechts zwei weiche Kugeln befestigt (Hanteln).
5. An einem Knopf wird ein Faden befestigt. Der Knopf wird zwischen Zähne und Lippen postiert. Der Pädagoge zieht am Faden, und das Kind muss den Knopf nur über die Lippenmuskulatur festhalten.
6. Ein Wattebällchen wird mit einem Strohhalm angesaugt.
7. Ein Spatel oder ähnlicher Gegenstand wird zwischen die Lippen (nicht Zähne) geklemmt und hoch- und runterbewegt.

2.5.7 Die Zungenturnados

1. Liebe Leute
   ihr besitzt heute
   das ganz ganz große Los:
   eine Eintrittskarte für die Zungenturnados.
2. Zunächst strecken sie die Zungen heraus
   und bitten um einen Begrüßungsapplaus.
3. Sie zeigen ihnen in jeder Zahnlücke
   eines ihrer Kunststücke.
4. Dann hören wir sie husten
   und sehen zu, wie sie Federn pusten.
5. Und glaubt es auch manche Kerze noch nicht,
   die Zungenturnados löschen jedes Licht.
6. Beim Watteballspielen
   müssen sie ganz genau zielen.
7. Sehr lange mussten sie auch trainieren,
   um Strohhalme zu balancieren.
8. Bevor sie ihre Vorstellung nun beenden,
   will ich euch noch eins verkünden:
9. Die Zungenturnados spielen nicht auf Flöten,
   sondern machen ihre Musik auf Tröten.
10. Zum Schluss kriechen die Zungen in ihren Mund hinein,
    und die Zuschauer klatschen begeistert in ihre Hände rein.

Dieses materialorientierte Mundspiel von den Zungenturnados ist die Fortsetzung des »Zirkus Lipporelli«. Folgende Aktivitäten lassen sich zuordnen:

3. Zähne zeigen,
4. Federn von der flachen Hand pusten,
5. Kerze ausblasen,
6. Wattebälle durch kleine Tore pusten,
7. Strohhalm auf der Oberlippe balancieren,
8. auf Jahrmarktströten blasen.

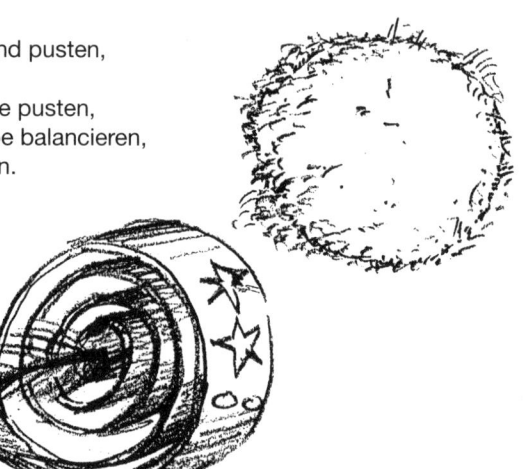

2.5.8 Das Versteckspiel

1. Ihr Kinder, ob groß oder klein,
   ob wenig oder viel,
   heute spielen wir das Versteckspiel.

2. Die Lippen haben sich versteckt,
   es hat geknallt,
   und sie haben das /p/ entdeckt.

3. Die Unterlippe hat sich versteckt,
   und unter den oberen Zähnen
   hat sie das /f/ entdeckt.

4. Die Zunge hat sich versteckt,
   und hinter den oberen Zähnen
   hat sie das /t/ entdeckt.

5. Die Zunge hat sich noch mal versteckt,
   und hinter den unteren Zähnen
   hat sie das /s/ entdeckt.

6. Zum Schluss haben die Lippen sich gestreckt,
   sind ganz rund geworden
   und haben so das /sch/ entdeckt.

7. Und hätten wir sie nicht entdeckt,
   wären das /p/ , /f/ , /t/ , /s/ , /sch/
   immer noch versteckt.

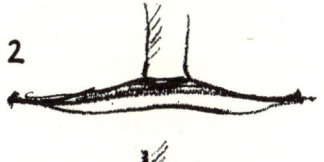

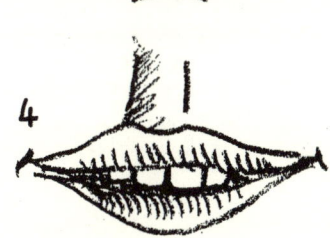

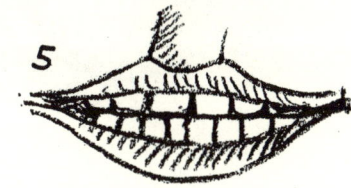

183

2.5.9 Drachenzunge

1. Ein kleiner, grüner Drachen
   kann ganz schwierige Sachen
   mit der roten Zunge machen.
2. Er lässt die Zunge nach oben gucken
   und viele /ddd/ ausspucken.
   Er lässt die Zunge nach unten gucken
   und viele /ggg/ ausspucken.
   Er lässt die Zunge nach oben gucken
   und viele /ttt/ ausspucken.
   Er lässt die Zunge nach unten gucken
   und viele /kkk/ ausspucken.
3. Doch dann schließt er sein großes Maul
   und ruft nur noch: Jetzt bin ich faul.
4. Und wisst ihr, warum?
   Weil kleine, grüne Drachen sich verschlucken,
   wenn sie zu viele /d/ , /g/ , /t/ , /k/ ausspucken.

Das vorherige »Versteckspiel« und die »Drachenzunge« gehören zu der aufwendigen Kategorie der lautorientierten Mundspiele. Sie können eigentlich erst sinnvoll Verwendung finden, wenn die mundmotorischen Funktionen schon relativ stabil sind. Das »Versteckspiel« gibt einen Überblick über die Artikulationsstellen einiger wesentlicher Laute der deutschen Sprache aus sprachtherapeutischer Sicht.

Die »Drachenzunge« wird hier dann noch spezieller. Sie thematisiert eines der häufigsten Artikulationsprobleme, die Erzeugung von /g/,/k/ bzw. ihre Ersetzung durch /d/,/t/. Es gibt auch die umgekehrte Variante, sie ist alledings äußerst selten. Der im Vorspann bereits erwähnte Logopädendrachen als Symbolfigur ist insofern angebracht, weil die durch den Zeigefinger ausgefüllte Zunge des Drachen den entscheidenden Unterschied zwischen diesen Explosivlauten anschaulich darstellen kann. Hebe ich die Zungenspitze, entstehen /d/ , /t/, hebe ich den Zungenrücken, das heißt, senke die Zungenspitze, erzeuge ich /g/ , /k/. Der Kern des Spiels liegt in Strophe 2 und verbindet hier diese Bewegungsmuster in abwechselnder Reihenfolge. Die Einkleidung dieses Mundspiels (Strophe 1, 3, 4) lädt zu einem Dialog zwischen den Kindern und dem Pädagogen ein.

3. Hände, Sprache, Fingerspiele

3.1 Überblick

Mit den Ohren als wichtigstem Aufnahme- und dem Mund als zentralem Ausdrucksorgan der Sprache haben wir Bereiche vorgestellt, deren Bedeutung für die Sprachentwicklung und Sprachförderung unmittelbar einsichtig ist. Unzulänglicher ist hier zunächst wahrscheinlich der Bezug der Hände zur Sprache. Einige Überlegungen zu diesem Thema seien deshalb vorausgeschickt:

Unsere Hände sind eigentlich permanent im Einsatz, das heißt, über sie läuft ein beträchtlicher Teil unserer Auseinandersetzung mit der Umwelt. Die Hände sind dabei die sinnbildlichste Verbindung von Sensorik und Motorik, sie ertasten einen Gegenstand (taktile Wahrnehmung), indem sie ihn gezielt manipulieren (durch die Bewegung, vor allem der Finger). Beim Kind erlangt diese Doppelfunktion der Hände Bedeutung, bevor es spricht; die Welt wird vom Säugling handelnd-greifend und nicht sprachlich-begreifend kennengelernt. Begriffe wie Auge-Hand-Koordination, Greifschema, Tastempfindung bringen diese Entwicklungstatsache auf den Punkt. Innerhalb dieser grundlegenden Fähigkeit kommt es zu jenen Prozessen, die in der Grafik, S. 186, veranschaulicht sind.

Grob zusammengefasst verfolgt die Handfunktion also den Entwicklungsweg vom Allgemeinen (ganze Hand) zum Differenzierten (einzelne Finger) und von innen (Handflächen) nach außen (Fingerspitzen). Besonders wichtig sowohl für das kleine Kind, aber auch für ältere Kinder, Jugendliche und Erwachsene ist die Möglichkeit, die Tätigkeit der Hände durch die Augen zu kontrollieren. Unser Sehsystem ist in der Regel jene Wahrnehmungsorganisation, auf die wir nur sehr verzichten können und auf die wir uns gerne und ausgiebig verlassen. Ich erinnere hier nur an das Schreibenlernen der Schulanfänger oder die präzise Handarbeit des Handwerkers. Auch die Sprachförderung demonstriert uns häufig diese Erkenntnis. Da der Mund, im Unterschied zu den Händen, nicht für unsere Augen einsichtig ist, benutzen wir in der Sprachtherapie visuelle Hilfsmittel wie den Spiegel. Damit wären wir jedoch bei unserer speziellen Fragestellung.

3.2 Die Zusammenhänge von Hand und Sprache

Aus unserer Perspektive verdient nicht nur die grundsätzliche Wichtigkeit der Fingermotorik Beachtung, sondern vor allem ihre Beziehung zur Sprache. Ich will hierzu zumindest einige Argumente zusammentragen.

a) Auf einer empirisch-wissenschaftlichen Ebene wird immer wieder auf Experimente der sowjetischen Psychologin Kolzowa hingewiesen, die die staatliche Organisation auch der frühkindlichen Erziehung in ihrem Land zu Experimenten nutzte. So berichtet sie von zehn bis 15 Monate alten Kleinkindern,

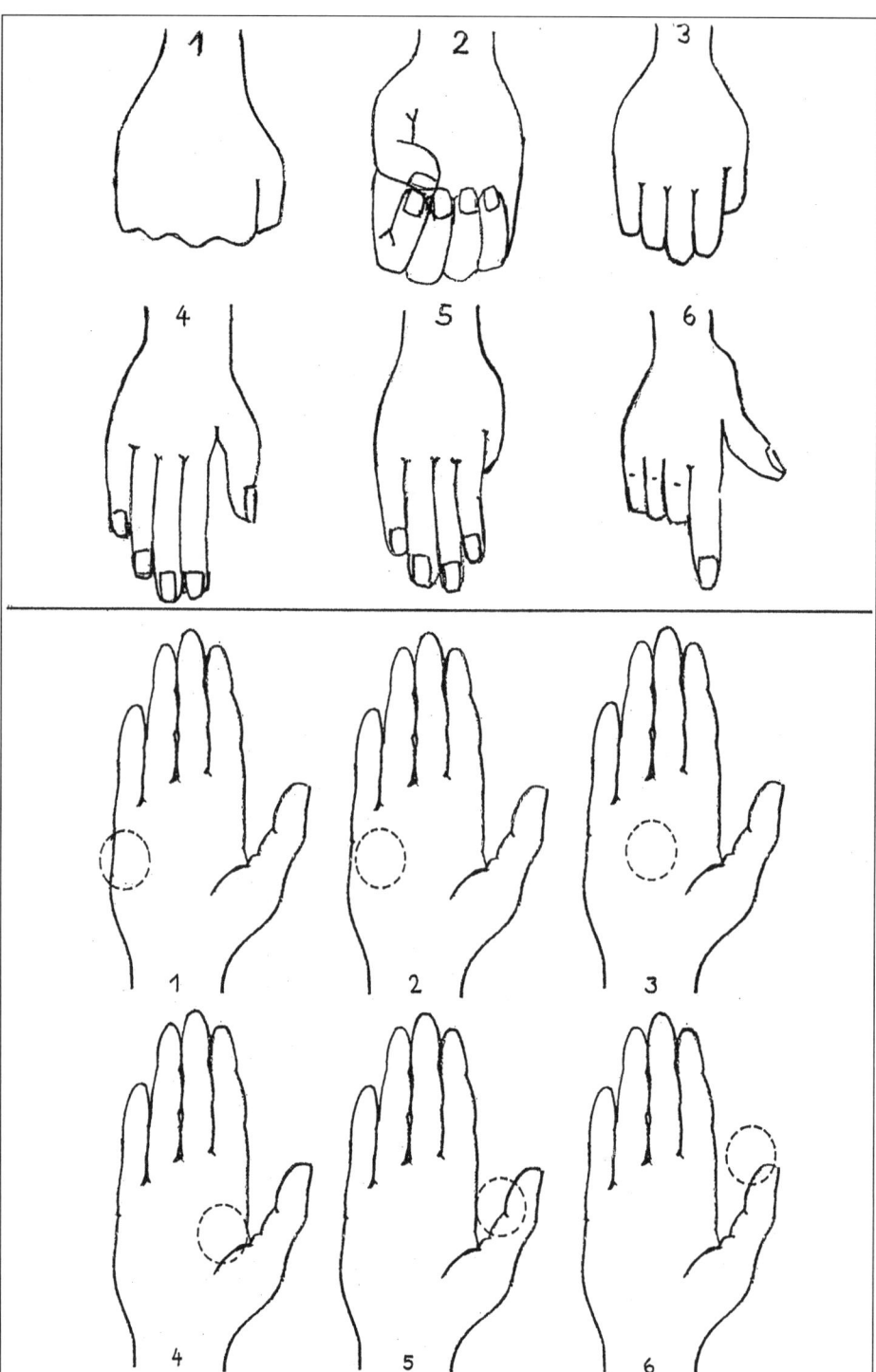

die in drei Gruppen aufgeteilt wurden. Innerhalb der Krippe erhielten alle Kinder täglich zweieinhalb Minuten Sprachübungen. Diese waren für die erste Gruppe das einzige Angebot. Gruppe 2 tobte sich täglich 20 Minuten auf dem Fußboden aus, und Gruppe 3 wurde gezielt mit Fingerspielen konfrontiert, ebenfalls in Einheiten von 20 Minuten. Dieser Versuch wurde nach einigen Wochen ausgewertet. Gruppe 1 zeigte sehr verspätet stimmliche Reaktionen. Bei Gruppe 2 wurden zusätzlich noch Lautnachahmungen beobachtet. Dagegen wies die Fingermotorikguppe schon nach wenigen Tagen Stimmreaktionen auf und kurz darauf in einem hohen Prozentsatz sogar sehr präzise Lautwiedergaben. Zudem waren die Kinder dieser Gruppe in der Lage, die Fingerbewegungen auch außerhalb der Fördersituation anzuwenden. Das Fazit von Kolzowa ist nach diesen Erfahrungen eindeutig.

»Wenn wir über die Periode der Vorbereitung der aktiven Sprache des Kindes reden, dürfen wir nicht nur das Training des Artikulationsapparates berücksichtigen, sondern müssen auch an die Bewegungen der Finger denken« (Kolzowa 1975, S. 647).

b) Für unsere sensomotorischen Leistungen, also etwa die Empfindungs- und Bewegungsfähigkeit des Mundes und der Hände, bedarf es einer harmonischen Zusammenarbeit verschiedener Regionen im Gehirn. Interessant ist nun, dass diese Teile unseres Zentralen Nervensystems (ZNS) für Mund- und Handfunktionen direkt nebeneinander liegen und ausgesprochen überproportional ausgeprägt sind. Zeichnet man den Körper eines Menschen so, wie seine Körperteile im Gehirn repräsentiert sind, ergibt das folgende Gestalt:

Diese Fakten zusammen genommen, zwingen zu der Annahme, dass die Mund- und Handregion wesentliche als auch zusammenhängende Einheiten in ihren biologischen Strukturen (Gehirn) und psychosozialen Funktionen (Sprache, Er- und Begreifen der Welt) darstellen.

c) Die Hände sind in der Kommunikation des Säuglings mit seinen Bezugspersonen ganz wichtige Werkzeuge, sodass in der Fachliteratur sogar von der Handsprache des kleinen Kindes gesprochen wird. Sie hat zwar in der weiteren Entwicklung des Kindes nicht mehr diese herausragende Stellung, weil die Lautsprache die Vorherrschaft erobert. Als Gestik zur Unterstützung und Begleitung der Rede sorgen die Hände aber dafür, dass die Sprache ausdrucksstärker und eindrucksvoller wirkt.

d) Bei extremen Sinnesschädigungen, der Gehörlosigkeit, übernehmen die Hände jene Position, die bei normalsinnigen Menschen der Mund innehat, sie werden zum entscheidenden Mittel, Sprache darzustellen. Wir wissen heue, dass diese »Gebärdensprache« nicht irgendein primitives Gestikulieren ist, sondern eine hoch differenzierte Sprache mit einer eigenen Grammatik, mit einem konkreten und abstrakten Wortschatz, ja sogar mit eigenen Dialekten.

3.3 Zur Funktion des Fingerspiels

Nach diesen kurzen, grundsätzlichen Bemerkungen zu den Zusammenhängen von Hand und Sprache konzentriere ich mich nun auf die pädagogischen Folgerungen aus diesen Überlegungen, auf die Fingermotorik als einen wesentlichen Beitrag zur Förderung der Sprachentwicklung.

Wir sind damit auf einen der ganz großen Pädagogen verwiesen. Es ist Friedrich Fröbel (1782–1852), der nicht nur für die Institutionalisierung des Kindergartens die Verantwortung trägt, sondern auch für seine inhaltliche Gestaltung. In diesem Rahmen nehmen die Fingerspiele eine besondere Bedeutung ein und haben sie bis auf den heutigen Tag in dieser Einrichtung behalten. Acht Jahre vor seinem Tod veröffentlichte Fröbel 1883 seine Mutter- und Koselieder, versehen mit dem Untertitel: »Dichtung und Bilder zur edlen Pflege des Kindheitslebens«. Eines der bekanntesten Spiele aus dieser Sammlung ist das »Turmhähnchen«:

> Wie das Hähnchen auf dem Turme
> Sich kann drehn im Wind und Sturme,
> Kann mein Kind sein Händchen wenden,
> So sich neue Freuden spenden.

Zu diesem kleinen Vers werden die Hände in senkrechter Stellung stehend hin- und hergedreht. Schon in den weiteren Auflagen der Mutter- und Koselieder weisen die Kommentare der Herausgeber darauf hin, dass Förbel zunächst Pädagoge und nicht Dichter war. Und in der Tat: Fröbels Reime mögen uns aus heutiger Sicht eher auf Distanz gehen lassen als zu ihrer begeisterten Aufnahme führen. Wenn wir Fröbel dennoch hier in die Diskussion bringen, so geschieht dies keineswegs nur im Sinne einer historischen Würdigung. Nach wie vor kann von Fröbel einiges über die Struktur und Gestaltung von Fingerspielen gelernt werden. So ist das Hähnchen auf dem Turm für Fröbel nicht nur irgendein lustiges Spiel, sondern darüber hinaus verbindet er hiermit bestimmte didaktische Absichten. So werden alle Fingerspiele in seinem Buch illustriert. Dabei geht es nicht, wie in so vielen aktuellen Fingerspielwerken, um Zeichnungen oder Fotos von den dazugehörigen Handbewegungsmustern. Bei Fröbel soll das Bild den Inhalt des Fingerspiels vertiefen. So finden wir beim »Turmhähnchen« die Sichtweise vom Wind als Naturkraft und menschliche Versuche, dies zu nutzen, in der Illustration zusammengefasst. Neben dem Huhn auf dem Kirchturm entdecken wir die Fahne am Mast, das Windrad, die Windmühle, den Drachen, die Wäsche auf der Leine u. v. m. Doch Fröbel geht noch weiter. In einem zweiseitigen Kommentar im Anhang des Buches widmet er sich seinen pädagogischen Ansprüchen, die er mit diesem Fingerspiel verknüpft.

> »Hast Du noch nicht bemerkt, wenn Du vor Deinem Kinde einen Gegenstand bewegst, so, dass der bewegende Grund von dem Gegenstand etwas entfernt ist, dass dann das Aufsuchen der bewegenden Ursache dem Kinde mehr Freude macht als das Anschauen der Bewegung des Gegenstandes selbst? Dasselbe ist hier das Fühlen und Beherrschen des Grundes einer Folge, der Ursache einer Wirkung – das ist es, was Dein Kind wie mit Freude, so mit Ernst erfüllt. Sieh, und schon tatsächlich stellt es gleichsam die Wahrnehmung dar: Dem bewegten Gegenstande liegt eine bewegende Ursache, eine bewegende Kraft zum Grunde, und bald kommt es zum Schluss: Dem lebenden, lebendigen Gegenstand liegt eine lebende, lebendige Kraft zum Grunde. An einem etwas windigen, fast stürmischen Tage begleiten Dich Deine lieben Kinder auf den Trockenplatz vor Deinem Wohnorte …« (Fröbel 1883, S. 135).

Lösen wir uns von der zeitgebundenen Sprachform und konzentrieren uns auf die Sachaussagen von Fröbel, so erheben sich seine Intentionen weit über jenen Standard, der heute in vielen Fingerspielbüchern üblich geworden ist.

a) Der emotionale Aspekt
   Fingerspiele sollen Freude mache, sie sollen von den Kindern mit Begeisterung nachgeahmt werden und das pädagogische Anliegen so fundieren.
b) Der motorische Aspekt
   Fingerspiele verlangen ganz bestimmte Bewegungsformen, im Falle des »Turmhähnchens« schnelle, entgegengesetzt verlaufende motorische Muster. Bei anderen Spielen kann das Einhalten von Reihenfolgen (Finger) vorherrschen. Diese feinmotorische Förderung steht in enger Beziehung zu schriftsprachlichen (Schreibenlernen) und lautsprachlichen (Reihenfolge der Wörter im Satz) Leistungen.
c) Fingerspiele ermöglichen die Verbindung verschiedener Wahrnehmungssysteme zur Beobachtung und Kontrolle der Bewegungen. Neben der Empfindung für die Motorik der Hände (Kinästhetik) werden vor allem die Augen (visuelle Wahrnehmung) wichtig.
d) Der kognitive Aspekt
   Fröbel weist nachdrücklich darauf hin, dass die Fingerspiele zu einer Sache führen, Inhalte transportieren sollen, wie die Sequenz Ursache (Wind) und

Wirkung (Drehen des Wetterhähnchens) veranschaulicht. Das Fingerspiel fungiert hierbei aber nur als Verdichtung von konkreten Erfahrungen, die das Kind in der Realität (Mitgehen mit der Mutter zum Trockenplatz für die Wäsche) erleben muss.

e) Der neuropsychologische Aspekt

Fingerspiele thematisieren eine zentrale Fragestellung der Neuropsychologie, die Koordination von linker und rechter Körperhälfte, hier die der Hände. Fingerspiele verlangen diese Koordination in unterschiedlichen Varianten. Beim »Turmhähnchen« z.B. werden die Hände parallel eingesetzt und gleichwertig behandelt. Genauso gibt es aber auch Fingerspiele, die von der Bewegung her eine dominante Hand (bei den meisten Menschen die rechte) und eine untergeordnete Hand fordern. Auch das Überschreiten der Körpermitte (z.B. rechte Hand ins linke Körperfeld) ist Bestandteil einiger Spielformen.

f) Der sprachliche Aspekt

Stärker als Fröbel will ich dem Anliegen Nachdruck verleihen, die Fingerspiele als eine Möglichkeit der Sprachförderung einzusetzen. Dies verlangt einen überlegten, gezielten Einsatz jener Sprachmuster, die die Verse der einzelnen Spiele bilden. So bieten sich Fingerspiele z.B. für die Modulation der Stimme (laut–leise), für Reihenbildungen (Fingerfolge/Lautfolge im Wort), für einen bestimmten Wortschatz (Namen der Finger, Benennen von Bewegungsformen) usw. an. Ich werde gerade diesen Aspekt bei der Vorstellung der Spiele eingehend berücksichtigen.

3.4 Zur Didaktik des Fingerspiels

Anders als bei den Mundspielen verfügen wir über eine umfangreiche Literatur zu den Fingerspielen, speziell natürlich zu ihrem pädagogischen Einsatz. Ich beschränke mich deshalb hier auf einige wesentliche Anmerkungen.

a)

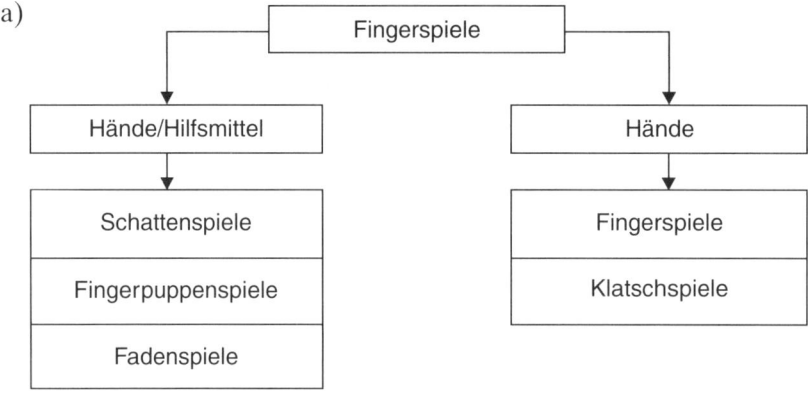

Ich verzichte in diesem Buch auf die Schattenspiele, die eine Lichtquelle als Hilfsmittel benötigen, und auf jene Spiele, bei denen die Finger wie bestimmte Figuren angemalt bzw. von gebastelten Puppen übergestülpt werden. Berücksichtigt werden die eigentlichen Fingerspiele (1 bis 5), die Klatschspiele (6 und 7) und die Fadenspiele (8 und 9).

b) Ähnlich wie bei den Mundspielen habe ich auch bei den Fingerspielen Ideen eingebaut, die bestimmten Themen zuzuordnen, als themenorientierte Fingerspiele zu verstehen sind. Dies gilt für »Die Früchte am Baum« zum Bereich Obst, für »Herr Schweins« und »Ein Mädchen aus Ulm-Wiblingen« in Bezug zum Zahl- und Mengenbegriff und insbesondere für »Der Wind«, jenem Fingerspiel, das ich Friedrich Fröbel widmen möchte, der diesen inhaltlichen Aspekt, wie oben aufgezeigt, verwirklicht hat.

c) Eine besondere Bedeutung in diesen Spielen nimmt, was sich aus der Intention dieses Buches begründet, die Sprache ein. Fingerspiele als Sprachfördermedium, so lautet der Anspruch. Hierzu gehört aber nicht nur der Text des Spiels, sondern auch seine Gestaltung durch den Pädagogen.

> »Es hat sich bewährt, Fingerspiele langsam, aber sehr ausdrucksvoll zu sprechen und vorzuspielen. Spannende Momente können durch sprachliche Akzentuierung, Tempoverzögerung, Heben und Senken der Stimme betont werden. Die Bewegungen müssen in ihrer Abfolge und Gestaltung dem Text folgen« (Arndt/Singer 1980, S. 32).

d) Bei Fingerspielen sind die Körperteile für Bewegung und Sprache (Hände/Mund) getrennt. Dies erleichtert – im Unterschied zu den Mundspielen – ihre Darbietung. Eine Symbolfigur für Fingerspiele ist deshalb nicht zwingend, kann aber als Bereicherung des Geschehens durchaus Verwendung finden.

e) Es ist ein Anliegen dieses Abschnitts, dem Ruf von Fingerspielen als »Kindergartenkram« entgegenzuwirken. Fingerspiele sind auch in den Grundschulen eine wesentliche Form pädagogischer Kleinkunst von unbestreitbarer Bedeutung. Um dies zu unterstreichen, wurden ganz bewusst zwei Fadenspiele in das Programm aufgenommen. Sie können bei feinmotorisch geschickten Kindern im Vorschulalter, ansonsten aber im Schulalter eingesetzt werden und eignen sich insbesondere für die Einzelbeschäftigung des Kindes. Seine entscheidenden Charakteristika hat das Fadenspiel in der Konzentration und Präzision bzw. in der Notwendigkeit, einen ganz bestimmten Handlungsablauf einzuhalten. Wichtig war mir auch hier, Bewegung und Sprache zu koppeln. Vom Spiel her ist dies keine Verpflichtung, für die Kinder ist es aber durchaus nicht nur eine inhaltliche Bereicherung im Sinne der Sprachförderung als handlungsbegleitenden Sprechens, sondern auch etwas, das ihnen Freude bereitet. Genau wie bei den Fingerspielen muss der Text nicht auswendig gelernt werden. Durch sein häufiges Hören und gelegentliches Mitsprechen prägt sich seine klare Struktur im Laufe der Zeit ein und wird zum Besitz des Kindes.

3.5 Fingerspiele

3.5.1 Der Wind – Für Friedrich Fröbel –

1. So wie die Fahnen im Wind
   dreh'n sich die Hände beim Kind.
   Zuerst die rechte Seite
   und dann die linke Seite
   und schließlich alle beide.
2. So wie die Rädchen im Wind
   kreisen die Hände beim Kind.
   Zuerst die rechte Seite
   und dann die linke Seite
   und schließlich alle beide.
3. So wie die Bäume im Wind
   bieg'n sich die Hände beim Kind.
   Zuerst die rechte Seite
   und dann die linke Seite
   und schließlich alle beide.

4. So wie die Wolken im Wind
   schweben die Hände beim Kind.
   Zuerst die rechte Seite
   und dann die linke Seite
   und schließlich alle beide.
5. So wie die Drachen im Wind
   fliegen die Hände beim Kind.
   Zuerst die rechte Seite
   und dann die linke Seite
   und schließlich alle beide.
6. Doch plötzlich ruht der Wind,
   und die Drachenhände fallen geschwind,
   bis sie auf der Erde gelandet sind.

Dieses Spiel zum Wind orientiert sich an Fröbels Intention zu seinem »Turmhähnchen«. Dazu ist im letzten Kapitel das Notwendige gesagt worden. Erwähnenswert ist in diesem Zusammenhang nur die Weiterentwicklung im Sinne des Fingerspiels als Mediums der Sprachförderung. Der Text wiederholt sich und prägt sich trotz seiner Länge für die Kinder auf diese Weise ein. Die entscheidenden Inhalte, was der Wind bewegt und wie diese Bewegung aussieht, werden so sprachlich herausgehoben und stehen in enger Verbindung zur geforderten Handmotorik. Diese integriert dann noch einen weiteren Aspekt, indem sie die Bewegungen für die einzelnen Hände und als parallele Ausführung fordert. Zu den Bewegungen:

1. Die Hände stehen senkrecht nach oben und drehen sich hin und her (einschließlich Unterarm). Rechte Hand, dann linke Hand und schließlich beide Hände synchron.
2. Die Hände weisen waagerecht nach vorne und kreisen in einer Richtung aus dem Handgelenk heraus.
3. Die flachen Hände zeigen nach oben und biegen sich vom Handgelenk aus.
4. Die flachen Hände fahren in Kopfhöhe langsam von links nach rechts.
5. Die flachen Hände fliegen schnell hin und her.
6. Die Hände fallen herunter bis auf die Oberschenkel.

3.5.2 Die Finger wandern

a)
b)   1. Ein Daumen sah aus seiner Hand
         und dachte sich:
c)   Hurra, da drüben steh ja ich.
d)   Dann sprach der Daumen zu dem andern:
         Von nun an wollen wir gemeinsam wandern.
e)   Der eine auf der linken,
         der andere auf der rechten Seite,
f)   so suchen sie ganz langsam das Weite.

      2. Ein Zeigefinger sah aus seiner Hand
         und dachte sich:
         Hurra, da drüben steh ja ich.
         Dann sprach der Zeigefinger zu dem andern:
         Von nun an wollen wir gemeinsam wandern.
         Der eine auf der linken,
         der andere auf der rechten Seite,
         so suchen sie ganz schnell das Weite.

      3. Ein Mittelfinger sah aus seiner Hand
         und dachte sich:
         Hurra, da drüben steh ja ich.
         Dann sprach der Mittelfinger zu dem andern:
         Von nun an wollen wir gemeinsam wandern.
         Der eine auf der linken,
         der andere auf der rechten Seite,
         so suchen sie stolpernd das Weite.

      4. Ein Ringfinger sah aus seiner Hand
         und dachte sich:
         Hurra, da drüben steh ja ich.
         Dann sprach der Ringfinger zu dem andern:
         Von nun an wollen wir gemeinsam wandern.
         Der eine auf der linken,
         der andere auf der rechten Seite,
         so suchen sie kriechend das Weite.

      5. Der kleine Finger sah aus seiner Hand
         und dachte sich:
         Hurra, da drüben steh ja ich.
         Dann sprach der kleine Finger zu dem andern.
         Von nun an wollen wir gemeinsam wandern.
         Der eine auf der linken,
         der andere auf der rechten Seite,
         so suchen sie hüpfend das Weite.

Eine besondere Bemerkung in »Die Finger wandern« verdient wiederum der sprachliche Aspekt. Der Text ist erneut recht lang, verändert sich aber nur bei den Fingernamen und der Fortbewegungsart der Finger, die auch entsprechend stimmlich zum Ausdruck gebracht wird.

a) Fäuste vor die Brust.
b) Daumen werden aus den Fäusten herausgezogen.
c) Daumen nicken sich zu.
d) Daumenspitzen berühren sich.
e) Linke Faust = linker Oberschenkel.
   Rechte Faust = rechter Oberschenkel.
f) Fäuste (Daumen nach oben) laufen langsam bis zum Knie.

a)–e) Zeigefinger.
f) schnell.

a)–e) Mittelfinger.
f) Mittelfinger voraus, stolpert bis zum Knie, abgehacktes Sprechen.

a)–e) Ringfinger.
f) Ringfinger voraus, Faust wird nachgezogen, tiefe Stimme.

a)–e) Kleiner Finger.
f) Kleiner Finger senkrecht hoch, mehrere Sprünge bis zum Knie, hohe Stimme.

F

195

3.5.3 Die Früchte am Baum

a) 1. Die Zunge sagt:
b) Ein starker Wind hat soeben
c) die (grünen) Äpfel vom Baum geweht.
a) Und sie fragt:
c) Wer hilft mit, alle aufzuheben?

2. Die Zunge sagt:
Ein starker Wind hat soeben
die (gelben) Birnen vom Baum geweht.
Und sie fragt:
Wer hilft mit, alle aufzuheben?

3. Die Zunge sagt:
Ein starker Wind hat soeben
die (blauen) Pflaumen vom Baum geweht.
Und sie fragt:
Wer hilft mit, alle aufzuheben?

4. Die Zunge sagt:
Ein starker Wind hat soeben
die (roten) Kirschen vom Baum geweht.
Und sie fragt:
Wer hilft mit, alle aufzuheben?

Nachdem bei »Die Finger wandern« die einzelnen Finger in ihrer Reihenfolge vorgestellt wurden, greifen »Die Früchte am Baum« ein gängiges Kindergarten- und Schulthema auf, das Obst. Das Sprachmuster ist vertraut, das heißt, neben dem konstanten Sprachrahmen variieren die Finger und zusätzlich die Früchte und ihre Farbzuordnungen. Zu den Bewegungen:

a) Die beiden Daumen schauen aus der Faust und nicken.
b) Der zentrale Bewegungsablauf bei diesem Text entspricht dem bekannten Spiel »Imse Wimse Spinne«. Rechter Daumen und linker Zeigefinger, linker Daumen und rechter Zeigefinger berühren und drehen sich immer im Wechsel. Dies ist mit einer Aufwärtsbewegung verbunden. In Strophe 2 sind es Daumen und Mittelfinger, in Strophe 3 dann Daumen und Ringfinger, schließlich in Strophe 4 Daumen und kleiner Finger.
c) Alle Finger purzeln als Faust auf die Oberschenkel zurück.

3.5.4 Herr Schweins

1. In dem grünen Auto, 111,
   da saß der dicke Herr
   Schweins, Schweins, Schweins.

2. Er fuhr zum Haus Nummer 222,
   und klingelte gleich mal 333.

3. Fenster öffneten sich, 444:
   Wer schellt denn bitte schön
   hier, hier, hier?

4. Dieses fragten Katzen, 555,
   ihre Nasen rümpfend,
   rümpf, rümpf, rümpf.

5. Herr Schweins rieb die Augen 666:
   Ich dachte, hier wohnt die
   Hex, Hex, Hex.

6. Die Hex, miaut'n die Katz'n, 777,
   ist nicht mehr bei uns ge-
   blieb'n, blieb'n, blieb'n.

7. Die Uhr schlug gerade 888,
   da verschwand sie gestern
   Nacht, Nacht, Nacht.

8. Seitdem schleicht sie nur noch, 999,
   durch die verlassene
   Scheun, Scheun, Scheun.

9. Oh, grunzte da Herr Schweins,
   10 10 10,
   dann muß ich wohl wieder
   gehn'n, geh'n, geh'n.

Dieses Spiel hat sich als Handpantomime bewährt. Die Textinhalte werden also durch großräumige Bewegungen umgesetzt, so z.B. das Lenken des Autos in Strophe 1 durch Drehen der Hände an einem imaginären Lenkrad, das Andeuten des dicken Herrn durch einen Halbkreis über dem Bauch usw. Die Zahlen werden grundsätzlich durch die Finger symbolisiert. In ihrer Reihenfolge als einfaches Bis-10-Zählen liegt auch der kognitive Anspruch dieses Spiels.

3.5.5 Ein Mädchen aus Ulm-Wiblingen – Für Daniela –

1. Ein Mädchen aus Ulm-Wiblingen
   wollte zehn Gummibären verschlingen.
   Mitten in der Nacht
   hat der Räuber ihr einen gebracht.
2. Ein Mädchen aus Ulm-Wiblingen
   wollte zehn Gummibären verschlingen.
   Drei weitere gab ein Rüsseltier,
   nun hatte das Mädchen schon vier.
3. Ein Mädchen aus Ulm-Wiblingen
   wollte zehn Gummibären verschlingen.
   Zwei neue schenkte ihr die Hex',
   nun besaß das Mädchen schon sechs.
4. Ein Mädchen aus Ulm-Wiblingen
   wollte zehn Gummibären verschlingen.
   Noch vier brachte die Fee »Wunderschön«,
   nun hatte das Mädchen endlich zehn.
5. Da kam die Zauberin Zappelzippzeck
   und zauberte die zehn Gummibärchen einfach weg.
   Und willst du sie haben,
   so musst du der Zauberin sagen:
   Wer hat bei Tag und bei Nacht
   dem Mädchen wie viele Gummibären gebracht?

Das Mädchen aus Ulm-Wiblingen widme ich einer kleinen Persönlichkeit, von der ich sehr viel gelernt habe. Ulm-Wiblingen ist ihr Wohnort, und daher hat dieses Spiel seinen Namen. Die Gummibären können selbstverständlich durch andere Esswaren ersetzt werden. Strophe für Strophe werden die entsprechenden Gummibären vor das Kind gelegt. Das Kind selbst begleitet diese Tätigkeit durch das Zeigen der Zahl mit den Fingern.

0   000   00   0000

Entweder spielt der Pädagoge mit einem einzelnen Kind, oder das Spiel wird in der Gruppe als Partnerspiel durchgeführt. Ganz zum Schluss werden vom Kind selbst oder vom Partner die Gummibären mit den Armen verdeckt. Nun muss die Zauberfrage beantwortet werden: Wer hat wie viele Gummibären gebracht? Um das Spiel nicht zur Gewohnheit werden zu lassen, können die Mengen immer wieder geändert werden. Im Unterschied zu »Herrn Schweins« verlangt »Das Mädchen aus Ulm-Wiblingen« nicht nur das einfache Zählen, sondern das Beherrschen des Mengenbegriffs. Dies muss zusätzlich behalten, gespeichert werden.

3.5.6 Das leise Klatsch und das laute Patsch

1. Ein leises Klatsch
   sagte zu einem lauten Patsch:
   Dein lautes Patsch
   stört mein leises Klatsch.
2. Doch das laute Patsch
   war ein so lautes Patsch,
   dass es nicht hörte,
   wie das leise Klatsch
   sich über das laute Patsch
   beschwerte.
3. Da wurde das leise Klatsch
   ganz still.
   Dies merkte das laute Patsch,
   und es fragte das leise Klatsch,
   was es denn will?
4. Da sagte das leise Klatsch
   zu dem lauten Patsch:
   Dein lautes Patsch
   stört mein leises Klatsch.
5. Oh, meinte da das laute Patsch
   zu dem leisen Klatsch:
   So 'n Kladderadatsch.

Mit »Das leise Klatsch und das laute Patsch« beginnen die Klatschspiele. Auch sie sind ein altes Kulturgut und wurden früher auf jeder Straße, in jedem Hof von den Kindern gespielt. Wer kennt nicht das Partnerklatschspiel »Bei Müllers hat's gebrannt«? Hier werden nun neue Angebote unterbreitet. In diesem Spiel gibt es nur zwei Grundformen: das leise Klatsch = leises Klatschen der Hände; das laute Patsch = lautes Patschen der Hände auf die Oberschenkel. Das Spiel lebt vom Wechsel dieser Muster und von der kleinen Geschichte, die sich zwischen den beiden ereignet. Zudem knüpfe ich mit diesem Klatschspiel an die Hör-Spiele an, wo die Unterscheidung von laut und leise ein wichtiges Anliegen darstellt.

3.5.7 Linke Hand, rechte Hand

1. Als die linke Hand
   morgens aus dem Bett aufstand,
   hat sie die rechte Hand geweckt
   und sich zusammen mit ihr gestreckt.

2. So wurden beide richtig wach
   und freuten sich über ihren eigenen Krach.
   Denn sie begannen auf die Schenkel zu patschen
   und *laut* ein neues Lied zu klatschen:
   Refrain: Klatsch, klatsch, patsch,
            stampf (rechtes Bein),
            Klatsch, klatsch, patsch,
            stampf (linkes Bein),
            Klatsch, klatsch, patsch,
            stampf (beide Beine).

3. Und als sie wieder auf die Schenkel patschten,
   begann sie ihr Lied *leise* zu klatschen.
   Refrain

4. Und als sie wieder auf die Schenkel patschten,
   begannen sie ihr Lied *langsam* zu klatschen.
   Refrain

5. Und als sie wieder auf die Schenkel patschten,
   begannen sie ihr Lied *schnell* zu klatschen.
   Refrain

»Linke Hand, rechte Hand« ist von den Anforderungen her eine Steigerung gegenüber dem vorherigen Klatschspiel. Es gelten folgende Grundformen:

Klatsch = Klatschen in die Hände,
patsch = Patschen der Hände auf die Oberschenkel,
stampf = Stampfen der Füße auf den Boden.

1. Zwei Fäuste, die linke Hand geht auf und berührt die rechte Hand, die dann auch aufgeht. Beide Hände strecken sich in die Luft, eventuell begleitet von Geräuschen.
2. Fortführung des Streckens und Wachwerdens. Die Bewegungsfolge (Refrain) wird laut oder leise, langsam oder schnell vorgeführt.

Verlangt werden so die Links-rechts-Koordination, Sprech- und Bewegungsveränderungen im Tempo und in der Stimmintensität.

3.5.8 Das Fadenband

1. Das lange Fadenband
   liegt in der linken Hand.
2. Da kommt die rechte Hand
   und schlüpft durchs Fadenband.
3. Nun dreht sich im Fadenband
   ganz langsam die rechte Hand.
4. Dann schlüpft die rechte Hand
   noch mal durchs Fadenband.
5. Und schon liegt das Fadenband
   nur noch in der linken Hand.

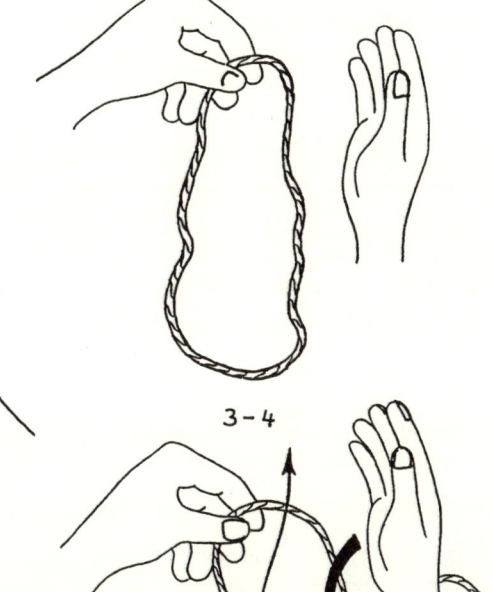

1

2

3 – 4

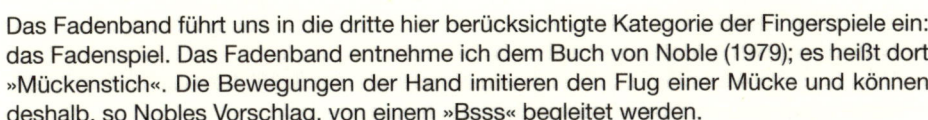

Das Fadenband führt uns in die dritte hier berücksichtigte Kategorie der Fingerspiele ein: das Fadenspiel. Das Fadenband entnehme ich dem Buch von Noble (1979); es heißt dort »Mückenstich«. Die Bewegungen der Hand imitieren den Flug einer Mücke und können deshalb, so Nobles Vorschlag, von einem »Bsss« begleitet werden.
Ich habe das Spiel mit einem anderen Text versehen, weil ich »Das Fadenband« als ein Spiel betrachte, das sehr schnell vom Kind zu erlernen ist und sich deshalb zur Einführung in das Fadenspiel besonders eignet. Der Text ist deshalb auch die genaue Begleitung der Bewegungsfolge im Sinne des handlungsbegleitenden Sprechens. Die Ausführung des Fadenspiels läßt sich durch die Verse erleichtern.

1. Du hältst den Faden in der linken Hand. Die Schnur hängt locker herunter. Mit der rechten Hand schlüpfst du von vorne durch die Schlinge. Jetzt drehst du die Hand so, dass die Handinnenfläche dir zugewandt ist. Die Schlinge liegt über Kreuz.
2. Schlüpfe mit deiner rechten Hand links an der Schlinge vorbei und dann von hinten durch die Schlinge.
3. Die rechte Hand ist wieder frei.

201

3.5.9 Die Maus

1. Der dicke Daumen
   schüttelt nicht nur Pflaumen.
   Er spielt – ganz keck –
   in diesem Stück den Mäusespeck.
2. Schon kommt die Maus
   aus ihrem Haus heraus.
3. Und sie schleicht um
   den Zeigefinger rum.
4. Und sie schleicht um
   den Mittelfinger rum.
5. Und sie schleicht um
   den Ringfinger rum.
6. Und sie schleicht um
   den kleinen Finger rum.
7. Mit einem Mal sieht sie den Speck,
   doch der rennt ganz schnell weg.
   Da schaut die Maus recht dumm
   und schleicht nicht mehr herum.

Dieses Spiel findet sich bei Broos (1980, S. 54). Es heißt dort auch »Die Maus«.

1. Der linke Daumen wackelt hin und her. Dann zeigt die gestreckte linke Hand vom Körper weg, und die rechte Hand hängt die Fadenschnur auf den Daumen der linken Hand.
2. Der Zeigefinger löst sich aus der rechten Hand.
3. Der rechte Zeigefinger fährt unter der Schnur an der Handinnenfläche hindurch, weiter zwischen Daumen und Zeigefinger der linken Hand und greift sich die Schnur, die auf dem Handrücken liegt. Er zieht diese Schlaufe zurück zwischen Daumen und linkem Zeigefinger und unter der Schnur in der Handinnenfläche. Jetzt dreht er die Schlaufe eine halbe Drehung nach rechts und legt diese Schlaufe auf den linken Zeigefinger. Die Schnur wird dann straff angezogen.
4. Wie 3., nur schleicht der rechte Zeigefinger diesmal zwischen linkem Zeige- und Mittelfinger durch und stülpt die Schlaufe auf den Mittelfinger.
5. Wie 3., nur schleicht der rechte Zeigefinger diesmal zwischen linkem Mittel- und Ringfinger durch und stülpt die Schlaufe auf den Ringfinger.
6. Wie 3., nur schleicht der rechte Zeigefinger diesmal zwischen linkem Ringfinger und kleinem Finger durch und stülpt die Schlaufe auf den kleinen Finger.
7. Die Schlaufe vom linken Daumen wird gelöst und steht nun frei nach oben ab. Die rechte Hand zieht ganz schnell an dem inneren der zwei herunterhängenden Fäden. Die Schlaufen der einzelnen Finger lösen sich, und die Hand ist befreit.

Dieses Spiel wirkt zunächst recht aufwendig. Es besticht aber durch seine immer wiederkehrenden Handlungen (s. immer wiederkehrenden Text) und seinen Schlusseffekt. Zudem hat das Spiel eine klare Abfolge, und es funktioniert nur, wenn diese Abfolge präzise eingehalten wird.

Sigrun Beck, Barbara Schuchardt,
Kristina Walter, Marianne Wiedenmann
Tast- und Fühlgeschichten – Ein Beispiel für integrationspädagogische Kooperation

Vorbemerkung: Sprachförderung durch Tastgeschichten

Die Welt der Kinder heute ist bunt, ja grell gespickt mit Bildern und Bildfolgen, optisch überladen und kaum zu verarbeiten. Der Gesichtssinn wird strapaziert. Zu hören sind selten leise Töne, unsere Welt ist laut. Auch die Kinder sind laut und versuchen durch Lautstärke auf sich aufmerksam zu machen. Beim Geschichtenlesen fällt auf, dass viele Begriffe nicht mehr selbstverständlich verstanden werden. Die Kinder benutzen zunehmend Wörter aus dem Amerikanischen, genau wie die Erwachsenen.

Unser Geruchssinn wird ebenso stark strapaziert, es stinkt auf unseren Straßen. Feine Düfte sind schwer wahrnehmbar. Wie ist es dann mit dem Fühlen?

Hier fällt schon auf, dass damit noch etwas anderes als der Tastsinn gemeint ist. Das Fühlen ruft Gefühle hervor, es berührt mich etwas. Das ist nicht laut und grell. Man muss die Augen schließen, sich konzentrieren, um zu fühlen. Besonders unsere Fingerspitzen sind sehr »gefühlvoll« und melden ihre Erlebnisse. Dann beginnen wir zu sprechen, zu melden, was wir dabei erfühlen und erleben. Es lohnt sich, Menschen bei einem Fühlerlebnis zu beobachten und ihnen zuzuhören. Das Tasterlebnis fördert die mündliche Kommunikation auf eine sehr einfache und natürliche Art und Weise, was sich so im Überblick darstellen lässt:

1. Tasten,
2. Erleben,
3. Erinnern,
4. Benennen,
5. Kommunizieren,
6. Erzählen,
7. Geschichten schreiben.

Fühlen mit den Händen evoziert Sprache, ohne dass ein Kind mit monotonen Übungen zum Nachsprechen aufgefordert werden müsste. Die zusätzliche Sinneserfahrung lässt das Kind etwas erleben und in Sprache umsetzen. Hinzu kommt noch, dass das Tasterlebnis immer wieder neu interpretiert werden kann. Als Partner des tastenden Kindes kann ich nachfragen, die Hand lenken und so zu neuen Äußerungen anregen. Durch Rollenwechsel (ich fühle, das Kind führt meine Hand) kann ich Sprache weiterentwickeln. Die verschiedenen Möglichkeiten von Tasterlebnissen und ihre sprachliche Umsetzung haben uns gezeigt, wie durch die Erweiterung des Erlebens Sprache sozusagen spielerisch gefordert und gefördert werden kann.

Die hier zusammengetragenen Praxisbeispiele sind keinesfalls normativ zu verstehen. Sie sollen vielmehr Einblick geben in eine Variante von handlungsorientierter Sprachförderung im Rahmen von Schule. Wir möchten der Fiktion von homogenen Klassifizierungen bewusst die Variationsbreite von Schulpraxis entgegensetzen. Deshalb geben wir keine Zuordnungen zu Schul- oder anderen Organisationsformen wie Sprachheil- oder Vorklassen, Alters- oder Fördergruppen.

Wir orientieren uns an einem Konzept zur Sprachförderung, das eher an Fähigkeiten als an Defiziten ansetzt.

Die dokumentierten Praxisanregungen haben wir[1] in vielerlei Zusammenhängen erprobt:

– in verschiedenen Jahrgangsstufen,
– in Grund- und Sonderschulen mit verschiedenen Behinderungen,
– im Gemeinsamen Unterricht,
– in verschiedenen Formen von Unterrichtsorganisation, z. B. Freiarbeit, Wochenplan, Werkstattunterricht – und auch in Vertretungsstunden.

Wir gehen davon aus, dass jedes Kind von Anfang an – auf seinem Entwicklungsniveau – Beiträge zum Unterricht leisten kann. Von daher betrachten wir mündliche und schriftliche Sprachgestaltungen von Kindern etwas anders, als traditionellerweise erwartet wird. – Vorrangig zur Einschätzung der Leistung ist für uns der individuelle Entwicklungsfortschritt. Erst in zweiter Linie bewerten wir den Grad der Annäherung an die Sprachnorm, wie sie durch Hochsprache und schriftsprachliche Normen vorgegeben sind. So können Zugänge zu Sprache für alle Kinder ermöglicht werden.

Die Erfahrung mit einem gemeinsamen Gegenstand steht im Mittelpunkt und soll zu zieldifferentem Arbeiten anregen. Das betrifft besonders den gemeinsamen Unterricht mit behinderten Kindern in Regelschulen.

1. Ausgangspunkt ist unser persönliches Erleben und Handeln mit Kindern in der Schule. Deutlich wird dies in den vier Geschichten am Anfang des *ersten Teils*, in dem wir uns mit kleinen Szenen aus dem Schulalltag vorstellen.

---

1 Kristina Walter, Barbara Schuchardt und Sigrun Beck sind vorwiegend mit Ausbildungsfragen der zweiten Phase der Lehrerausbildung befasst und zugleich integriert in die praktische Grundschularbeit; Marianne Wiedenmann, Grund- und Sonderschullehrerin, war in der Entwicklungsphase dieser Praxisanregungen sowohl an der Sonderschule als auch in der ersten Phase der Lehrerbildung tätig.

2. Die Praxisbeispiele im *zweiten Teil* sollen zeigen, wie Kinder zum Erzählen angeregt werden können und wie Geschichten entstehen. Wir haben dabei Erzählanlässe ausgewählt, die immer eine Tast- oder Fühlsituation als Impuls haben.

Daraus entstehen wieder neue Geschichten in kürzeren oder in ausführlicheren Zusammenhängen, sowohl individuell, als auch in der Gruppe. Derartige Modelle können zeigen, wie man mit einfachen Mitteln Anlässe zur Sprachförderung gestalten kann. Sie können sowohl in der beschriebenen Weise verwendet werden als auch mit ähnlichen und/oder anderen Materialien und Inhalten.

3. In Ergänzung dazu bietet der *dritte Teil* eine Reihe von Ideen, wie Kinder zu einem zunehmend differenzierteren Sprachgebrauch angeregt werden können. Kommunikation geschieht hier über versprachlichte Eindrücke und Gefühle beim Tasten. Neue Sprachmuster werden dabei oft aufprobiert.

Für alle Teile gilt: Es gibt kein Richtig und kein Falsch – was zählt, ist das eigene Erleben und dessen individueller Ausdruck.

1. Vier Kinder – vier Geschichten

1.1 »Ilja[2] nimmt meine Hand« (Kristina Walter)

Sechs Wochen im 1. Schuljahr sind bereits vergangen, 20 Kinder im Alter von sechs bis sieben Jahren unterschiedlicher Nationalität haben sich zu einer Gruppe zusammengefunden. Sie sind die Klasse 1c, kennen ihren Lehrer und ihre Lehrerin, können sich mit Namen aufrufen, haben ihre Arbeitstische, Lese-, Mathematik- und Spielecke in Besitz genommen und organisieren sich und ihr Lernen und Spielen zunehmend selbständiger und sicherer. Am Mittwochmorgen werde ich ins Büro gerufen und bekomme Ilja aus Kasachstan vorgestellt. Mutter und Vater haben, soweit möglich mit ihren Deutschkenntnissen, die Formalitäten erfüllt. Ilja soll gleich mit in unsere Klasse kommen. Die Eltern begleiten mich und ihren Sohn bis zur Klassentür, wollen aber nicht mit hereinkommen. Ilja kann mich nicht verstehen, er besteht für mich erst mal aus einem Paar großer, fragender Augen. Erstaunlich ruhig lässt er seine Eltern ziehen, erfasst meine hingehaltene Hand und betritt mit mir die Klasse.

Ich spüre seine kleine, feste Hand, die meine Finger umschließt. Der Kontakt bleibt bestehen, und ich stelle Ilja den anderen Kindern vor. Alle nennen ihre Namen und fangen an, ihn zu fragen, mit ihm zu reden. Als sie merken, dass er ihnen noch nicht antworten kann, bringen sie ihm Dinge aus der Klasse und

---

2 Alle Namen sind geändert, die Bilder aber authentisch.

zeigen ihm ihre gerade fertig gestellten Bilder. Serian möchte Ilja mit an seinen Tisch nehmen und ergreift seine andere Hand. Langsam löst sich Ilja von mir und vertraut sich Serian an. In den folgenden Tagen kommt Ilja morgens immer erst zu mir, ergreift meine Hand und führt mich in der Klasse oder im Schulhaus an die Stellen, die er kennen lernen möchte. Zunehmend mehr löst er sich aber auch von mir und nimmt Kontakte zu anderen Kindern auf. Wenn er in der Klasse oder auch in Pausenzeiten Beistand benötigt, weiß er mich zu finden, meine Hand zu ergreifen, manchmal einfach nur Halt zu finden oder mich zu einem Problem zu fragen.

Vier Wochen sind vergangen, inzwischen kann sich Ilja schon mit einigen Worten, aber mehr mit Gesten verständlich machen. Der sicherste Weg für ihn aber ist, mich an der Hand zu fassen und zu führen. Seine Augen fragen viel, sind aber nicht mehr so ängstlich, und seine Hand liegt vertrauensvoll in meiner Hand. Ich fühle meist sehr schnell und gut, ob er ängstlich oder fragend nach mir greift. Unsere Hände sprechen miteinander. Manchmal wünsche ich mir für meine Klasse viel mehr Hände, denn ich habe immer alle Hände voll zu tun.

1.2 »Ein weißer Kiesel mit schwarzen Äderchen« (Sigrun Beck)

Im Februar steht ein neues Kind in der Klasse. Markus mit finsterer Miene. Widerwillig setzt er sich an einen freien Tisch. Ich schreibe nicht, erklärt er und ballt seine Fäuste. Umgeschult, ausgeschult, hier nun ein neuer Versuch. Ausgerechnet mich trifft das. Seine letzte Klassenlehrerin hat ein Magengeschwür davongetragen, ich versuche mich in Geduld, auf keinen Fall will ich mich provozieren lassen. Sein Vater sitzt im Gefängnis, die Mutter versorgt zahlreiche Geschwister und hofft, Markus mit Ohrfeigen weiterzuhelfen. Es kann ihm nichts schaden, er soll nicht wie sein Vater werden, ermuntert sie mich, auf ihren Erziehungskurs einzuschwenken. »Ich schreibe nicht«, jeden Morgen steht Markus mit ebendiesem Satz vor mir. Zwei Mädchen nehmen sich seiner an, setzen ihn zwischen sich, reden ihm gut zu und versuchen, seine Hand zu führen. Er rutscht unter den Tisch und bleibt da. Eigentlich bleibt er da für Wochen. Später kommt er unter seinem Tisch hervor, läuft herum, beginnt Prügeleien, wandert durch das Schulhaus. Ein Wunder passiert nicht, außer Geduldhaben kann ich nichts tun. Mittags trägt er seinen schweren Ranzen nach Hause, ohne dass jemals ein Heft oder ein Buch benutzt worden wäre. Manchmal kippt er ihn um und lässt alles liegen, nicht ohne vorher darauf herumgetrampelt zu sein. Seine Ausbrüche werden häufiger. Irgendwann nehme ich den Ranzen und stelle ihn in den Schrank. Du brauchst ihn nicht, er kann hier bleiben. Ist das erlaubt?, fragt er verunsichert. Ja, das ist erlaubt, Markus zieht ab, um nach zehn Minuten wieder vor mir zu stehen. Es geht nicht, ohne Ranzen kann ich nicht nach Hause gehen. Aber wir können den Inhalt hier lassen, dieser Vorschlag gefällt ihm, ich packe den unnützen Kram in den Schrank. Für viele Wochen bleibt unser Deal geheim. Markus prügelt nicht mehr ganz so oft, und von mir kommt keine lästige Frage nach Heften oder Büchern. An Schreiben oder Lesen ist nicht zu denken, bis zum Ende des Schuljahres nicht. Einmal sagt er, es geht einfach nicht. Er sagt das, als wollte er mir etwas erklären. Am letzten Tag vor den Ferien wandert der Zauberstein im Kreis herum. Er hilft beim Geschichtenerzählen und ist für geheime Wünsche zuständig. Man muss ihn in der Hand halten und mit den Fingern darüber streichen. Markus steht abseits und macht wie üblich nicht mit. Anschließend fehlt der Stein, und jemand will beobachtet haben, dass Markus ihn eingesteckt hat. Hat er? Seine Drohgebärden lassen es klüger erscheinen, nicht weiter nachzufragen. Der Stein bleibt verschwunden. Ein weißer Kiesel mit dunklen Äderchen.

Vielleicht war das vor zehn Jahren, vielleicht ist es noch länger her. An der U-Bahn-Haltestelle warten viele Leute. Vor mir steht ein junger Mann und freut sich über die Begegnung. »Wissen Sie noch«?, fragt er, und ich krame in meiner Erinnerung. Während ich überlege, holt er einen Stein aus der Tasche und hält ihn mir hin. Ein weißer Kiesel mit dunklen Äderchen. Der Zauberstein! Ich streiche vorsichtig darüber. Hat er geholfen? Er hilft immer noch, sagt Markus und hält ihn fest. Beinahe wäre die U-Bahn weg gewesen. Er lacht, winkt und verschwindet in der Menge. Da sitze ich nun, und alle grässlichen Geschichten fallen mir wieder ein.

1.3 Sarahs mühsamer Weg zur Sprache: »Ich auch!« (Marianne Wiedenmann)

Diagnose zu Beginn der Schulzeit: selektiver Mutismus, Lippen-Kiefer-Gaumen-Spalte (LPG), stark beeinträchtigte Kommunikationsfähigkeit durch offenes Näseln, erhebliche taktil-kinästhetische Abwehr, trotz durchschnittlicher Intelligenz keine Regelbeschulung möglich, Einweisung in die Schule für Sprachbehinderte (Sonderschule) ins 1. Schuljahr.

> »Unter taktiler Abwehr versteht man die Tendenz, negativ und gefühlsbetont auf Berührungsanreize zu reagieren«, heißt es in einem Manuskript ohne Quellenangabe. Weiter: »Taktile Reize werden als drohende Gefahr interpretiert. Das Kind reagiert darauf mit Abwehrbewegungen, Flucht oder verbaler Abwehr. Gleichzeitig ist meist die Formwahrnehmung, die Diskriminationsfähigkeit im taktilen Bereich stark herabgesetzt.«

Bei der Einschulung kann sich Sarah nur mit viel Tränen von der Mutter verabschieden, sitzt dann teilnahmslos und traurig auf ihrem Platz ganz am Rande hinten. Sie spricht nicht, geht nicht auf andere zu, verweigert Blickkontakt und schreit panikartig, wenn sie berührt wird, auch wenn es nur zufällig und unbeabsichtigt ist.

Bei Spielen in der Turnhalle läßt sie sich schon fallen, bevor sie von einem Kind überhaupt berührt wird, auch wenn nur ein Ball in ihre Nähe kommt. Beim Malen achtet sie penibel darauf, nicht mit der feuchten Farbe in Berührung zu kommen. Ansonsten vermeidet sie weit gehend Blickkontakt und Sprache. In einem Arm hat sie fast immer ihren zotteligen Kuschelhund – Andi, ihren treuer Begleiter. Andi ist Gesprächspartner, Wachhund und Pufferzone bei Übergriffen, jedenfalls unentbehrlich. Viele Aktivitäten sind schwierig mit einer Hand auszuführen, aber irgendwie gelingt es ihr meistens mit Kuscheltier zu essen, zu schreiben und sogar zu turnen.

Als Letzte geht sie in die Pause, wenn sie sicher sein kann, dass sie nicht mehr angerempelt wird im Treppenhaus. Im Pausenhof drückt sie sich in ruhigen Ecken herum oder sucht die schützende Nähe von Aufsichtspersonen, allerdings ohne Blickkontakt zu riskieren. Oft gibt es Konflikte mit anders behinderten Mitschülern, die ihre Kontaktangebote oft in einer rauen Version von Körpersprache machen.

Im Pausenhof treffen Kommunikationsprobleme von Sprachbehinderten mit dem Konfliktpotential einer Hauptschule mit über 90 % Migrantenkindern zusammen, die hohe psychosoziale Belastungen ergeben. Ständig wird geprügelt – selbst die engagierteste Lehreraufsicht kann nur notdürftig Feuerwehr spielen. Die Entwicklung einer Kultur der nonverbalen Kommunikaiton zwischen den zusammengeworfenen Problemgruppen ist zwar Ziel der engagierten LehrerInnen beider Schulen, aber trotzdem ist der Krankenwagen auf dem Schulgelände nichts Außergewöhnliches.

Sarah signalisiert, dass sie sich fürchtet, und das reizt vor allem Jungen, das blonde Mädchen zu provozieren und zu quälen. Sarah sagt viel mit Blicken, was selten verstanden wird. Es vergeht kein Tag, an dem sie nicht weint, kaum zugänglich ist für tröstende Worte. Sie kann sich nicht schützen gegen Kontakte, die schmerzen – gegen Blicke auf die Narbe am Mund, wo sie schon achtmal operiert worden ist. Sarah signalisiert, dass sie in Ruhe gelassen werden will und doch nichts mehr wünscht, als dazuzugehören. Mitschüler, die als sogenannte Unterschichtskinder hart im Nehmen geworden sind, stempeln sie schnell als »Heulsuse« ab und ärgern sie in jeder unkontrollierten Situation.

Nach den Pausen oder Schulbusfahrten sind viele geduldige Gespräche und Rollenspiele nötig, um für Verständnis zu werben. Im Laufe des ersten Schuljahres versetzen sich die Kinder zunehmend in Sarahs Lage und übernehmen die Funktion von Dolmetscher, Bodyguard und Hilfs-Ich. Tino kann das meisterhaft. Wenn Unbekannte in die Klasse kommen, erklärt er wirkungsvoll mit seinem verstammelten Spanisch-Italienisch-Deutsch, dass man Sarah nicht anfassen darf, dass sie manchmal seltsame Sachen macht und dass sie seine Freundin ist.

Sarah hat vor vielen Situationen und Objekten Angst. Sie befürchtet bei allen Pflanzen, dass sie giftig sein könnten. So muss sie sich z. B. die Hände waschen, nachdem sie das Kräutergärtchen nur angesehen hat, und mehrmals zwischen Waschbecken und Pflanzen hin und herlaufen, ohne diese anzufassen.

Ende des 1. Schuljahres vermeidet Sarah zwar immer noch Sprache, nimmt aber zunehmend Blickkontakt zu Mitschülern auf und verfolgt das Geschehen in der Klasse mit Anteilnahme. Als bei einer Geburtstagsfeier in der Klasse Gummibärchen verteilt werden, ruft Sarah zum ersten Mal ganz laut: »Ich auch!« Gerne diktiert sie mir Texte zu Bildern, wie nach den Ferien zu Beginn des 2. Schuljahres (s. 1. Bild). Ein weiterer Schritt in die Öffentlichkeit der Klasse beginnt damit, dass sie mir laut ihre Geschichten diktiert, ich sie auf dem Tageslichtprojektor mitschreibe und ihr Text groß an der Wand erscheint.

Sarah lernt schnell, selbst zu schreiben, und gewinnt so eine neue Ausdrucks- und Kommunikationsmöglichkeit, die ihr den Weg aus ihrer Isolation erleichtert. In der 4. Klasse entstand folgendes Bild von der Rollschuhbahn. Anja malte, wie sie Sarah das Rollschuhfahren beigebracht hat – Hand in Hand.

1. Bild: Selbstbild von Sarah im 2. Schuljahr

2. Bild: Sarah und Anja im 4. Schuljahr auf der Rollschuhbahn

1.4 Mit den Händen reden (Barbara Schuchardt)

»Mit den Händen reden« – die meisten Lehrerinnen und Lehrer tun dies im Unterricht; unbewusst, doch auch bewusst, die Hände einsetzend als Hilfs- und Stilmittel zur Betonung, Heraushebung, Unterstützung, Verdeutlichung, Ausschmückung, Bestätigung – die Liste ließe sich weiter- und weiterführen.

Hände haben eine »sozialisierende« Funktion. Eine Hand auf dem Arm eines unruhigen Kindes bewirkt oft mehr als die berühmten 1000 Worte, ein freundschaftlicher Nasenstüber erheitert und verscheucht trübe Gedanken, eine sanfte, ja zarte Berührung signalisiert Anerkennung und motiviert zum Weitermachen.

Hände haben eine disziplinierende Funktion. Gemeint ist nicht das Schlagen, das verboten und verpönt ist, sondern der kurze, harte Griff in den Nacken oder am Oberarm. Die Scham dabei ist groß, aber groß ist auch die Hilflosigkeit, aus der ein solches Verhalten entspringt. Die gute Hand – die böse Hand: Beides sind Hände von Lehrerinnen und Lehrern. Gut für den Lehrenden ist, wenn er seine beiden Hände kennt – seine gute und seine böse. Und versucht, auf seine gute Hand zu vertrauen. Zu beiden Händen eine kleine Geschichte aus dem schulischen Alltag.

Ich gebe seit zwei Wochen in einer 4. Klasse zwei Stunden Förderunterricht. Ich kenne die Kinder noch nicht näher. Mit einigen Kindern bespreche ich etwas in einer Ecke des Klassenraums, die anderen arbeiten an ihren Tischen. Die Gruppe ist insgesamt sehr unruhig. Ich bin entsprechend nervös. Als Thomas, der direkt neben mir steht, auch noch anfängt »herumzuhampeln«, halte ich ihn spontan am Arm fest. Während ich mit meiner Hand noch seinen schmalen Oberarm umspanne, fühle ich, wie der Junge starr wird und sich dann abrupt losreißt, sich vor mich stellt und leise – aber sehr deutlich – sagt: »Fassen Sie mich nicht an.« Dabei wird er ganz weiß im Gesicht. Ich bin einigermaßen erschrocken und versuche, ihm mein Verhalten zu erklären. Thomas bleibt jedoch völlig unzugänglich und sagt nochmals: »Sie sollen mich nicht anfassen.«

Ein Gespräch am darauf folgenden Tag mit der Klassenlehrerin von Thomas ergibt, daß Thomas insgesamt sehr zurückhaltend ist, fast Berührungsängste hat – auch seinen Mitschülern gegenüber – und Körperkontakte schwer ertragen kann. Seine Mutter ist psychisch krank, sie muss immer wieder Wochen und Monate in Kliniken verbringen. Sein Vater ist sehr streng, er schlägt Thomas. Die Klassenlehrerin vermutet, dass auch die Frau geschlagen wird.

In der nächsten Unterrichtsstunde bitte ich zum Ende hin Thomas, noch etwas da zu bleiben. Ich möchte noch etwas mit ihm bereden. Er weiß sofort, warum, und ich merke, wie er sich innerlich wappnet. Ich erinnere ihn kurz an den Vorfall und sage ihm, dass ich mit seiner Klassenlehrerin gesprochen habe. Ich hätte nicht gewusst, dass er es nicht mag, angefasst zu werden. Ich entschuldige mich bei ihm. Thomas entspannt sich zunehmend und kann die Entschuldigung annehmen.

Von da an beobachte ich, dass Thomas zunächst sehr zaghaft, dann immer deutlicher Gespräche mit mir sucht. Ich versuche jetzt, jede Stunde – wenn auch nur kurz – mir Zeit für ihn zu nehmen, hüte mich aber davor, ihn anzufassen. Vor kurzem zeigte er mir ein paar Bilder. Er hatte sie gemalt und mit einem kurzen Text versehen. Wir saßen nebeneinander. Ich war sehr angetan von seiner Arbeit, legte wieder spontan meine Hand auf seine. In diesem Moment wurde mir bewusst, dass ich »handgreiflich« geworden war. Erschrocken blickte ich auf und sah in Thomas' Gesicht. Er lächelte mir zu und legte seine Hand auf meine.

2. Praxisbeispiele – verschiedene Zugänge zum Erzählen

Ganz kleine Kinder stecken alles in den Mund, ihr Lernen geschieht durch Einverleiben; Kleinkinder müssen alles anfassen, um ihr Bild von Welt zu erweitern. Und etwa bis zum dritten oder vierten Lebensjahr kommentieren die Erwachsenen dieses Tun mit »goldig« oder »niedlich«. Spätestens dann aber ist es aus mit der bis dahin geduldeten ganz und gar sinnlichen Welterfahrung. Ganz bald hören Kinder dann eher mütterliche Sätze wie »Du musst doch nicht alles anfassen!« oder »Lass gefälligst die Finger davon!«. Wir versuchen an diese ganz frühen Erfahrungen anzuknüpfen und dem Lernen mit (möglichst) vielen Sinnen gezielt Vorschub zu leisten.

Vor der Begriffsbildung steht das Begreifen. Das Begreifen im wörtlichen Sinn hilft zu verstehen und führt zur Sprache. Einen Begriff von einer Sache, einem Gegenstand haben Kinder dann, wenn sie in der Lage sind, Erklärungen dafür zu finden. Die komplizierten Zusammenhänge, die zur Begriffsbildung führen, sind im Basisartikel dieses Buches skizziert. Für unseren Zusammenhang hier ist wichtig, sich zu vergegenwärtigen, dass Lernen über unterschiedliche Kanäle führt und dass Be-greifen im Sinne von Fühlen und Tasten für das Verstehen, Verinnerlichen, Sich-zu-Eigen-Machen keine geringe Rolle spielt. So kann Sprachförderung durch Fühl- und Tasterlebnisse initiiert werden – *fast* nebenbei. Das sinnlich Erfahrene verlangt nach sprachlichem Ausdruck und ergänzt auf differenzierte Weise den bloßen Augenschein, indem es von dieser sinnlichen Wahrnehmung Mitteilung machen möchte. Der »fühlbare« Umgang mit den Materialien fordert auf zum vorerst »tastenden« Beschreiben: von der Aussage »Es ist weich« hin zur Analogiebildung »samtig wie ein Pfirsich« und weiter zum phantasievollen Ausgestalten von Geschichten verschiedener Art. Nach ihrem je unterschiedlichen Sprachlernen finden die Kinder Wege, Gefühle auszudrücken, indem sie Gefühltes beschreiben und Situationen versprachlichen. Ein zunehmend differenzierter Sprachgebrauch geht dabei Hand in Hand mit einem sich erweiternden Weltverständnis. Wirkliches Begreifen lässt sich vom tatsächlichen Be-greifen nicht trennen.

Wir haben hier einige im Unterricht erprobte Ansätze ausgewählt, bei denen Sprechen über Fühlen und Tasten läuft; ob dabei Geschichten am Anfang stehen oder ein Gegenstand, um den herum dann Geschichten erfunden werden, ist zweitrangig und von den jeweiligen Umständen abhängig. In unseren Beispielen wurden die Kinder angeregt, zu ihren eigenen Geschichten zu finden und ihnen Ausdruck zu verleihen. Unsere Zusammenstellung, die keineswegs einen Anspruch auf Vollständigkeit erhebt, soll wiederum animieren, das eigene Unterrichtsrepertoire um bereitgestellte Sinneserfahrungen zu erweitern und der lebendigen Sprache eine Chance zu geben. Fühlen und Tasten macht laute Kinder nachdenklich und hilft den eher »stummen«, den Mund überhaupt aufzumachen und sich zu äußern.

2.1 Am Anfang steht eine Geschichte:
Die Reise zur Sonne – ein Seh- und Fühlerlebnis

Ein chinesisches Märchen, nacherzählt:
Wilde Tiere und ewige Nacht, so sieht es im Lande der Dschuang aus. Nie haben die Menschen dort die Sonne gesehen, wohl aber von ihr gehört. Es ist eine goldene Scheibe am Himmel, sie macht Licht und wärmt alles unter sich. Im Osten gibt es sie, einer soll sie holen, damit auch bei uns alles hell ist. Ein alter Mann will sich auf den Weg machen. »Der Weg ist weit, du wirst nicht hinkommen«, sagen die Leute, und andere drängen sich vor, die Sonne zu suchen. Bis Malo kommt. »Ich bin jung«, sagt sie, »lasst mich gehen. Ich bin schwanger, sollte ich den weiten Weg nicht zu Ende gehen können, dann wird mein Kind euch die Sonne bringen.« »Wenn du dort bist, zünde ein Feuer an, es soll uns ein Zeichen sein«, sagen die Leute von Dschuang. Und Malo geht, die Sonne zu suchen. Sie hat keine Angst vor wilden Tieren. Sie klettert über hohe Berge und wandert durch finstere Täler. Nach einiger Zeit wird ihr Sohn geboren. Sie trägt ihn auf dem Rücken, bis er allein laufen kann. Immer weiter geht ihre Wanderschaft. Am Weg lauern die Gefahren. Giftige Schlangen und blutgierige Raubtiere. Nichts schreckt die beiden. Kein Berg ist ihnen zu hoch, kein Meer ist ihnen zu tief. Bis Malo nicht mehr kann; vielleicht sind sie siebzig Jahre gewandert, vielleicht noch länger. Sie setzt sich unter einen Baum, und der Sohn wandert allein weiter. Viele mühsame Jahre, aber er meistert alle Gefahren. Endlich erreicht er die Sonne. Im Lande der Dschuang hatte man die Hoffnung schon fast aufgegeben. »Malo und das Kind sind sicher umgekommen«, sagten die Leute und wollten nicht länger warten. Endlich, es war der letzte Tag des neunundneunzigsten Jahres, da sahen die Wächter ein Zeichen. Im Osten loderte ein gewaltiges Feuer am Himmel, und golden ging die Sonne auf. Fortan war es licht und hell im Lande der Dschuang. Dankbar erinnern sich die Menschen an Malo und ihren Sohn. Seit diesem Tag beginnen die Bauern im Lande der Dschuang ihre Arbeit morgens bei Sonnenaufgang und beenden sie des Abends, wenn die Sonne untergeht.

Es folgt ein Beispiel, wie dieses Märchen mit Kindern umgesetzt werden kann. Die Geschichte wird ausführlich erzählt, vorstehend ist nur ein knappes Erzählgerüst wiedergegeben. Die Kinder hören aufmerksam zu und stellen Verständnisfragen, wenn ihnen nicht durch Erklärungen zuvorgekommen wird. »Hat Malo ein Kind in ihrem Bauch?!« – »Dann weiß das Kind gar nicht, wo es mit seiner Mutter herkommt, wenn es geboren wird?« – »Sagt Malo dem Kind alles mit der Dunkelheit und so?« In diesem Fall sind die Fragen zur Herkunft des

Kindes von besonderem Interesse, ein andermal sind es die Abenteuer, die Mutter und Kind überstehen müssen. Der Vorteil des freien Erzählens wird insofern deutlich, als diese Form der Erzählung es erlaubt, dann ausführlich und vertiefend zu werden, wenn es die Situation erfordert. Da unser Ziel ist, Kinder zum Sprechen zu bringen, sind Fragen der Kinder und ihre Vermutungen zum Fortgang der Geschichte willkommen. Sie werden aufgegriffen und auf diese Weise Teile der Erzählung selbst. Die Reise zur Sonne soll in Bilder zum Fühlen umgesetzt werden. Am Ende der Erzählung – alle sitzen noch im Kreis – werden imaginierte Bilder der Erzählung erinnert:

> »Ich sehe, wie Malo durch einen dunklen Wald geht, sie hat einen dicken Bauch.
> Malo trägt das Baby auf dem Arm, sie haben keinen Kinderwagen.
> Da ist ein hoher Berg, unten sind Malo und der kleine Junge. Sie müssen da hinauf.
> Eine böse Schlange liegt auf dem Weg, da können sie nicht weiter.
> Aus dem Gebüsch kommt ein Löwe, der will das Kind fressen.
> Vor einem Haus steht ein Mann, der gibt den beiden etwas zu essen.
> Mit einem kleinen Kahn fahren Malo und das Kind über ein großes Meer.
> Jemand zeigt ihnen, wo der Weg vielleicht weitergehen könnte.
> Malo sitzt unter einem Baum, und der Sohn geht allein weiter.«

Alle »Bilder« werden notiert; eine Tafelanschrift erfolgt erst später, sie würde zu diesem Zeitpunkt die erzählten Erinnerungen der Kinder unterbrechen und vor allem die Erzählatmosphäre stören. Am Ende der »Bildersammlung« bekommen die Kinder vorbereitete Pappen in gleicher Größe und mehrere Kästen mit Stoffresten und anderen Utensilien, die sich zum Aufkleben eignen (s. Informationen zum »Materialpool«). Zu zweit oder zu dritt finden sie sich zusammen – Einzelarbeit wird auch akzeptiert, obgleich die Zusammenarbeit mehrerer Kinder der Kommunikation eher entgegenkommt. »Für den Mantel von Malo nehmen wir Pelz, dann hat es das Baby auch schön warm.« – »Fühl mal, den Bauch mit dem Baby drin hab ich mit Watte ausgestopft.« Die informellen Gespräche dauern an, bis das letzte Fühlebild fertig ist. Schließlich treffen sich alle wieder im Kreis, und nun stehen die Kinder mit ihren Fühlebildern im Mittelpunkt der neuen Geschichte oder mehrerer neuer Geschichten, die alle Malo und das Kind zum Thema haben. Reihum dürfen die Kinder ihre Bilder vorstellen und zu ihren Bildern erzählen, während die anderen sehen und fühlen. Je jünger die Kinder sind, umso weniger ist damit zu rechnen, dass sich die Einzelbilder so ohne weiteres zur Ursprungsgeschichte zusammenfügen lassen. Darauf kommt es in unserem Zusammenhang auch nicht an. Die Kinder fühlen etwas, verbalisieren es, und ihre Sprachkompetenz wächst beim Tun. Das Zuordnen zum gefühlten Glatt oder Rau bezieht sich dabei auch auf den Inhalt des Erzählten. »Die Schlange schillert schön bunt, aber fühl mal, so hart, wo doch Schlangen eher rutschig sind.« Ein andermal wird dieses Kind kein Sandpapier nehmen und es eher mit einem glatten Stoff oder einem Stück Plastiktüte versuchen. Während die Kinder zu ihren Bildern erzählen, dürfen die anderen sehen und fühlen. Das Sprechen über das, was mit den Fingern gefühlt wird, trägt – auch wenn es sich »nur« auf das Zustandekommen der Bilder bezieht – gleichermaßen zum Verstehen der Geschichte bei. »Die Sonne aus Goldfolie strahlt richtig, ob gelbe Wolle wärmer wäre?« Was ist besser, wenn man die Wärme fühlt oder das Leuchten richtig sieht? Am besten beides, schließlich gibt es Glitzerwolle. Die einzelnen Fühlebilder sind zu dick, als dass man sie zu einem Buch binden könnte. Dies hat den Vorteil, dass sie auch einzeln und in anderer Reihenfolge benutzt werden können. Sorgfältig werden sie in einem Kasten verwahrt und bei Bedarf zum Sehen, zum Erzählen und vor allem zum Fühlen herausgeholt.

2.2 Geschichetn entstehen neu: Fühlebilder – Fühlebücher

Wir haben uns im Folgenden auf Erzählanlässe konzentriert, die immer eine Tast- oder Fühlsituation als Impuls haben. Daraus entstehen jeweils wieder neue Geschichten in kürzeren und ausführlicheren Zusammenhängen, sowohl individuell als auch in Gruppen. Die Beispiele zeigen, wie man mit einfachen Mitteln Anlässe zur Sprachförderung gestalten kann. Es kann sowohl in der beschriebenen Weise geschehen als auch mit ähnlichen und/oder anderen Materialien und Inhalten.

2.2.1 Das kleine Etwas: Flauschi

Eine Kiste mit Fellresten steht im Regal, und immer mal wieder nimmt sich ein Kind ein Fellchen, hält es in der Hand, streichelt es und befühlt es. Ein kleines Etwas animiert die Kinder, Geschichten zu erfinden, Flauschi wird geboren. Die Kinder erzählen im Kreis.

- Mein Flauschi war ein Schulranzen, aber da war es ihm zu dunkel und ungemütlich.
- Flauschi hat mir bei den Hausaufgaben zugeguckt. Es ist immer mal auf mein Heft gehüpft.
- Ich habe Flauschi etwas vorgelesen und dann mit in mein Bett genommen. Er ist so schön weich. Ich mag Flauschi.
- Wenn ich Flauschi in meiner Anoraktasche spüre, bin ich ganz froh.

Die Erlebnisse von Flauschi werden als Fühlebilder gestaltet. Schon während der Bildgestaltung gibt es viele Anlässe zum Darübersprechen. Je nach Anre-

Impulsgeschichte der Lehrerin

Flauschi geht in die große, weite Welt

Es ist gar nicht lange her, da hatte Flauschi noch überhaupt kein eigenes Leben. Flauschi hing am Mantelsaum einer gut riechenden Frau und musste überall dorthin mitgehen, wo diese Frau hinging.
Aber eines Tages macht sich Flauschi alleine auf in die große, weite Welt.

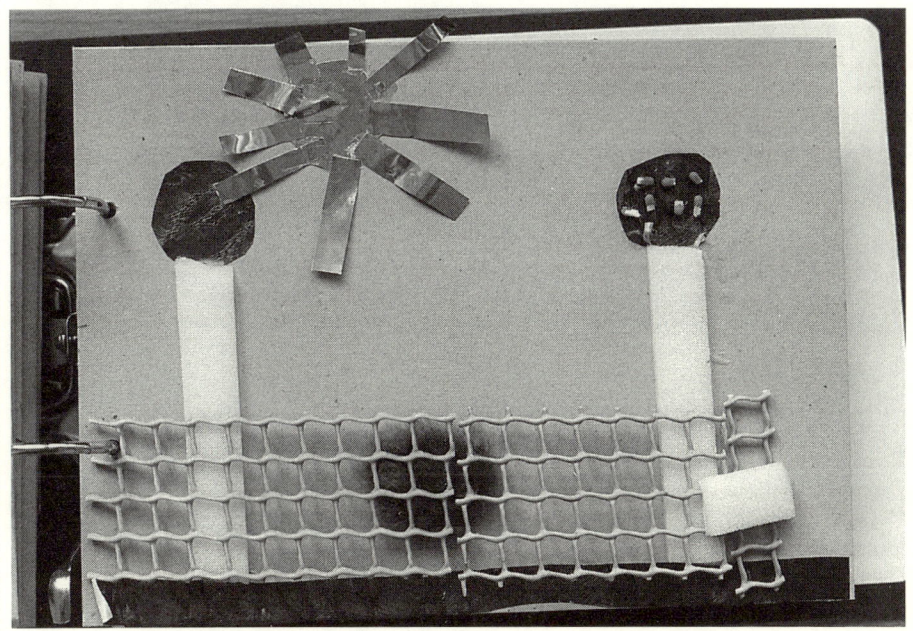

Eine Geschichte in sieben Sätzen

Flauschi geht spazieren. Aber dann kommt ein Wind und Schneeflocken. Flauschi läuft schnell zum Zelt.
Ein Vogel fliegt durch die Schneeflocken. Er kann nicht nach Hause fliegen. Flauschi will dem Vogel helfen und ihn ins Zelt holen. Aber der Wind treibt ihn weg, und Flauschi kann ihn nicht mehr sehen.

Nergis

Eine Geschichte von zwei Kindern.

Flauschi, der Igel und der Maulwurf gehen auf ein Fest.
Da sehen sie einen Clown mit Kreuzaugen. Daneben steht ein Aufklapphaus. Da wohnt Flauschi. Draußen brennen Kerzen. Der Mond scheint. Auf dem Stammtisch stehen Essen und Getränke.
Die Leute sitzen am Gästetisch. Der Diener richtet Flauschi das Bett.

Tobias und Stefanie

216

gung und Möglichkeit entstehen im Anschluss unterschiedliche Texte der Kinder. Sie können ihre Texte selbst aufschreiben, sie drucken oder tippen, auf Kassette sprechen, einem Partner zeigen und erzählen, der Lehrerin zum Aufschreiben diktieren.

Die Beispiele von S. 215 und S. 216 stammen aus einer Schule für Sehbehinderte, wo die Kollegin Andrea Liebrecht »Flunschi-Bücher« mit ihren Schülern gestaltet hat.

2.2.2 Ein Knopf auf Reisen

Knöpfe gehen nur vordergründig verloren. Tatsächlich begeben sie sich auf Reisen und erleben die seltsamsten Abenteuer.

Das Seh- und Fühlebuch zu unserem Knopfabeneuer besteht vorerst aus acht Einzelbildern. Farbige Stoffreste sind auf schwarzen Fotokarton geklebt. Auf jedem Bild ist ein bestimmter Knopf zu sehen. Alle Bilder sind zu diesem Zeitpunkt noch ungebunden. Sie liegen in der Mitte des Stuhlkreises – in ihrer Farbigkeit und Gestaltung einladend zum Fühlen und zum Erzählen.

1. Bild: Ein gelber Mantel aus Filz, zwei weiße Knöpfe sind in der oberen Mantelhälfte deutlich sichtbar. Der dritte Knopf ist abgefallen, er ist unten rechts am Bildrand deutlich seh- und fühlbar abgebildet. Ein veritabler Knopf.
2. Bild: Aus Filz etwas Schiffähnliches. Oben auf dem Schiff ein Tier, das an ein Krokodil erinnert.
3. Bild: Eine grüne Wiese mit einer gelblichen Blume. Die Mitte ist wie ein Auge. Am Himmel schwimmt ein blaues Wölkchen.
4. Bild: Schwarze Nacht. Drei goldene Sterne, eine schmale Mondsichel, drei Fledermäuse, ein weißes Gespenst.
5. Bild: Wieder eine grüne Wiese. Darauf eine leuchtend rote Blume mit einem gelben Mittelpunkt.
6. Bild: Eine weiße Hügellandschaft, zwei goldene Kugeln rollen darüber hin. Am Himmel ein weißtransparentes Flügelwesen.
7. Bild: In einem roten Rahmen ein Stück Fenstervorhang, darauf stilisierte Wolken und Vögel.

Alle Gegenstände haben sehr schlichte Formen ohne künstlerischen Anspruch. Auf jedem Bild ist der verloren gegangene Knopf inmitten des Geschehens zu sehen. Die Bilder wurden nacheinander ausgebreitet, da liegen sie nun. Eine Gruppe von zwölf Zweitklässlern sitzt um die Bilder herum. Vorerst werden sie betrachtet. Die Kinder flüstern, deuten auf einzelne Bilder und warten ab.

Es gibt keinen Text zu den Bildern, die Reihenfolge ist nicht festgelegt. Ich erkläre die Spielregel und beginne mit der Geschichte.

217

»Es war einmal ein leuchtend gelber Mantel. Um ihn ordentlich zuknöpfen zu können, hatte er drei weiße Knöpfe. Eines Tages, ohne dass der Mantel es merkte, löste sich ein Knopf. Ob er jemals wieder zurück an den Mantel kam, weiß ich nicht. Jetzt rollt er erstmal weg. Und wenn ihr die Bilder anschaut, dann seht ihr, dass er unterwegs einiges erlebt. Ihr dürft euch nun reihum ein Bild aussuchen und dazu eine Geschichte erzählen. Erst mal habt ihr Zeit, euch die Bilder anzuschauen.«

Beim Einsatz dieser Bilder geht es mir darum herauszufinden, welche zum Sprechen anregenden Qualitäten sie haben, die möglicherweise über diejenigen eines »normalen« Bilderbuches hinausgehen. Bewusst sollen die Bilder zugleich gesehen und gefühlt werden.

Ein »Nur-fühle-Buch« erinnert (m. E.) eher an Rätselraten, und beim normalen Bilderbuch zeigen die Kinder zwar auch auf die Bilder, sie tippen mit dem Finger darauf, während sie erzählen, aber es fehlt der zusätzliche sinnliche Eindruck vom fühlbaren Sujet, das sich hier jeweils deutlich vom Hintergrund abhebt. Die Formulierung »Erst mal habt ihr Zeit, euch die Bilder anzuschauen«, ist beabsichtigt, und meine Annahme, dass die Kinder es nicht mit dem »Nur-Sehen« bewenden lassen, bestätigt sich. Sie stehen von ihren Stühlen auf, gehen zu den Bildern,

- nehmen sie in die Hand,
- tasten mit den Fingern darüber,
- machen sich Mitteilungen über Farben und Formen,
- tauschen die Bilder aus,
- fühlen miteinander das weiche Fell,
- halten das Krokodil für Cornelius (ein Bilderbuch, zu dem sie unlängst eigene Geschichten geschrieben haben),
- glauben, das Rot der Blütenblätter mit halb geschlossenen Augen ertasten zu können.

Sätze wie »Wenn man's weiß, dass da ein Gespenst ist, kann man es fühlen« oder »Der Berg ist wie eine Rutsche und so glatt, dass die Kugeln ganz leicht rollen können« sind zu hören. Es macht ihnen offensichtlich großen Spaß, die Bilder zu betrachten und sie außerdem noch zu fühlen. »Die Zähne von Cornelius sind ganz spitz, das kann man mit dem Finger richtig merken«, sie sagen es und empfinden in diesem Augenblick nicht den Widerspruch des weichen Materials zur Spitzigkeit der Zähne.

Die Kinder kennen aufklappbare Bilderbücher, und seit dem Unterrichtsschwerpunkt »Mit allen Sinnen: Sehen, Hören, Fühlen, Riechen und Schmecken« haben sie ein besonderes Gespür vor allem für die Kombination von Sehen und Fühlen bzw. Sehen, Fühlen und Riechen entwickelt. Ein ausgesprochenes Fühlebuch, was durch Farbenfreude auch noch ein Sehgenuss ist, hatten sie noch nicht in der Hand.

Beim Kleben der Bilder – verabredet mit den Kolleginnen war nur der Mantel, dessen einer Knopf abfällt, im Übrigen bestimmte das zufällig vorhandene Material die Thematik – überlegte ich, welche Bilder die Kinder besonders zum Erzählen ermuntern könnten. Das Bild mit dem Felltier schien mir vorab sehr motivierend (der kleine Knopf sieht sich plötzlich dem Untier gegenüber), das Gespensterbild (einladend zum Festmachen der eigenen Ängste) und schließlich das Corneliusbild (in Erinnerung an die geschriebenen Geschichten). Für besonders langweilig hielt ich das Bild mit dem rot gerahmten Gardinenstoff. Es schien mir in meiner Bildersammlung eher eine Verlegenheitslösung zu sein. Irrtum. Gerade dieses Bild war es, das die Phantasie der Kinder besonders beflügelte. Reihum erzählten sie ganz bewusst dazu etwas. Sie akzeptierten meinen Anfang, gewissermaßen hielten sie sich daran, indem sie ihn jeweils wiederholten, wollten sich aber partout nicht daran halten, nur zu einem Bild zu erzählen. Es entstand ganz schnell so ewas wie ein Erzählritual. Sie begannen ihre Geschichten mit meinem Anfang, wählten dann ein anderes Bild und endeten schließlich alle beim Gardinenbild.

G

»Als der Knopf merkte, dass der böse Wolf ihn fressen wollte, flog er mit dem Wind zu den Vögeln.« – »Vor dem Gespenst hatte der kleine Knopf große Angst, lieber setze ich mich auf eine Wolke, und er kam gut oben an.« – »Blumen sind immer festgewachsen, so richtig spielen kann man mit denen nicht. Schöner ist es bei den Vögeln, da will ich hin, sagte der Knopf.« – »Eine Biene kam zur Blume, ich kann dich in den Himmel bringen, sagte sie. Das geht nicht, sagte der Knopf, aber mich kannst du mitnehmen.« – »Ich könnte mir wünschen ein Vogel zu sein, aber Knöpfe können ja auch fliegen. Und der Knopf flog zu den Wolken.« – »Bei den Wolken ist auch ein Flugzeug, das sieht nur der Knopf, und er fliegt noch höher.« – »Ein Vogel sagte: Meine Kinder können mit dem Knopf spielen, und er holt ihn von der Wiese ab und sagt dann: Zu den Wolken kannst du nicht, du bleibst auf der Wiese, ich kann rollen und fliegen, wohin ich will.« – »Der Knopf hat geglitzert in den Wolken, aber das böse Tier hat ihn nicht gekriegt.« – »Und der Wind war so stark, dass der Knopf in einer Wolke gelandet ist.« – »Den will ich, hat die Elster gesagt, aber der Knopf hat sich in den Wolken versteckt.« – »Da ist ja ein Knopf, hat Cornelius gesagt, den kann ich für meine Hose nehmen, aber der Knopf ist lieber zu den Vögeln und den Wolken geflogen.« – »Willst du mich heiraten?, hat der Knopf die Blume gefragt. Das geht nicht, hat die Blume gesagt, da ist der Knopf in den Himmel geflogen.« – »Und der Knopf ist mit den goldenen Kugeln die Berge raufgerollt und wieder runter. Da kam der Wind und hat ihn mit in den Himmel getragen.« – »Da stand das Kind am Fenster und hat die Wolken und die Vögel gesehen und hat gesagt: Oben ist ein weißer Knopf. So ein Irrtum, hat da die Mutter gesagt.«

Bis hierher Ausschnitte aus den Geschichten der Kinder. Das Erzählritual bestand darin, dass die Kinder anfangs das Mantelbild in Händen hielten, dann ein anderes wählten, um schließlich alle mit dem Himmelsbild zu enden. Während des Erzählens hielten sie das jeweilige Bild in Händen, schauten es an und tasteten sanft die Formen ab.

Möglicherweise ist es ein Zufall, dass alle Kinder dieser Gruppe auf unterschiedliche Weise beim Erzählen zum Gardinenbild (S. 221) kamen. An einem anderen Tag, in einer etwas anderen Zusammensetzung der Kindergruppe wären die Geschichten mit einem anderen Schwerpunkt oder ganz unterschiedliche Geschichten mit ganz unterschiedlichen Schwerpunkten entstanden. An diesem Tag war es so, und was wir gern und schnell als Zufall bezeichnen, hat sicher einen erklärbaren Hintergrund. Hätte ich mir nicht vorher überlegt, welche Bilder die Kinder wohl bevorzugen könnten und welche ihnen wahrscheinlich ferner sind, wäre mein Erstaunen weniger groß gewesen.

Meine Überlegungen gingen davon aus, dass – um die Kinder zum Erzählen zu ermuntern – auf den Bildern etwas »passieren« muss, woran sie ihre Geschichten aufhängen und sich davon inspirieren lassen. Die Motivation, sich zu den unterschiedlichen Bildern mit unterschiedlichen Geschichten anregen zu lassen, schien mir bei allen Bildern zumindest eher gegeben als gerade beim Gardinenbild, das ich – wie schon erwähnt – für ausnehmend langweilig hielt. Ein Fetzen Dutzendware: harter, pflegeleichter Stoff mit klischeehaften Chiffren für Wolken und Vögel; ausgebreitet aufgeklebt und mit einem roten Tesaband rundum festgehalten. Ein Stück Tüll, wie es in den meisten Wohnzimmern, die den Kindern bekannt sind, vor den Fenstern hängt, wenig beachtet, einfach dazugehört und wahrscheinlich im Alltag kaum wahrgenommen wird. Auf diesem Bild hebt sich nur der Knopf vom Hintergrund ab. Die Kinder fühlen den Knopf, und ihre Finger beschreiben Bahnen über den Stoff hin zu den Wolken und den Vögeln. Manche Kinder nehmen den Stoff vorsichtig zwischen zwei Finger und ziehen ihn etwas vom Hintergrund ab. Ganz so, als vermuteten sie da noch ein Geheimnis, hinter das sie vielleicht mit Fingerspitzengefühl kommen können.

Auf den beschriebenen Bildern Knopf und Blume, Knopf und Gespenst, Knopf und wildes Tier, Knopf und Krokodil passiert etwas, es wird zumindest eine Handlung angedeutet, von der wir überzeugt sind, sie ist es, die Kinder zur Phantasie anregt. Im Nachhinein ergänze ich meine Überlegungen. Vielleicht muss es nicht unbedingt die genau definierte Erzählsituation sein, das geschmäcklerisch angelegte »schöne« Bild, das Kinder zum Erzählen bringt. Im Gegenteil. Es ist die schlichteste Situation, die gerade, weil sie so ungefähr und wenig vorbestimmt ist, die Kinder anregt, ihre Phantasie ganz unbekümmert daran aufzuhängen. Ich vermute das, vom Zufall war schon die Rede.

Gleichwohl macht eine solche Erzählstunde mit selbst hergestellten Bildern insofern Hoffnung, weil es offenbar nicht nötig ist, auf dem Büchermarkt nach

hochwertigen Fertigprodukten zu suchen. Die häusliche Flickenkiste und die eigene Lerngruppe vor Augen reichen völlig aus. Ich bin davon überzeugt, dass Bilderbücher, die gleichermaßen zum Sehen und zum Fühlen bestimmt sind, außerordentlich motivieren und zum Erzählen einladen. Da die Kinder im TV-Zeitalter vor allem auf ihre Augen und die dazugehörenden Hirnwindungen angewiesen sind, wird schon das gemeinsame Betrachten eines »Nur-Bilderbuches« zum Kommunikationsknüller. Die Augen dürfen verweilen, sie entdecken etwas, die Bilder können zurückgeblättert werden, die Aufmerksamkeit wird vom Erzählfluss weg auf Kleinigkeiten gerichtet.

2.3 Wie komme ich zu Geschichten?

Geschichten von Kindern zeigen uns ihre Gedanken und Gefühle. Isettin aus der Ukraine hat einen Fichtenzapfen in der Hand und erzählt: »Ich – Vater – Wald.« Das ist seine Geschichte. Dies soll verdeutlichen, dass für Kinder, besonders am Schulanfang, ein Satz bereits eine Geschichte sein kann. Die folgenden Anregungen und Beispiele zeigen, wie Kinder durch Tasterlebnisse zu ihren

Geschichten kommen, zu ausformulierten, längeren Erzählungen oder einfach nur zu einer kurzen Beschreibung eines Erlebnisses oder eines Gefühls. Über den »Umweg« des Tastens beginnen oft auch sonst stille Kinder zu erzählen.

2.3.1 Geschichten vom Erzählband

Das Erzählband ist ein langer Stoffstreifen, über einen Tisch gelegt, auf dem Erzählstationen aufgebaut sind. Der Erzähler, die Erzählerin steht hinter dem Tisch und geht dabei von Station zu Station. Die aktuelle Szene wird von einem Lämpchen beleuchtet, sodass die Aufmerksamkeit der Zuhörer immer nur auf die jeweils erhellte Szenerie gerichtet ist. Die Spielfiguren werden vom Erzähler in die Hand genommen, es wird mit ihnen agiert. Besonders wirkungsvoll sind selbst hergestellte Spielpuppen in einer Landschaft von Naturmaterialien. Das Erzählband schlängelt sich dahin; stellenweise unterfüttert, entstehen Berge und Täler, Nischen, Ecken und Plätze, ganz wie es die Geschichte erfordert. Je sparsamer die Requisiten verwendet werden, umso mehr Möglichkeiten haben die Zuhörer für eigene Imaginationen. Besonders gut eignen sich Geschichten, deren Handlung auch tatsächlich von Station zu Station geht, z. B. Reiseerzählungen, in denen der Held von Ort zu Ort schreitet.

Die Geschichte auf dem Erzählband kann auch gut mit den Zuschauern zusammen entwickelt werden, wobei Anfang und Ende vorgegeben sind. In diesem Fall ist jeweils nur der Rahmen abgesteckt. Der Held der Geschichte geht von zu Hause weg, er hat einen Auftrag und muss unterwegs allerlei Gefahren bestehen; z. B. kommt er an einer Drachenhöhle vorbei, er muss über einen Glasberg laufen, einen tiefen Fluss überqueren, einen Zauberer überlisten und schließlich drei Rätsel lösen. Die Geschichte dessen, der unterwegs ist, wird erzählt, bzw. der Reisende erzählt sie selbst immer bis zu der Stelle, wo der laut gesprochene innere Monolog durch den Dialog mit demjenigen, dem er da begegnet, abgelöst wird. Möglich ist dabei auch die Modifikation, dass die Begegnungen der Spontaneität der Miterzählenden und Mitspielenden überlassen bleiben. Das könnte z. B. heißen, der Held, der da in der Erzähllandschaft unterwegs ist, weiß nicht, ob er einem Drachen oder einem sprechenden Gegenstand begegnet – vielleicht seinem Radiergummi.

Eine dritte Möglichkeit ist, dass die Erzähler in Kleingruppen feste Aufträge bekommen. Die Geschichte ist in diesem Fall bekannt, und die Kinder bauen eine von ihnen gewählte Szene an der entsprechenden Stelle des Erzählbandes auf, um sie dann zu verbalisieren, wenn ihr Erzählstück der Geschichte an der Reihe ist. Mit dem Erzählband wird das Erzählen spielerisch gelernt. Die Aufgabe ist es, einen festgelegten Erzählfluss phantasievoll zu füllen. Sinnlich Wahrnehmbares wird hergestellt und durch das handelnde Erzählen lebendig. Es wird nicht viel Material dafür gebraucht: ein langer, nicht zu schmaler Stoffstreifen, Naturmaterialien, die ums Haus gefunden werden können, eventuell Knete und im Übrigen alles, was sonst an Gegenständen in greifbarer Nähe ist.

2.3.2 Ein Theater für die Hände

In der Ecke der Klasse sitzt eine Gruppe von Kindern und guckt gebannt auf ein Kästchen. Puppen, die sich unterhalten? Ein Kasper, der gerade die Prinzessin befreit? Nichts dergleichen. Beim Nähertreten sind da zwei Hände zu sehen. Die Finger laufen hin und her, sie reiben sich aneinander, sie streicheln sich, sie klettern übereinander, ein Kämpfchen beginnt. Von den Zuschauern angefeuert, ballen sich zwei Fäuste und stürmen aufeinander los. Das Kästchen wackelt beängstigend hin und her.

Ein Kind steht auf und berührt eine der Fäuste mit einem Stift. Innehalten. Staunen und Fühlen. »Was ist das denn?«, fragen die Hände. »Fühl doch mal richtig und rate!«, rufen die Zuschauer, und beide Hände nehmen den Stift vorsichtig zwischen sich, tasten von unten nach oben. »Lang, dünn, lauter Kanten, nicht richtig rund, oben ist eine Spitze. Das ist ein Stift!« »Bravo!«, rufen die Zuschauer und klatschen Beifall. »Wir wollen mehr!«, rufen die Hände und bekommen nacheinander einen Radiergummi, einen Schwamm und eine Muschel zum Betasten. Dann dürfen zwei andere Hände Theater spielen, und es ist faszinierend, ihnen zuzusehen.

Dass dem hinter der Tischkante spielenden Kasper sofort jede Aufmerksamkeit gehört, ist uns geläufig, die Wirkung des Teddys auf meinem Arm, mit dem ich mich unterhalte, kann vorausgesetzt werden. Aber Hände? Einfach so, zwei miteinander agierende Hände, das ist erstaunlich. Ein Zufall brachte uns darauf. Beim Fühlesack verschwinden die Hände, das Tasten und das Fühlen lesen wir am konzentrierten oder auch irritierten Gesicht ab. Warum nicht die Hände selbst beobachten? Das zögernde oder Besitz ergreifende Zufassen erleben und beobachten, wie Fingerspitzengefühl entwickelt wird? Selbstverständlich lassen sich Augen verbinden und Finger auf dem Tisch einen Gegenstand tastend erraten. Um ein Theater daraus zu machen, wird ein würdiger Rahmen gebraucht, am besten eine Bühne. Schuhkartons eignen sich vorzüglich dafür, und die Herstellung ist denkbar einfach.

Ein Schuhkarton wird mit der Öffnung nach unten auf den Tisch gestellt, und vorn wird eine Öffnung hineingeschnitten, so groß, dass nur ein schmaler Papprahmen rundum übrig bleibt, das ist dann die Bühne. Ein Stück Stoff suggeriert den Vorhang, es wird am oberen Rand befestigt und beim Spiel zur Seite geschoben oder nach vorne geklappt. In die Rückseite des Kartons werden zwei handgroße Öffnungen geschnitten, dies ist der Eingang zur Bühne, dort beginnt der Auftritt der Agierenden.

Um eine Vorstellung zu erleben, bedarf es keiner Extraeinladung. Immer wieder kann ich beobachten, dass ein Kind den Kasten vor sich auf den Tisch stellt, vielleicht nur um probeweise seine Hände hindurchzustecken, und schon versammeln sich einige Zuschauer. Im Nu wird aus dem Spiel der Hände ein spannendes Geräuscherraten, das nie stumm verläuft. Die Kinder müssen dabei nicht zum Sprechen aufgefordert werden, Korrekturen und Erklärungen verlangt das Publikum. Noch bevor die Lehrerin Einwortmonologe wie »Kugelschreiber« hinterfragen kann, ruft ganz sicher einer der Zuschauenden: »Wie hast du gemerkt, dass es kein Bleistift war?« Auch die sonst im Kreis »stummen« Kinder verlieren ihre Scheu zu sprechen. Ähnlich wie beim Puppenspiel, im Schutz einer Rolle, bietet die kleine Bühne eine Versteckmöglichkeit für das spielende Kind. Auch wenn das Kind hinter dem Schuhkarton groß zu sehen ist, »verschwindet« seine Person, wichtig sind auf einmal nur noch die Hände. Denen kann man Fragen stellen, und die können ganz selbstverständlich erzählen und antworten.

2.3.3 Meeresforscher

Ferienerlebnisse am Meer – die Kinder haben Muscheln, Steine und ein Seepferdchen in die Schule mitgebracht. Sie berichten von ihren Erlebnissen. Ein kleines Aquarium steht in der Klasse zur Verfügung. Wir füllen es mit Wasser und lassen die Muscheln und Steine auf den sandigen Grund gleiten. Die Menschen haben aber auch andere Gegenstände ins Meer geworfen, eine Kugel, einen Löffel, Plastikteile, ein Stück Holz und anderes mehr. Ein Kind mit verbundenen Augen lässt seine Hände tauchen. Zwei Beispiele dazu:

»Ich tauche mit meinem Freund (beide Hände) bis zum ›Meeresgrund‹. Ich stoße auf etwas Hartes, Spitzes, es könnte eine Muschel sein. Mein Freund findet eine Kugel und etwas Weiches. Wir holen alles hoch und betrachten es. Die Muschel hat schon lange auf dem Meeresgrund gelegen, sie kennt die Fische und hat das Rauschen vom Meere in sich (er hält die Muschel ans Ohr). Die Kugel hat ein Kind von einem Schiff ins Meer fallen lassen. Das Weiche ist so etwas wie Moos, es wächst auf dem Grund, und die kleinen Fische verstecken sich darin.«

»Meine Hand taucht ins Wasser, es ist kalt, ich gehe weiter nach unten. Jetzt stoße ich an einen rauhen Stein, er ist groß und rund. Drum herum liegen kleine Steine. Ich wühle und suche weiter, etwas Zackiges, ich glaube, es ist ein Seestern. So was habe ich schon mal im Urlaub gefunden. Da sind aber auch noch Muscheln und etwas Rundes, ich glaube, es ist Geld, aber kein deutsches.«

2.3.4 Eine Muschel erzählt

Im Kreis geht eine Muschel herum. Die Lehrerin beginnt mit einer Geschichte, die Kinder befühlen die Muschel und erzählen weiter:

»Als ich einmal am Meer war, fand ich zwischen den Felsen diese schöne Muschel. Sie lag versteckt zwischen Pflanzen und Steinen. In einem Sturm war sie von der Tiefe des Meeres an den Strand gespült worden. Sie erzählt mir von ihren Erlebnissen im Meer ...«

»Da waren große, bunte Fische, die haben mich ins Maul genommen, an die Oberfläche gebracht und ausgespuckt. Es war dunkel, und der Sturm tobte noch bis zum nächsten Morgen. Ich war ganz eingehüllt in Seetang und Schlamm und konnte gar nicht sehen, wo ich gelandet war. Eine Möwe entdeckte mich und pickte an mir herum. Sie fraß von dem Tang, und ich konnte allmählich spüren, dass ich auf einem warmen Felsen lag.«

Auch viele andere Gegenstände, die im Kreis herumgehen und befühlt werden, können Anlass zu Geschichten werden:

- Die wunderschöne, rote Schwanzfeder eines Paradiesvogels,
- der Spinnerstein, der allerlei Verrücktheiten im Kopf hat,
- der Lachstein, der schon Bauchschmerzen hat vom vielen Lachen,
- die geheimnisvolle Glasmurmel, die aus einem Loch in der Hosentasche entwichen ist und viele Abenteuer erlebt,
- ein Schlüssel, der nicht mehr weiß, zu welchem Schloss er gehört.

Die zum Erzählen und auch Schreiben genutzten Gegenstände sind beliebig. Wichtig ist, dass ihnen eine Bedeutung zugeordnet wird, die zum Erzählen und Fabulieren auffordert.

2.3.5 Abenteuer mit den Füßen

Bewusst mit den Füßen etwas zu spüren ist immer wieder ein Erlebnis. Große Pappen oder Teppichfliesen werden mit verschiedenen Materialien beklebt und zu einer Straße zusammengestellt. Barfuß und (nach Möglichkeit) mit verbundenen Augen wird ein Kind von einem Partner über die »Straße« geführt. Spontan beginnen die Kinder ihre Empfindungen und ihre Gefühle auszudrücken. Besonders intensiv werden solche Reisen erlebt, wenn sie mit einer Geschichte eingeleitet werden, z. B.: Wir sind mit einem Schiff in ein anderes Land gereist, es ist dunkel, wir können nichts sehen, aber unsere Füße nehmen den »anderen« Boden wahr ...

- Ich trete in tiefen Sand, ob da ein Tier drinnen ist?
- Jetzt kommen Steine.
- Ich muss über einen dicken Baumstamm steigen.
- Jetzt ist es weich wie Moos, das ist meinen Füßen angenehm.
- Hilfe, es tut weh! Lauter spitze Sachen, ich muss vorsichtig sein.
- Iii, das fühlt sich kalt und glitschig an, ich will schnell weiter!
- Ich spüre etwas Feuchtes, vielleicht bin ich in der Nähe eines Baches?
- Ich muss mich bücken, ich weiß nicht, wie es weitergeht, ob ich in einer Höhle bin?
- Der Boden ist weich und warm, er fühlt sich wie Fell an.

2.3.6 Ich-Puppe

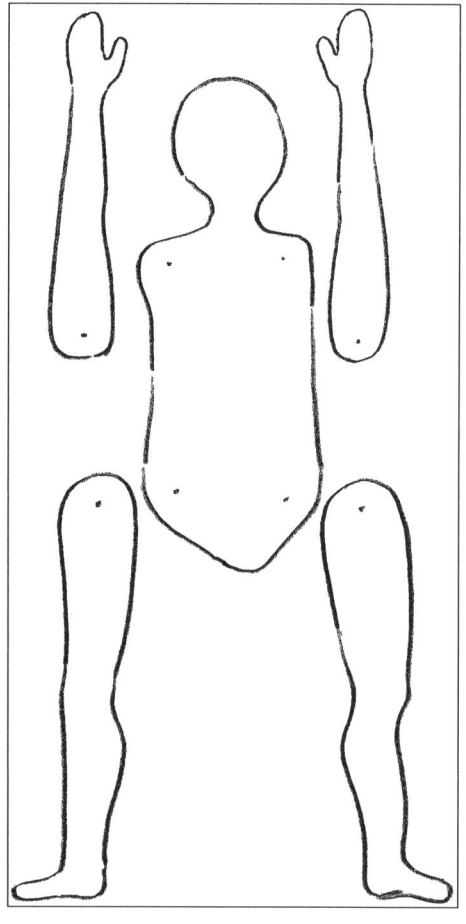

»Soll ich dir mal meine Ich-Puppe zeigen?« Wir haben Besuch in der Schule, und Marion aus der 1. Klasse führt eine kleine Gruppe, dabei kommt sie an der Ausstellung der Ich-Puppen vorbei. Sie erklärt: »Weißt du, wir haben über uns gesprochen, und dann haben wir uns gebastelt. Das bin ich, ich habe dunkle Haare und ein schönes Kleid.«

Besonders im 1. und 2. Schuljahr ist es wichtig, sich selbst darzustellen in der neuen Gruppe. Diese Unterrichtseinheit bietet Anlässe für viele Aktivitäten und Gesprächsanlässe. Besonders Kinder, die nicht so ohne weiteres über sich sprechen, können mit Hilfe der Ich-Puppe Informationen und Erlebnisse verbalisieren.

Die Ich-Puppe ist kleiner als das reale Kind. Aus einer Pappschablone (ca. 60 bis 80 cm groß) wird die Körperform mit beweglichen Armen und Beinen hergestellt. Musterklammern verbinden die Teile.

Je nach Alter der Kinder sollte die Schablone des Körpers vorgezeichnet oder – bei dicker Pappe – auch ausgeschnitten werden.

Das Material zur Ausgestaltung der Puppe wird in der Mitte des Raumes ausgebreitet, betrachtet, angefühlt und nach möglicher Verwendung sortiert. Erfahrungsgemäß ergeben sich dabei vielerlei Gesprächsanlässe: »Für die Schuhe brauch ich etwas Glattes. – Das ist zu struppig. – Haare müssen schön zum Anfassen sein. – Das ist kratzig und hubbelig. – Das stinkt.«

Ist die Ich-Puppe fertig, stellen die Kinder sie auf verschiedene Weise vor.

> Beispiel: Ich heiße Inci und komme aus der Türkei. Mein Kleid glitzert, es ist ganz lang. Am Arm habe ich einen Schmuck. In den Ferien war ich in unserem Dorf bei meinen Großeltern. Meine Großmutter trägt immer ein Tuch um den Kopf. Sie hat mir auch ein Tuch umgelegt. Die Großmutter hat mir gezeigt, wie man es trägt. Meine Mutter hat kein Kopftuch. Ich mag das Tuch gern.

Kleine Gruppen üben ein Stegreifspiel miteinander ein und führen es vor. Die Puppen können auch als Stabpuppen hinter einer Bühne geführt werden.

Die Ich-Puppen schreiben Geschichten über sich: »Ich habe einen Gürtel wie ein Cowboy mit einer richtigen Schnalle. Meine Hose ist ganz glatt aus Leder.«

A

3. Anregungssituationen

In diesem Teil sind Anregungssituationen und Spiele gesammelt, die zum Tasten, Fühlen und Be-greifen auffordern und damit auch Impulse setzen für spontane sprachliche Äußerungen wie auch für gezielte Spracharbeit.

Die Auswahl der vorliegenden Beispiele erhebt keineswegs Anspruch auf Vollständigkeit. Die Leser werden weitere Beispiele hinzufügen und diese für die Erfordernisse der eigenen Praxis modifizieren können. Die Anregungssituationen und Spiele sind so konzipiert, dass sie kontextunabhängig eingesetzt werden können. Für jede Situation ist knapp beschrieben, was man dafür braucht, was vorbereitet oder hergestellt werden muss und wie die Gegenstände verwendet werden. Auf weiterführende Variationsmöglichkeiten wird hingewiesen.

Die Anregungen sind in der Praxis von Vorklasse, Grund- und Sonderschule in verschiedenen Zusammenhängen erprobt und haben auch dort ihre Bezeichnung bekommen. Möglicherweise gibt es unter bestimmten Bezeichnungen in der Spielepraxis und -literatur andere Namen oder Spielvorstellungen, was gegebenenfalls mit den Kindern geklärt werden muss, um Missverständnisse auszuschließen. Die meisten Angebote lassen sich besonders gut in offenere Unterrichtsformen integrieren, z. B. Phasen von Freiarbeit, des Spielens, von Wochenplanarbeit oder auch für gezielte Fördermaßnahmen. Die Anregungen eignen sich zum Teil für Einzelarbeit, für den Einsatz in Gruppen oder auch in der gesamten Klasse.

Für alle Situationen braucht man Material. Deswegen sind zwei Beispiele vorangestellt, wie Lehrerinnen in ihren Klassen auf unterschiedliche Weise Materialsammlungen angelegt haben.

3.1 Zwei Beispiele für Materialsammlungen

Materialpool

Zur Grundausstattung eines Unterrichts, in dem die sinnliche Wahrnehmung einen wichtigen Platz einnimmt, gehört ein Materialpool, der jederzeit griffbereit sein muss. Ein größerer Karton, der unter dem Schreibtisch steht, hat sich bewährt.

In beschrifteten Behältnissen wird vieles gesammelt: unterschiedliche textile Reste – von Samt bis zu durchsichtiger Spitze findet alles Verwendung. Dazu kommen viele Überbleibsel aus dem Haushalt wie Folien, Wellpappe, Lederstücke, Draht, Schaumstoff, Sandpapier mit verschiedenen Oberflächen und Plastik. Dabei finden auch nützliche Kleinigkeiten Platz wie Knöpfe, Streichholzschachteln (mit und ohne Inhalt), Kronkorken, Deckel, Garnrollen, Federn, Bänder, Gummis, Strümpfe, Socken und vieles mehr.

Zur Ausstattung gehört ebenso ein Krabbelsack und/oder ein Fühlekasten, die je nach Bedarf bestückt werden können.

Zum Augenverbinden sind Masken praktischer als Schals oder Tücher, die leichter verrutschen und oft neu gebunden werden müssen. Bewährt haben sich Schlafmasken von Luftfahrtgesellschaften. Masken lassen sich nach einfachen Schnittmustern auch selbst herstellen. Phantasiemasken, wie sie beispielsweise dem »Blindekuhspiel« beiliegen, kann man auch einzeln in Bastelläden erstehen. Aus Eierkartons können sich Kinder auch selbst Masken herstellen.

An dieser Stelle soll noch einmal darauf hingewiesen werden, dass Augenverbinden oder Augenschließen bei Kindern immer freiwillig geschehen muss. Es gibt Kinder, bei denen »Blindsein« mit Unsicherheits- und Angstgefühlen besetzt ist. Sie sollten selbst entscheiden dürfen, ob sie sich die Augen verbinden lassen wollen. Die Spielregelvorschrift »Augenverbinden« muss vorsichtig und einfühlsam gehandhabt werden.

Schatzkisten

Im Klassenschrank oder Regal stehen farbige Plastikkisten mit Deckeln. Sie sind etwas größer als Schuhkartons. Die Kinder bezeichnen sie als Schatzkisten und holen sie häufig hervor, um darin nachzusehen, nachzufühlen und sich dabei zu erinnern, wo und wann sie diese Stücke gefunden haben.

Hier wird gemeinsam Fühlmaterial gesammelt. Damit es nicht unübersichtlich wird, unterscheiden wir nach großen, harten, besonders wertvollen Stücken … Einige Beispiele für den Inhalt der Kisten:

– Kleines: Murmeln, Ringe, Ketten, Perlen, kleine Figuren, Knöpfe …
– Großes: Glocke, Tannenzapfen, Jo-Jo …
– Hartes: Steine, Dosen, Schlüssel, Küchengeräte …
– Weiches: Kuscheltiere, Felle, Stoffe …
– Besonderes: Muscheln, Schmuckstücke, Kugeln, Sonnenbrille …

Die Schatzkisten verändern sich regelmäßig je nach Alter der Kinder, Jahreszeit und Ereignissen, und die Inhalte sind immer neue Anlässe für Geschichten, Erlebnisse und Anreize zum Erzählen und Anregungen zum Freien Schreiben.

Hier noch ein Hinweis, der für viele Unterrichtssituationen fruchtbar sein kann und die Unterrichtsorganisation in allgemeiner Weise betrifft: Bewährt hat sich auch ein Vorrat größerer Stoffstücke in allen möglichen Farben (Meterware, wie sie im Schlussverkauf für wenig Geld zu haben ist):

– als Tischdecke auf den Boden gelegt, um die herum man sich zum gemeinsamen Frühstück setzen kann;
– zur Ausstaffierung des Lesestuhles oder Lesethrons;
– als Hintergrund für Fotos;
– als Unterlage für Materialtische;
– um eine Ecke optisch abzutrennen;
– als Tischdecke für mögliche Ausstellungen;
– zum Bespannen einer Wand, auf der Besonderes hervorgehoben werden soll;
– als Bühnenersatz über eine quer durch den Raum gespannte Leine gehängt;
– für die Kreismitte als Unterlage für einen Unterrichtsgegenstand;
– zum Verhüllen einer »Attraktion« …
– und schließlich umgehängt und mit Bändern gehalten als Kostüm für Mohammed.

Die Verwendungsmöglichkeiten sind nahezu unbegrenzt.

3.2 ABC-Koffer

Material:
Koffer und Gegenstände aus der Umwelt der Kinder zu jeweils einem Laut.

Vorbereitung:
Der Koffer wird mit Gegenständen gefüllt, in deren Namen ein bestimmter Laut vorkommt. Beispiel: Messer, Maus, Marmelade, Moos, Mütze, Hammer, Schwamm, Kamm. Dazu kommen einige Dinge, die nicht dazupassen.

Verwendung:
Die Gegenstände sind im Koffer versteckt. Die Kindergruppe sitzt im Kreis. Die Augen können verbunden sein. Der Spielleiter lässt die Gegenstände aus dem Koffer nehmen, ertasten und benennen. Die Kinder entdecken bald die Gemeinsamkeit der benannten Gegenstände.

Variationen:
Beliebig ausgewählte Gegenstände sollen nach verschiedenen Lauten geordnet, gezielt zusammengestellte Dinge, die Reimpaare ergeben, sollen herausgefunden werden, usw.

3.3 Tastbuchstaben

Material:
Für räumliche Buchstabenformen, die ganz in die Hand genommen werden können, eignen sich Materialien wie Holz, Plastik, Draht, Styropor, Salzteig, Knete, Pappmaché, Gips usw.

Flächige Buchstabenformen lassen sich auf Unterlagen fixieren aus Materialien wie Schnur, Wolle, Sandpapier, Vogelsand, Kork, Wellpappe, Plastikfolien, Naturmaterialien. Besonders praktisch ist ein festeres Schaumgummiprodukt, das unter dem Namen »Moosgummi« in Bastlergeschäften in bunten Platten erhältlich ist. Moosgummi läßt sich verarbeiten wie Schaumgummi.

Fertige Buchstaben in vielen Größen auf Selbstklebefolien als Meterware gibt es in Geschäften für Fachbedarf von Dekorateuren und Grafikern.

Herstellung:
Prägnante Druckvorlagen werden in entsprechender Größe kopiert, aufgezeichnet oder mit einem Schneiderrädchen übertragen, damit perforierte Linien entstehen.

Die Formen werden mit Schere oder Klinge ausgeschnitten, damit auch die Negativform verwendbar ist.

Für Tastaufgaben ist es wichtig, den Anfangspunkt zu markieren, z. B. mit Einkerbung, Lochung oder Reißzwecke.

Verwendung:
Diese Formen dienen für vielfältige Übungen zur handelnden Zuordnung, Diskriminierung, Analyse und Synthese von Lauten zu Buchstaben bzw. Wörtern. Kinder können selbst Buchstaben herstellen für Namen, Gegenstandskennzeichnungen, »Rubbel-Bild-Wörter«, Mobiles, Tastkasten, Krabbelsack, Stempel. Formen von Buchstaben können auf Walzen/Teigroller geklebt werden, um Wörter rollend beliebig oft zu drucken.

3.4 Rätselkarten

Material:
Für jedes Kind sollte mindestens eine Pappe DIN A4 vorhanden sein, geeigneter Klebstoff und ausreichend Material aus dem »Pool«.

Herstellung:
Die Kinder lassen sich vom vorhandenen Material anregen und bekleben ihre Pappen auf verschiedene Weise. Ausgehend von Themen, gestalten sie zum Beispiel Tastbilder mit Tieren, Haushaltsgegenständen oder Landschaften. Die Darstellungen müssen möglichst eindeutig sind, um die eigene Vorstellung zu vermitteln. Mehrdeutigkeiten bieten Anlässe für Nachfragen und Präzisierungen.

Verwendung:
Zwei Kinder spielen zusammen, eines davon hat die Augen verbunden, ertastet das Rätsel und erzählt dazu.

Variationen:
Die Rätselkarten entstehen in Partnerklassen, werden ausgetauscht und regen zu neuen Geschichten an. Sie können auch als Schreibanlässe dienen.

3.5 Variationen zu »Blinde Kuh«[3]

Material:
Gegenstandsbilder sind auf Pappe gedruckt und ausgestanzt. Es gibt die Umrissbilder und die negativen Stanzplatten. Die Formen dieses weit verbreiteten Spiels können auch abweichend von der Spielanleitung für andere Lernarrangements verwendet werden.

Vorbereitung und Verwendung:
Erste Variation: »Faules Ei«. Kinder sortieren auf mehreren Tellern Formen mit dem gleichen Anfangslaut und legen eine unpassende Form dazu. Die Anfangslaute der »Faulen Eier« können ein Lösungswort ergeben.

---

3   Otto Maier Verlag, Ravensburg

Zweite Variation: Richtige Gegenstände zuordnen. Zu bestimmten Formen werden reale Gegenstände aus einem Krabbelsack zugeordnet. Zwei Gruppen können sich gegenseitig Rätsel stellen, indem sie den Gegenstand umschreiben.

Dritte Variation: Aufgaben raten. Auf dem Tageslichtprojektor liegen drei Formen, die nach einem bestimmten Merkmal zusammengestellt sind, z. B. Laut, Silbenzahl, Lebewesen, Haushaltsgegenstand usw. Die Kinder legen Spielformen oder reale Gegenstände dazu und begründen dies. Der Spielleiter reagiert nur mit Nicken oder Kopfschütteln. Die Formen können mit dem Tageslichtprojektor auf die Tafel projiziert und in variablen Größen nachgezeichnet werden. Kinder zeichnen gerne ihr eigenes Bild daneben.

Vierte Variation: Formen als Spielfiguren. Für kleine Rollenspiele können Kinder Figuren benutzen, indem sie diese in die Hand nehmen und sprechen lassen. Die Figuren können auch für kleine Szenarien mit kleinen Ständern aufrecht hingestellt werden, z. B. aus Wäscheklammern, die auseinander gemacht und umgedreht zusammengeklebt werden, Holzleisten von Nut- und Federbrettern, abgesägten Gardinenleisten, Legosteinen oder Filmdöschen, in die man mit einer Rasierklinge einen Einsteckschlitz schneidet.

Fünfte Variation: Erzählfiguren. Figuren einer Geschichte werden in der Reihenfolge des Geschehens auf eine Setzleiste gesteckt.

3.6 Krabbelsack

Material:
Ein Stoffbeutel (nicht zu klein), Gegenstände zu einem Thema und/oder beispielsweise zu einer Jahreszeit: Winter – verschiedene Nussformen, ein Apfel, eine Orange, eine Mandarine, ein Lebkuchen, ein Tannenzweig, eine Kerze, ein Spielzeugschlitten, Handschuhe, etwas Engelshaar, ein Glöckchen u. Ä.

Vorbereitung:
Je nach Thema wird der Krabbelsack mit Gegenständen bestückt.

Verwendung:
Die Kinder sitzen im Kreis, der Sack geht reihum; jedes Kind darf – ohne in den Sack zu sehen, am besten mit geschlossenen Augen – einen Gegenstand erfühlen und ihn sich merken. Anschließend werden die Gegenstände benannt, und es wird das Thema dazu gefunden.

Variation:
Die Variationsmöglichkeiten richten sich nach den Intentionen und nach der Größe der Lerngruppe. Ein Kind kann einen Gegenstand umschreiben, ohne das Wort zu nennen. Ein Kind hält den Gegenstand in der Hand verborgen. Die Mitspieler stellen Fragen, die nur mit »Ja« oder »Nein« beantwortet werden dürfen.

3.7 Tast-Kim

Material:
Ein undurchsichtiges Tuch und verschiedene Gegenstände.

Vorbereitung:
Ausgewählte Gegenstände werden auf einem Tablett angeordnet und mit einem Tuch zugedeckt.

Verwendung:
Im Unterschied zum bekannten Kim-Spiel sehen die Kinder die Gegenstände nicht; sie müssen diese ertasten. Sinnvoll ist es auch hier, Gegenstände zu einem Thema zu verwenden. Beispiele: Alles, was in den Ranzen oder zu einem gedeckten Tisch gehört. Kinder ertasten beispielsweise drei Gegenstände und merken sich diese bis zum Ende der Spielrunde. Übungen zur Bildung von Oberbegriffen bieten sich an.

Variation:
Bei geübteren Teilnehmern kann sich unter die bekannten Gegenstände ein fremder schmuggeln.

3.8 Stechbilder

Material:
Festeres Papier in Postkartenqualität und -format, Plastikfolien von Schnellheftern oder Ähnliches. Als Unterlage eignene sich Filzplatten, Teppichfliesen, wattierte Briefumschläge, Handtücher u. Ä. Hat man keine Stecknadeln mit Griff, so kann man dicke Stopfnadeln, Pinnwandstecker, Rouladenspießchen oder Milchdosenöffner nehmen.

Herstellung:
Abbildungen von einem Gegenstand mit klaren Konturen werden so umstochen, dass der Umriss als Perforation erscheint. Zwischen Vorlage und Unterlage wird das Papier gelegt, auf dem man die Perforation wünscht. Es können auch Elemente eines größeren Bildes hervorgehoben werden. Mit verschiedenen Mengenabbildungen lassen sich Zahl-Tast-Bilder herstellen.

Verwendung:
Stechbilder werden ertastet, benannt und eventuell auf einem größeren Vorlagenbild gesucht oder zum Raten auf den Tageslichtprojektor gelegt. Die Formen des Spiels »Blinde Kuh« eignen sich gut als Muster für Stechbilder, die wiederum Bildern oder Gegenständen zugeordnet werden können. Die Auge-Hand-Koordination kann beim Herstellen von Stechbildern gut beobachtet werden.

Mehrere Stechbilder werden wie bei einem Schnittmuster übereinander gelegt, sodass sich mehrere Linien kreuzen. Ein Kind kann ertasten, wie viele unterschiedliche Formen vorkommen. So wird die Figur-Grund-Wahrnehmung mit den Fingern gefördert.

3.9 »Ringelschwänzchen«

Material:
Karton, dickere Wolle oder Schnur.

Herstellung:
Auf einen Karton werden die Umrisse eines Tieres (z.B. Schwein) gezeichnet und mit Wollfaden oder Schnur nachgelegt und aufgeklebt. Der Schwanz des Tieres wird weggelassen und soll hinzugefügt werden.

Verwendung:
Mit verbundenen Augen ertasten die Kinder das Tier, beschreiben, benennen es und kleben dann den fehlenden Schwanz hinzu. Zur Mehrfachverwendung eignen sich Klebekissen, die ähnlich wie Fotoecken sind und in Schreibwarengeschäften erhältlich sind. Die Ausgestaltung des fehlenden Körperteils provoziert in der Regel recht umfangreiche und differenzierte sprachliche Äußerungen!

Variationen:
Tiere mit falschen Schwänzen, falschen Flügeln, falscher Beinezahl usw. sollen ertastet und erkannt werden.

Umrisse anderer Gegenstände, z.B. Blume oder Auto, werden aufgeklebt, und jeweils ein Teil wird weggelassen. Das fehlende Stück wird erraten und eingefügt.

3.10 Clown

Material:
Pappe mittlerer Stärke, entweder mit verschiedener Oberflächenbeschaffenheit, Größe mindestens DIN A3.

Herstellung:
Ein großes, ovales Gesicht wird ausgeschnitten. Die einzelnen Teile des Gesichtes werden nicht aufgemalt, sondern aus Karton hergestellt: 2 Augen und Augenbrauen, 2 Ohren, Schleife, Nase, Mund, 2 × Haartracht, Hut und Kragen.

Verwendung:
Mit dem Clown kann entweder im Kreis mit einer Kindergruppe oder auch in Partnerarbeit gespielt werden. Ein Kind hat die Augen verbunden, der Spielleiter lässt zuerst die Gesichtsform ertasten und gibt ihm dann die einzelnen Teile, am besten in ungeordneter Reihenfolge, in die Hand. Es entsteht oft ein lustiges Gesicht mit Verschiebungen. Während des Spiels sprechen die Kinder miteinander, Vermutungen über die Teile des Gesichtes werden geäußert.

Variation:
Auf diese Art und Weise kann auch ein ganzer Körper (z. B. Clown) gestaltet werden.

3.11 Tastmemory

Material:
Dicker Karton oder Abfallholz, zugeschnitten zu Quadraten von 10×10 cm (oder auch kleiner), Materialpool.

Herstellung:
Jeweils ein Kartenpaar wird mit dem gleichen Material und in der gleichen Form beklebt. Es sollten mindestens 10 bis 15 Kartenpaare hergestellt werden.

Verwendung:
Zwei bis vier Kinder; das Spiel kann aber auch alleine oder mit der ganzen Klasse gespielt werden. Alle Karten liegen gemischt auf dem Tisch, die beklebten Oberflächen nach oben. Die Kinder haben die Augen verbunden; sie tasten und versuchen, zwei zusammengehörige Karten zu bekommen.

Variationen:

Jedes Kind bekommt zwei bis vier unterschiedliche Anfangskarten, die genau betrachtet, befühlt und beschrieben werden. Die dazugehörigen Partnerkarten liegen auf dem Tisch. Mit verbundenen Augen werden dann die jeweils fehlenden Karten ertastet. Dabei können bestimmte Vereinbarungen getroffen werden, z. B. drei Tastversuche pro Spielrunde.

Memorykarten werden unter einem thematischen Aspekt hergestellt, z. B. Paare von Blättern, und wie beschrieben gespielt.

Strumpfmemory: Jeweils zwei Strümpfe werden mit dem gleichen Inhalt gefüllt, die Strümpfe aufgehängt, z. B. an einer Leine, und die Paare ertastet.

Jedes mitspielende Kind hat einen Schuhkarton, der an der Schmalseite geöffnet und mit einem Stoffteil als Vorhang versehen ist. Die Memorykarten werden so auf die Kartons verteilt, dass kein Kartenpaar in einem Karton ist. Ein Kind beginnt, nimmt eine Karte aus dem Kasten heraus, benennt und beschreibt sie. Die anderen Kinder tasten in ihrem Karton nach der passenden Karte. Wer die Karte ertastet hat, bekommt das Kartenpaar.

3.12 Fühl-Domino

Material:

Dicker Karton oder Abfallholz, zugeschnitten zu Rechtecken, z. B. 4×12 cm, Materialpool.

Herstellung:

Wie beim bekannten Dominospiel werden die Spielsteine in der Mitte geteilt und jede Hälfte mit einem anderen Material oder einem anderen Gegenstand beklebt. Es empfiehlt sich eine Anzahl von 14 Doppelsteinen, also 28 Feldern.

Verwendung:

Am günstigsten ist es, wenn zwei bis vier Kinder spielen, es können aber auch noch mehrere daran teilnehmen. Die Kinder verbinden sich die Augen, die Spielsteine liegen gemischt auf dem Tisch. Der erste Stein wird genommen, und beide Hälften werden betastet. Durch Tasten wird ein weiterer Stein gesucht, dessen halbe Oberfläche einer der vorher ertasteten Oberflächen entspricht. Die beiden gleichen Oberflächen werden aneinander gelegt. Auf diese Weise werden die Steine ertastet, bis kein Stein mehr übrig ist. Die Steine lassen sich auch in Kartons verstecken, wie es beim Tastmemory beschrieben ist.

Variationen:

Jedes mitspielende Kind hat einen Schuhkarton. Alle Spielsteine werden gleichmäßig auf die Kartons verteilt. Der erste Spielstein wird in die Mitte des Tisches gelegt; die Kinder sehen also, was sie in ihrem Karton ertasten sollen. Wer einen passenden Stein findet, legt ihn an.

3.13 Tastlandschaft/Tastwand

Material:
Kartons in verschiedenen Größen, z. B. Schuhkartons, Material aus dem Pool.

Herstellung:
Der Deckel, z. B. vom Schuhkarton, wird entfernt. Der Karton wird dann von innen mit den verschiedensten Materialien beklebt und ausgestaltet. Es können Landschaften, Inneneinrichtungen usw. entstehen. Die gestalteten Kartons lassen sich auch zu einer »Wand« zusammenstellen.

Verwendung:
Die Kinder sprechen über ihre Kartonlandschaften und erzählen Geschichten dazu. Das Fühlen und Tasten mit verbundenen Augen schafft neue Erfahrungen und erweitert die Eindrücke. Werden die Kartons immer wieder neu zusammengestellt, lässt sich der eigene Karton, der der Freundin oder des Freundes ertasten. Es kann auch gemalt oder geschrieben werden, was man ertastet hat.

Variation:
Die Kartons werden unter einem thematischen Schwerpunkt – z. B. das Leben in der Wüste oder im Urwald – beklebt und zusammengestellt. Mit ihren Händen können die Kinder auf lange Abenteuerreisen gehen und erzählen.

Kleine Kartons wie Käse-, Zigaretten- oder Streichholzschachteln und entsprechend kleine Abfallmaterialien ergeben eine Tastlandschaft, die beim Herstellen wie auch beim »Reisen« großes Fingerspitzengefühl erfordert.

3.14 Tastfilm

Material:
Gebraucht werden zwei Kartonrollen: für einen »kleineren Film« zwei Küchenpapierrollen, für einen »größeren Film« zwei Plakatrollen; je nach Rollengröße eine passende Stoffbahn, flaches Material aus dem Pool, wie Fell, Schaumgummi, Wellpappe usw.

Herstellung:
Die Stoffbahn wird mit verschiedenen Materialien beklebt. Die beiden Enden der Stoffbahn werden jeweils an einer Rolle befestigt (mit Reißzwecken oder Klebeband), und der Stoff wird auf einer der Rollen aufgerollt.

Verwendung:
Zwei Kinder sind die »Filmvorführer«. Sie halten die Rollen aufrecht und rollen langsam den Stoff von der einen Rolle auf die andere. Die Zuschauer legen die Hände auf die Tastfläche und erzählen den »Film«.

Variationen:
Statt verschiedener Materialien können auf die Stoffbahn verschiedene Gegenstände aus dem gleichen Material geklebt werden, z. B. ein Haus, ein Baum usw. aus festem Glanzpapier.

Verfügen die Kinder über viele Tasterfahrungen, kann der Tastfilm auch eine richtige Geschichte erzählen: ein ganz neues Kinoerlebnis.

3.15 Handschuhtasten

Material:
Verschiedene Handschuhe, vom dünnen Einmalhandschuh bis zum Skihandschuh.

Vorbereitung:
Auf Tabletts oder Kartondeckeln werden Utensilien für Tätigkeiten bereitgestellt: Knöpfe annähen, Wecker einstellen und aufziehen, Flüssigkeiten mit Trichter in Fläschchen füllen, Perlen auffädeln, Bleistifte spitzen, Buch einbinden usw.

Verwendung:
Mit verschiedenen Handschuhen werden die Tätigkeiten ausprobiert.

Variationen:
Zwei Gruppen stehen sich mit verbundenen Augen gegenüber. Während die erste Gruppe die linken Handschuhe erhält, bekommt die andere Gruppe die rechten Stücke. Die Hand ohne Handschuh darf nichts machen und bleibt am besten in der Hosentasche. Jedes Kind zieht seinen Handschuh an und sucht den Partner mit dem Gegenstück.

3.16 Knetmasse – selbst hergestellt

Material:
200 g Mehl, 100 g Salz, 1 Eßlöffel Alaun (aus der Apotheke), ein Viertelliter kochendes Wasser, 2 Eßlöffel Speiseöl, 1 Messerspitze Lebensmittelfarbe. Das ergibt etwa 600 g und kostet ca. 2 DM.

Herstellung:
Mehl, Salz und Alaun mischen, mit dem kochenden Wasser mixen und nach Belieben Lebensmittelfarbe oder Duftöle zugeben. Luftdicht verschlossen, bleibt die Masse etwa ein halbes Jahr haltbar.

Verwendung:
Vielfältig wie auch sonst bei käuflichen Knetmassen. – Reizvoll ist es, Flachreliefs zu gestalten. Dazu wird die Masse in entsprechende Behältnisse gefüllt

und etwas darin abgedruckt, Hände oder Füße, Alltagsgegenstände aus der unmittelbaren Umgebung der Kinder oder Strukturmuster. Die Elemente können mosaikartig zusammengestellt werden zu einem Wandbild.

3.17 Tasten mit den Füßen

Material:
Flache Kartons, niedrige Wannen oder Tabletts; Material in loser oder verbundener Form mit verschiedenen Tastqualitäten, z.B. Sand, Steine, Erbsen, Korken, Holzspäne, Moos, Stoffe, Plastikfolien, Salzteig usw.

Vorbereitung:
Die Behältnisse werden gefüllt und zu einem Parcours zusammengestellt. Zwischendurch kann auch etwas leer sein, um Vermischungen von Materialien zu vermeiden.

Verwendung:
Kinder gehen allein oder mit Führung, barfuß oder mit dünnen Söckchen, aufrecht oder krabbelnd, sehend oder mit Masken den Weg. Ein Begleiter kann sozusagen als »Blindenführer« den Partner sprachlich vorbereiten auf das, was kommt, ohne das Material zu benennen.

Variationen:
Flüssigkeiten mit verschiedenen Temperaturen können die Relativität der Wahrnehmung erfahrbar machen.

Es kann bestimmte Aufgaben geben: Eine Probe eines Materials in der Hand muss mit den Füßen identifiziert werden, ein doppeltes Angebot soll herausgefunden werden oder ein verborgenes Geldstück.

3.18 Feuchte Fühledosen

Material:
Proben von sämigen Flüssigkeiten, z.B. Spülmittel, Babyöl, Haarkur, Sirup, Kleister, Joghurt, Kondensmilch, Scheuermilch, Sonnenmilch; Aufkleber oder Schilder zur Kennzeichnung der Flüssigkeiten mit deren Namen; verschließbare Dosen aus Plastik oder Metall; Einmalhandschuhe; Wasserschüssel, Handtuch und Seife; eventuell Schutz für Kleidung und Tische.

Vorbereitung:
Man stellt die Dosen unmittelbar nebeneinander und füllt so viel der jeweiligen Flüssigkeit ein, dass der Boden gerade bedeckt ist.

Verwendung:

Ein Kind mit verbundenen Augen tastet sich von Dose zu Dose und versucht den Inhalt zu identifizieren. Ein Begleiter gibt Tips. Kinder probieren danach mit einem Gummihandschuh die Doseninhalte und erzählen, was ihnen dazu einfällt. Mit offenen Augen sortieren Kinder das Angebot danach, was sie angenehm finden und was nicht. Die ungewohnten taktilen Eindrücke lösen oft Phantasien und Erinnerungen aus, die sonst kaum zur Sprache kommen. Lesende Kinder können den Dosen Schilder oder Deckel mit Aufklebern zuordnen.

Variation:

Präsentiert man die Flüssigkeiten in etwas größeren Schüsseln, so ist auch eine Fußprobe möglich. Auf Papier kann man sogar versuchen zu malen. Bietet man z. B. gleichzeitig Öl und Tapetenkleister für beide Füße an, so kann man Unterschiede erfahrbar machen. Auf ausgelegtem Zeitungspapier können Kinder vorsichtig laufen und eigene Spuren anlegen.

Exkurs: Ekel

Was sonst noch alles zur Sprache kommt – oder: Wie fühlt sich Ekel an? Glatt und weich, dazu ein bisschen feucht. SLIMY, das beliebte Wabbelzeug, wird im Kreis weitergereicht. Verhaltenes Kichern und Tuscheln; die Kinder sind anders als sonst beim Tasten und Fühlen. Besonders deutlich wird dies, wenn sie spüren, dass Erwachsene meist nicht ganz unvoreingenommen mit dem Sabbelwabbel umgehen können. Auf angenehme Weise eklig, so könnte man sagen, und Kinder haben den »objektiven« Ekel (noch) nicht verinnerlicht, gleichwohl spüren sie die Ambivalenz beim Fühlen. Das Gefühl »eklig«, das Wissen, was Ekel erregend sein kann, ist vom jeweiligen Kulturkreis abhängig, wir gehen davon aus, dass es gelernt wird. Das mütterliche »Ii!, lass die Finger davon, wasch die Hände, das ist ja eklig« hat seine Wirkung noch nicht endgültig getan. Je jünger die Kinder sind, umso unvoreingenommener gehen sie mit dem Schleim um: Rotz ist ganz ähnlich … rote Grütze, wenn sie noch nicht fest ist … wie das in den Windeln von unserem Baby … Die Kinder lassen den bunten Wabbel genüsslich von der einen Hand in die andere gleiten, und an ihren Gesichtern ist ablesbar, das Slimyefühl an den Fingern ruft auch bei ihnen durchaus ambivalente Gefühle hervor. Einerseits angenehm glitschig, andererseits schon ein bißchen eklig. Diese Mischung ist es denn auch, die Slimy so interessant macht und zum Darübersprechen einlädt. Das pauschale »Schön«, dazu ein unterdrücktes Schaudern und Kichern, machen deutlich, Lust und Ekel sind offenbar nicht allzu weit voneinander entfernt.

Die Kinder assoziieren von Tapetenkleister bis Krötchenschleim und können nicht genug davon kriegen. Wenn wir davon ausgehen, dass Ekel gelernt werden muss und je nach Kulturkreis schließlich unterschiedliche Objekte damit behaftet werden, dann sind Grundschulkinder auf einer Entwicklungsstufe, auf der dieses Lernen gerade stattfindet. Bei ihnen sind die Grenzen des subjektiven Ekels zu dem, was später objektiv Übereinkunft von Ekel ist, noch nicht ganz festgelegt, dies übt den besonderen Reiz aus. Das halb Verbotene wird thematisiert. Fast unbefangen – aber eben nur fast – spüren sie Slimy nach, und es macht ihnen Spaß, die Erwachsenen zu provozieren. So fühlt sich der Bauch einer dicken Frau an ..., ein Kaugummi, den ein Riese ausgespuckt hat ..., Ohrenschmalz, den jemand an einen Spiegel schmiert ... Bis zu Fäkalassoziationen ist es nicht weit, und auch sie werden verbalisiert. Jedes Kind hat längst eigene Ekelvorstellungen. Nasenpopel ..., verschmutzte Klobrillen ..., abgekaute Nägel ..., angeknabberte Stifte ..., diverse Mundgerüche ..., Hundedreck an den Schuhen ... Der Ekel ist ein weites Feld. Bei uns wurde ein Spiel daraus: »Heute essen wir im Ekelrestaurant.« Lustvoll werden phantastisch-eklige Gerichte erfunden und gefühlt.

Die übereinstimmende Regel dazu heißt: Es soll sich eklig anfühlen, aber es darf nicht »echt« etwas Ekliges sein. Auf Fondueteller werden Rasierschaum, Ketschup, warmer Senf, Cremes, gekochte Pflaumen und kalte Spaghetti zum Fühlen serviert. Köche und Gäste im Ekelrestaurant wechseln lustvoll die Rollen. Ganz selbstverständlich kommen an dieser Stelle auch die Nasen ins Spiel, denn man kann den gespielten Ekel so richtig genießen, wenn sich etwas anfühlt wie Spinnenschnitzel und eigentlich ein knuspriger Kartoffelpuffer ist. Ekel kann man fühlen.

3.19 Tastbaum

Es ist eine größere Aktion, ein solches Objekt zu planen und zu gestalten, was unter Umständen nur mit Unterstützung von Kollegen und Eltern zu leisten ist.

Material:
Große, runde Behältnisse wie Waschmitteltonnen oder Eimer; Röhren verschiedener Größen; Maschendraht, Drahtschere, Tapetenkleister und Altpapier; diverse Materialien aus dem Pool; Abtönfarbe und Pinsel; gegebenenfalls Sonnenschirmständer zum Stabilisieren des Baumes.

Herstellung:
Die Teile des Baumes fertigt man einzeln an und fügt sie am Ende zusammen.
Zweige und Äste gestaltet man aus Röhren, verbindet sie mit dünnem Draht oder Klebeband mit dem Stamm, der auf einen Schirmständer gesteckt wird. In die Röhren schneidet man mit einem Tapeziermesser Eingreiflöcher. Dahinter passt man Beutel, alte Taschen, Körbchen oder Netze ein. Den Rand sichert man mit Klebeband oder Sockenbündchen, die so angetackert werden, dass

man nicht sehen kann, was dahinter ist. Das können hörbare Gegenstände sein wie Quietschentchen, Brummteddys oder Klangkugeln. Markante Gegenstände wie Schlüssel können auch versteckt sein zwischen losen Materialien wie Sand, Styropor oder Wattebällchen. Die erreichbaren Binnenbereiche des Baumes können mit interessanten Tastmaterialien beklebt werden.

Die Grundform des Baumes wird stabilisiert mit Maschendrahtbahnen und Kleisterpapierschichten, die am Ende bemalt oder beklebt werden. Man kann auch echte Äste einbauen. Besonders attraktiv ist ein durchgehender Tunnel, in dem sich zwei Hände begegnen können.

Verwendung:
Ein Tastbaum in einer Klasse oder einem Gruppenraum kann vielerlei Funktionen erfüllen, die Kommunikation fördern:

– Jedes Kind versteckt im Baum einen persönlichen Gegenstand, der ertastet und dem Besitzer zugeordnet werden soll.
– Kinder können eigene Tastsäckchen aufhängen.
– Der Baum wird thematisch bestückt von Kindern als Aufgabe für die Lehrerin. So haben Kinder ihre Kuscheltiere mitgebracht als pädagogisches Rätsel.

4. Schlußbemerkung

Vielfältige Erfahrungen mit Tast- und Fühlaktivitäten haben uns gezeigt, dass wir mit ihrer Hilfe die Sprachentwicklung, das Sprechen und Erzählen der Kinder herausfordern und fördern können. Das Erlebnis des Fühlens, verbunden mit der Zuordnung der Laute und Worte, hilft besonders lernschwachen Kindern, sich genauer und intensiver etwas einzuprägen. Über die Erfahrung des Tastens kommunizieren Kinder miteinander, benennen, erzählen, stellen Fragen und entwickeln ihre Geschichten. Besonders in der Arbeit mit Migrantenkindern bringen diese »Spiele« schnellere Erfolge, Sprechhemmungen werden abgebaut, Oberbegriffe gefunden, der Wortschatz erweitert und Sprachmuster aufgebaut. Die Konzentration stellt sich durch den Reiz der Tastaktivitäten häufig von selbst ein. Es macht außerdem Spaß, sich mit den Materialien zu beschäftigen, und die Kinder greifen immer wieder die bekannten »Spiele« auf.

Das Erzählen lässt sich in Aktion und Interaktion spielerisch lernen. Der Erzählfluss wird phantasievoll gefüllt, sinnlich Wahrnehmbares hergestellt und durch handelndes Erzählen wieder lebendig. An der Sprache wird ganzheitlich und nicht schematisch gearbeitet. Im weitesten Sinne handelt es sich um integrative Sprachförderung und Sprachheilbarkeit. Die Sprechakte sind handlungsbegleitend, quasi illustrierend und kommentierend.

Diese Aktivitäten lassen sich nur schwer im traditionellen Frontalunterricht verwirklichen. Durch Veränderungen in der Grundschulareit verbessern sich die Chancen aller Kinder, auch die der sprachbehinderten. Eine kindgemäße Lernumwelt und Variationen im methodischen Bereich – innere Differenzierung, Arbeit mit dem Wochenplan, offener Unterricht etc. – ermöglichen eine gezielte Sprachförderung im sozialen Kontext des Klassenverbandes. Für die Aufmerksamkeit und Motivation ist entscheidend, wie in der Klasse als Lebens- und Lernraum die Dinge präsentiert werden. Wenn sie in das Blickfeld geraten, finden sie Interesse und erweitern den Handlungsspielraum.

Redewendungen und Sprachspiele zu »Hand« und »Fühlen«

Etwas hat Hand und Fuß
Der Spatz in der Hand ist besser als die Taube auf dem Dach.
mit Herz und Hand fürs Vaterland
von der Hand in den Mund leben
um jemandes Hand anhalten
jemandem die Hand fürs Leben reichen
jemanden auf Händen tragen
Hände weg von …
die Hand erheben
mit offenen Händen
in festen Händen sein
jemand wird handgemein
handverlesen
etwas mit Händen greifen können
mit harter Hand durchgreifen
etwas geht flott von der Hand
gegen ein Handgeld
Handschellen anlegen
von der Hand weisen
in die Hand versprechen
mit leeren Händen dastehen
die Hand auf der Tasche haben
mit vollen Händen rauswerfen
mit vollen Händen austeilen
etwas aus dem Handgelenk schütteln
die ganze Hand nehmen
jemandem die Hände binden
die Beine in die Hand nehmen
jemandem zur Hand gehen
etwas aus der Hand geben
die Hände zusammenschlagen
aus freier Hand
die letzte Hand

die versöhnende Hand
eine Handhabe gegen
die Hand im Spiel haben
zwei linke Hände haben
eine glückliche Hand haben
aus zweiter Hand
Handauflegen
in die Hand arbeiten
Handschrauben anlegen
jemandes Handlanger sein
Hand in Hand arbeiten
die Hände in den Schoß legen
die Hand mit Blut verschmiert haben
händeringend um etwas bitten
die Zügel in der Hand behalten
die Hände in Unschuld waschen
Händereiben
jemandem die Hand drücken
jemandem die Hände binden
die Hand zur Versöhnung reichen
in ein Handgemenge geraten
Handel
Händel
Handgeld
händelsüchtig sein
handlich
Handlung
Handlesen
so nimm denn meine Hände
von der Hand in den Mund leben
»Wenn ihr's nicht fühlt, ihr werdet's nicht erjagen.«
Wer nicht hören will, muß fühlen.
Wer nicht hören kann, darf fühlen

Inge Holler-Zittlau

Themenbezogene Spielfolgen zur struktur-niveau-orientierten Sprachförderung

1. Zum Sprachverhalten von Kindern im Kindergarten, im Vorschulalter und in den Eingangsklassen der Schulen

Ökonomischer und sozialer Wandel innerhalb der Familie und Gesellschaft haben in den vergangenen Jahren zunehmend zu einer Veränderung kindlicher Lebenswelten geführt (Postman, Heitmeyer, Holler-Zittlau).

So verbringen schon zwei- bis dreijährige Kinder eine beträchtliche Zeit alleine vor dem Fernseh- oder Videoapparat oder werden von einem vollen Terminkalender, Kindergruppe, Kindergarten, Schwimmkurs, Musikschule, Malkurs etc. bestimmt.

Nicht selten werden Kinder zeitlich und räumlich verplant und verortet, und ihr Leben und Lernen gehorcht, scheinbar gut geregelt, von ihnen nicht beeinflussbaren äußerlichen Bedingungen. Die Kinder werden als bloße Betrachter oder fremdbestimmte Teilnehmer an der Welt beteiligt. Das Leben fliegt an ihnen vorbei, ohne wirklich erfahren und mitgestaltet werden zu können.

Notwendige Interaktions- und Gesprächspartner, mit denen ein Kind seine Welt erobern kann und seine Wahrnehmungen und Erfahrungen unmittelbar mitteilen, ansprechen oder austauschen kann, stehen zunehmend seltener in ausreichendem Maße zur Verfügung, sodass sie bei der Verarbeitung vielfältiger Eindrücke und Ereignisse auf sich allein gestellt sind und sich zunehmend weniger ihrer Umwelt und ihren Mitmenschen mitteilen und sprachlich vermitteln können.

Menschliche Entwicklung ist jedoch nicht nur von rein äußerlichen Bedingungen abhängig, sondern wird qualitativ und quantitativ entscheidend durch die Möglichkeiten selbst bestimmter Eigenaktivitäten und Interaktionen mit der materialen und sozialen Welt bestimmt. Notwendig für eine umfassende Entwicklung des Kindes sind sowohl konkrete Erfahrungen mit unterschiedlichen Gegenständen in unterschiedlichen Situationen und Zusammenhängen als auch eine akzeptierende und strukturierende Auseinandersetzung, Interaktion und Kommunikation mit unterschiedlichen Personen.

Hat ein Kind aufgeschlossene Gesprächspartner, Eltern, Freunde usw., wird es versuchen, seine neuen Erfahrungen und Erkenntnisse mitzuteilen, um diese damit gleichzeitig sprachlich zu repräsentieren, kognitiv zu sichern und gegebenenfalls neu zu organisieren und zu strukturieren. Durch den Vergleich der eigenen Darstellungen mit den Äußerungen der Gesprächspartner gewinnt es neue Einsichten.

In der sprachlichen Interaktion mit dem Gesprächspartner wird dem Kind Verständnis und Zustimmung, aber auch Zweifeln und Nachfragen entgegengebracht. Durch inhaltliche, strukturelle und sozial-emotionale Einschätzungen und Ergänzungen gelangt das Kind zu immer differenzierterem Bewusstsein seiner selbst und der es umgebenden Welt, sodass seine Wahrnehmungen ein adäquates sprachliches Korrelat erhalten und entsprechend differenziert verbalisiert werden können.

Ein Kind, das diese Möglichkeiten der interaktiven und verbalen Auseinandersetzung mit einer Sache und einem Kommunikationspartner nicht hat, bleibt in seiner subjektiven Wahrnehmung und Erkenntnis verhaftet, es wird unsicher und gewinnt sehr schnell frustrierende Erfahrungen in dem Bemühen, einen adäquaten Interaktions- und Gesprächspartner zu finden. Das Kind bleibt in seiner Wahrnehmung und Erkenntnistätigkeit vereinzelt und isoliert, sodass es seine subjektiven Wahrnehmungen und Erkenntnisse eher einzelheitlich und nur zufällig mit der Wahrnehmung von Realität anderer vergleichen, bestätigen, relativieren, ergänzen oder verändern und gegebenenfalls auf einem höheren Erkenntnisniveau strukturieren kann.

Für ein Kind, das wenig Interaktionspartner hat und vielen Situationen alleine ausgesetzt ist, gibt es auch keinen Grund, Anlass oder Motivation, seine Wahrnehmungen zu reflektieren und sprachlich darzustellen.

1.1 Sprachverhalten in Spielsituationen

Im Kindergarten und in den Vor- und Eingangsklassen der Schulen ist zu beobachten, dass immer mehr Kinder über zunehmend weniger Handlungserfahrungen in Alltagssituationen verfügen und Sozial-, Lern- und Sprachverhaltensweisen zeigen, die nicht altersentsprechend sind.

Kinder verhalten sich impulsiv und überschießend. Sie möchten in allen Situationen gehört und wahrgenommen werden. Sie wollen die »Bestimmer« der Situation sein. Sie zeigen jedoch gleichzeitig eine geringe Frustrationstoleranz, wenn sie erkennen, dass ihnen im Spiel etwas nicht gelingt oder sie nicht gleich zum Zuge kommen und reagieren nicht selten aggressiv auf ihre Mitspieler. Andere Kinder zeigen sich ängstlich und zurückhaltend, gehen kaum auf andere zu oder reagieren sehr zögerlich und abwartend auf mögliche Spielangebote und Handlungssituationen.

Während des Spiels wird von diesen Kindern relativ wenig gesprochen. Spielhandlungen werden kaum kommentiert oder durch sprachliches Handeln weitergeführt. Kurze präverbale Ausrufe und Befehle wie »Ah, jaaa, nee, lass …« kennzeichnen die sprachliche Situation. Die Sprache der Kinder ist häufig plakativ, wenig differenziert und sehr einfach strukturiert. Ein- bis Dreiwortsätze sind vorherrschend; z. B. »Auto spielen – Puppehaus – Is schön – Laterne gehe – Buch lese« etc.; Befehlsformen wie »Mach du – Gib das Auto – lass das – lass mich – Geh weg« u. v. m.

Das Spiel dieser Kinder ist vorwiegend zufällig, spontan, situativ emotional motiviert und weniger reflektierend, bewusst geregelt und zielorientiert. Von den Kindern selbst aufgegriffene oder initiierte Spielsituationen werden nach kurzer Zeit abgebrochen und wieder aufgegeben. Die Kinder hantieren, ohne wirklich zu handeln, sie agieren, ohne sich wirklich mit der Sache oder der Situation auseinander zu setzen.

Diese Kinder können sich auch weniger auf angebotene Themen konzentrieren oder einlassen. Sie scheinen unbeteiligt und zappeln herum oder träumen vor sich hin. Sie zeigen wenig Neugierverhalten unbekannten Dingen und Situationen gegenüber. Sie schauen nicht genau hin, stellen selten Fragen und hören kaum zu, wenn etwas gesagt, berichtet oder erklärt wird. Für diese Kinder scheint Sprache wenig handlungsleitende Bedeutung und Funktion zu haben.

Berichte über Situationen, die Kinder erleben oder erlebt haben, werden von ihnen häufiger bruchstückhaft oder mit Schlagworten dargestellt. Zum Beispiel: »Gestern – Geburtstag – ja – Peter, Gabi, André – Fußball – draußen – Kassette gehört – gespielt« oder: »Video geguckt – Kevin allein zu Haus – gut – Kevin, zu Hause – Gangster gebrannt«. Die Kinder benennen äußerliche Ereignisse. Persönliche Empfindungen, Stimmungen und Gefühle werden kaum geäußert.

Über das, was Kinder im Fernsehen gesehen haben, berichten sie ebenfalls vorwiegend in kurzen Schlagworten oder Satzrudimenten. Dieses deutet darauf hin, dass die Kinder entweder den Handlungsverlauf nicht verstanden haben, sie von dem Inhalt emotional sehr betroffen sind und sich darüber nicht äußern wollen oder sie nicht über geeignete sprachliche Mittel und Kompetenzen verfügen, um ihre Emotionen und Erfahrungen sowie die erkannten Inhalte und Zusammenhänge sprachlich darzustellen.

Auf Fragen wie zum Beispiel »Warum war Kevin allein zu Hause?« oder »Wie hat er sich denn genau vor den Dieben geschützt?« reagieren Kinder oftmals mit einem Schulterzucken. Ein unverständlicher Blick weist auch hier darauf hin, dass Zusammenhänge kaum wahrgenommen und erkannt worden sind. Manchmal gestikulieren Kinder und spielen einzelne Szenen, die sie besonders beeindruckt haben, pantomimisch nach.

1.2 Verbalisierung vergangener Ereignisse

In der Schule werden diese bruchstückhaften Wahrnehmungen und sprachlichen Auseinandersetzungen im Deutschunterricht besonders deutlich. Im Unterricht ist zu beobachten, dass Kinder, die in ihrem Kommunikationsverhalten Sprache eher schlagwortartig und plakativ verwenden, beim Lesenlernen und beim Erwerb von Schriftsprache u.a. durch eine mangelnde Sinnerwartung an die zu erlesenden Wörter Schwierigkeiten haben. Sie synthetisieren Wörter wie »Auto« lautrein A-U-T-O, sodass das akustische Korrelat des Lesewortes »Auto« das lautsprachliche Wort »Auto« nicht wieder erkennen lässt.

Spätestens beim Erlesen einfacher Texte und bei dem Versuch, Sachverhalte und Handlungen in einfachen Texten frei zu formulieren und zu schreiben, wird deutlich, dass sich die Kinder zwar in vielerlei Hinsicht sprachlich äußern, ihre Sprache jedoch wenig differenziert und strukturiert ist.

Eigene Untersuchungen haben ergeben, dass Kinder, deren soziales Umfeld relativ wenig Interaktions- und verbale Kommunikationsmöglichkeiten bietet, Wahrnehmungen relativ oberflächlich und subjektiv verarbeiten, dass ihr Wortschatz im Vergleich zur Altersgruppe eher gering ist und ihre Syntax eher einer Kleinkindsprache entspricht.

Sechs- bis siebenjährige Vorklassenkinder zeigen etwa ein Sprachentwicklungsniveau von 2,4- bis 3,6-jährigen Kindern auf. So berichtet etwa ein Mädchen von ihrem Haustier und formuliert: »Ein gelbe Vogel hat – Wellensittich – Nicki heißt – Futter auch – Haus – auf Tisch stellt – sauber macht, Sand rein – Futter gebt ...«

Selbst Kinder mit einem relativ breiten Erfahrungsschatz sind kaum in der Lage, Sachverhalte, Handlungsfolgen oder Zusammenhänge verbal darzustellen.

2. Zum Spracherwerb

In seinen allgemeinen Entwicklungslinien ist der Prozess des Spracherwerbs unter verschiedenen Aspekten empirisch untersucht und u.a. von Grimm, Schöler, Dannenbauer, Clahsen dargestellt worden.

Innerhalb der Spracherwerbsforschung ist u.a. von Zollinger (1988) der Zusammenhang von Wahrnehmungsentwicklung, Interaktion, Kommunikations-, Kognitions- und Sprachentwicklung differenziert untersucht und dargestellt worden.

2.1 Zur Bedeutung konkreten Handelns für den Spracherwerb

Durch den handelnden Umgang mit Gegenständen und Personen seiner Umwelt gelangt das Kind zu differenzierten Wahrnehmungen, welche es durch die von Piaget beschriebenen Prozesse der Assimilation und Akkommodation in seine bisherigen Wahrnehmungen und Erkenntnisse integriert und kognitiv strukturiert (Piaget).

In einem mehrstufigen Prozess gelingt es dem Kind, sich seine Wirklichkeit anzueignen, mit Hilfe von Symbolen vorzustellen, darzustellen und sprachlich zu repräsentieren. Dabei imitiert es in einem ersten Schritt durch verschobene Nachahmung den Gegenstand, den es darstellen will, gestisch. Es erkennt im Weiteren, dass Gegenstände auch existieren, wenn sie nicht unmittelbar vorhanden und wahrnehmbar sind (Objektpermanenz). Im Symbolspiel repräsentiert das Kind in »Als-ob«-Handlungen bereits im Alter von 15 bis 18 Monaten erstmals Gegenstände und Handlungen.

In kommunikativen Spiel- und Handlungssituationen erkennt das Kind die physische und psychische Kausalität von Gegenständen und Personen. Es erkennt, dass es mit einem Gegenstand bei einem anderen Gegenstand etwas bewirken kann, z. B. das Ziehen an einer Schnur bewirkt, dass eine Spielzeugente in die Reichweite des Kindes watschelt, und dass Personen Empfänger oder Verursacher von Handlungen sein können. Zum Beispiel dadurch, dass ein Kind der Mutter eine Puppe gibt, beginnt diese damit zu agieren und zu spielen und bezieht sich damit interaktiv und kommunikativ auf das Kind. Durch das Erkennen von physischer und psychischer Kausalität lernt das Kind zwischen Mittel und Absicht zu unterscheiden. Es lernt immer neue Mittel zur Erreichung eines Ziels einzusetzen und erkennt, dass Handlungen mit Absichten verbunden sind, und beginnt zielgerichtet zu kommunizieren.

Durch die bildhafte Darstellung von Gegenständen und Handlungen gelangt das Kind von einem äußeren Bild zu einem inneren Abbild von Wirklichkeit. Der Gebrauch von Sprache ermöglicht es ihm schließlich, nichtaktuelle Ereignisse zu repräsentieren bzw. hervorzurufen. So löst es sich mehr und mehr von unmittelbar vorhandenen Gegenständen, Situationen und Personen und kann seine Wirklichkeit gedanklich verarbeiten, sprachlich darstellen und konstruieren.

2.2 Zur Bedeutung der Interaktion und Kommunikation für den Spracherwerb

Für den Erwerb von Sprache haben interaktive und kommunikative Prozesse eine besondere Bedeutung. Hat das Kind im Spiel die Permanenz von Objekten erkannt und seine Handlungen als intentional und zielgerichtet begriffen, so ist damit nicht notwendig und automatisch der Erwerb und die Aneignung von Sprache verbunden, sondern es sind damit lediglich grundlegende, notwendige Voraussetzungen für den Spracherwerb erfüllt.

In der Interaktion und Kommunikation erlebt das Kind, wie andere Personen ihre Welt darstellen und auch sprachlich repräsentieren. Es bekommt durch die verbale Interaktion und Kommunikation ein allgemein gültiges Symbol- und Sprachangebot, das es nach und nach von dem Kommunikationspartner aufgreift und übernimmt. (Sprache zu hören bewirkt allein noch keinen Spracherwerb, da die akustischen Signale ihre inhaltlichen und funktionalen Aussagen

nicht an und für sich und unvermittelt erkennen lassen. Ein erhöhter Fernseh-
konsum z. B. führt nicht automatisch zu einem differenzierteren und elaborier-
teren Sprachverhalten.)

Bereits im vorsprachlichen Austausch verhält sich die Mutter durch Blickkontakt zwischen dem Gegenstand und dem Kind (trianguläter Blick) und
eigene sprachliche Äußerungen so, als ob das Kind eine Absicht verfolge, und
reagiert auf Gestik, Mimik und lautliche Äußerungen inhaltlich und intentional mit sprachlichen Äußerungen. Beispiel: Das Kind zeigt auf den Teller und
lautiert »Mmmmm«. Die Mutter reagiert: »Mm – ja, der Brei – der schmeckt
gut …« Oder das Kind zeigt auf einen Gegenstand, die Mutter sagt: »Ja, das
ist der Baum – da wohnen die Vögel.« Das Kind lernt, dass seine lautlichen
Äußerungen eine Reaktion bei der Mutter auslösen und damit eine Bedeutung und Funktion haben.

Das Kind imitiert nach und nach jene von der Mutter häufig vorgebrachten
Laute, benutzten Wörter und Satzphrasen, die es entsprechend seiner Artikula-
tions- und Kognitionsentwicklung nachahmt und funktional einsetzt. Die
Mutter spricht in diesen Dialogsituationen langsamer und mit höherer Sprach-
frequenz. Sie hält Blickkontakt zwischen dem Kind und dem Handlungsgegenstand. Sie gleicht sich in ihrem Sprachverhalten dem Kind an und entspricht in
der Semantik, Lexik und Syntax den sprachlichen Verstehensmöglichkeiten des
Kindes (Bruner).

In diesem Sinne hat das Sprachverhalten der Mutter, die Motherese (Bruner), zum einen die Funktion, sich dem Sprachverständnis des Kindes anzupassen, und zum anderen sprachliches Vorbild für den Gebrauch von Sprache und
damit für den Spracherwerb zu sein.

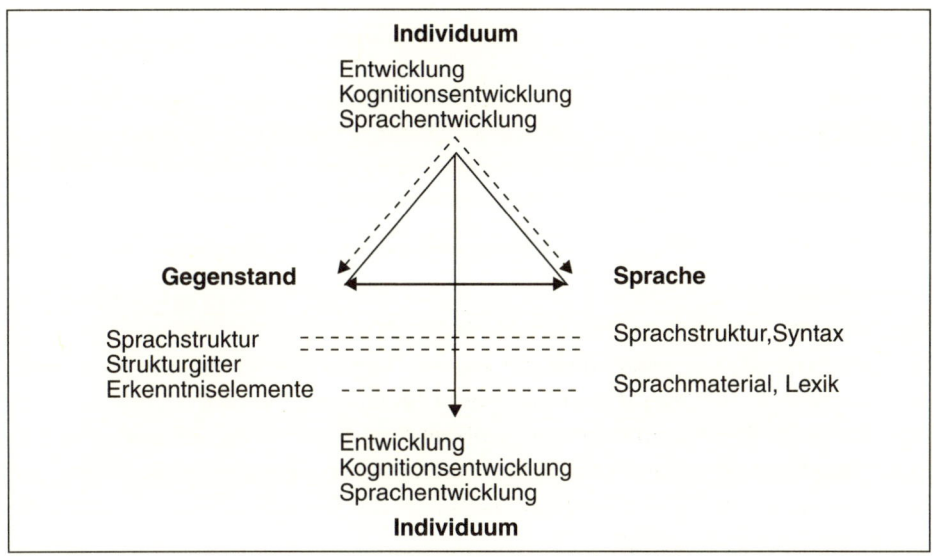

Erhält das Kind sehr wenige oder ablehnende Rückmeldung auf seine lautlichen und sprachlichen Äußerungen, so lernt es, dass seine Sprache keine Handlungswirkung hat oder zu negativen Reaktionen führt. Beides kann zu einer emotionalen und sprachlichen Stagnation und Regression führen.

2.3 Zum Verlauf des Spracherwerbs

Spracherwerbsstufen. Von der konkreten Handlung zum sprachlichen Handeln

Strukturniveuorientiertes Förderkonzept Sprache		
Niveaustufen der Handlung ↑		
symbolische Repräsentation — sprachliche Entfaltung + Variation		**Generalisierung 3**
operative Handlungs- ebene, symbolische Repräsentation — sprachliche Entfaltung		
vollständig vorstellende Handlung, ikonische Ebene — + sprachliche Begleitung, Strukturierung		**Generalisierung 2**
teilweise vorstellende Handlung, ikonische Repräsentation		**Generalisierung 1**
konkret- operative Handlung — sprachliche Begleitung		Nomen · Verben · Adjektive · Präpositionen · Einwort- sätze · Zweiwort- sätze · Mehrwort- sätze
konkret-operative Handlung, enaktive Reaktion, enaktive Repräsentation		konkrete Gegenstände: Eigenschaften, vergleichen, Handlung, Handlungsfolgen
Elementarerfahrung		Komplexität des Gegenstandes Folge der Strukturelemente

In der Grafik wird deutlich, dass der Erwerb kognitiver Strukturen zum einen von der konkreten Operation mit Gegenständen und Personen über die bildhaft-ikonische Repräsentation zur symbolischen Repräsentation und sprachlichen Konstruktion voranschreitet und zum anderen gleichzeitig eine Zunahme an Erfahrungen und Erkenntnissen bezüglich der Komplexität des Gegenstandes ermöglicht und bedingt.

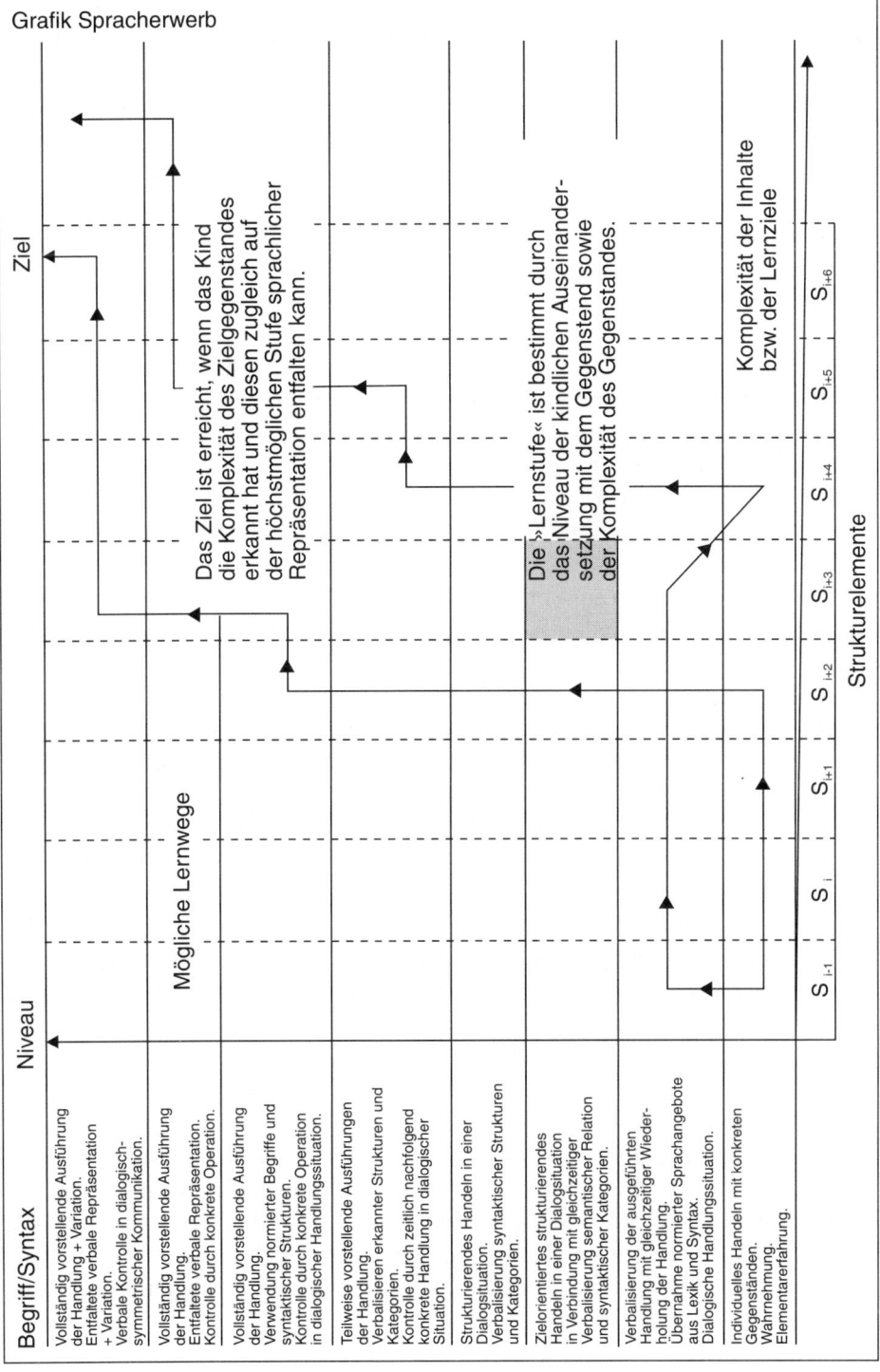

Grafik Spracherwerb

Begriff/Syntax — **Niveau** — **Ziel**

Vollständig vorstellende Ausführung der Handlung + Variation. Entfaltete verbale Repräsentation + Variation. Verbale Kontrolle in dialogisch-symmetrischer Kommunikation.

Vollständig vorstellende Ausführung der Handlung. Entfaltete verbale Repräsentation. Kontrolle durch konkrete Operation.

Vollständig vorstellende Ausführung der Handlung. Verwendung normierter Begriffe und syntaktischer Strukturen. Kontrolle durch konkrete Operation in dialogischer Handlungssituation.

Teilweise vorstellende Ausführungen der Handlung. Verbalisieren erkannter Strukturen und Kategorien. Kontrolle durch zeitlich nachfolgend konkrete Handlung in dialogischer Situation.

Strukturierendes Handeln in einer Dialogsituation. Verbalisierung syntaktischer Strukturen und Kategorien.

Zielorientiertes strukturierendes Handeln in einer Dialogsituation in Verbindung mit gleichzeitiger Verbalisierung semantischer Relation und syntaktischer Kategorien.

Verbalisierung der ausgeführten Handlung mit gleichzeitiger Wiederholung der Handlung. Übernahme normierter Sprachangebote aus Lexik und Syntax. Dialogische Handlungssituation.

Individuelles Handeln mit konkreten Gegenständen. Wahrnehmung. Elementarerfahrung.

Mögliche Lernwege

Das Ziel ist erreicht, wenn das Kind die Komplexität des Zielgegenstandes erkannt hat und diesen zugleich auf der höchstmöglichen Stufe sprachlicher Repräsentation entfalten kann.

Die »Lernstufe« ist bestimmt durch das Niveau der kindlichen Auseinandersetzung mit dem Gegenstend sowie der Komplexität des Gegenstandes.

Komplexität der Inhalte bzw. der Lernziele

S_{i-1} S_i S_{i+1} S_{i+2} S_{i+3} S_{i+4} S_{i+5} S_{i+6}

Strukturelemente

In der Grafik ist der Prozess interaktiver Aneignung von Sprache dargestellt. Die Interaktion mit dem Kommunikationspartner ermöglicht dem Kind eine intentionale Auseinandersetzung mit der gegenständlichen Welt und mit Personen. Die Sprache des Interaktionspartners, insbesondere in der Motherese, repräsentiert in ihren einzelnen Begriffen und syntaktischen Strukturen selbst erfahrene und/oder dem Kind mögliche emotionale und sachliche Wahrnehmungen und Erkenntnisse. Sie stellt in ihrer syntaktischen Struktur Erkenntnisrelationen dar und bietet dadurch dem Kind die Möglichkeit, eigene Erkenntnisse analog dem sprachlichen Vorbild des Gesprächspartners zu symbolisieren und zu repräsentieren.

Auf der Ebene konkret-operativer Handlungen benennt der Interaktionspartner einzelne Gegenstände und Handlungen des Kindes. Das Kind greift vorbegrifflich Bezeichnungen auf und füllt diese nach und nach durch zunehmende Differenzierung seiner Wahrnehmungen und Tätigkeiten semantisch, sodass die Bezeichnungen zunehmend Eigenschaften und Erkenntnisse repräsentieren (Bruner, Probst).

Auf der ikonischen Handlungsebene hat sich das Kind bereits von konkreten Gegenständen und Handlungen gelöst und erkennt in der Realität wahrgenommene Gegenstände und erfahrene Handlungen auf Abbildungen, welche in ihren äußeren Merkmalen Ähnlichkeiten mit realen Gegebenheiten aufweisen.

Auf der sprachlichen Handlungsebene hat das Kind Gegenstände und Handlungen vollständig verinnerlicht. Seine Sprache repräsentiert vergangene, gegenwärtige und zukünftige Realitäten, neue Erkenntnisse können unabhängig von konkreten Handlungen gewonnen werden.

Wesentlich dabei ist, dass nur auf Grundlage konkreter eigener Wahrnehmungen, Erfahrungen und Tätigkeiten für das Kind Erkenntnisse möglich werden, welche durch die gemeinsame Interaktion und Kommunikation mit anderen Personen verallgemeinert und generalisiert werden können und sprachlich entsprechend dem jeweiligen Erkenntnisniveau durch den Gebrauch entsprechender sprachlicher Elemente, Wörter, Begriffe, Syntaxstrukturen etc. repräsentiert werden können.

Für das einzelne Kind erfolgt die Aneignung von Sprache immer situativ ganzheitlich und individuell verschieden. So kann ein Kind aufgrund weniger konkreter Wahrnehmungen und Erfahrungen und intensiver sprachlich adäquater Interaktion zu einem relativ raschen Spracherwerb mit relativ differenzierten Erkenntnissen und kognitiven Strukturierungen mit entsprechend differenzierten Syntaxrepräsentationen gelangen. Es ist aber auch möglich, dass ein Kind mit relativ umfänglichen Eigenaktivitäten und Umwelterfahrungen, aber ungünstigen Interaktions- und Kommunikationserfahrungen Sprache erst sehr spät und rudimentär erwirbt.

2.4 Zum Verhältnis von Wahrnehmung, Sprache, Kognition und Kommunikation

Kinder stellen in ihren spontanen sprachlichen Äußerungen durch Stimmgebung, Prosodie, Wortwahl und Satzkonstruktionen jene Emotionen und Empfindungen, Inhalte und Zusammenhänge dar, die sie in ihrer Welt wahrgenommen und erkannt haben.

Ihre Sprache spiegelt den subjektiven und individuellen Wahrnehmungs- und Erkenntnisstand in Bezug auf bestimmte Gegenstände, Inhalte und soziale Situationen wider.

Reizaufnahme und konkrete Tätigkeiten bilden die Grundvoraussetzung jeglicher Wahrnehmungs- und Erkenntnistätigkeit. Immer wiederkehrende, ähnliche Ereignisse ermöglichen es dem Kind, etwas wieder zu erkennen und zu differenzieren. In seine Wahrnehmungen und bei entsprechender kognitiver Verarbeitung in seine bisherigen Wahrnehmungs- und Erkenntnisstrukturen zu integrieren.

Bereits in der vorsprachlichen Interaktion werden durch das gemeinsame Spielen und den Rollentausch von Geben und Nehmen erste »vorsprachliche Prototypen der Kasusgrammatik« (Bruner 1977) definiert: Wer ist der Handelnde, was ist Handlung, Objekt der Handlung, und wie können diese vertauscht und ersetzt werden?

Die Sprache der Interaktionspartner liefert dabei das Material (Lexik) und die Struktur (Syntax) zur sprachlichen Symbolisierung und Repräsentation und unterstützt gleichzeitig die Strukturierung von Wahrnehmungen und Erkenntnissen.

Fehlen dem Kind Interaktionspartner oder in der Interaktion mögliche sprachliche Angebote, kann es seine Wahrnehmungen und Erkenntnisse nur durch eigene, individuelle Strukturierungs- und Symbolisierungssysteme repräsentieren. Die Verständigung mit anderen Menschen ist erschwert. Somit können folgende Hypothese formuliert werden: Ein Kind, das ein reduziertes, unsachgemäßes oder inadäquates und nicht altersentsprechendes Sprachverhalten zeigt,

- hat gegebenenfalls wenige Gegenstände und Situationen handelnd erfahren und diese in subjektiver Weise oberflächlich, bruchstückhaft und undifferenziert wahrgenommen und erkannt,
- hat möglicherweise zu wenige Intereaktionspartner und/oder Intraktionssituationen, um Wahrgenommenes und Erkanntes in der Interaktion mit dem Gegenstand und einem Kommunikationspartner auf kognitiv höherer Ebene zu strukturieren und sprachlich zu repräsentieren,
- verfügt unter Umständen über Interaktionspartner, welche ihrerseits wenig Kenntnisse oder Interesse an einer differenzierten inhaltlichen und sprachlichen Auseinandersetzung zeigen.

3. Anforderungen an eine spracherwerbsfördernde Situation

3.1 Thema/Handlungsgegenstand

Grundlage für eine erfolgreiche Sprachentwicklungs- und Spracherwerbsför-
dcrung sollte ein gemeinsamer Handlungsgegenstand oder ein gemeinsames
Thema sein, das im Interessen- und Erfahrungshorizont des Kindes und des
Interaktions- und Kommunikationspartners liegt und an dem bereits gewonne-
ne Erfahrungen und Erkenntnisse wieder erkannt werden sowie neue Erfahrungen und Erkenntnisse hinzugewonnen werden können.

3.2 Kommunikationspartner

Um Sprache als Mittel zur Repräsentation und Strukturierung von Handlungen erkennen zu können, müssen Kommunikations- und Interaktionspartner
vorhanden sein, welche die Sprachhandlungen der Kinder verstehen und konkret umsetzen bzw. auf das Sprechen von Kindern mit sprachlicher Interaktion
reagieren.

3.3 Sprachliche Angebote

Die Sprache der Kommunikationspartner sollte für einen erfolgreichen
Spracherwerb in ihrer Semantik, Lexik und Syntax den Verstehensmöglichkeiten des Kindes entsprechen und in ihrer Formulierung Anregungen und Vorbild für den Erwerb sprachlicher Repräsentationen und möglicher Erkennt-
nistätigkeiten sowie für den kommunikativen Gebrauch von Sprache geben.

3.4 Sozial-emotionale Situation

In seinem emotionalen und sprachlichen Verhalten sollte der Gesprächspartner
authentisch und dem Kinde zugewandt sein, denn eine emotional oder verbal
ablehnende Reaktion auf sprachliche Äußerungen des Kindes kann zu solchen
Frustrationen und zu Kränkungen führen, dass es sich emotional und auch
sprachlich zurückzieht.

Wird sprachlichen Äußerungen von Kindern keine Aufmerksamkeit ge-
schenkt, so werden diese in der Regel häufig vehementer, lauter, fordernder, in
ihrer Inhaltlichkeit gröber und persönlicher, bisweilen auch beleidigend. Sozial
sensible Kinder ziehen sich eher zurück. Ihre Reaktionen werden leiser, unsi-
cherer und weniger bis hin zum Verzicht auf verbale Kommunikation.

4. Struktur-niveau-orientierte Sprachförderung durch themenbezogene Spielfolgen

Die struktur-niveau-orientierte Sprachförderung berücksichtigt systematisch unterschiedliche Dimensionen komplexer Handlungssituationen wie die Struktur des Lerngegenstandes, das Handlungs- und Entwicklungsniveau des Kindes sowie dessen Sprachentwicklungsstand, sozial-kommunikative Kompetenz und Spracherwerbssituation. Sie gründet auf dem didaktischen Konzept struktur-niveauorientierten Lernens (Kutzer 1983).

Die hier dargestellten struktur-niveau-orientierten und themenbezogene aufbauenden Spiele entsprechen in ihren Materialien, Aufgabenstellungen und Interaktions- und Kommunikationsmöglichkeiten den Anforderungen an differenziert ganzheitliche Lern- und Fördersituationen bei gleichzeitiger Fokussierung der themenbezogenen Wahrnehmungs- und sprachlichen Erkenntnistätigkeit.

4.1 Zielsetzung

Ziel der aufbauenden Spiele ist es, dem Kind zu ermöglichen, in interaktiven und kommunikativen Spielformen einen Gegenstand oder ein Thema (hier Tiere) durch unterschiedliche Aufgabenstellungen und Handlungsmöglichkeiten genauer und umfassender wahrzunehmen, zu erkennen und sprachlich zu repräsentieren sowie bereits erworbene Erkenntnisse und Erfahrungen durch erweiternde, strukturierende Fragestellungen und Spielformen in neue Handlungssituationen und Zusammenhänge zu stellen, um dadurch neue Erkenntnisse spielerisch zu erwerben.

Ziel ist es darüber hinaus, Sprache in Bezug auf einen bekannten Gegenstand (Tiere) in unterschiedlicher Weise zu verwenden, Sprache zu modellieren, zu transformieren und zu generieren, um so zu einem kreativen Umgang zu gelangen.

Entscheidend dabei ist, dass in den aufbauenden Spielen nicht bestimmte Begriffe und Satzmuster abgefragt oder sinnlos reproduziert werden, sondern dass Fragestellungen so entwickelt und bearbeitet werden, dass unterschiedliche Wahrnehmungen, Erfahrungen und Kenntnisse der Kinder angesprochen und verbalisiert werden können.

4.2 Förderung der Wahrnehmung und Erweiterung gegenstandsbezogener Erkenntnisse

Durch die aufbauenden Spiele werden die Wahrnehmung und Erkenntnistätigkeit in unterschiedlichen Bereichen (visuell, akustisch, sozial, kognitiv ...) fokussiert, differenziert und erweitert.

4.2.1 Wahrnehmung des Gegenstandes

Die Auseinandersetzung mit den Abbildungen bedingt eine Fokussierung auf den Gegenstand und ermöglicht so eine Differenzierung gegenstandsbezogener Wahrnehmungen. Die hier vorgestellten Spiele können eine konkrete Auseinandersetzung und Realerfahrung mit Tieren grundsätzlich nicht ersetzen.

Abbildungen selbst sind bereits Abstraktionen und Verallgemeinerungen konkret existierender Lebewesen. Sie lassen jedoch einen unmittelbaren Bezug zu den repräsentierten Gegenständen erkennen. Sie ermöglichen durch die Permanenz der bildlichen Darstellung eine genaue Betrachtung und Wahrnehmung äußerlicher Eigenschaften. Bilder können in ihren Einzelheiten wahrgenommen, verglichen, kognitiv verarbeitet und sprachlich dargestellt werden.

Beispiel: Gemeinsamkeiten und Unterschiede sind erkennbar und thematisierbar. »Der Hase und der Vogel sind Tiere. Der Hase hat ein braunes Fell. Der Vogel hat gelbe Federn.« Funktionale Aspekte können in Betracht gezogen werden. »Wozu braucht eine Katze Krallen?« Und Handlungen können dargestellt, sprachlich begleitet oder sprachlich geleitet und antizipiert werden: »Der Hund läuft hinter dem Hasen her.« – »Der Vogel soll auf den Baum fliegen.« – »Was wird der Fuchs in der Höhle finden?«

Eigene Erfahrungen können erzählend durch das Bildmaterial illustriert werden. Unterschiedliche Fragestellungen provozieren bestimmte Formen sprachlicher Äußerungen und regen die Phantasie und Kreativität an. Auch Unsinnsgeschichten werden durch eine Bildfolge angeregt und ermöglicht: Der Elefant springt auf den Esel. Die Maus fliegt. Der Vogel lacht laut. Oder durch eigene gedankliche und sprachliche Kreativität, Generierung gleichartiger Satzstrukturen: Das Krokodil schwimmt im Fluß. Das Krokodil schwimmt im Berg. Die Maus fliegt auf der Autobahn.

Die aufbauenden Aufgabenstellungen ermöglichen die Integration bereits erworbener themenbezogener Kenntnisse und bedingen somit eine Erweiterung der gegenstandsbezogenen Wahrnehmung auch außerhalb der Spielsituation.

4.2.2 Wahrnehmung der Interaktionspartner

Alle sprachaufbauenden Spiele sind Kommunikations- und Interaktionsspiele. Sie benötigen mindestens zwei Mitspieler als Interaktionspartner. Auch unterschiedliche Interessen am gemeinsamen Spiel können realisiert werden.

a) Soziale Interaktion
Die in den einzelnen Spielen angeregten und geforderten Interaktionen und

sprachlichen Handlungen haben unmittelbare Auswirkungen auf die Wahrnehmung der Spielpartner.

Die Mitspieler müssen sich interaktiv und kommunikativ aufeinander beziehen. Auf der Ebene sozialer Interaktion sind Regeln zu vereinbaren, einzuhalten und umzusetzen.

Die Mitspieler regulieren und kontrollieren damit den formalen Spielverlauf.

b) Sprachliche Interaktion

Auf der themenbezogenen Ebene haben die an die jeweilige Aufgabenstellung gebundenen Wahrnehmungen und sprachlichen Äußerungen für den Spielverlauf entscheidende Bedeutung.

Der Spieler verbalisiert seine Wahrnehmungen und Erkenntnisse. Die Mitspieler müssen die Wahrnehmungen des Spielers nachvollziehen und die jeweiligen sprachlichen Repräsentationen verstehen und beurteilen. Indem die geeigneten Anteile der sprachlichen Äußerungen des jeweiligen Spielers auf- genommen und gegebenenfalls wiederholt, erweitert, variiert oder auf höherem sprachlichen Niveau präzisiert werden, wird die Entwicklung der Sprache aller Beteiligten angemessen und effektiv angeregt.

Durch diese Doppelaufgabe der Spieler und Fokussierung der Spiele auf die inhaltliche Auseinandersetzung mit einem fest umschriebenen Thema werden sowohl die sozial-kommunikativen als auch gegenstandsbezogenen und sprachlichen Kompetenzen angesprochen und erweitert.

4.2.3 Förderung sprachlicher Kompetenzen

Die differenzierenden und variierenden Betrachtungsweisen des Spielgegenstandes Tiere bewirken in der Interaktion mit dem Spielpartner notwendig den Gebrauch und die systematische Erweiterung sprachlicher Kompetenzen, denn ohne einen konkreten Interaktionspartner ist eine lautsprachliche Darstellung individueller Wahrnehmungen, Erfahrungen, Gedanken und Ideen nicht notwendig und damit ein Benutzen von Sprache nicht erforderlich.

a) Erweiterung lexikalischer Kenntnisse

Die differenzierte Betrachtung einzelner Abbildungen und Handlungen und die Notwendigkeit ihrer Versprachlichung führt zu einer sukzessiven Erweiterung des Wortschatzes (Nomen, Adjektive, Verben, Präpositionen etc.).

b) Erweiterung syntaktischer Strukturen

Die Erkenntnis von Beziehungen und Verknüpfungen einzelner Kenntnisse und Wahrnehmungen bezüglich des Gegenstandes führt zu einer Erweiterung syntaktischer Stukturen. Die Satzstrukturen der Aufgabenstellungen einzelner Spiele dienen dabei als Beispiele.

c) Erweiterung morphologischer Differenzierungen

Die zunehmende Differenzierung der Wahrnehmung und Kenntnisse sowie deren sprachlicher Korrelate ermöglicht in der Kommunikation über den Gegenstand eine zunehmende Übernahme metasprachlicher Regeln und Differenzierung morphologischer Strukturen (z.B. Subjekt-Verb-Kongruenz, Kasusmarkierung, Tempusgebrauch).

4.2.4 Förderung kommunikativer Kompetenzen

In allen Spielen wird Sprache als Mittel zur Kommunikation und als notwendiger Teil einer Gesamthandlung erfahren. Es wird deutlich, dass durch Sprache eine Handlung begleitet, nachvollzogen, antizipiert und geleitet werden kann; Sprache selbst folglich systematisch und sukzessive als Handlung emotional, intentional und inhaltlich und wirkungsvoll erfahren und erkannt werden kann.

4.3 Spracherwerb und Erkenntnis

In ihrer Thematik ermöglichen es die aufbauenden Fragestellungen den Kindern, auf eigene Wahrnehmungen und Kenntnisse in nachfolgenden Spielen zurückzugreifen sowie unterschiedliche Wahrnehmungen, Fähigkeiten, Erfahrungen und Kenntnisse anderer Interaktionspartner zum Thema aufzugreifen und in ihre Erkenntnis- und Spieltätigkeit zu integrieren und diese zu versprachlichen. Die Verbalisierung individueller Wahrnehmungen und Erfahrungen ermöglicht den Mitspielern die Integration und Strukturierung aufbauender Wahrnehmungen und Erkenntnisse.

Für den Hörer und Mitspieler erfordert die sprachliche Darstellung des Interaktionspartners eine vergleichende Auseinandersetzung mit dem gemeinsamen Inhalt und Gegenstand und mit der sprachlichen Darstellung. In der wechselseitigen Interaktion und Kommunikation kommt es dabei zu einem Erfahrungs- und Symbolaustausch. Ist eine sprachliche Formulierung für eine Wahrnehmung oder Erkenntnis zutreffend, wird diese von dem Mitspieler aufgegriffen und im weiteren Spielverlauf entsprechend verwendet.

5. Struktur-niveau-orientierte themenbezogene Spielfolgen

5.1 Zum Aufbau der themenbezogenen Spielfolgen

Alle Spiel- und Handlungssituationen, die in den aufbauenden Spielen angeboten werden, beziehen die in den vorangegangenen Spielen erworbenen Wahrnehmungen und Kenntnisse ein.

Aus der Berücksichtigung der hierarchischen Struktur des Spielthemas, aus Erkenntnissen zum Spracherwerb und zur Kommunikationsentwicklung ergibt sich eine aufbauende Spielfolge, die eine sukzessive und systematische Erweiterung und Steigerung der Anforderungen in den unterschiedlichen Dimensionen bezüglich der Komplexität und des Niveaus ermöglicht. Entscheidend dabei ist, dass das Kind an einem Gegenstand immer voranschreitende Erkenntnisse inhaltlicher und sprachlicher Art gewinnen kann und damit der Zusammenhang von kognitiver Verarbeitung und sprachlicher Differenzierung und Erkenntnis erfahren und erkannt werden kann.

Die aufbauenden Fragestellungen provozieren sprachliche Repräsentationen vom einzelnen Wort bis hin zu komplexen Syntaxstrukturen. Die einzelnen Sprachbeispiele können bei entsprechendem Verständnis aufgegriffen und in das sprachliche Inventar integriert werden. Der strukturbezogene Aufbau bezüglich der Spiel-, Interaktions- und Kommunikationsformen ermöglicht einen zunehmend anspruchsvolleren Umgang mit dem Thema. Die struktur-niveau-orientierten themenorientierten aufbauenden Spiele zum Thema Tiere bilden ein exemplarisches Beispiel ganzheitlich-systematisch aufbauender Sprachförderung.

Die Aufgabenstellungen sind so formuliert, dass sie entsprechend der Wahrnehmungsentwicklung, Kognitions- und Sprachentwicklung zunehmend komplexere inhaltliche und formale sprachliche Anforderungen stellen, welche jedem Kind unabhängig seiner bisherigen Fähigkeiten und Erkenntnisse und Erfahrungen einen Einstieg und ein Mitmachen im Spiel ermöglichen. Bei den ersten Spielaufgaben ist eine inhaltliche Erarbeitung und Auseinandersetzung mit dem Thema unmittelbar durch das Bildmaterial möglich.

Bei späteren Spielformen kann das Kind seine Kenntnisse über bestimmte Tiere erinnern und einbringen oder die Ideen seiner Mitspieler aufgreifen und so zu einer Erweiterung seines Wissens und seiner sprachlichen Darstellungsmöglichkeiten gelangen.

Die Spiele haben den Charakter von Sprachspielen, das heißt, kreativer Umgang mit Sprache ist gefordert. Durch Transformationen und Generierung bestimmter Satzstrukturen kommt es zu neuen, auch witzigen und/oder unsinnigen inhaltlichen Aussagen und Wortneuschöpfungen bei richtiger Syntaxstruktur. Dieses ist bewusst initiiert, um Sprache als emotional, kreatives Medium zu erfahren, mit dem auch gespielt werden kann.

5.2 Zum Einsatz struktur-niveau-orientierter themenbezogenerer Spielfolgen

Kindergarten, Vorschule und Schule bieten gute Möglichkeiten, den oben genannten ungünstigen Entwicklungssituationen und Bedingungen entgegenzuwirken und den Kindern durch vielfältige inhaltliche und methodische Angebote eine Erweiterung und Entwicklung sprachlicher Kompetenzen zu ermöglichen.

In vielfältigen Aktionen, Situationen und Interaktionen haben Kinder z. B. Tiere gesehen, kennen gelernt, etwas über sie erfahren oder mit ihnen erlebt. Kinder bringen ihre eigenen Haustiere in den Kindergarten oder die Schule mit. Es wird ein Besuch im Zoo oder auf dem Bauernhof eingeplant, mit Spielzeugtieren gespielt, Bilderbücher werden angeschaut und vorgelesen. Alle diese Tätigkeiten ermöglichen es den Kindern, in unterschiedlichen Situationen und zu unterschiedlichen Zeiten auf verschiedenen Ebenen Tiere wahrzunehmen und kennenzulernen.

Die Spiele und die kommunikative Auseinandersetzung mit den Abbildungen ermöglicht es durch die Aufgabenstellungen und gebunden an die Abbildungen, vorhandene Wahrnehmungen und Erkenntnisse durch die sprachlichen Vorgaben und Aufgaben zu strukturieren und neue Wahrnehmungen und Kenntnisse zu strukturieren und zu erweitern.

Durch die Möglichkeit des Rückgriffs und Rückbezugs auf bereits Wahrgenommenes, Erfahrenes und Erkanntes und dessen Einbeziehung wird ein kreativer Umgang mit Wissen und Sprache angeregt.

5.2.1 Spielmotivation

Kinder finden sich aus unterschiedlichen Motiven zum Spielen zusammen. Die meisten Kinder spielen aus der Freude am gemeinsamen Tun miteinander. Andere Kinder spielen bestimmte Spiele, weil ihnen das Thema des Spieles besonders zusagt und sie die im Spiel geforderten Aufgabenstellungen erfolgreich bewältigen können oder auch weil ihnen das Spielmaterial besonders gefällt.

Wiederum andere Kinder entscheiden sich für ein bestimmtes Spiel, weil sie dadurch mit einem bestimmten Mitspieler, Freund etwas gemeinsam tun können, oder weil sie erkannt haben, dass sie im Spiel ihre Fähigkeiten und Kenntnisse entfalten können.

5.2.2 Angesprochener Personenkreis

– Kinder ab 3 Jahren,
– Kinder mit verzögertem Spracherwerb.

Die aufbauenden Spiele entsprechen den Interessen und Interaktions-, Handlungs- und Sprachkompetenzen drei- bis sechsjähriger Kinder. Die aufbauenden Spiele eignen sich besonders zur Förderung von Kindern mit einem verzögerten Spracherwerb, da sie an einem immer wiederkehrenden Thema in unterschiedlichen Interaktions- und Kommunikationssituationen sprachliche Handlungen ermöglichen, die einen systematischen Aufbau sprachlicher Kompetenzen bedingen.

5.2.3 Spielmaterialien

Die sprachaufbauenden Spiele umfassen

7 Dominotafeln mit je 9 Abbildungen und 63 Bildkärtchen,
36 Dominokarten,
24 Memorykärtchen mit Abbildungen von deutlich unterscheidbaren Tieren,
24 Memorykärtchen mit Abbildungen von gleichartigen Tieren mit geringen Unterscheidungsmerkmalen.
48 Kärtchen mit Halbtierabbildungen.

Die Abbildungen der Tiere sind relativ eindeutig und entsprechen dem natürlichen Aussehen bekannter Tierarten.

5.2.4 Spielformen

Die Interaktions- und Spielformen sind an bekannte Spielformen wie Lotto, Domino und Memory angelehnt, sodass ein neues Spielregellernen nicht notwendig wird. Die Kinder können sich unmittelbar auf die Aufgabenstellungen beziehen und sofort mit dem Spiel beginnen.

5.2.5 Aufgabenstellungen

Die einzelnen Fragestellungen und Aufgabenformulierungen haben die Funktion, Beispiel, Anregungen und Hilfen für eine mögliche inhaltliche und/oder sprachliche Betrachtung und Realisierung der Spielanforderungen zu geben.

5.2.6 Aufbau der Spielfolgen

Spiel 1–4
Erweiterung der Wahrnehmung durch genaue Betrachtung der Bildvorlagen.

Spiel 5 ff.
Verknüpfung von Wahrnehmungen und Erkenntnissen sowie sprachliche Repräsentation.

Hereinnahme gegenstandsbezogener Erfahrungen und Kenntnisse.
Verbalisierung und sprachliche Konstruktion von nicht unmittelbar sichtbaren Gegebenheiten.

Spiel 6 ff.
Die Bildkarten bilden erweiterte Sprachanlässe.
Die Formulierung von vollständigen Sätzen, Satzreihen und kleinen Geschichten bietet eine gute Vorbereitung zum Geschichtenerzählen und zur schriftlichen Textproduktion wie Erzählungen und Aufsätzen.

Spiel 19 u. a.
Sprachspiel, kreativer Umgang mit Sprache.

5.2.7 Variation und Differenzierung der Spiele

Die Spiele können bezüglich des Umfangs und des Schwierigkeitsgrades der interaktiven und kommunikativen Anforderungen variiert und differenziert werden:

– Reduzierung bzw. Erweiterung des Spielmaterials,
– Reduzierung bzw. Erweiterung der Anzahl der Mitspieler,
– Eingrenzung bzw. Erweiterung der spielbezogenen Aufgabenstellungen,
– Begrenzung bzw. Erweiterung der kommunikativen und sprachlichen Anforderungen.

Das in den Spielen angegebene Material und die Anzahl der Spieler beziehen sich auf ein mittleres Entwicklungsniveau vier- bis fünfjähriger Kinder. Entsprechend der Entwicklungs- und Spracherwerbssituation der am Spiel beteiligten Kinder können diese reduziert oder erweitert werden.

Bei Kindern mit starken Entwicklungsverzögerungen ist es angeraten, das Material und die Anzahl der Spieler zu reduzieren. Alle Spiele ermöglichen sowohl einen regelhaften als auch einen kreativen Umgang mit den Spielformen und sprachlichen Aufgabenstellungen. Ein wiederholtes Spielen gleicher Spielformen ermöglicht eine bestätigende Integration und erweiterte Organisation von Wahrnehmung und Sprache.

Das Spielen gleicher Spiele mit unterschiedlichen Spielpartnern ermöglicht eine Erweiterung sozialer Erfahrungen und sprachlich-kommunikativer Kompetenzen. Die sukzessive Erweiterung des Materials einzelner Spiele erhöht die Komplexität der Auseinandersetzung mit dem Thema und der jeweiligen Aufgabenstellung. Eine kreative Weiterentwicklung durch die Formulierung differenzierender Aufgabenstellungen erhöht die Komplexität und das Niveau der

Wahrnehmungs- und Sprachtätigkeit. Alle Spiele können in ihrer Aufgabenstellung und bezüglich ihrer sprachlichen Anforderungen auch mit konkreten Tierfiguren auf einem niedrigeren Handlungsniveau gespielt werden.

5.3 Themenbezogene aufbauende Spiele

5.3.1 Spielfolge

1. Tierlotto
2. Tierdomino
3. Tiermemory
4. Halbtiermemory
5. Memory
6. So sehen Tiere aus!
7. Ich sehe ein Tier!
8. Wer kennt dieses Tier?
9. Zeige mir das Tier!
10. Wo liegt das Tier?
11. Meine Tiere sind gleich!
12. Das Tier passt, weil …!
13. Welches Tier gehört dazu?
14. Welches Tier beschreibe ich?
15. So leben die Tiere!
16. Die Tiere sind gleich, weil …!
17. Ich lege das Tier, weil …!
18. Ich suche ein halbes Tier!
19. Spaßtiere!
20. Richtig oder falsch?
21. Was Tiere tun!
22. Was Tiere miteinander tun!
23. Eine Tiergeschichte!
24. Juxgeschichte mit Tieren!
25. Geschichten ohne Ende!
26. Kettengeschichten!
27. Kettengeschichten ohne Ende!
28. Kettengeschichte mit einem Tier!

5.3.2 Materialien

Lottotafeln mit Kärtchen

1. Tiere, die bei uns leben

Fisch	Hamster	Schnecke
Eichhörnchen	Igel	Schmetterling
Schwan	Schildkröte	Fledermaus

2. Tiere unterschiedlicher Gattung

Hahn	Kuh	Bär
Frosch	Taube	Pferd
Ziege	Elefant	Huhn

3. Vögel und Säugetiere

Storch	Schaf	Ente
Leopard	Löwe	Dackel
Esel	2 Vögel	Schwein

4. Tiere aus fremden Ländern

Tiger	Elefant	Trampeltier
Zebra	Schlange	Känguru
Dromedar	Affe	Krokodil

5. Tiere und Tiernahrung

Hase u. Kohl	Hund u. Knochen	Maus u. Käse
Katze u. Maus	Pferd u. Heu	Kuh u. Gras
Schaf u. Gras	Vögel u. Körner	Fuchs u. Gans

6. Tiere in Aktion

Schnäbelnde Vögel	Fressende Vögel	Kletternde Affen
Heulender Wolf	Jagender Fisch	Springender Hase
Liegende Kuh	Schlüpfendes Küken	Fressender Hund

7. Tiere großer Ähnlichkeit

Hirsch	Seehund	Möwe
Hund	Scholle	Bär
Wildschwein	Reh	Gans

Lottotafeln

1. Tiere, die bei uns leben
2. Tiere, unterschiedlicher Gattung
3. Vögel und Säugetiere
4. Tiere aus fremden Ländern
5. Tiere und Tiernahrung
6. Tiere in Aktion
7. Tiere

4.

1.

2.

3.

5.

6.

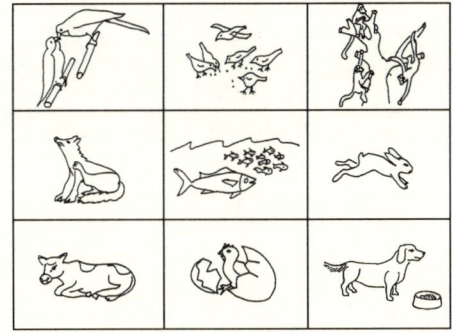

7.

S

Memorykärtchen I

Tiere unterschiedlicher Gattungen; Tiere, die sich deutlich voneinander unterscheiden

1. Elefant
2. Eichhörnchen
3. Fliege
4. Frosch
5. Gorilla
6. Hahn
7. Hamster
8. Huhn
9. Igel
10. Katze
11. Krokodil
12. Löwe

13. Pferd
14. Reh
15. Taube
16. Schildkröte
17. Schlange
18. Schmetterling
19. Schnecke
20. Schwan
21. Schwein
22. Seehund
23. Storch
24. Zebra

Memorykärtchen II

Tiere gleicher Gattungen mit unterschiedlichen Merkmalen

1. Bär, stehend	13. Bär, sitzend
2. Raubfisch	14. Scholle
3. Hase, hockend	15. Hase, springend
4. Hund mit Fressnapf	16. Wolf, heulend
5. Kamel	17. Dromedar
6. Küken, stehend	18. Küken, schlüpfend
7. Kuh, stehend	19. Kuh, liegend
8. Löwe, sitzend	20. Löwe, sitzend
9. Maus, sitzend	21. Maus mit Käse
10. Wildschwein	22. Hausschwein
11. Vogel, stehend	23. Vogel, fliegend
12. Pferd	24. Zebra

S

267

Memorykärtchen (Halbtiermemory)

1. Elefant
2. Esel
3. Fisch
4. Fledermaus
5. Frosch
6. Hirsch
7. Igel
8. Kamel (Trampeltier)
9. Katze
10. Krokodil
11. Löwe
12. Maus

13. Pferd
14. Schaf
15. Schimmel
16. Schlange
17. Schmetterling
18. Schildkröte
19. Schnecke
20. Hausschwein
21. Tiger
22. Wildschwein
23. Zebra
24. Ziege

Dominokarten

1. Schwan – Fliege
2. Fliege – Schaf
3. Schaf – Hase
4. Hase – Kamel
5. Kamel – Seehund
6. Seehund – Känguru
7. Känguru – Vogel
8. Vogel – Hirsch
9. Hirsch – Esel
10. Esel – Zwei Schafe
11. Zwei Schafe – Küken mit Eischale
12. Küken mit Eischale – Indischer Elefant
13. Indischer Elefant – Boxer (Hund)
14. Boxer (Hund) – Eichhörnchen
15. Eichhörnchen – Schmetterling
16. Schmetterling – Löwe
17. Löwe – Schimmel
18. Schimmel – Kuh
19. Kuh – Zebra
20. Zebra – Afrikanischer Elefant
21. Afrikanischer Elefant – Schildkröte
22. Schildkröte – Giraffe
23. Giraffe – Maus
24. Maus – Collie (Hund)
25. Collie (Hund) – Huhn
26. Huhn – Frosch
27. Frosch – Fisch
28. Fisch – Pferd
29. Pferd – Fuchs
30. Fuchs – Taube
31. Taube – Schlange
32. Schlange – Schwein
33. Schwein – Bär
34. Bär – Hahn
35. Hahn – Ente
36. Ente – Schwan

5.3.3 Spielbeschreibungen

Spiel 1: Tierlotto

Themenbereich: Tiere

Aufgabe/Fragestellung/Zielsetzung: Lege ein gleiches Bild auf deine Bildtafel. Optische Zuordnung von gleichartigen Abbildungen

Anforderung:		optische Differenzierung, Erkennen gleicher Abbildungen
Semantik:		
Lexik:		
Syntax:		
Spielart:		Bilderlotto
Anzahl der Mitspieler:		2 bis 4 Spieler
Material:		4 Bildtafeln mit je 9 Abbildungen, 36 Bildkärtchen

Spielvorbereitung: Jeder Spieler erhält eine Bildtafel. Die Bildkärtchen werden verdeckt ausgelegt und gemischt.

Spieldurchführung: Der jüngste Mitspieler deckt ein Kärtchen auf und vergleicht dieses mit den Abbildungen auf seiner Tafel. Ist die Abbildung auf seiner Tafel vorhanden, wird diese mit dem Kärtchen abgedeckt. Ist die Abbildung nicht vorhanden, kann ein anderer Spieler, der die Abbildung auf seiner Tafel gefunden hat, das Kärtchen nehmen. Der nächste Spieler deckt das nächste Kärtchen auf.

Spiel-Ende: Das Spiel ist beendet, wenn entweder eine Bildtafel voll belegt ist oder wenn alle Tafeln belegt sind.

Spielvariationen: Ist das Kärtchen auf der Tafel des ziehenden Spielers nicht enthalten, wird es in den Stapel zurückgelegt.

Spieldauer:	10 bis 15 Minuten

270

Spiel 2: Tierdomino

Themenbereich: Tiere

Aufgabe/Fragestellung/Zielsetzung: Lege eine gleiche Abbildung an eines der beiden Dominoenden. Optische Zuordnung gleicher Abbildung

Anforderung: optische Differenzierung

Semantik:

Lexik:

Syntax:

Spielart: Domino

Anzahl der Mitspieler: 2 bis 4 Spieler

Material: 2 x 17 Dominokarten

Spielvorbereitung: Die Dominokarten werden verdeckt ausgelegt und gemischt. Jeder Spieler zieht drei Karten. Eine Karte wird offen auf den Tisch gelegt. Die restlichen Karten bilden den Kartenstock.

Spieldurchführung: Ein Spieler legt eine passende Dominokarte an die offen liegende Karte an. Der nächste Spieler ist an der Reihe. Besitzt er eine passende Karte, legt er diese an. Hat er keine passende Karte, nimmt er sich eine aus dem Stock. Passt diese, kann sie angelegt werden. Der nächste Spieler ist an der Reihe usw.

Spiel-Ende: Das Spiel ist beendet, wenn ein Spieler keine Dominokarten mehr hat oder wenn alle Karten angelegt sind.

Spielvariationen: Entsprechend der Kartenfolge (s. Liste S. 269) kann auch mit mehr (bis 34) oder weniger Karten (12) gespielt werden.

Spieldauer: 10 bis 15 Minuten

Spiel 3: Tiermemory

Themenbereich: Tiere

Aufgabe/Fragestellung/Zielsetzung: Suche zwei gleiche Abbildungen. Abbildungen vergleichen

Anforderung:	– optische Differenzierung, Erkennen gleicher Abbildungen
	– Raumlage, Gedächtnis
	– Konzentration

Semantik:

Lexik:

Syntax:

Spielart:	Memory
Anzahl der Mitspieler:	2 bis 4 Spieler
Material:	24 Memorykärtchen

Spielvorbereitung: Die Kärtchen werden verdeckt gemischt und in Viererreihen zu einem Rechteck gelegt.

Spieldurchführung: Ein Spieler beginnt. Er deckt zwei Karten auf. Sind beide Abbildungen gleich, behält er das Paar und deckt noch einmal zwei Kärtchen auf usw. Hat der Spieler keine gleichen Kärtchen aufgedeckt, werden sie verdeckt zurückgelegt und sein linker Spielnachbar ist an der Reihe.

Spiel-Ende: Das Spiel ist beendet, wenn alle Tierpaare gefunden sind. Sieger ist derjenige, der die meisten Kartenpaare gefunden hat.

Spielvariationen: Die erste der beiden aufgedeckten Karten bleibt jeweils aufgedeckt liegen, nur die zweite Karte wird umgedreht, wenn sie nicht zu der zuerst aufgedeckten bzw. zu einer der schon offen liegenden Karten passt. Hat der Spieler, der an der Reihe ist, mit den beiden von ihm aufgedeckten Karten ein vollständiges Paar erhalten, darf er das Kartenpaar nehmen und noch einmal zwei Karten aufdecken. Wenn die von einem Spieler zuerst aufgedeckte Karte zu einer schon offen liegenden Karte passt, darf er sich ebenfalls das Paar nehmen und noch einmal zwei Karten umdrehen. Passt die zweite der aufgedeckten Karten zu einer schon länger offen liegenden, darf das Paar wiederum genommen werden, allerdings ist nun der nächste Spieler an der Reihe. Wenn kein Tierpaar gefunden wird, kommt der nächste Spieler an die Reihe.

Spiel-Ende: Das Spiel ist zu Ende, wenn alle Tierepaare gefunden wurden und keine Karten mehr auf dem Tisch liegen. Sieger ist der Spieler, der die meisten Tierpaare gefunden hat.

| *Spieldauer:* | 10 bis 15 Minuten |

Spiel 4: Halbtiermemory

Themenbereich: Tiere

Aufgabe/Fragestellung/Zielsetzung: Zusammenfügen von Tierhälften

Sprachliche Anforderung:

Semantik:

Lexik:

Syntax:

Spielart:	Memory
Anzahl der Mitspieler:	2 bis 4 Spieler
Material:	20 Memorykärtchen (Halbtiere)

Spielvorbereitung: Die Kärtchen werden verdeckt ausgelegt.

Spieldurchführung: Ein Spieler beginnt. Er deckt zwei Karten auf. Sind beide Abbildungen von dem selben Tier, behält er das Pärchen und deckt noch einmal zwei Karten auf usw. Hat der Spieler keine passenden Kärtchen gezogen, ist sein linker Spielnachbar an der Reihe.

Spiel-Ende: Das Spiel ist beendet, wenn alle Tierhälften zusammengesetzt wurden. Sieger ist derjenige, der die meisten Tiere gefunden hat.

Spielvariationen: Die erste der beiden aufgedeckten Karten bleibt jeweils aufgedeckt liegen, nur die zweite Karte wird umgedreht, wenn sie nicht zu der zuerst aufgedeckten bzw. zu einer der schon offen liegenden Karten passt. Hat der Spieler, der an der Reihe ist, mit den beiden von ihm aufgedeckten Karten ein vollständiges Tier erhalten, darf er das Kartenpaar an sich nehmen und noch einmal zwei Karten aufdecken. Wenn die von einem Spieler zuerst aufgedeckte Karte zu einer schon offen liegenden Karte passt, darf er sich ebenfalls die passenden Hälften nehmen und noch einmal zwei Karten umdrehen. Passt die zweite der aufgedeckten Karten zu einer schon länger offen liegenden, dürfen die Hälften wiederum genommen werden, allerdings ist nun der nächste Spieler an der Reihe. Wenn kein vollständiges Tier zusammenzusetzen ist, kommt der nächste Spieler an die Reihe.

Spiel-Ende: Das Spiel ist zu Ende, wenn alle Tiere gefunden wurden und keine Karten mehr auf dem Tisch liegen. Sieger ist der Spieler, der die meisten vollständigen Tiere gefunden hat.

Spieldauer:	10 bis 15 Minuten

Spiel 5: Memory

Themenbereich: Tiere

Aufgabe/Fragestellung/Zielsetzung: Wie heißen die Tiere? (Abbildungen benennen und vergleichen)

Sprachliche Anforderung:

Semantik:	Namen von Tieren		
Lexik:	Oberbegriffe	Begriffe	Namen
	Waldtiere	Reh	Nuri
Syntax:	Subjekt	Prädikat	Objekt
	Das	ist	ein Reh
Spielart:	Memory		
Anzahl der Mitspieler:	2 bis 4 Spieler		
Material:	24 Memorykärtchen		

Spielvorbereitung: Die Kärtchen werden verdeckt gemischt und in Viererreihen zu einem Rechteck gelegt.

Spieldurchführung: Der erste Spieler deckt nacheinander zwei Karten auf und benennt das Tier entweder mit dem Namen, Begriff oder Oberbegriff. Sind beide Kärtchen gleich, behält er das Paar, deckt nochmals nacheinander zwei Karten auf und benennt die Tiere. Sind die Abbildungen verschieden, werden die Kärtchen wieder verdeckt, und der nächste Spieler deckt zwei Kärtchen auf.

Spiel-Ende: Das Spiel ist beendet, wenn alle Tierepaare aufgedeckt worden sind.

Spielvariationen: Die erste der beiden aufgedeckten Karten bleibt jeweils aufgedeckt liegen, nur die zweite Karte wird umgedreht, wenn sie nicht zu der zuerst aufgedeckten bzw. zu einer der schon offen liegenden Karten passt. Hat der Spieler, der an der Reihe ist, mit den beiden von ihm aufgedeckten Karten ein vollständiges Paar erhalten, darf er das Kartenpaar nehmen und noch einmal zwei Karten aufdecken. Wenn die von einem Spieler zuerst aufgedeckte Karte zu einer schon offen liegenden Karte passt, darf er sich ebenfalls das Paar nehmen und noch einmal zwei Karten umdrehen. Passt die zweite der aufgedeckten Karten zu einer schon länger offen liegenden, darf das Paar wiederum genommen werden, allerdings ist nun der nächste Spieler an der Reihe. Wenn kein vollständiges Tier zusammenzusetzen ist, kommt der nächste Spieler an die Reihe.

Spieldauer:	15 bis 20 Minuten

Spiel 6: So sehen Tiere aus!

Themenbereich: Tiere beschreiben

Aufgabe/Fragestellung/Zielsetzung: Wer hat dieses Tier? Wie sieht das Tier aus?

Sprachliche Anforderung:

Semantik:	Eigenschaften von Tieren
Lexik:	Nomen – Adjektive Hase – klein

Syntax:

Subjekt	Prädikat	Adverb
Der Hase	ist	klein

Fragesatz: Wer hat dieses Tier?

Spielart:	Lotto
Anzahl der Mitspieler:	2 bis 4 Spieler
Material:	4 Bildtafeln mit je 9 Abbildungen, 36 Bildkärtchen

Spielvorbereitung: Jeder Spieler erhält eine Bildtafel. Die Bildkärtchen werden verdeckt ausgelegt und gemischt.

Spieldurchführung: Der älteste Spieler deckt ein Kärtchen auf und fragt: »Wer hat dieses Tier? Wie sieht dieses Tier aus?« Sieht ein Spieler das entsprechende Tier auf seiner Bildtafel, nennt er eine sichtbare Eigenschaft als Einzelwort oder im ganzen Satz. Handelt es sich um eine zutreffende Aussage, bekommt der Spieler die Karte und legt sie auf seine Tafel. Er zieht ein neues Kärtchen und stellt wieder die Frage.

Spiel-Ende: Das Spiel ist beendet, wenn eine Bildtafel voll belegt ist oder wenn alle Tafeln belegt sind.

Spielvariationen:
a) Ist das Bild auf der Tafel gefunden und zugeordnet, zieht der linke Nachbar des Fragenden das nächste Kärtchen.
b) Als Gruppenspiel:
Alle Tafeln liegen nebeneinander. Alle Spieler suchen das entsprechende Bild auf der Tafel, derjenige, der es zuerst gesehen hat, zeigt es und nennt eine sichtbare Eigenschaft.

Spieldauer:	10 bis 15 Minuten

Spiel 7: Ich sehe ein Tier!

Themenbereich: Tiere beschreiben

Aufgabe/Fragestellung/Zielsetzung: Wer sieht dieses Tier? Mein Tier ist/hat …

Sprachliche Anforderung:

Semantik:	Beschreibung von sichtbaren Eigenschaften
Lexik:	Nomen – Adjektive Tier, Fliege – grün, klein
Syntax:	Subjekt – Prädikat – Objekt z. B.: Mein Tier hat einen Schnabel. Es ist groß. Es hat zwei Beine.
Spielart:	Lotto
Anzahl der Mitspieler:	2 bis 4 Spieler
Material:	4 Bildtafeln mit je 9 Abbildungen, 36 Bildkärtchen

Spielvorbereitung: Jeder Spieler erhält eine Bildtafel. Die Bildkärtchen werden verdeckt ausgelegt und gemischt.

Spieldurchführung: Ein Spieler zieht ein Kärtchen und beschreibt das abgebildete Tier, ohne es zu benennen. Derjenige, der das Tier erkennt und auf einer Tafel zeigen kann, bekommt das Kärtchen. Der linke Spielnachbar zieht das nächste Kärtchen und beschreibt es.

Spiel-Ende: Das Spiel ist beendet, wenn eine Bildtafel voll belegt ist oder wenn alle Tafeln belegt sind.

Spielvariationen: Die Tafeln liegen als Orientierung offen in der Tischmitte. Derjenige, der ein Tier aufgrund der Beschreibung erkennt und zeigen kann, bekommt das Kärtchen. Er zieht das nächste Kärtchen. Das Spiel ist beendet, wenn alle Kärtchen erraten wurden oder wenn ein Spieler 3 (5) Kärtchen gesammelt hat.

Spieldauer: 10 bis 15 Minuten

Spiel 8: Wer kennt dieses Tier?

Themenbereich: Tiere benennen

Aufgabe/Fragestellung/Zielsetzung: Wer kennt dieses Tier? Wie heißt dieses Tier? (Zuordnung von Begriffen und Bildern)

Sprachliche Anforderung:

Semantik:	Bezeichnungen von Tieren
Lexik:	Oberbegriff – Begriffe – Namen z.B.: Vogel – Taube – Lea, Gurr, Gurry
Syntax:	Subjekt – Prädikat – Objekt Mein Tier – ist – eineTaube.
Spielart:	Lotto
Anzahl der Mitspieler:	2 bis 4 Spieler
Material:	4 Bildtafeln mit je 9 Abbildungen, 36 Bildkärtchen

Spielvorbereitung: Jeder Spieler erhält eine Bildtafel. Die Bildkärtchen werden verdeckt ausgelegt und gemischt.

Spieldurchführung: Ein Spieler deckt ein Kärtchen auf, zeigt es den Mitspielern und fragt: »Wer kennt dieses Tier?« Die Mitspieler vergleichen die Abbildung mit den Abbildungen auf ihrer Tafel. Der Spieler, auf dessen Tafel das Tier abgebildet ist, zeigt es und benennt es mit einem Begriff, Oberbegriff oder ihm bekannten Namen. Er bekommt das Kärtchen, und der nächste Spieler deckt eine Karte auf. Kann ein Spieler das Tier nicht benennen, so sagen es die anderen Spieler, die Karte wird zurück in den Stapel gelegt.

Spiel-Ende: Das Spiel ist beendet, wenn eine Bildtafel voll belegt ist oder wenn alle Tafeln belegt sind.

Spielvariationen: Kann ein Spieler das richtige Tier auf seiner Tafel zeigen, das Tier jedoch nicht bezeichnen, so benennt es ein Mitspieler. Der Mitspieler muss den Namen oder den Satz dreimal nachsprechen.

Spieldauer:	10 bis 15 Minuten

S

Spiel 9: Zeige mir das Tier!

Themenbereich: Bezeichnungen von Tieren

Aufgabe/Fragestellung/Zielsetzung: Wer sieht mein Tier? Zeige mir den/die …!

Sprachliche Anforderung: Kognition: inneres Bild eines Begriffes

Semantik:	Bezeichnungen von Tieren
Lexik:	Artikel – Oberbegriff – Begriffe – Namen z. B.: die – Fische – Scholle – Dickfisch
Syntax:	Adverbiale Best. – Prädikat – Subjekt Hier – ist – der/die Hamster/Taube.
Spielart:	Lotto
Anzahl der Mitspieler:	2 bis 4 Spieler
Material:	4 Bildtafeln mit je 9 Abbildungen, 36 Bildkärtchen

Spielvorbereitung: Jeder Spieler erhält eine Bildtafel. Die Bildkärtchen werden verdeckt ausgelegt und gemischt.

Spieldurchführung: Ein Spieler zieht ein Kärtchen, ohne es den Mitspielern zu zeigen. Er/Sie benennt das Tier; die Mitspieler suchen die Abbildung des Tieres auf ihrer Tafel. Der Spieler, der die entsprechende Abbildung auf seiner Tafel gefunden hat, bekommt das Kärtchen. Der nächste Spieler zieht eine Karte.

Spiel-Ende: Das Spiel ist beendet, wenn eine Tafel voll belegt ist.

Spielvariationen:

Spieldauer:	10 bis 15 Minuten

Spiel 10: Wo liegt das Tier?

Themenbereich: Bezeichnungen von Tieren

Aufgabe/Fragestellung/Zielsetzung: Zuordnung von Abbildung und Begriff

Sprachliche Anforderung:

Semantik:	Bezeichnungen von Tieren
Lexik:	Nomen, Artikel
Syntax:	
Spielart:	Legespiel
Anzahl der Mitspieler:	2 bis 4 Spieler
Material:	6 bis 16 Bildkärtchen

Spielvorbereitung: Die Bildkärtchen werden verdeckt ausgelegt und gemischt.

Spieldurchführung: Ein Spieler fordert seinen Mitspieler auf: »Zeige mir eine/d…« Der Mitspieler dreht ein Kärtchen um. Entspricht die Abbildung der sprachlichen Aufforderung, bekommt der Spieler das Kärtchen, ist die Abbildung falsch, wird sie zurückgelegt.

Spiel-Ende: Das Spiel ist beendet, wenn alle Abbildungen zugeordnet wurden.

Spielvariationen:

Spieldauer: 5 bis 10 Minuten

S

Spiel 11: Meine Tiere sind gleich!

Themenbereich: Vergleichen von Eigenschaften von Tieren

Aufgabe/Fragestellung/Zielsetzung: Was ist bei deinen Tieren gleich?

Sprachliche Anforderung:

Semantik:	Sichtbare Eigenschaften/Merkmale von Tieren
Lexik:	Artikel – Nomen – Adjektive

Syntax: Subjekt (Reihung): Der Hund und die Kuh
Prädikat (Pluralkonjugation): haben
Objekt: beide vier Beine

Spielart:	Memory
Anzahl der Mitspieler:	2 bis 4 Spieler
Material:	24 Memorykärtchen

Spielvorbereitung: Jeder Spieler erhält eine Bildtafel. Die Bildkärtchen werden verdeckt ausgelegt und gemischt.

Spieldurchführung: Ein Spieler deckt zwei Kärtchen auf; kann er gemeinsame Eigenschaften der abgebildeten Tiere nennen, so kann er sich das Kartenpaar nehmen und weitere zwei Karten aufdecken. Kann er keine gemeinsamen Merkmale nennen, werden die Karten wieder verdeckt, und der nächste Spieler deckt zwei Kärtchen auf.

Spiel-Ende: Das Spiel ist beendet, wenn zu allen Kärtchenpaaren gemeinsame Merkmale benannt worden sind.

Spielvariationen:

Spieldauer: 10 bis 15 Minuten

Spiel 12: Das Tier passt, weil …!

 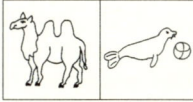

Themenbereich: Tiere vergleichen

Aufgabe/Fragestellung/Zielsetzung: Lege eine Tierabbildung mit einem gemeinsamen Merkmal an eines der beiden Dominoenden.

Sprachliche Anforderung:

Semantik:	Eigenschaften von Tieren
Lexik:	alle Wortarten
Syntax:	Hauptsatz – Nebensatz (Kausalsatz)
	z. B.: Ich lege das Kamel an, weil es auch einen Schwanz hat.
Spielart:	Domino
Anzahl der Mitspieler:	2 bis 4 Spieler – Gruppenspiel
Material:	2 × 17 Dominokarten

Spielvorbereitung: Die Dominokarten werden verdeckt ausgelegt und gemischt. Eine Karte wird offen auf den Tisch gelegt. Alle Dominokarten werden verteilt.

Spieldurchführung: Der erste Spieler legt eine Tierabbildung an die Dominokarte an und nennt deren gemeinsame Eigenschaften oder Merkmale; kann er keine gleichen Merkmale benennen, kommt der nächste Spieler an die Reihe. Dieser Spieler legt dann eine Karte an und begründet seine Entscheidung.

Spiel-Ende: Das Spiel ist beendet, wenn alle Karten angelegt sind.

Spielvariationen: Die Karten werden jeweils aus dem Kartenstock gezogen, und ein gemeinsames Merkmal wird begründet. Kann der Spieler ein gemeinsames Merkmal benennen, legt er die Dominokarte entsprechend an und erhält einen Punkt. Das Spiel ist beendet, wenn ein Spieler 3 (5) Karten angelegt hat.

Spieldauer: 10 bis 15 Minuten

S

Spiel 13: Welches Tier gehört dazu?

Themenbereich: Tiere klassifizieren

Aufgabe/Fragestellung/Zielsetzung: Tiere haben gemeinsame Eigenschaften und Merkmale. Bilde Gruppen!

Sprachliche Anforderung:

Semantik:	Bereich: Tiere
Lexik:	Oberbegriffsbildung z.B.: Vierbeiner, Hunde, wilde Tiere, Vögel
Syntax:	Satzgefüge – Hauptsatz – Nebensatz
Spielart:	Lotto
Anzahl der Mitspieler:	2 bis 4 Spieler
Material:	36 Lottokärtchen – Lottotafel, blank, mit einem Vierer- oder Sechserraster

Spielvorbereitung: Die Kärtchen werden verdeckt ausgelegt. Die Spieler vereinbaren eine Kategorie, nach der die Tierabbildungen auf die Tafel in der Tischmitte einsortiert werden sollen.

Spieldurchführung: Der erste Spieler zieht ein Kärtchen und begründet, ob das abgebildete Tier zu der Zielkategorie gehört oder nicht. Bei richtiger Begründung wird das Kärtchen entsprechend abgelegt, und der Spieler bekommt einen Punkt.

Spiel-Ende: Das Spiel ist beendet, wenn die Tafel voll ausgelegt ist.

Spielvariationen:

Spieldauer:	10 bis 15 Minuten

Spiel 14: Welches Tier beschreibe ich?

Themenbereich: Tiere beschreiben, über Tiere erzählen

Aufgabe/Fragestellung/Zielsetzung: Erzähle etwas über ein Tier deiner Wahl!

Sprachliche Anforderung:

Semantik:	Bereich: Lebensräume von Tieren
Lexik:	alle Wortarten
Syntax:	Satzreihen, z. B.: Das Tier ist lang. Es ist grün. Es frisst kleine Tiere.
Spielart:	Ratespiel
Anzahl der Mitspieler:	2 bis 4 Spieler – Gruppenspiel
Material:	Auswahl aus Lottokärtchen oder Memorykärtchen (12 bis 16 Kärtchen)

Spielvorbereitung: Die Kärtchen werden offen ausgelegt.

Spieldurchführung: Ein Spieler wählt eine Abbildung, ohne sie den Mitspielern zu zeigen, und beschreibt das Tier oder berichtet, was er über das Tier weiß ohne dessen Namen zu nennen. Derjenige, der das Tier zuerst errät, erhält das Kärtchen, der nächste Spieler beschreibt ein Tier seiner Wahl.

Spiel-Ende: Das Spiel ist beendet, wenn ein Spieler 3 (5) Tiere erraten hat oder wenn alle Abbildungen beschrieben sind.

Spielvariationen: Derjenige Mitspieler, der das Tier erraten hat, kann das nächste Kärtchen ziehen.

Spieldauer:	10 bis 15 Minuten

Spiel 15: So leben die Tiere!

Themenbereich: Merkmale, Fähigkeiten, Eigenschaften von Tieren

Aufgabe/Fragestellung/Zielsetzung: Das weiß ich von dem Tier!

Sprachliche Anforderung:

Semantik:	Lebensräume von Tieren
Lexik:	alle Wortarten
Syntax:	Hauptsatz mit adverbialer Bestimmung/Satzreihen z. B.: Der Esel ist grau, er lebt auf dem Bauernhof.
Spielart:	Ratespiel
Anzahl der Mitspieler:	2 bis 4 Spieler – Gruppenspiel
Material:	12 oder mehr Lottokärtchen

Spielvorbereitung: Die Kärtchen werden verdeckt ausgelegt.

Spieldurchführung: Der älteste Spieler zieht verdeckt eine Karte und beschreibt auf der Abbildung nicht sichtbare Merkmale, Lebensbedingungen etc. des Tieres. Derjenige, der das Tier erkennt, bekommt das Kärtchen. Der linke Spielnachbar zieht das nächste Kärtchen.

Spiel-Ende: Das Spiel ist beendet, wenn ein Spieler 3 (5) Tiere erraten hat oder wenn alle Abbildungen beschrieben sind.

Spielvariationen: Tiere, die nicht erraten wurden, werden ausgesondert und gegebenenfalls am Ende des Spieles gemeinsam besprochen.

Spieldauer:	10 bis 15 Minuten

Spiel 16: Die Tiere sind gleich, weil ...!

Themenbereich: gemeinsame Eigenschaften und Merkmale von Tieren beschreiben

Aufgabe/Fragestellung/Zielsetzung: Was haben deine Tiere gemeinsam?

Sprachliche Anforderung:

Semantik:	Lebensbereich: Tiere, nicht sichtbare Eigenschaften und Merkmale
Lexik:	alle Wortarten
Syntax:	Hauptsatz – Nebensatz (Kausalsatz) z. B.: Der Esel und das Pferd sind gleich, weil sie Lasten tragen können.
Spielart:	Memory
Anzahl der Mitspieler:	2 bis 4 Spieler
Material:	16 bis 24 Memorykärtchen

Spielvorbereitung: Die Memorykärtchen werden verdeckt ausgelegt.

Spieldurchführung: Der erste Spieler deckt zwei Kärtchen auf und benennt oder erklärt ein gemeinsames Merkmal der aufgedeckten Tiere. Gelingt dieses, kann er das Paar nehmen, gelingt es nicht, werden die Kärtchen wieder zurückgelegt.

Spiel-Ende: Das Spiel ist beendet, wenn ein Spieler 3 (5) Paare begründet hat.

Spielvariationen: Alle Kärtchen werden offen ausgelegt. Der Spieler wählt selbst zwei verschiedene Tiere aus.

Spieldauer:	15 bis 20 Minuten

S

Spiel 17: Ich lege das Tier, weil ...!

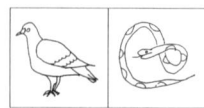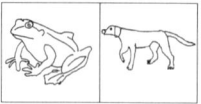

Themenbereich: Tiere aufgrund allgemeiner Merkmale und Eigenschaften zuordnen

Aufgabe/Fragestellung/Zielsetzung: Nenne nicht sichtbare gleiche Eigenschaften oder Merkmale von Tieren. Das weiß ich von dem Tier!

Sprachliche Anforderung:

Semantik:	Lebensbereich: Tiere
Lexik:	alle Wortarten
Syntax:	Hauptsatz – Nebensatz (Kausalsatz)
	z.B.: Die Schlange und der Frosch sind gleich, weil sie beide am Wasser leben ...
Spielart:	Domino
Anzahl der Mitspieler:	2 bis 4 Spieler
Material:	Dominokärtchen, 13 oder mehr Kärtchen

Spielvorbereitung: Die Dominokärtchen werden verdeckt ausgelegt und gemischt. Jeder Spieler erhält drei Kärtchen, die anderen bilden den Kartenstock. Eine Karte wird offen ausgelegt.

Spieldurchführung: Der erste Spieler benennt nicht abgebildete gemeinsame Eigenschaften oder Merkmale der Dominokartenabbildung und einer seiner Tierabbildungen. Er legt das Tier mit dem gemeinsamen Merkmal an die Dominokarte. Der nächste Spieler zieht eine Dominokarte und begründet Gemeinsamkeiten von Tieren etc. Findet ein Spieler keine gemeinsamen Merkmale, gibt er ein Pfand ab. Die Mitspieler suchen gemeinsame Merkmale und begründen die Reihung.

Spiel-Ende: Das Spiel ist beendet, wenn alle Kärtchen angelegt sind. Das jeweilige Pfand wird durch Nachahmen von Tierstimmen oder Ähnliches eingelöst.

Spielvariationen:

Spieldauer:	10 bis 15 Minuten

Spiel 18: Ich suche ein halbes Tier!

Themenbereich: Tiere

Aufgabe/Fragestellung/Zielsetzung: Tiere erfragen

Sprachliche Anforderung:

Semantik:

Lexik: Nomen

Syntax: Frageformen (z.B. Singular Präsens)
                                    z.B.: Hast du das Vorderteil von der Kuh?

Spielart: Duettkartenspiel

Anzahl der Mitspieler: 3 bis 4 Spieler

Material: 24 Duettkarten (Halbtiere)

Spielvorbereitung: Die Karten werden gemischt und an die Spieler verteilt.

Spieldurchführung: Ein Spieler fragt seinen linken Mitspieler nach einer Karte mit dem Vorder- oder Hinterteil eines Tieres. Hat sein Mitspieler die Karte, bekommt er sie und kann gegebenenfalls ein vollständiges Tier ablegen. Der linke Mitspieler fragt seinen Nachbarn usw.

Spiel-Ende: Das Spiel ist beendet, wenn alle Tiere erfragt sind.

Spielvariationen: Der Spieler fragt einen beliebigen Mitspieler nach einer Karte. Hat er erfolgreich gefragt, darf er noch einmal fragen. Hat der Mitspieler die Karte nicht, darf dieser weiterfragen.

Spieldauer: 15 bis 20 Minuten

Spiel 19: Spaßtiere!

Themenbereich: Tiere

Aufgabe/Fragestellung/Zielsetzung: Erfinde neue Tiere, und gib ihnen einen Namen.

Sprachliche Anforderung:

Semantik:	Bereich: Tiere
Lexik:	Zusammengesetzte Namen – Wortneuschöpfung Schweinkuh – Kuhschwein – Kwein – Schwuh
Syntax:	Subjekt – Prädikat – Objekt z. B.: Das Kwein – gibt – gute Limonade
Spielart:	Memory
Material:	3 bis 4 Spieler
Material:	2 Memorykärtchen (Halbtiere)

Spielvorbereitung: Die Kärtchen werden verdeckt ausgelegt.

Spieldurchführung: Ein Spieler deckt zwei Kärtchen auf, benennt die Tierabbildungen, setzt diese zusammen und erfindet einen neuen Namen (siehe oben). Er formuliert in einem kurzen, syntaktisch möglichen Satz, was das neue Tier kann.

Spiel-Ende: Das Spiel ist beendet, wenn alle Kärtchen aufgedeckt und beschrieben sind.

Spielvariationen:

Spieldauer:	10 bis 15 Minuten

Spiel 20: Richtig oder falsch?

Themenbereich: Tiere

Aufgabe/Fragestellung/Zielsetzung: Ist das Tier wirklich so?

Sprachliche Anforderung: Sprachverständnis

Semantik:	Bereich: Tiere
Lexik:	Artikel, Nomen, Adjektive, Verben
Syntax:	Subjekt – Prädikat – Attribut – Objekt Das Pferd hat einen roten Schwanz.
Spielart:	Sprachspiel
Anzahl der Mitspieler:	2 bis 4 Spieler – Gruppenspiel
Material:	Memory- und/oder Lottokärtchen, 20 rote und grüne Muggelsteine

Spielvorbereitung: Die Muggelsteine werden gleichmäßig verteilt. Die Kärtchen werden verdeckt an die Mitspieler verteilt. Sie lassen die Karten verdeckt vor sich liegen.

Spieldurchführung: Ein Spieler deckt eine Karte auf und bildet einen sinnvollen oder unsinnigen Satz mit richtiger Syntax. Die Mitspieler entscheiden, ob der Satz wahr oder falsch ist, indem sie einen grünen oder roten Stein in die Mitte schieben. Derjenige, der den Satz richtig eingeschätzt hat, darf sich einen Muggelstein zur Seite legen.

Spiel-Ende: Das Spiel ist beendet, wenn zu allen Kärtchen ein Satz formuliert wurde oder wenn ein Spieler 5 Muggelsteine gesammelt hat.

Spielvariationen: Die Kinder rufen »richtig« oder »falsch« und notieren bei richtiger Einschätzung einen Strich auf einem Spielpapier.

Spieldauer:	10 bis 15 Minuten

Spiel 21: Was Tiere tun!

Themenbereich: Was Tiere tun, wie sie sich bewegen

Aufgabe/Fragestellung/Zielsetzung: Zeige und sage, was Tiere tun, wie sie sich bewegen.

Sprachliche Anforderung:

Semantik:	Bereich: Tiere, Tätigkeiten
Lexik:	Verben, Namen
Syntax:	Sätze mit Vollverben – Objekt und/oder Adverbialbestimmung z. B.: Der Vogel fliegt auf den Baum. Die Katze frisst Mäuse.
Spielart:	Pantomimemspiel
Anzahl der Mitspieler:	2 bis 4 Spieler – Gruppenspiel
Material:	12 Memory- oder Lottokärtchen

Spielvorbereitung: Die Kärtchen werden offen ausgelegt.

Spieldurchführung: Ein Spieler wählt ein Kärtchen und mimt eine Aktivität des abgebildeten Tieres. Der Mitspieler, der die Tätigkeit des Tieres errät und einen vollständigen Satz formuliert, darf eine nächste Karte wählen. Es gilt möglichst vielfältige Tätigkeiten darzustellen.

Spiel-Ende: Das Spiel ist beendet, wenn alle Kärtchen dargestellt wurden oder wenn jeder Spieler 3 Tiere dargestellt hat.

Spielvariationen: Eine Tätigkeit darf innerhalb eines Spieldurchganges nicht doppelt dargestellt werden.

Spieldauer:	15 bis 20 Minuten

Spiel 22: Was Tiere miteinander tun!

Themenbereich: Tiere

Aufgabe/Fragestellung/Zielsetzung: Was können Tiere miteinander tun?

Sprachliche Anforderung:

Semantik:	Bereich: Tätigkeiten von Tieren
Lexik:	Nomen, Adverbien, adverbiale Bestimmung des Ortes
Syntax:	Subjekt – Prädikat – Adverb-Objekt – Adverbialbestimmung Der Frosch springt schnell über den kleinen Fisch im Teich.
Spielart:	Sprachspiele
Anzahl der Mitspieler:	2 bis 4 Spieler – Gruppenspiel
Material:	12 Memory- oder Lottokärtchen

Spielvorbereitung: Die Kärtchen werden offen ausgelegt.

Spieldurchführung: Ein Spieler wählt zwei Kärtchen und formuliert einen langen, möglichst originellen syntaktisch korrekten Satz. Wurde er syntaktisch richtig gebildet, erhält der Spieler einen Punkt.

Spiel-Ende: Das Spiel ist beendet, wenn alle Kärtchen als Paare gezogen sind.

Spielvariationen:

Spieldauer:	10 bis 15 Minuten

Spiel 23: Eine Tiergeschichte!

Themenbereich: Geschichte mit Tieren erzählen

Aufgabe/Fragestellung/Zielsetzung: Erzähle eine Geschichte mit diesem Tier!

Sprachliche Anforderung:

Semantik:	Leben mit Tieren
Lexik:	alle Wortarten
Syntax:	Satzreihen, Satzgefüge
Spielart:	Sprachspiele
Anzahl der Mitspieler:	2 bis 4 Spieler
Material:	12 Memory- oder Lottokärtchen

Spielvorbereitung: Die Kärtchen werden offen ausgelegt.

Spieldurchführung: Ein Spieler wählt ein Kärtchen und erzählt eine Geschichte, in der das abgebildete Tier vorkommt. Wurden die Sätze richtig gebildet, bekommt der Spieler pro Satz 1 Punkt (max. 3 Punkte). Der nächste Spieler wählt eine Karte.

Spiel-Ende: Es werden zwei bis drei Runden gespielt.

Spielvariationen: Es dürfen/müssen auch Unsinnsgeschichten erzählt werden.

Spieldauer:	15 Minuten

Spiel 24: Jux-Geschichte mit Tieren

Themenbereich: Tiere

Aufgabe/Fragestellung/Zielsetzung: Erzähle eine Geschichte mit zwei Tieren!

Sprachliche Anforderung:

Semantik:	offene Semantik
Lexik:	alle Wortarten
Syntax:	Satzreihen, Satzgefüge
Spielart:	Phantasiegeschichten
Anzahl der Mitspieler:	2 bis 4 Spieler
Material:	20 Memory- oder Lottokärtchen

Spielvorbereitung: Die Kärtchen werden verdeckt ausgelegt.

Spieldurchführung: Ein Spieler deckt zwei Kärtchen auf und erzählt zu den abgebildeten Tieren eine möglichst lustige Geschichte. Für eine syntaktisch richtig formulierte Geschichte bekommt er 1 Punkt. Der nächste Spieler deckt zwei Kärtchen auf.

Spiel-Ende: offen

Spielvariationen:
a) Die Karten werden offen ausgelegt. Die Spieler erzählen Geschichten zu zwei Tieren ihrer Wahl.
b) Es können auch Geschichten zu den Abbildungen auf Dominokärtchen erzählt werden.

Spieldauer:	10 bis 20 Minuten

Spiel 25: Geschichten ohne Ende!

Themenbereich: Tiere

Aufgabe/Fragestellung/Zielsetzung: Erzähle eine Geschichte mit mehreren Tieren.

Sprachliche Anforderung:

Semantik:	Bereich: Mensch und Tier
Lexik:	alle Wortarten
Syntax:	Satzgefüge – Tempus (Präsens, Perfekt, Imperfekt)
Spielart:	Sprachspiele
Anzahl der Mitspieler:	2 bis 4 Spieler
Material:	20 Memory- und/oder Lottokärtchen

Spielvorbereitung: Die Kärtchen werden verdeckt ausgelegt.

Spieldurchführung: Ein Spieler deckt nacheinander bis zu fünf Kärtchen auf und entwickelt sukzessive eine Tiergeschichte. Für jedes Tier, das er in eine fortlaufende Geschichte einfügen kann, erhält er 1 Punkt.

Spiel-Ende: Es werden je nach Vereinbarung zwei bis drei Runden gespielt.

Spielvariationen:
a) Die Karten werden offen ausgelegt. Der Erzähler wählt nach und nach zwei bis fünf Kärtchen aus.
b) Die Geschichte wird in einer anderen Zeit (Tempus) erzählt.
c) Ein Spieler deckt so lange Karten auf, wie er die abgebildeten Tiere in seine Geschichte integrieren kann.

Spieldauer: ca. 20 Minuten

Spiel 26: Kettengeschichten!

Themenbereich: Tiere

Aufgabe/Fragestellung/Zielsetzung: Wir erzählen
eine Kettengeschichte mit ausgewählten Tieren.

Sprachliche Anforderung:

Semantik:	Bereich: Mensch und Tiere
Lexik:	alle Wortarten
Syntax:	Satzgefüge – Tempus – Präsens, Perfekt, Imperfekt
Spielart:	Sprachspiele
Anzahl der Mitspieler:	2 bis 4 Spieler – Gruppenspiel
Material:	2 bis 12 Memory- und/oder Lottokärtchen

Spielvorbereitung: Die Kärtchen werden offen ausgelegt.

Spieldurchführung: Der erste Erzähler wählt ein Kärtchen und beginnt eine Tiergeschichte
zu erzählen. Der zweite Spieler wählt ein Kärtchen aus und setzt die Geschichte fort usw.

Spiel-Ende: Das Spiel ist zu Ende, wenn alle Kärtchen in die Geschichte aufgenommen
wurden oder wenn die Geschichte nicht fortgesetzt werden kann.

Spielvariationen:
a) Die Geschichte kann auch in einer anderen Zeitform (Imperfekt/Futur) erzählt werden.
b) Ein Spieler darf so lange erzählen, bis er einen syntaktischen Fehler macht.

Spieldauer:	5 bis 15 Minuten

Spiel 27: Kettengeschichten ohne Ende!

Themenbereich: Tiere

Aufgabe/Fragestellung/Zielsetzung: Wir erzählen eine Kettengeschichte mit vorgegebenen Tieren.

Sprachliche Anforderung:

Semantik:	Bereich: Tiere
Lexik:	alle Wortarten
Syntax:	Satzreihen, Satzgefüge, Tempuswechsel
Spielart:	Sprachspiele
Anzahl der Mitspieler:	2 bis 4 Spieler – Gruppenspiel
Material:	Memory- und/oder Lottokärtchen

Spielvorbereitung: Die Kärtchen werden auf einem Stapel verdeckt ausgelegt.

Spieldurchführung: Der erste Erzähler nimmt das erste Kärtchen vom Stapel und beginnt seine Tiergeschichte zu erzählen (drei bis fünf Sätze). Er signalisiert dem nächsten Spieler fortzufahren. Der zweite Spieler nimmt das nächste Kärtchen und setzt die Geschichte fort usw.

Spiel-Ende: Das Spiel ist beendet, wenn alle abgebildeten Tiere in die Geschichte aufgenommen wurden und ein inhaltreiches Ende der Geschichte formuliert wurde.

Spielvariationen: Die Geschichte muss in einem anderen Tempus (Imperfekt/Futur) erzählt werden.

Spieldauer:	15 bis 20 Minuten

Spiel 28: Kettengeschichten mit einem Tier!

Themenbereich: Tiere

Aufgabe/Fragestellung/Zielsetzung: Wir erzählen eine Kettengeschichte mit einem Tier.

Sprachliche Anforderung:

Semantik:	Bereich: Tiere und Menschen
Lexik:	alle Wortarten
Syntax:	Satzreihen, Satzgefüge
Spielart:	Sprachspiele
Anzahl der Mitspieler:	2 bis 4 Spieler – Gruppenspiel
Material:	Memory- und/oder Lottokärtchen

Spielvorbereitung: Die Kärtchen werden verdeckt ausgelegt.

Spieldurchführung: Ein Spieler deckt ein Kärtchen auf, welches den Ausgangspunkt der folgenden Geschichte bildet, und beginnt eine Geschichte mit diesem Tier zu erzählen. Der nächste Spieler setzt die Geschichte mit einem weiteren Satz fort usw.

Spiel-Ende: Das Spiel ist beendet, wenn jeder Spieler einen Beitrag geleistet hat oder wenn die Geschichte beendet ist. Die Kettengeschichte wird zeitlich begrenzt (3 bis 10 Minuten).

Spielvariationen: Jeder Spieler erzählt so viel, wie er möchte.

Spieldauer:	5 bis 15 Minuten

Glossar

Vorbemerkung

Worterklärungen transportieren Bedeutungen in konkreten Situationen und schließen immer auch Bewertungen ein, die nur so verständlich sind.

So kann beispielsweise der Begriff »Therapie« höchst Unterschiedliches sein: für Eltern ein »Hoffnungsschimmer«, für Therapiekinder »10 Minuten ›Schblablabi‹ (Sprachtherapie)«, für Kinder, die keine Therapie kriegen, »ein Extrawürstchen für die Doofen«, für Regelschullehrer »Nicht-Unterricht«, für Nicht-Sprachheillehrer »Privileg der Sonderschullehrer«, für Sozialpädagogen »Spiel mit Ziel«, für Sonderpädagogikstudenten »höhere professionelle Qualifikation«, für Grundschulstudenten »Reservat der Spezialisten«, für Sozialarbeiter »Rechtsanspruch für Behinderte«, für Schulleiter »Variable im Stundenplan«, für Schulbusfahrer »eine Störgröße im Routinebetrieb«, für Logopäden »eine Einheit der Stunden, die von der Krankenkasse genehmigt sind«, für Ärzte »eine abrechenbare Position nach der ICD« (International Classification of Diseases), einem System zur internationalen Klassifikation von Krankheiten. Der Begriff »Therapie« aus der Perspektive von Sprachheillehrerinnen ist mindestens ebenso schillernd. Ähnlich ist es mit Begriffen, wie »ganzheitlich«, »kompensatorisch«, »offener Unterricht«, »Gestalt«, »Energie« oder »System«. Um trotzdem eine gewisse Verständigungsbasis zu schaffen, wurden die Begriffe erklärt, über die Studierende, Lehrer und Kollegen »gestolpert« sind in Seminaren und beim kritischen Gegenlesen der Manuskripte.

Eine kaum aufzulösende Schwierigkeit ist, dass viele Begriffe eine gewisse Programmatik enthalten, wie sie von der Wortbedeutung allein her nicht ableitbar ist, z.B. bei »Kinesiologie«. Nuancen in Begriffsunterscheidungen spiegeln sich oft in Schreibweisen wie z.B. »Edu-Kinestetik« als Therapie eines bestimmten Instituts im Unterschied zum allgemeinen Begriff »Kinästhetik«. Dies wiederum markiert Abgrenzungslinien zwischen bestimmten Therapierichtungen und deren theoretischem Bezugssystem.

Soweit wie möglich wurde versucht, die Selbstdefinition von therapeutischen Richtungen ohne eigene Bewertung wiederzugeben, oder sich so weit wie möglich auf autorisierte Quellen zu beziehen, ohne wiederum allzuviele neue definitionswürdige Begriffe zu verwenden. Die Pfeile vor bestimmten Begriffen verweisen auf andere Begriffe im Glossar.

afferent Reize in Nervenbahnen von der Peripherie zum Zentrum leitend (vgl. Dorsch 1976, S. 137)

Affolter-Therapie Félice Affolter hat 1976 ein Zentrum für Wahrnehmungsstörungen in St. Gallen in der Schweiz gegründet und eine Schule für Wahrnehmungsgestörte. »Das Modell orientiert sich an der Entwicklungstheorie von Jean Piaget, einem Lehrer von Fr. Dr. Affolter. Seine Ansätze basieren auf der normalen und nicht auf der pathologischen Entwicklung« (Doering/Doering 1993[2], S. 237).

Ansatzpunkt der Therapic sind Handlungsabläufe im Alltag, sogenannte → PLAG'S »Problemlösenden Alltagsgeschehnisse«.

Akkomodation (lat.: Anpassung) Angleichung eines Organs an die Umwelt, z. B. des Auges an die auf der Netzhaut abzubildenden Gegenstände durch Veränderung der Brechkraft der Linse. Bei Piaget die Veränderung von sensomotorischen und kognitiven → Schemata durch äußere Inhalte. Ergänzender Prozess zur → Assimilation (nach Dorsch 1976, S. 15).

Ambulanzlehrer Dieser medizinisch anmutende Begriff bezieht sich auf Lehrer/-innen, die von ihrer Stammschule abgeordnet sind zur Sprachheilambulanz an einer oder mehreren anderen Schulen im Zusammenhang mit integrativen Maßnahmen.

Aphasie Sprachstörung, die durch eine Erkrankung oder Schädigung des Gehirns bedingt ist und bei intakten Sprechwerkzeugen und erhaltener Intelligenz mit dem Verlust der Fähigkeit, Begriffe in Worte oder Schriftbilder umzusetzen oder Gesprochenes oder Geschriebenes begrifflich auszunehmen, einhergeht« (Schmidt/Schneider 1988, S. 113).

Assimilation (lat.: Ähnlichmachung) Der Organismus verändert beim Erwerb von Erfahrungen die Inhalte der Umwelt, indem er ihnen seine ihm eigentümlichen Strukturen aufprägt. Bei Piaget die Einverleibung der Objekte bzw. Einordnung der Umwelteindrücke in die → Schemata des Verhaltens als ergänzender Prozeß zur → Akkomodation (Dorsch 1976, S. 48).

attentive Wahrnehmung Sie ist Teil eines Balancesystems, in dem sowohl modalitätsspezifische Wahrnehmungen als auch Bewegungen und Handlungen durch ein Verhaltensoberprogramm selektiv kanalisiert werden.

auditive Wahrnehmung sinnvolle Einordnung akustischer Sinneseindrücke in komplexe Ganze.

auditive Integration »Einordnung der über das Gehör wahrgenommenen Sinnesreize« (Schmidt/Schneider 1988, S. 113).

Axon »Langgezogene, vom Nervenzellkörper ausgehende Faser, über die Information vom Zellkörper zu den Nervenfaserendigungen gelangt« (Thompson 1984[2], S. 510).

BERA *b*rainstem *e*oked *r*esponse *a*udiometry: ein klinisches Verfahren der Hörüberprüfung schon bei Säuglingen.

Brain Gym Lern-Gymnastik-Übungen nach Dennison mit Überkreuzbewegungen, Energie- und Dehnungsübungen (Rohde-Köttelwesch 1996, S. 184).

Cortex »(lat.) m: Rinde, Schale; C. cerebri: Großhirnrinde; C. cerebelli: Kleinhirnrinde« (Pschyrembel 1982, S. 211).

Differentialdiagnose (DD) »Abgrenzung und Unterscheidung einander ähnlicher Krankheitsbilder« (Franke 1978, S. 43).

Dominante Hemisphäre »Die Großhirnhälfte, in der bevorzugt sprachliche Informationen verarbeitet werden, während die nichtdominante Hemisphäre vorzugsweise figurale oder räumliche Informationen verarbeitet« (Schmidt/Schneider 1988, S. 114).

Dysgrammatismus »Störung der Fähigkeit, Gedanken durch deklinatorisch und konjugatorisch richtig gebrauchte Wörter auszudrücken infolge motorischer, sensorischer und kognitiver Störungen. ...« (Franke 1978, S. 47).

Dyslalie Stammeln ist eine Artikulationsstörung, d. h. die mangelhafte Fähigkeit, bestimmte Laute richtig auszusprechen. »Fehlerhafte Bildung eines → Phonems. Es kann fehlen (Mogilalie), durch ein anderes ersetzt sein (Paralalie) oder abartig gebildet werden (vgl. artikulatorische Fehler«; Franke 1978, S. 47).

Dysphasie »Störung der bereits ausgebildeten Sprache, des Sprechvermögens und des Sprachverständnisses aufgrund erworbener Läsionen (Schädigungen) am → Cortex« (Franke 1978, S. 49).

Edukinestetik »Edu-Kinestetik ist eine Methode, die sich in die Entdeckungen der experimentellen Psychologie (Verhaltensforschung), der Neuropsychologie, der Rehabilitationsforschung und der traditionellen östlichen Medizin vereinigt. Edu-Kinestetik ist eine Methode zur Erlernung von Lernfähigkeit.
Energieblockaden, die die Gehirnfunktion beeinträchtigen, werden aufgelöst. Die Zusammenarbeit der rechten und der linken Gehirnhälfte wird verbessert, sodass das Lernen stressfrei erfolgen kann. Ein Bereich von Edu-Kinestetik sind → Brain-Gym-Übungen« (Feuerlein 1995 in: Rohde-Köttelwelsch 1996, S. 176).

Entwicklungsalter Im Gegensatz zum chronologischen Alter auf einen bestimmten Entwicklungsstand bezogene Altersangabe; die psychischen Funktionen eines Zehnjährigen können z. B. denen eines Achtjährigen entsprechen« (Schmidt/Schneider 1988, S. 114).

Figur-Grund-Wahrnehmung Nach Frostig wird diese als zweite Stufe der visuellen Wahrnehmung definiert, »als die Fähigkeit, eine bestimmte Form auf zunehmend komplexen Hintergrund wahrzunehmen und wiederzuerkennen«.

Figur-Hintergrund-Differenzierungsschwäche »Zentral wahrnehmungsgestörte Kinder haben Schwierigkeiten, zwischen Figur und Hintergrund zu unterscheiden. Vorder- und Hintergrundreize haben für sie oft gleiche Bedeutsamkeit. … Manche Autoren (Lempp 1991) erklären auch Störungen im sozialen Kontakt (sogenannte soziale Distanzunsicherheiten) mit einer mangelhaften Wahrnehmung mimischer Ausdruckssignale beim Interaktionspartner in Form einer Differenzierungsschwäche zwischen Figur (Mimik des Interaktionspartners) und Hintergrund (andere Umgebungsreize)« (Leyendecker 1988, S. 56).

Frostig-Therapie Marianne Frostig verbindet Erkenntnisse der Psychoanalyse mit neuen Methoden des Lernens durch Bewegung. Im Mittelpunkt steht der Zusammenhang von visuellen → Wahrnehmungsstörungen und bestimmten Lernstörungen. Sie zeigt, »dass Bewegung als → visuomotorische Grundfähigkeit die Grundlage für die Erkennung von Form, Raum und Zeit ist« (Doering/Doering 1993, S. 208). Für die Therapie bedeutet das Angebote zu Wahrnehmung von Figur-Grund, Formkonstanz, Raumlage, Körperimago, Körperschema im Hinblick auf Koordination, Beweglichkeit, Kraft, Gelenkigkeit, Schnelligkeit, Gleichgewicht und Ausdauer, wie sie auch mit ihrem Test (FTM – Frostig Test Movement) überprüft werden können.

Graphem Buchstabe als kleinste bedeutungsunterscheidende Einheit der Schriftzeichen.

gustatorisch den Geschmackssinn betreffend.

haptisch (griech.) den Tastsinn begreffend, wird oft synonym verwendet mit → taktil.

Hyperaktivität »Überhöhtes Ausmaß an Aktivitäten« (Schmidt/Schneider 1988, S. 116).

Hyperkinetisches Syndrom (HS) »Typische Störung des Kindesalters, die vor allem durch kurze Aufmerksamkeitsspanne und erhöhte Ablenkbarkeit charakterisiert ist, aber auch durch ein erhöhtes Ausmaß an Bewegungen gekennzeichnet sein kann. Hyperkinetische Syndrome bestehen oft im Zusammenhang mit Entwicklungsstörungen oder Störungen des Sozialverhaltens« (Schmidt/Schneider 1988, S. 116). Diese Diagnose ist umstritten.

Hypnotherapie   Therapie, die mit Elementen aus der Hypnose arbeitet.

Integration behinderter Kinder   Die gemeinsame Erziehung von Behinderten mit Nichtbehinderten, ohne schulische Aussonderung wurde schon 1973 in der Empfehlung des Deutschen Bildungsrates ausgesprochen. Inzwischen gibt es in fast allen Bundesländern zumindest Modelle für integrative Beschulung (Eberwein 1994[3], S. 5). Ein zentrales Problem ist, ob und wie Kinder zielgleich und/oder zieldifferent unterrichtet werden können bzw. sollen.

Integrationsklasse   Klasse mit Kindern, bei denen Behinderungen diagnostiziert worden sind und nicht-diagnostizierten Kindern an einer Regelschule. Diese Klassen werden in den Bundesländern verschieden benannt, z.B. als Kombiklassen.

intermodale Integration   »Einordnung von Reizen bzw. Informationen, die aus unterschiedlichen Sinnesbereichen stammen; es werden also z.B. optische und akustische Eindrücke miteinander verbunden« (Schmidt/Schneider 1988, S. 116).

intramodale Wahrnehmung   Sie bezieht sich jeweils nur auf Reize einer Sinnesqualität.

Kinästhesie   »Bewegungsempfindung = Empfindung von Bewegungen des eigenen Körpers oder einzelner Körperteile gegeneinander; sowie der dabei auftretenden Kraftleistungen. An ihrem Zustandekommen sind → Propriozeptoren (Muskelsinn und Tiefensensibilität) und Gelenkrezeptoren beteiligt« (Doering/Doering 1993, S. 238).

Kinesiologie   »K. ist eine Wissenschaft, die sich mit Muskeln, ihrer Funktion, ihrer Balance, ihrer Blockade, dem dazugehörigen Energiefluss und dessen Beeinflussbarkeit befasst. … Angewandte K. bemüht sich darum, die über Muskelreaktionstests gewonnenen Informationen so umzusetzen, dass eine Integration von Geist und Körper, von links und rechts, von Wahrnehmung und Logik verwirklicht und dadurch der Zugang zu Lernprozessen und Arbeit erleichtert wird« (Bergmann 1992, in: Meixner 1992, S. 96).

Linguistik: Sprachwissenschaft.

Logopäde »Angehöriger eines nicht-ärztlichen Medizinalberufs, dem die Diagnostik und Therapie von Hör-, Stimm-, Sprech- und Sprachgestörten obliegt. In Zusammenarbeit mit dem behandelnden oder verordnenden Arzt wirkt er eigenverantwortlich und selbstständig« (Franke 1978, S. 95).

Mehrpädagogensystem Zu integrativen Maßnahmen arbeiten Pädagogen verschiedener Qualifikation zusammen in verschiedenen Organisationsmodellen.

Minimale Cerebrale Dysfunktion (MCD) »Leichte frühkindliche Hirnschädigung mit oder ohne Intelligenzdefekt. Sympt.: Perzeptionsstörungen, Entwicklungsrückstand, selektive Ausfälle z.B. als Feinmotorik- oder Sprachstörung, Verhaltensstörung, Konzentrationsschwäche, Lernstörung oder -behinderung« (Franke 1978, S. 46). Diese Diagnose gilt in Fachkreisen als umstritten. Das spiegelt sich auch in der Vielzahl synonym verwendeter diagnostischer Begriffe wie: leichte Hirnfunktionsstörung, partielle Hirnreifungsstörung, frühkindliches exogenes Psychosyndrom, hyperkinetisches Syndrom, attentional deficit disorder usw.

Minimalkontrastpaare Wörter, die sich nur in einem Laut unterscheiden, z.B. Haus/Maus/, lesen/leben, Haut/Haus.

modale Wahrnehmung bezogen auf einen einzelnen Wahrnehmungsmodus, auf einen Sinneskanal, z.B. hören.

multisensoriell mit vielen Sinnen.

Mutismus »seelisch bedingte Sprechunfähigkeit bei normalem Sprechvermögen nach Abschluss der Sprachentwicklung. Als abnorme Erlebnisreaktion oder in akuten psychotischen Zuständen. Betroffen sind meist überbehütete, retardierte oder überforderte Kinder. Gezielte Psychotherapie außerhalb des häusl. Milieus erforderlich. Elektiver M.: auf bestimmte Situationen und Personen beschränkte Sprechverweigerung« (Franke 1978, S. 104).

Myel-, Myelo- (griech. myelos Mark); Rückenmark (Pschyrembel 1983[2]).

Myelinisierung »Bildung von Myelinscheiden um die Axonen; manchmal als Reifungsindex verwendet« (Kolb/Whishaw 1993, S. 479).

myofunktionelle Therapie (MFT) Diese Therapierichtung kommt aus der Kieferorthopädie und Rehabilitation. Ähnlich wie in der → orofacialen Therapie werden im Mund Reize gesetzt, um eine reflektorische Veränderung der muskulär-neurologischen Situation zu erreichen.

Neurobiologie Richtung in der Biologie, die neurologische Zusammenhänge erforscht.

Neurolinguistik Als Teilgebiet der Neuropsychologie beschäftigt sie sich mit dem »Zusammenhang von Sprache und deren Repräsentation im Gehirn. Sie basiert auf der systematischen Analyse von Störungen der Sprachproduktion und des Sprachverständnisses, die durch pathologische oder experimentell induzierte Abweichungen von normalen Hirnfunktionen entstehen« (Zollinger 1986, S. 18).

Neurologie Lehre vom Nervensystem und Nervenkrankheiten.

neuronale Erregungsmuster »Erregung von bestimmten Neuronenketten oder Neuronengruppen« (Schmidt/Schneider 1988, S. 118).

Neurophysiologie Lehre von den physiologischen Funktionen der Teile des Nervensystems.

Neuropsychologie Diese psychologische Richtung beschäftigt sich mit zentralnervösen Grundlagen des Bewusstseins und Verhaltens.

NLP Das *Neuro-Linguistische-Programmieren* wurde von dem Informatiker und Gestalttherapeuten Richard Bandler und dem Linguisten John Grinder entwickelt. Der Name weist auf eine »enge Verknüpfung neurophysiologisch-körperlicher Prozesse mit dem sprachlichen Ausdruck sowie den subjektiven Denkprogrammen und sozialisationsbedingten Erfahrungen hin«, wie es in einem NLP-Veranstaltungsprospekt beschrieben ist.

Non-Avoidance-Therapie »Non-Avoidance-Therapien gehen heute sogar davon aus, dass erst mit der exakten Wahrnehmung der Körperlichkeit des eigenen Stotterns eine Chance für einen überdauernden Symptomabbau gegeben ist« (Frühwirth/Meixner 1992, S. 74).

Objektentstehung »Das → Schema des dauerhaften Objektes ist die erste sehr allgemeine Unveränderliche, welche die anfängliche Objektivierung ausmacht, das Vorhandensein eines Gegenstandes ›außerhalb‹, unabhängig von den eigenen Handlungen des Kindes. Die Umgebung allein liefert noch keine objektiv gegebene Wirklichkeit. Die Objektentstehung bildet die Schwelle zur operationalen Intelligenz« (Furth 1973, S. 193).

Objektpermanenz Aufrechterhaltung eines dauerhaften Objekts nach der → Objektentstehung. Die Erhaltung bedeutet »die unveränderte Aufrechterhaltung einer Struktur bei äußerlichen Veränderungen in einigen Aspekten. Die Dauerhaftigkeit einer objektiven Eigenschaft ist niemals einfach vorgegeben, sie wird durch den lebenden Organismus konstruiert. Erhaltung impliziert daher ein inneres Regelungssystem, welches die äußeren Veränderungen innerlich ausgleichen kann« (Furth 1973, S. 193).

olfaktorisch den Geruchssinn betreffend.

Optik die Lehre vom Licht.

optisch den Sehsinn betreffend.

orofaciale Therapie In dieser Therapierichtung, die aus der Tradition der Krankengymnastik kommt, werden motorische und sensorische Prozesse im Mund aktiv stimuliert. Das Konzept einer orofacialen Regulationstherapie wurde von Castillo Morales 1991 entwickelt.

peripheres Nervensystem »Bezeichnet den Teil des Nervensystems, der außerhalb von Gehirn und Rückenmark liegt« (Schmidt/Schneider 1988, S. 119).

Perzeption Wahrnehmung ist »die sinngebende Deutung bzw. Verarbeitung von Sinnesreizen, also der Information aus der Umgebung bzw. dem eigenen Körper. Dies geschieht unter Rückgriff auf frühere Informationen, den Speicherinhalten des Gedächtnisses« (Schmidt/Schneider 1988, S. 122).

PET *P*sycholinguistischer *E*ntwicklungs*t*est von Angermaier, M. (Beltz-Verlag).

Phon Maß der Lautstärke.

Phonem-Graphem-Korrespondenz die (teilweise unzureichende) Übereinstimmung von Laut- und Schriftzeichensystem, z. B. »sch« besteht aus drei Zeichen; das Zeichen »e« symbolisiert verschiedene Lautqualitäten im vermeintlichen Normal-Laut: B*e*ere, *E*l*e*fant oder s*e*hen.

Phonem ein Laut an einer bestimmten Stelle als kleinste bedeutungsunterscheidende Einheit einer Sprache.

phonematisch das Phonem betreffend.

Phoniatrie »med. Spezialgebiet, umfasst Pathologie der Stimme, der Sprache, des Sprechens und des Gehörs, mit präventiven, physiologischen, pathophysiologischen, diagnostischen, therapeutischen und rehabilitativen Fragen der Kommunikation« (Franke 1978, S. 118).

Phonologie »Lehre von dem → Phonem, seiner Verbindungsmöglichkeit, seinem Vorkommen, seiner Funktion im Sprachsystem« (Franke 1978, S. 118).

PLAG *P*roblem*l*ösende *A*lltagsgeschehnisse stehen im Mittelpunkt der Therapie nach → Affolter (Doering/Doering 1993², S. 239).

professionelle Entdifferenzierung Befürchtung des Verlusts des Berufsbildes.

propriozeptiv, Propriozeption »= Eigenwahrnehmung = Tiefensensibilität. Vom lateinischen Wort prorius: selbst, eigen = Eigenwahrnehmung. Die Empfindungen, die von Sinnesrezeptoren in den Muskeln und Gelenken dem Gehirn zugeleitet werden. Die Eigenwahrnehmung vermittelt dem Gehirn, wann und in welchem Umfang sich Muskeln zusammenziehen oder strecken und wann in welchem Ausmaß sich Gelenke beugen, strecken oder gezogen resp. gedrückt werden. Die Propriozeption ermöglicht dem Gehirn, in jedem Augenblick zu erkennen, wo jeder Körperteil sich befindet und wie er sich bewegt« (Ayres 1984, S. 259).

Prosodie »Komplex der sprecherischen Merkmale Tonhöhe, Lautheit, Länge, Tonqualität« (Franke 1978, S. 123).

Psycholinguistik Richtung innerhalb der Sprachwissenschaft, die sich mit psychischen Aspekten von Sprache beschäftigt.

Reframing Begriff aus dem → NLP, etwas neu sehen, wörtlich genommen: in einen neuen Rahmen setzen.

Rezeptoren »Reizaufnehmende Teile der Sinnesorgane bzw. die innenliegenden Anfangspunkte der → afferenten Bahnen« (Schmidt/Schneider 1988, S. 120).

Schemata Bei Piaget Ordnungsmuster des Wahrnehmens und Denkens, d.h. Operationen und Begriffe, die dazu dienen, Gegenstände und Situationen der Umwelt zu → assimilieren; sozusagen »Gerippe von Handlungen, die der Mensch in der Wirklichkeit aktiv wiederholen kann« (nach Dorsch 1976, S. 522, 48).

Screening-Verfahren Grob-Sieb-Verfahren. »Hat man einerseits durch verschiedene anamnestische Daten Hinweise auf mögliche Ausfälle eines Kindes erhalten, und/oder konnte man andererseits durch lernprozessuale Beobachtungen weitere Anhaltspunkte für die spezifischen Schwierigkeiten des Kindes ermitteln, besteht die Möglichkeit, durch den Einsatz informeller Prüfverfahren und durch die Verwendung einfacher Tests noch detailliertere Informationen zu erhalten« (Frühwirth/Meixner 1992, S. 81).

sensomotorisch »Die charakteristische Wesensart des Wissens in der ersten Intelligenzphase, wobei die Form des Wissens von dem Inhalt des bestimmten sensorischen Reizes oder der motorischen Handlung abhängt. Auch als praktische Intelligenz bezeichnet« (Furth 1973, S. 195).

Sensorische Integration »Die sinnvolle Ordnung und Aufgliederung von Sinneserregung, um diese nutzen zu können. Diese Nutzung kann in einer Wahrnehmung oder Erfassung des Körpers oder der Umwelt bestehen, aber auch in einer Anpassungsreaktion oder einem Lernprozess oder auch in der Entwicklung bestimmter neuraler Tätigkeiten. Durch die sensorische Integration wird erreicht, daß alle Abschnitte des Zentralnervensystems, die erforderlich sind, damit ein Mensch sich sinnvoll mit seiner Umgebung auseinandersetzen kann und eine angemessene Befriedigung dabei erfährt, miteinander zusammenarbeiten« (Ayres 1984, S. 260).

Sensorische Integrationsbehandlung Eine Behandlung, welche die Stimulation von Sinnesorganen und die Auslösung von Anpassungsreaktionen entsprechend den neurologischen Bedürfnissen des betroffenen Kindes vermittelt. Diese Therapie umfasst gewöhnlich Ganzkörperbewegungen, welche eine Stimulation des Gleichgewichtssystems (→ vestibuläres System), der Eigenwahrnehmung (→ propriozeptives System) und des Tastsinns (→ taktiles System) umfasst. Diese Therapie enthält gewöhnlich keine Aktivitäten, die an einem Schreibtisch durchgeführt werden wie Sprachtraining, Leseunterricht oder Übung bestimmter geistiger oder motorischer Fertigkeiten. Das Ziel der Therapie ist die Verbesserung des Ablaufes der Hirnverarbeitungsprozesse und der sinnvollen Ordnung von Empfindungen« (Ayres 1984, S. 260).

seriale Integration »Integration von Informationen unter dem Gesichtspunkt ihrer Anordnung zueinander, so z. B. bei zeitlichen Abfolgen – auch im Rahmen von Sprache – oder örtlichem Nebeneinander« (Schmidt/Schneider 1988, S. 120).

seriell wird oft synonym gebraucht mit → serial oder sequentiell.

Sigmatismus »Auch Lispeln. Fehlerhaftes Aussprechen von Zisch- und S-Lauten« (Schmidt/Schneider 1988, S. 120).

Somatosensorische Zone »Jede Gehirnregion, die für eine Analyse von Empfindungen, Berührung, Druck und möglicherweise auch Schmerz und Temperatur zuständig ist« (Kolb/Whishaw 1993, S. 481).

Spatel eine Art flacher Löffel, der verwendet wird, um Patienten im Mund zu berühren, um beispielsweise auf Artikulationsstellen aufmerksam zu machen.

special-needs In angelsächsischen Ländern werden Kinder, wie sie oft an unseren Sonderschulen nach Behinderungen klassifiziert werden, mit deren besonderem Förderbedarf beschrieben, als »children with special-needs«.

Sprachheilpraxis In einer Praxis arbeiten Sprachtherapeuten, Logopäden und Sprachheillehrer je nach Klassenzulassung, entweder im Delegationssystem von niedergelassenen Ärzten oder selbstständig.

Sprachheilschule Im deutschsprachigen Raum allgemeine Bezeichnung von Schulen für sprachauffällige/sprachgestörte/sprachbeeinträchtigte Kinder. In Hessen im Amtsgebrauch: Schule für Sprachbehinderte (Sonderschule). Die Schüler werden dort nach dem Plan der Regelschule unterrichtet und machen den Hauptschulabschluss.

Struktur-niveau-orientierte Sprachförderung Sie »berücksichtigt systematisch unterschiedliche Dimensionen komplexer Handlungssituationen, wie die Struktur des Lerngegenstandes, das Handlungs- und Entwicklungsniveau des Kindes, sowie dessen Sprachentwicklungsstand, sozial-kommunikative Kompetenz und Spracherwerbssituation. Sie gründet auf dem didaktischen Konzept struktur-niveau-orientierten Lernens (Kutzer 1983)« (Holler-Zittlau, in vorliegendem Handbuch).

Struktur »Die allgemeine Form, die wechselseitige Bezogenheit der Teile innerhalb einer geordneten Gesamtheit. Struktur wird häufig austauschbar mit Anordnung, System, Form oder Koordination verwendet« (Furth 1973, S. 195).

systemisch »den Zusammenhang bzw. die Wechselwirkungen der Faktoren eines Bedingungsfeldes betreffend«, hier auf die Beobachtung und Analyse des Lernumfeldes und die Qualifikationsvoraussetzungen einer Fördersituation bezogen; mit »ökosystemisch« wird die ermittelbare Gesamtheit der sozialen und sachlichen Umweltfaktoren in ihrem Zusammenwirken bezeichnet.

taktil (lat.) »betrifft den Sinn der Berührung von Haut und Schleimhäuten« (Ayres 1984, S. 261), wird oft synonym verwendet mit → haptisch.

taktil-kinästhetische Information: »Information aus Tastsinn und Lage- bzw. Bewegungsrezeptoren« (Schmidt/Schneider 1988, S. 121).

taktil-kinästhetische Integration Einordnung und Verarbeitung taktil-kinästhetischer Informationen

Themenzentrierte Interaktion (TZI) Diese Richtung innerhalb der humanistischen Psychologie wurde von Ruth Cohn begründet. »TZI ist ein offenes System, das der einzelnen Person, der Sache (Thema, Aufgabe), der Art, wie wir miteinander umgehen (Interaktion) sowie unserer nächsten und fernsten Umgebung gleichermaßen dient« (Cohn/Terfurth 1993, Klappentext).

vestibuläres System »Gleichgewichtssystem. Das Sinnessystem, das auf die Kopfhaltung in bezug zur Schwerkraft der Erde sowie auf verlangsamte oder beschleunigte Bewegungen reagiert« (Ayres 1984, S. 262).

Vestibulärsystem »Ein sensorisches System im Innenohr, das die Position und die Bewegung des Körpers registriert« (Kolb/Whishaw 1993, S. 482).

Vigilanz »Von lat. vigil – wach, munter. Neuropsychologisches Korrelat zur Daueraufmerksamkeit. V. bezeichnet ganz allgemein die Wachheit des Zentralnervensystems (ZNS) und damit eine Reaktionsbereitschaft. V. steht in engem Zusammenhang mit der Bewusstseinslage (hellwach, schläfrig, schlafend, bewusstlos usw.) und bezeichnet den Zustand des ZNS, der es ihm erlaubt, auf einströmende Reize aufzupassen und angemessen zu reagieren. Während der Begriff V. mehr auf den zentralnervösen Aspekt abhebt, bezieht sich der Begriff Aufmerksamkeit mehr auf den psychologischen Aspekt der Reizverarbeitung (Signale erkennen und beantworten). Da die beiden Begriffe letztlich nur schwer eindeutig unterscheidbar sind, werden sie häufig synonym gebraucht« (Schmidt/Schneider 1988, S. 122).

visuelle Agnosie »Unfähigkeit, visuelle Eindrücke zu vollständigen Mustern zusammenzufügen; daraus resultiert die Unfähigkeit, Objekte zu erkennen, zu verwenden, zu zeichnen oder abzuzeichnen« (Kolb/Whishaw 1993, S. 482).

visuelle Wahrnehmung sinnvolle Einordnung optischer Sinnesreize in komplexe Ganze.

Visuomotorik, visuomotorisch »Umsetzen → visueller Stimuli (Informationen) in motorische Aktivität (z. B. beim Abzeichnen); allgemein: die Ausführung motorischer Aktivität unter visueller Kontrolle« (Schmidt/Schneider 1988, S. 122).

Zentralnervensystem, ZNS »Aus Gehirn und Rückenmark bestehendes Zentrum für die nervöse Steuerung körperlicher und psychischer Funktionen, → peripheres Nervensystem« (Schmidt/Schneider 1988, S. 122).

Autorinnen und Autoren (Stand der Information 1996)

Sigrun Beck, Neu-Isenburg, Jg. 1936, Rektorin als Ausbilderin an einem Studienseminar, erziehungs- und gesellschaftswissenschaftlicher Arbeitsschwerpunkt und Fachdidaktik Deutsch. Tätigkeit in der Lehrerfortbildung: Schulanfang, Lernen mit allen Sinnen, Offener Unterricht, Freie Arbeit, Erzählen in der Grundschule, Puppenbau und Puppenspiel. Unterricht an einer Grundschule mit hohem Ausländeranteil.

Inge Holler-Zittlau, Marburg, Jg. 1955, Sonderschullehrerin und Diplompädagogin, Studium in Marburg und Gießen, ab 1982 Tätigkeit als Sonderschullehrerin für lern-, verhaltens- und sprachauffällige SchülerInnen an unterschiedlichen Schulformen, von 1986 bis 1990 Pädagogische Mitarbeiterin am Institut für Heil- und Sonderpädagogik an der Universität Marburg, von 1990 bis 1993 dort Lehrbeauftragte, von 1992 bis 1995 Rektorin als Ausbildungsleiterin am Studienseminar, seit 1995 Studienrätin im Hochschuldienst mit den Schwerpunkten Sprachbehindertenpädagogik und Didaktik an der Uni Marburg.

Axel Holtz, Ulm, Jg. 1955, studierte von 1974 bis 1979 Verhaltensgestörten- und Sprachbehindertenpädagogik und Politikwissenschaft an der PH Reutlingen. Seit 1979 arbeitet er als Sonderschullehrer und ist nebenberuflich als Publizist und Verleger tätig. Neben zahlreichen Aufsätzen und einigen Buchpublikationen zu Theorie, Diagnose und Therapie von Sprachstörungen erschienen in den letzten Jahren mehrere Kinderbücher. Der momentane Arbeitsschwerpunkt liegt auf der Theorie und Praxis der Montessori-Pädagogik.

Barbara Schuchardt, Frankfurt a.M./Kiel, Jg. 1942, Unterricht an einer Grundschule mit Aufbau einer Lernwerkstatt. Rektorin als Ausbildungsleiterin an einem Studienseminar in Frankfurt, Schwerpunkt Grundschuldidaktik, Mitarbeiterin am Hessischen Institut für Lehrerfortbildung in der Lehrgangsplanung und -durchführung im Fachbereich Grundschule und Sachunterricht. Mitarbeit an der Entwicklung von Rahmenrichtlinien und Materialien für den muttersprachlichen Unterricht.

Kristina Walter, Dreieich, Jg. 1936, Rektorin als Ausbilderin (Grundschuldidaktik mit Schwerpunkt Sachunterricht), ständige Tätigkeit in der Lehrerfortbildung (Freie Arbeit, Offener Unterricht, Puppenbau und -spiel, Lernwerkstatt), Mitarbeit an interkulturellen Projekten (Figurentheater), Lehraufträge an der Universität Frankfurt a.M., Mitarbeit am Hessischen Rahmenplan Grundschule, Unterricht an einer Grundschule mit Modellversuch zur Veränderung des Schulanfangs mit integrativer Vorklasse.

Dr. **Marianne Wiedenmann**, s. Seite 4

Adressenverzeichnis

In den Beiträgen von Marianne Wiedenmann zum »Lernen mit allen Sinnen« werden ganz unterschiedliche Institutionen erwähnt, die Praxishilfen und weiterführende Publikationen zu diesem Themenbereich entwickelt haben. Dies sind Initiativen aus Grundschul- und Sonderpädagogik und aus der Lehrerbildung, sowie außerschulische Bildungsarbeit.

Arbeitskreis Grundschule – Der Grundschulverband – e.V., Schloßstr. 29, 60486 Frankfurt am Main, Tel.: 069/776006

Körner-Verlag, Eckernförder Str. 259, 24199 Kronshagen (Direktbestellmöglichkeit für: Hameyer, Uwe: Pädagogische Ideenkiste, Primarbereich. Kronshagen 1994)

Universum Verlagsanstalt, 65175 Wiesbaden, Tel.: 0611/90300 (Zeitschrift Mücke)

DGLS (Deutsche Gesellschaft für Lesen und Schreiben e.V.): Dr. Olga Jaumann-Graumann, Deciusstr. 41, 33611 Bielefeld

dgs (Deutsche Gesellschaft für Sprachheilpädagogik e.V.): Zeitschrift: Die Sprachheilarbeit, Verlag modernes Lernen, Hohe Str. 39, 44139 Dortmund

Hörgeschädigten-Zentrum, Berner Straße 14–16, 97084 Würzburg, Tel.: 0931/760600

»Praxis der Psychomotorik« – Zeitschrift für Bewegungserziehung, und »Praxis ergotherapie« – Fachzeitschrift für Beschäftigungs- und Arbeitstherapie, Verlag modernes Lernen, Hohe Str. 39, 44139 Dortmund

Verlag Giselher Gollwitz, Kanalstr. 12, 93077 Bad Abbach, Tel.: 09405/2500

Deutsches Institut für Fernstudien (DIFF) an der Universität Tübingen, Konrad-Adenauer-Str. 40, 72072 Tübingen, Tel.: 07071/9790

Hessisches Landesinstitut für Pädagogik (HeLP), Pädagogisches Institut Frankfurt, Gutleutstr. 8–12, Tel.: 069/2568-312, Arbeitsstelle »Medien in schulischer und außerschulischer Bildung« auch erreichbar über den Hessischen Bildungsserver über die Adresse: http://www.bildung.hessen.de/

Exploration Sinnenreich: AG OIKOS – SINNENREICH c/o Pädagogische Aktion/SPIELkultur e.V. Reichenbachstr. 12, 80469 München, Tel.: 089/2609208

Exploratorium, 3601 Lyon Street, San Francisco, CA 94123, Tel.: (4159561/0393), Fax: 415561/0307 (Exploring Magazine, Jahresabonnement $ 36)

Literaturverzeichnis

Empfehlungen von Axel Holtz sind mit vorgestellten Zeichen hervorgehoben:
° = theoretische Literatur zu den Mundspielen
* = praktische Literatur zu den Hörspielen

Ackermann, L./Urfer, R./Müller, B.: Sinn-Salabim. Tasten – Hören – Sehen. Spiele und Theaterprojekte für Kinder. Zürich 1993

Affolter, F.: Wahrnehmung, Wirklichkeit und Sprache. Villingen-Schwenningen 1987

Ahrbeck, B./Schuck, K.D./Welling, A.: Integrative Pädagogik und Therapie. Zum Problem der Enttherapeutisierung in der Sprachbehindertenpädagogik. In: Die Sprachheilarbeit 35 (1990) 4

Ahrbeck, B./Schuck, K.D./Welling, A.: Aspekte einer sprachbehindertenpädagogischen Professionalisierung integrativer Praxis. In: Die Sprachheilarbeit 37 (1992) 6

Andresen, Ute: So dumm sind sie nicht – Von der Würde der Kinder in der Schule. Weinheim 1985

Appelhans P./Krebs, E.: Kinder und Jugendliche mit Sehschwierigkeiten in der Schule. Heidelberg 1983

Arndt, M./Singer, W.: Das ist der Daumen Knudeldick. Ravensburg 1980

Austermann, M./Wohlleben, G.: Zehn kleine Krabbelfinger. München 1989

Ayres, J.: Bausteine der kindlichen Entwicklung. Die Bedeutung der Integration der Sinne für die Entwicklung des Kindes. Berlin 1984, S. 259

Bandler, R./Grinder, J.: Reframing – Ein ökologischer Ansatz in der Psychotherapie (NLP). Paderborn 1985

Baumgartner, St./Füssenich, I. (Hrsg.): Sprachtherapie mit Kindern. Grundlagen und Verfahren. München 1992

Baur, A.: Die Finger tanzen. Schaffhausen 1981

Beck, J./Wellershoff, H.: SinnesWandel. Die Sinne und die Dinge im Unterricht. Frankfurt a.M. 1989

Becker, K.P./Sovak, M.: Lehrbuch der Logopädie. Köln[2]

Bensinger, S.: Mundschluss und Speichelflusskontrolle bei geistig behinderten Kindern und Jugendlichen. Bonn 1986

° Berndsen, K.-J./Berndsen, S. (Hrsg.): Neuromotorische Koordinationsstörungen und Auswirkungen auf die orofaziale Muskulatur. Frankfurt a.M. 1991

Berendt, J. E.: Nada Brahma – Die Welt ist Klang. Reinbek 1989

Berendt, J. E.: Das dritte Ohr. Reinbek 1990

Berger, P. L./Luckmann, T.: Die gesellschaftliche Konstruktion der Wirklichkeit. Frankfurt a. M. 1970

Bielefeldt, E.: Tasten und Spüren. Wie wir bei taktil-kinästhetischer Störung helfen können. München 1991

Brand, I./Breitenbach, E./Maisel, V.: Integrationsstörungen – Diagnose und Therapie im Erstunterricht. Würzburg 1987[3]

Braun, O.: Integration sprachbehinderter Kinder in der Praxis. In: Die Sprachheilarbeit 36 (1991), S. 5

* Breitenbach, E.: Materialien zur Diagnose und Therapie auditiver Wahrnehmungsstörungen. Würzburg 1989

Breuer, H./Weuffen, M.: Lernschwierigkeiten am Schulanfang. Schuleingangsdiagnostik zur Früherkennung und Frühförderung. Hrsg. v. Dieter Haarmann, Weinheim 1993

Broos, H.: Das Hexenspiel. Köln 1980

Brüggebors, G.: Einführung in die Holistische Sensorische Integration (HSI). Teil 1. Dortmund 1992

Brüggebors, G.: Von der HSI zur Holistischen Sensorischen Balance (HSB). Teil 2. Dortmund 1994

Bruner, J.: Von der Kommunikation zur Sprache. Überlegungen aus psychologischer Sicht. In: Martens, K.: Kindliche Kommunikation. Frankfurt a. M. 1979

Bruner, J.: Mutter-Sprache. In: Der Sprachheilpädagoge 2 (1981)

* Brunner, R.: Hörst Du die Stille? München 1991

Burk, K. (Hrsg.): Fördern und Förderunterricht. Mehr gestalten als verwalten. Beiträge zur Reform der Grundschule. Sonderband 55. Frankfurt a. M. 1993

Carp, E.: 77 lustige Fingerspiele. Langensalza 1938

° Castillo-Morales, R.: Die orofaziale Regulationstherapie. München 1991

Clahsen, H.: Spracherwerb in der Kindheit. Tübingen 1982

Clausnitzer, R./Clausnitzer, V.: Muskelfunktionsübungen im orofacialen Bereich. Luzern 1990

Claussen, C. (Hrsg.): Handbuch Freie Arbeit – Konzepte und Erfahrungen. Weinheim 1995

Cohn, R. C./Farau, A.: Gelebte Geschichte der Psychotherapie – zwei Perspektiven. Stuttgart 1993

Cope, W.: Dorotheas Daumen. Reinbek 1990

Cratzius, B.: Noch mehr Fingerspiele und andere Kinkerlitzchen. Reinbek 1989

Dannenbauer, F.: Der Entwicklungsdysgrammatismus als spezifische Ausprägungsform der Entwicklungsdysphasie. Berlin 1983

Dannenbauer, F./Kotten-Serqquist, A.: Sebastian lernt Subj. + Mod. + XY + V(inf.): Bericht einer entwicklungsproximalen Sprachtherapie mit einem dysgrammatisch sprechenden Kind. In: Vierteljahresschrift für Heilpädagogik und ihre Nachbargebiete, März 1990, Heft 1 (Jg. 59), S. 27–45

Dehn, M.: Schlüsselszenen zum Schrifterwerb. Arbeitsbuch zum Lese- und Schreibunterricht in der Grundschule. Weinheim 1994

Dennison, O.: EK (Edu-Kinesthetik) für Kinder. Freiburg 1987

Dennison, O.: Lehrerhandbuch Brain Gym. Freiburg 1990

Dittami, J.: Signale und Kommunikation. Heidelberg 1993

Doering, W./Doering W. (Hrsg.): Sensorische Integration. Dortmund 1993[2]

Duden »Etymologie«: Herkunftswörterbuch der deutschen Sprache. 2., völlig neu bearb. u. erw. Aufl. von Günther Drosdowski. Mannheim/Wien/Zürich 1989

Duus, P.: Neurologisch-topische Diagnostik. Stuttgart 1990[5]

Eberwein, H./Meyer, E. W./Wiedenmann, M.: Ich lerne lesen und schreiben. Erstlesewerk für Klassen mit erschwerten Bedingungen. Frankfurt a. M. 1982

Eberwein, H./Knauer, S.: Rückwirkungen integrativen Unterrichts auf Teamarbeit und Lehrerrolle. In: Eberwein, H. (Hrsg.): Behinderte und Nichtbehinderte lernen gemeinsam: Handbuch der Integrationspädagogik. Weinheim 1994

Eberwein, H. (Hrsg.): Behinderte und Nichtbehinderte lernen gemeinsam: Handbuch der Integrationspädagogik. Weinheim 1994

Eggert, D.: DMB – Diagnostisches Inventar motorischer Basiskompetenzen bei lern- und entwicklungsauffälligen Kindern im Grundschulalter. Dortmund 1993

Enderby, P.: Frenchay-Dysarthrie-Untersuchung. Stuttgart 1991

Ernst, K./Wedekind, H. (Hrsg.): Lernwerkstätten in der Bundesrepublik Deutschland und Österreich. Eine Dokumentation. Beiträge zur Reform der Grundschule des Arbeitskreises Grundschule. Band 91. Frankfurt a. M. 1993

Evans, Ch./Keable-Elliot, I.: Das Zauberbuch. München 1990

Fazzioli, E.: Gemalte Wörter, 214 chinesische Schriftzeichen – Vom Bild zum Begriff. Bergisch Gladbach 1987

* Faust-Siehl, G./Bauer, E./Baur, W./Wallaschek, U.: Mit Kindern Stille entdecken. Frankfurt a. M. 1990

Fleischer, G.: Lärm – der tägliche Terror. Stuttgart 1990

Flemming, I.: Spiele mit den Kleinsten. Wehrheim 1988

Flemming, I.: Fingerspiele. Wehrheim 1978

Franke, U.: Logopädisches Handlexikon. München 1978

Franke, U.: Artikulationstherapie bei Vorschulkindern. München 1987

* Friedrich, S./Friebel, V.: Entspannung für Kinder. Reinbek 1989

Fries, A./Weiß, H.: Zum Problem der Teilleistungsstörungen. Anmerkungen zu neuropsychologischen Konzepten und ihrem Stellenwert in der Heilpädagogik. In: Behindertenpädagogik 34 (1995), S. 2[2]

° Frischauf, H./Kregcjk, K.: Stellungsanomalien der Zähne und Bisslageanomalien. In: der Sprachheilpädagoge 1985, Heft 4

Fröbel, F.: Mutter- und Koselieder. Wien/Leipzig 1883

Fröhlich, A. (Hrsg.): Lebensräume – Förderung und Lebensbegleitung schwerstbehinderter Menschen in Europa. Luzern 1993

Frostig, M.: Bewegungserziehung. Stuttgart 1973

Frostig, M.: Bewegen – Wachsen – Lernen. Dortmund 1971

Furth, H. G.: Piaget für Lehrer. Düsseldorf 1973

Gardner, H.: Abschied vom IQ. Die Rahmen-Theorie der vielfachen Intelligenzen. Stuttgart 1991

° Garliner, D.: Myofunktionelle Therapie. München 1982

* Geilen, H.: Still werden. Zur Mitte finden. Privatdruck o. O., o. J.

Gemoll, W.: Griechisch-deutsches Schul- und Handwörterbuch. München 1991

Götte, R.: Sprache und Spiel im Kindergarten: Handbuch zur Sprach- und Spielförderung mit Jahresprogramm und Anleitungen für die Praxis. Weinheim 1993[8]

* Gollwitz, G.: Musikalische Geschichten zum Sprechen lernen. Bad Abbach 1990

Graichen, J.: Die Steuerung des Verhaltens aus neuropsychologischer Sicht. In: dgs (Deutsche Gesellschaft für Sprachheilpädagogik e.V.), Landesgruppe Bayern (Hrsg.): XX. Arbeits- und Fortbildungstagung in Würzburg. Sprache – Verhalten – Lernen. Rimpar 1993, S. 335 f.

Graichen, J.: Neuropsychologische Perspektiven. In: Grohnfeldt, M. (Hrsg.): Grundlagen der Sprachtherapie. Band 1. Berlin 1989

Graichen, J.: Teilleistungsschwächen in den hierarchisch-sequentiellen auditiven, kinästhetischen und rhythmischen Regulationssystemen der Sprachproduktion. In: Lotzmann, G. (Hrsg.): Aspekte auditiver, rhythmischer und sensomotorischer Diagnostik, Erziehung und Therapie. Beihefte der Zeitschrift »Psychologie in Erziehung und Unterricht«. München 1978, S. 22

Grasso, M.: Knickbilder aus der Wundertüte. Weinheim 1985

Grefe, C.: Ende der Spielzeit. Reinbek 1995

Grimm, H./Schöler, H.: Sprachentwicklungsdiagnostik. Göttingen 1985

Grimm, H.: ABC mit allen Sinnen. Lichtenau (Baden) 1995[3]

Grohnfeldt, M. (Hrsg.): Handbuch der Sprachtherapie. Band 1. Berlin 1989

Grohnfeldt, M./Homburg, G./Teumer, J.: Überlegungen zur sprachheilpädagogischen Arbeit in einem flexiblen System von Grund- und Sonderschule. In: Die Sprachheilarbeit 38 (1993) 4, S. 180

Gryski, C.: Fadenspiele. Reinbek 1987

Günther, H.: Integration sprachbehinderter Schüler in die Regelschule. Berlin 1993

Günther, H.: Zur Relevanz zentraler Funktionen der auditiven Perzeption hinsichtlich der Sprachwahrnehmung. In: Die Sprachheilarbeit 39 (1994) 6

Günther, H./Günther, W.: Dysfunktionen auditiver Wahrnehmungen und Störungen der Sprachentwicklung. Frankfurt a.M. 1988

Haaga, B./Brändle, M.: Motivationssteigernde Möglichkeiten bei basalen sprachtherapeutischen Übungen mit der Gruppe – Tiger, Tiger, steh jetzt auf ... In: dgs (...) (Hrsg.): Förderung Sprachbehinderter: Modelle und Perspektiven. Hamburg 1989, S. 464–472

Hacker, W.: Allgemeine Arbeits- und Ingenieurpsychologie. Berlin 1973

° Hahn, V.: Myofunktionelle Therapie. München 1988

Hamann, K. F./Schwab, W.: Schwerhörigkeit. Stuttgart 1991

Hatt, H.: Physiologie des Riechens und Schmeckens. In: Maelicke, A. (Hrsg.): Vom Reiz der Sinne. Weinheim 1990

Hecke, L.: Pausenplätze machen Schule. Hitzkirchen (Schweiz) 1979

Heitmeyer, W.: Freigesetzte Gewalt. Gewalt als Bearbeitungsform einer neuen Unübersichtlichkeit. In: Pädagogik 46 (1994) 6, S. 35–40

Hekster, E.: Frau Zunge, Arnhem 1986

Helm, E. M.: Fingerspiele. München 1984

Holler-Zittlau, I.: Sprach- und Lernstörungen durch Unterricht?! In: dgs (Deutsche Gesellschaft für Sprachheilpädagogik e.V.), Landesgruppe Bayern (Hrsg.): XX. Arbeits- und Fortbildungstagung in Würzburg. Sprache – Verhalten – Lernen. Rimpar 1993

Holler-Zittlau, I.: Schule – Unterricht – soziale Wirklichkeit. Zur Notwendigkeit der Berücksichtigung veränderter Lern-, Entwicklungs- und Sozialisationsbedingungen von SchülerInnen bei der Planung und Organisation von Lernprozessen. In: Die Sprachheilarbeit 40 (1995) 1, S. 56–66

Holtz, A.: Die Handlungstheorie als Grundlage sprachlicher Entwicklungsförderung. In: Grohnfeldt 1989

Holtz, A.: Studien zur Semantik der Kindersprache. Ulm 1987

Holtz, A.: Diagnosematerial zur sprachlichen Differenzierung. Ulm 1988

Holtz, A.: Fingerflohmarkt und Zungenbazar. Ulm 1989

Holtz, A.: Der Schaukelbär wippt hin und her. Ulm 1989a

Holtz, A.: Kindersprache – Ein Entwurf ihrer Entwicklung. Ulm 1989b

Holtz, A.: Im Mund gehts rund. Ulm 1990

Holtz, A.: Themenorientierte Sprachförderung. Ulm 1991

Homburg, G./Teumer, J.: Störungen der sprachlichen Kommunikation (mit Tonkassette). DIFF-Studienbrief, Band 1. Berlin 1988

Homburg, G.: Konvergenz von grundschul- und sprachheilpädagogischer Arbeit – ein Ansatzpunkt zu einer veränderten Grundschul- und Sprachheilpädagogik. In: Die Sprachheilarbeit 38 (1993) 6

Homburg, G.: Beiheft zur Toncassette: Gestörtes Hören. DIFF-Studienbrief. Tübingen 1989

Jantzen, W./Holodynski, M. (Hrsg.): Studien zur Tätigkeitstheorie VII, A. R. Lurija heute. Bremen 1992

Jürgens, E.: Die »neue« Reformpädagogik und die Bewegung Offener Unterricht. Theorie, Praxis und Forschungslage. St. Augustin 1994

Kiphard, E. J.: Mototherapie – Teil II. Dortmund 1990[3]

Kolonko, B./Krämer, I. K.: Sprachbehindertenpädagogik und »Integration« – ein ambivalentes Verhältnis. In: Die Sprachheilarbeit 37 (1992) 3, S. 120

Kolzowa, M.: Untersuchungen zur Sprachentwicklung. In: der Kinderarzt 1975, Heft 6, S. 643–648

Konietzko, C.: Sing-, Kreis-, Finger- und Bewegungsspiele. Heidelberg 1985

Krämer, I. K.: Anmerkungen zur Aussonderung sprachgestörter Kinder aus der Volksschule – der historische Kontext einer aktuellen Diskussion. In: Die Sprachheilarbeit 35 (1990) 4

Kreie, G.: Integrative Kooperation. Weinheim 1985

Kreusch-Jacob, D.: Da hüpft der Frosch den Berg hinauf. München 1987

* Krombusch, G.: Mit Kindern auf dem Weg in die Stille. Dreisteinfurt 1989

Kükelhaus, H./Lippe, R. zur: Entfaltung der Sinne. Ein »Erfahrungsfeld« zur Bewegung und Besinnung. Frankfurt a. M. 1982

Kutzer, R.: Mathematik entdecken und verstehen. Struktur- und niveauorientiertes Arbeitsbuch für den Mathematikunterricht. Frankfurt a. M. 1983

Kutzer, R.: Zur Kritik gegenwärtiger Didaktik der Schule für Lernbehinderte – aufgezeigt an den Befunden rechendidaktischer Entscheidungen. Dissertation, Marburg 1976

Leischner, A.: Aphasien und Sprachentwicklungsstörungen. Stuttgart 1987

Lempp, R.: Lernerfolg und Schulversagen. Eine Kinder- und Jugendpsychiatrie für Pädagogen. München 1971

Leyendecker, Ch. H./Kallenbach, K.: Motorische Störungen. DIFF-Studienbrief 9. Tübingen 1989

Leyendecker, Ch. H.: Wahrnehmungsstörungen. DIFF-Studienbrief 3. Tübingen 1988

Lippe, R. zur: Sinnenbewusstsein. Grundlegung einer anthropologischen Ästhetik. Reinbek 1989

Löscher, W.: Hörspiele. München 1982

Löscher, W.: Riech- und Schmeckspiele. München 1983

Löscher, W.: Vom Sinn der Sinne – spielerische Wahrnehmungsförderung für Kinder. München 1994

Lurija, A. R.: Die höheren kortikalen Funktionen des Menschen und ihre Störungen bei örtlichen Hirnverletzungen. Berlin (Ost) 1970

Maelicke, A. (Hrsg.): Vom Reiz der Sinne. Weinheim 1990

Malmquist, E./Valtin, R.: Förderung legasthenischer Kinder in der Schule. Weinheim 1974

Marx, U./Steffen, G.: Lesenlernen mit Hand und Fuß. Ein mehrdimensionaler Leselehrgang im handlungsorientierten Stationsverfahren. Horneburg 1990

Maturana, H./Varela, F.: Der Baum der Erkenntnis. Bern 1987

McCutcheon, M.: Der Kompass in der Nase. München 1993

Meer, R. van der/Meer, A. van der: Zunge meldet: Sahne-Eis. Spiele, Tricks und Wissenswertes über deine Sinne. Reinbek 1988

Meinerts, E.: Links ein Ohr und rechts ein Ohr. München 1981

Meixner, F./Frühwirth, I. (Hrsg.): Theorie und Praxis in der sprachheilpädagogischen Arbeit. Wien 1992

Milz, I.: Sprechen, Lesen, Schreiben. Teilleistungsschwächen im Bereich der gesprochenen und geschriebenen Sprache. Heidelberg 1988

Milz, I.: Teilleistungsstörungen in ihren allgemeinen Auswirkungen auf das schulische Lernen. In: Milz, I./Steil, H. (Hrsg.): Teilleistungsschwächen bei Kindern und Jugendlichen – ein heilpädagogisches Problem in unseren Schulen. Frankfurt a. M. 1989[2]

* Montessori, M./Oswaldt, P. (Hrsg.): Die Macht der Schwachen. Freiburg 1989

Nef-Landolt: Low Vision: ein Teilaspekt zur Verbesserung der Kommunikation. In: VBS (Verband der Blinden- und Sehbehindertenpädagogik e. V.) (Hrsg.): 31. Kongressbericht. Marburg 1993

Noble, P.: Fadenspiele. Ravensburg 1979

Oberdorfer, G.: Das springende Ei und andere Experimente für die fünf Sinne. Bern 1991

Olbrich, I.: Die Integrierte Sprach- und Bewegungstherapie. In: Grohnfeldt 1989, S. 254f.

Olbrich, I.: Auditive Wahrnehmung und Sprache. Dortmund 1989

Oy, C. M. von: Montessori-Material zur Förderung des entwicklungsgestörten und behinderten Kindes. Heidelberg 1986

Paturi, F.: Schnurfiguren aus aller Welt. München 1988

Pausewang, E.: Die Unzertrennlichen. Band 1, 2, 3. München 1986/87/88

* Petermann, G.: Vorschulkinder lernen Sprachlaute differenzieren. Berlin 1986

Peuser, G.: Linguistische Grundlagen der Sprachtherapie. In: Grohnfeldt 1989, S. 60–70

Piaget, J./Inhelder, B.: Die Psychologie des Kindes. Frankfurt a. M. 1972

Piaget, J.: Das Erwachen der Intelligenz beim Kinde. Stuttgart 1975

Poeck, K./Orgass, B.: Die Entwicklung des Körperschemas bei Kindern im Alter von 4–10 Jahren. In: Neuropsychologie (1964) 2, S. 109–130

Postman, N.: Das Verschwinden der Kindheit. Frankfurt a. M. 1987

Pousset, R.: Fingerspiele und andere Kinkerlitzchen. Reinbek 1988

Probst, H./Wacker, G.: Lesenlernen. Ein Konzept für alle. Solms-Oberbiel 1986

Pschyrembel, W.: Klinisches Wörterbuch. Berlin 1982

Reiser, H.: Die Weiterentwicklung der sonderpädagogischen Förderung in der BRD Deutschland – Möglichkeiten und Grenzen. In: Behindertenpädagogik 34 (1995) 1

Riese, B.: Schrift und Sprache. Heidelberg 1994

Rohde-Köttelwesch, E. (Hrsg.): Sehen – spüren – hören Wahrnehmung integrativ betrachtet. Dortmund 1996

Rossberg, E.: Unser Körper. Das Gehirn. Mit Kindern auf Entdeckungsreise. Reinbek 1995

Roth, G.: Das Gehirn und seine Wirklichkeit. Frankfurt a. M. 1995²

Rötten, G.: Spielerlebnisse zum handelnden Spracherwerb. Tier – Theater – Texte. Dortmund 1993

Rumpf, H.: Mit allen Sinnen lernen? Vorschläge zur Unterscheidung. In: Musik & Bildung, Praxis Musikerziehung, Themenheft. Mit allen Sinnen. 26. (84. Jg.) Heft 2/1994

Sacks, O.: Stumme Stimmen. Reinbek 1991

Sander, A.: Behinderte Kinder – Gesondert oder integriert fördern? In: Haarmann, D. (Hrsg.): Handbuch Grundschule. Band 1 Weinheim 1991, S. 139–160

Schade, W.: Allgemeine Grundsätze der Arbeit in der Hilfsschule. Berlin 1962

Schäfer, E.: Das Hand-Buch. Düsseldorf 1988

°Schalch, F.: Schluckstörungen und Gesichtslähmungen. Stuttgart/New York 1989

Schmidt, M. H./Schneider, P.: Behinderungen – Neuropsychologische und kinderpsychiatrische Grundlagen. DIFF-Studienbrief 2. Tübingen 1988

Schmidt, M. H.: Teilleistungsstörungen – Neuropsychologische und systematische Grundlagen. In: Milz, I./Steil, H. (Hrsg.): Teilleistungsschwächen bei Kindern und Jugendlichen – ein heilpädagogisches Problem in unseren Schulen. Frankfurt a. M. 1989²

Schmidt, R. F. (Hrsg.): Neuro- und Sinnesphysiologie. Berlin 1993

Schmidtke, R.: Möglichkeiten und Grenzen integrativer Sprachförderung – Entwicklung und Erprobung eines Konzeptes im Rahmen einer Kleingruppenförderung sprachentwicklungsgestörter Kinder. (Studien zur Frühpädagogik. Band 2.) Frankfurt a. M. 1990

Schöler, J.: Integrative Schule – Integrativer Unterricht. Hamburg 1993

Schulze, A.: Zur Praxis der Sprachanbildung und Sprachförderung nicht sprechender oder spracharmer geistigbehinderter Kinder. In: Kasztantowicz, U. (Hrsg.): Beiträge zur Sonderpädagogischen Theorie und Praxis. Berlin 1980

° Schumacher, G. H.: Funktionelle Anatomie des orofazialen Systems. Heidelberg 1985

Seitz, R.: Sehspiele, Sinn-volle Frühpädagogik. München 1982

Seitz, R.: Hör-Spiele. München 1983

Singer, W.: Gehirn und Kognition. Heidelberg 1990

Spranger-Herz, J.: Backe Backe Kuchen. Dresden 1941

Stascheit, W. (Übers.): Ich und meine Sinne. Mülheim 1991

Stöcklin-Meier, S.: Eins, Zwei, Drei Ritsche Ratsche Rei. Ravensburg 1988

Struck, V.: Sprachwerkzeugkiste. Leverkusen 1990

Szagun, G.: Sprachentwicklung beim Kind. München 1991

Thompson, R. F.: Das Gehirn – Von der Nervenzelle zur Verhaltenssteuerung. Heidelberg 1994²

Tietze-Fritz, P.: Handbuch der heilpädagogischen Diagnostik – Konzepte zum Erkennen senso- und psychomotorischer Auffälligkeiten in der interdisziplinären Frühförderung. Dortmund 1994[2]

Tomatis, A.: Der Klang des Lebens. Reinbek 1987

* Treml, H.: Entspannt lernen. Linz 1990

* Treml, H. u. H.: Komm mit zum Regenbogen. Linz 1991

Thiele, E.: Vom Zungenkämpfer zum Schluckmeister. München 1986

Watzlawick, P./Krieg, P. (Hrsg.): Das Auge des Betrachters. Beiträge zum Konstruktivismus. München 1991

Watzlawick, P.: Wie wirklich ist die Wirklichkeit? Wahn, Täuschung, Verstehen. München 1976

Weinert, S.: Spracherwerb und implizites Lernen – Studien zum Erwerb sprachanaloger Regeln bei Erwachsenen, sprachunauffälligen und dysphasisch-sprachgestörten Kindern. Bern 1991

Wiedenmann, M.: Kreativer Einsatz von Arbeitsmitteln für Unterricht und Therapie von Schülern mit Sequenzstörungen. In: dgs (Deutsche Gesellschaft für Sprachheilpädagogik e. V.) (Hrsg.): Tagungsbericht zur XIX. Arbeits- und Fortbildungstagung der dgs vom 27.–29. 9. 1990 in Marburg

Wiedenmann, M.: Lernwerkstätten in Hessen. In: Ernst, K./Wedekind, H. (Hrsg.): Lernwerkstätten in der Bundesrepublik Deutschland und Österreich. Frankfurt a. M. 1993

Wiedenmann, M.: Liebe Grammatik, schöne Grammatik – Tochter, Gattin, Mutter, Geliebte und Ernährerin der Professoren. In: Die Grundschulzeitschrift 9 (1995) 87

Wiedenmann, M.: Klapp-Bücher – Klapp-Quartetts. Entwicklung eines Arbeitsmaterials aus der Sprachtherapie für den Förderunterricht. In: Die Grundschulzeitschrift 9 (1995) 87

Wygotski, L. S.: Denken und Sprechen. Stuttgart 1971

Zacharias, W.: Lebensweltliche Didaktik – Die Entstehung didaktischer Strukturen am Beispiel der Pädagogischen Aktion 1970–1980. München 1995

* Zeuch, C.: Lisa, Lolle, Lachmusik. Würzburg 1987

° Zichefoose, N.: Die orale myofunktionelle Therapie in der Praxis. In: Hockel/Creek (Hrsg.): Kieferorthopädie und Gnathologie. Berlin 1984, S. 139–193

Zieger, A.: Neurophysiologische und neuropsychologische Grundlagen des menschlichen Gehirns. Oldenburg 1990[2]

Zollinger, B.: Spracherwerbsstörungen. Bern 1988[2]